职业教育汽车工程专业“十四五”规划教材
互联网+新形态活页式教材

汽车整形技术

刘　娜　张　磊　主　编

天津大学出版社
TIANJIN UNIVERSITY PRESS

图书在版编目（CIP）数据

汽车整形技术 / 刘娜，张磊主编. -- 天津：天津大学出版社，2024. 6. --（职业教育汽车工程专业“十四五”规划教材）（互联网 + 新形态活页式教材）.

ISBN 978 - 7 - 5618 - 7742 - 5

Ⅰ. U472

中国国家版本馆 CIP 数据核字第 20243K32W0 号

出版发行 天津大学出版社
地　　址 天津市卫津路 92 号天津大学内（邮编：300072）
电　　话 发行部：022-27403647
网　　址 www.tjupress.com.cn
印　　刷 北京盛通印刷股份有限公司
经　　销 全国各地新华书店
开　　本 787mm × 1092mm　1/16
印　　张 19. 5
字　　数 416 千
版　　次 2024 年 6 月第 1 版
印　　次 2024 年 6 月第 1 次
定　　价 54. 00 元

《汽车整形技术》编写委员会

主　编　刘　娜　张　磊

副主编　张利源　李伟鑫

参　编　孙　皓　赵德光

前　言

随着汽车市场的不断扩大和汽车保有量的不断增加，汽车碰撞和损伤事故日益频发。汽车钣金修复作为汽车维修的重要组成部分，市场需求日益旺盛。专业的汽车钣喷修复人才能够准确判断车辆受损情况，制定合理的修复方案，并在修复过程中严格遵守安全规范和操作流程，确保修复后的车辆结构完整、性能稳定。本书为高等院校汽车相关专业的教材，包括汽车钣金修复和汽车喷涂的相关知识和技能等内容，着重培养汽车钣金修复岗位、汽车喷涂岗位从业者所需的核心能力和职业素养，可作为汽车售后服务行业的培训教材。

本书依据《汽车零部件再制造　热喷涂修复工艺规范》（QC/T 1185—2023）和《事故汽车常用零部件修复与更换判别规范》等行业标准，紧密结合汽车钣金修复岗位和汽车喷涂岗位的能力需求，以这两个岗位的实际工作任务为引领，融入这两个岗位的新技术、新规范、新工艺，按照学习目标、任务描述、任务解析、知识学习、任务实施、任务总结和任务考核安排每个任务的教学内容，以达到理论知识由浅入深、技能操作水平逐渐提升的效果。

本书包括车身维修安全、车身材料和结构、车身碰撞损伤分析、车身测量等 10 个项目，共计 23 个任务，详细介绍了车身材料和结构认知，车身覆盖件和结构件的碰撞损伤分析，车身测量的内容及方法，车身校正的基本原理及车身校正设备的使用方法，车身焊接的方法及工艺，车身钣金修复的方法及工艺，汽车底漆、原子灰、中涂底漆及面漆的涂装工艺等。

本书由潍坊职业学院刘娜、张磊担任主编，潍坊职业学院张利源、李伟鑫担任副主编，潍坊职业学院孙皓、潍坊诺德汽车销售服务有限公司赵德光参与编写。编写分工如下：项目 1 ~4 由刘娜编写，项目 5 由李伟鑫编写，项目 6、8、9 由张磊编写，项目 7 由孙皓编写，项目 10 由张利源编写，全书任务工单由赵德光编写。本书在编写过程中得到了潍坊诺德汽车销售服务有限公司、上海景格科技股份有限公司的大力支持和帮助，在此表示诚挚的感谢。

由于编者水平有限，书中难免会有疏漏和不足之处，敬请业内专家、同行和读者批评指正。

编者

2024 年 6 月

目　录

项目一
车身维修安全

项目描述

随着我国汽车工业的迅猛发展和人民生活水平的不断提高，汽车保有量快速增加，汽车已经成为人们生活中不可缺少的重要的交通工具。车身作为汽车构造的主要组成部分，主要用来装载货物和容纳乘客，保护货物和乘客免受风、沙、雨、雪、尘土与恶劣环境的影响，并保障行驶时的安全、舒适；同时也为驾驶员提供一个良好、舒适的工作场所和环境。汽车在使用过程中，由于交通状况、驾驶水平等原因，车身损伤的概率很大。

车身修复质量直接影响维修后汽车的正常使用，甚至影响行驶安全，所以必须加以重视。而保证车身修复正常进行的先决条件是车身修复安全，每一位钣喷修复人员都必须具有安全修复意识，保证高质量地完成车身修复作业。

项目实施

车身维修安全主要包括车身维修车间安全和维修人员安全。车身维修车间安全主要包括驾驶安全、消防安全和电气安全等，维修人员安全主要通过正确穿戴安全防护装备来实现。

任务1　车身维修安全

学习目标

【知识目标】

了解车身维修车间的布置及区域划分；
掌握车身维修车间的安全事项；
掌握维修人员的安全事项。

【能力目标】

能够发现车身维修车间的安全隐患并提出改进措施；

能够正确穿戴安全防护装备。

【素养目标】

培养学生的团队协作意识；

培养学生的安全意识。

任务描述

如图 1-1 所示，车身修复需要使用钣金锤等手工工具进行敲击作业，需要使用电动切割锯等电动、气动工具进行切割作业，需要使用电阻点焊机、二氧化碳（CO_2）气体保护焊机（简称二保焊机）等进行焊接作业，需要使用喷枪等进行喷涂作业。这些作业产生的粉尘、噪声等会对维修人员的工作环境及自身安全产生危害，这就需要维修人员做好安全防护，以保证维修作业的正常进行。

图 1-1 车身维修作业

任务解析

车身维修安全主要包括车身维修车间安全和维修人员安全。车身维修车间安全主要包括驾驶安全、消防安全和电气安全等。维修人员安全主要指正确穿戴安全防护装备，如：焊接作业时正确佩戴焊接用呼吸器等防护装置，穿耐高温的焊接防护服；切割作业时佩戴防尘眼镜、防尘口罩及耳塞等；喷涂作业时穿喷漆防护服，佩戴耐溶剂手套、护目镜及滤筒式呼吸器等。

知识学习

合理的车间布置有利于进行维修作业，同时为安全生产提供一定的保障。在生产过程中，要严格遵守相应的安全注意事项，以保障安全生产。

1. 车身维修车间的布置

（1）工作区布置

车身维修车间的工作区分为车身修复工作区（又称钣金工作区）和涂装工作区（又称喷涂工作区）。车身修复和涂装两项工作主要在这两个工作区完成。

车身维修车间的工作区根据生产需要又可划分为若干工位，工位之间既相互联系也相对独立。车身修复工作区一般分为钣金加工检查工位、钣金加工校正工位、车身校正工位和材料存放工位等。涂装工作区一般分为喷漆准备区和喷漆区，喷漆准备区设有检查工位、打磨工位、调漆工位等。

在车身修复工作区要完成事故车辆检查、车辆零部件拆卸、板件维修、车身测量校正、车身钣金更换、车身装配等工作。

车身校正工位是车身修复工作区最重要的工位，同时也是完成工作量最多的工位。车身校正工位的长度一般为8～10 m，宽度一般为5～6 m。此工位要放置一台车身校正设备，该设备的长度一般为5～6 m，宽度一般为2～5 m。

（2）气路和电路布置

车身维修车间在车身修复和涂装过程中均要使用压缩空气和电力，所以气路和电路的布置非常重要。

车身维修车间所使用的压缩空气的压强一般为0.5～0.8 MPa。车身维修车间一般要配备一个压缩空气站，各个工位都要有压缩空气接口，管路要沿墙壁布置，高度不超过1 m，也可布置在车间顶板的位置。每个工位至少要留出2个接口，并安装开关，采用快速接头。

车身维修车间的用电量很大，特别是车身修复过程中的焊接和校正作业，其操作电流一般不小于15 A，而大功率的电阻点焊焊接电流不小于30 A，所以要在车身校正工位附近设置一个专用的配电箱提供电力，配电箱距离车身校正工位不能超过10 m，否则易导致线路过热。

每个工位要设置至少2个额定电流均不小于15 A的三孔插座，每个插座都要保证可靠接地。

2. 车身维修车间安全

（1）驾驶安全

由于车身维修车间空间小，人员多，缺少交通指挥，车辆在行驶过程中很容易出现剐蹭、挤伤人和碾压人的事故，因此应注意以下安全事项。

①小心驾驶。在车间内应缓慢驾驶车辆，并使车窗处于开启状态，以便驾驶员听到周围人发出的警示。不要让无驾驶证的人驾驶车辆，车辆要按车间内规定的固定路

线行驶。

②注意观察。在车间移动车辆时应查看各个方向，确保没有人或物品挡住道路。最需要注意的是正在作业的人员是否把腿伸到行驶路线上。

③车辆安全停靠。在对车辆进行作业前，要拉起驻车制动器（自动挡车辆要将自动变速器置于驻车挡），同时用楔形木块垫住车轮防止车辆移动。点火开关要置于关闭位置。

④驾驶员自身保护。驾驶员要避免接触到旋转的部件，要防止衣物和头发与旋转的部件接触，以免绞入造成人体伤害。手指要远离处于拉伸状态的弹簧。例如，发动机罩与车门的铰链弹簧非常有力，小心手指不要被弹簧夹伤。

（2）消防安全

①消防设施配备齐全。燃烧的三个基本要素是可燃物、助燃物、着火源。只要这三个基本要素中有一个缺失，就能熄灭火焰，阻止火灾发生。

车间一般要配备水龙头、防火沙、灭火器等消防设施。

多用途干粉灭火器可扑灭可燃气体火灾、可燃液体火灾、可燃含碳固体火灾和电气火灾，车间应配备足量的多用途干粉灭火器，并保证性能良好，同时要确保每个员工都会正确使用灭火器。

灭火器应该定期检查，定期加注灭火剂。灭火器要摆放在车间的固定位置，并且有明显的标志。

②注意防火事项。车身维修车间如有汽油、油漆等易燃品，在操作过程中也会产生明火，极易造成火灾，因此在进行车身维修操作时要注意以下防火事项。

（a）车身维修车间禁止吸烟。

（b）不能将火柴或打火机等火种带入车间。

（c）进行切割或焊接作业时，高热量的火星可飞溅到很远，因此不要在油漆或其他易燃的液体材料附近进行切割或焊接作业。

（d）易燃材料要由专人妥善保管，不要有泄漏现象。

（e）燃油箱要在作业前排空后拆下。必要时可用湿布对油箱的待修理部位进行冷却。

（f）为了防止电气火灾，在进行电气作业或车身作业前要断开蓄电池。

（g）在内饰件附近切割或焊接时，要防止内饰件被点着。适当地用湿布遮盖内饰件，同时要在旁边准备一桶水和一个灭火器。

（h）一旦发生火灾，要冷静处理，采取必要的措施进行扑救，并及时拨打火警电话报警，及时撤离火灾现场。

(3) 电气安全

在车身维修作业过程中，维修人员经常会用到电动设备和工具，为了保障用电安全，在使用电动设备和工具时，必须保证电源接线正常，无漏电等故障；在维修电动设备和工具时，必须先断开电源，否则会有电击危险，严重的可能造成人员死亡。

电动设备和工具长时间使用，由于导线牵拉扯动频繁，会导致导线磨损而漏电，因此要保持地面干燥，不可积存水，因为水能导电，使人有电击的危险。在使用电动设备和工具的过程中，如发现导线漏电，应及时进行修复或更换。

应确保电动设备和工具的电源线正确接地。如果电源线的接地插头断裂，则应更换插头后再使用。

要仔细阅读电动设备和工具的使用说明书，正确连接导线，并按使用说明书的要求使用。

3. 维修人员安全

(1) 呼吸系统的安全防护

对镀锌钢材进行焊接时产生的焊接烟尘、打磨抛光时产生的微尘、清洗部件时挥发的溶剂和喷射防腐剂时挥发的液滴都会被吸入呼吸系统中，对人体产生暂时甚至永久的伤害。因此，在进行这些操作时都应该佩戴呼吸器，以达到保护呼吸系统的目的。不同类型的呼吸器如图 1-2 所示。

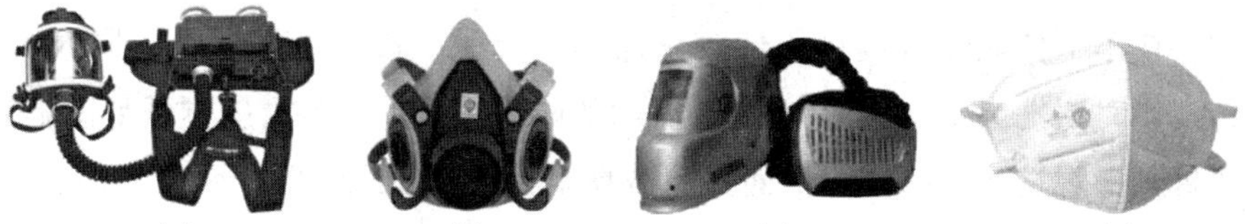

(a)　(b)　(c)　(d)

图 1-2　不同类型的呼吸器

(a) 供气式呼吸器　(b) 滤筒式呼吸器　(c) 焊接用呼吸器　(d) 防尘呼吸器

1) 供气式呼吸器

供气式呼吸器如图 1-2 (a) 所示，主要由护目镜、面罩或头盔、气源泵、软管、进气阀、出气阀等组成。使用时，干净的空气通过软管从一个单独的气源泵送到面罩或头盔中。在喷涂作业时，采用供气式呼吸器防护效果较好。

2) 滤筒式呼吸器

滤筒式呼吸器如图 1-2 (b) 所示，由橡胶面罩、预滤器、滤筒、进气阀、出气阀等组成。橡胶面罩可贴合脸部轮廓，保证气密性。可更换的预滤器和滤筒能够清除空气中飞散的固体颗粒物、溶剂蒸气和其他有害蒸气。

3）焊接用呼吸器

在对镀锌钢材进行焊接时，产生的焊接烟尘和锌蒸气会对人体产生很大的伤害。焊接用呼吸器如图1-2（c）所示，该类型的呼吸器上有一个特殊的滤筒，可以吸收焊接产生的烟尘。

4）防尘呼吸器

防尘呼吸器如图1-2（d）所示，一般是用多层滤纸制作、价格较低的纸质过滤器（即防尘口罩），其作用是阻挡空气中的微尘、粉尘进入人的鼻腔、咽喉、呼吸道和肺部。在进行打磨、研磨操作或用吹风机进行吹扫操作时会产生大量的粉尘等，应佩戴防尘呼吸器。

【特别提示】

使用呼吸器前需进行密合性测试。

①负压测试：将手掌放到滤芯上并吸气，密合性良好时，面罩部分会随着吸气而朝向脸部凹陷。

②正压测试：用手掌罩住呼吸器并呼气，密合性良好时，面罩部分会鼓出来，而空气不会随着呼气从面罩中逸出。

（2）头部的安全防护

维修人员由于时常在车下或者车厢内作业，容易造成头部损伤，还会因为粉尘、油污等造成头发污染或不清洁，因此要注意头部的安全防护。在进行维修作业时要戴上防尘帽，在车下作业或者进行拉伸校正操作时要戴上硬质的防尘帽。同时，头发不要过长，工作时要把头发放入如图1-3所示的防尘帽中。焊接时应佩戴如图1-4所示的焊接防护帽，焊接防护帽能保护面部免遭高温、紫外线或熔融金属的伤害。

图1-3 防尘帽

图1-4 焊接防护帽

（3）耳朵的安全防护

在车身维修作业过程中，经常使用气动錾、气动锯等切割工具进行切割作业和对钣金件进行敲打、打磨等作业，这些作业都会产生高分贝的噪声，容易对耳朵造成伤害，因此进行上述作业时，要佩戴如图1-5所示的耳塞，以加强对耳朵的安全防护。

（4）眼睛和面部的安全防护

如果佩戴的呼吸器不带面罩，那么在进行打磨、涂装等维修操作时应佩戴如图 1-6所示的防护眼镜。防护眼镜能在进行锤击、钻孔、磨削和切削等操作时防止飞屑击伤面部或眼睛。

图1-5　耳塞

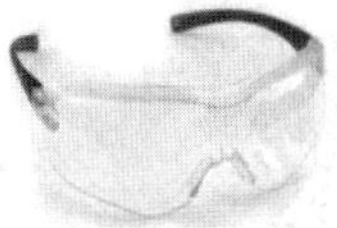

图1-6　防护眼镜

在进行焊接作业时，应佩戴如图 1-7 所示的有深色镜片的焊接护目镜，深色镜片能保护眼睛免受电焊弧光的伤害。

（5）身体的安全防护

在车身维修车间应穿着合格的棉质工作服（图 1-8），不能穿宽松的衣服和没系袖口扣子的衬衫，不能佩戴饰物。衣物应远离运动的部件，宽松、下垂的衣物容易被绞入运动部件，造成人体伤害。

图1-7　焊接护目镜

图1-8　工作服

（6）手、腿、脚的安全防护

①手的安全防护。在焊接作业时，应戴上如图 1-9 所示的皮质手套，防止熔化的金属烫伤手臂。打磨时应佩戴如图 1-10 所示的纯棉手套。涂装时应佩戴如图 1-11所示的耐溶剂手套。

图1-9　皮质手套

图1-10　纯棉手套

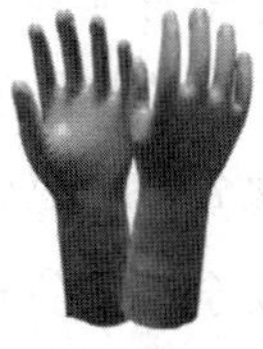

图1-11　耐溶剂手套

②腿的安全防护。在进行车身维修作业时，经常会跪在地上操作，因此最好佩戴如图 1－12 所示的护膝，以保护膝盖，防止膝盖损伤。

③脚的安全防护。在车身维修车间工作时，最好穿如图 1－13 所示的安全鞋，不能穿凉鞋和拖鞋。安全鞋鞋头有金属片，可以防止重物下落砸伤脚；安全鞋还有防滑和绝缘的功能，可以防止滑倒和触电事故的发生。

图 1－12 护膝

图 1－13 安全鞋

4．个人安全准则

维修人员在进行车身维修操作时要遵守以下准则。

①在使用各种设备前要认真学习产品标签或说明书上的使用方法和注意事项，切忌盲目操作和违反操作规程作业。

②按防护要求穿戴安全防护装备，并保证防护装备性能可靠。

③用压缩空气枪吹扫车门的侧壁和其他难以触及的地方时，应当戴上护目镜和防尘面罩。不要用压缩空气吹身上的灰尘，以免铁屑等杂质嵌入皮肤。

④金属的处理剂含有磷酸，吸入这种化学物质或皮肤、眼睛接触到这种物质会引起发炎，所以在使用这种物质时要佩戴安全镜，穿工作服，戴橡胶手套及呼吸器。

⑤在工作场地不允许追逐、打闹。工作区的许多设备、工具，还有管路、线路都存在潜在的危险，可能对人员、物品造成损害。

⑥在搬运物品时，尽量借助设备进行搬运、提升、移动，以减少意外扭伤或砸伤。

任务总结

只有做好车身维修安全防护，才能减少维修成本，节约维修时间，降低企业的潜在危机，保证维修工作的顺利进行。

车身维修安全主要包括车身维修车间安全和维修人员安全。车身维修车间安全主要包括驾驶安全、消防安全、电气安全等。除此之外，还要实时检查车间防护设备的运行情况，保证出现危险情况时能及时使用。维修人员安全主要指根据敲击、切割、焊接及喷涂等作业类型正确选择并穿戴安全防护装备。

任务考核

表 1-1　任务工单

工作任务：车身维修安全	班级			
	姓名		学号	
	日期		评分	

1. 车间安全防护检查

（1）驾驶安全

（2）电气安全

（3）消防安全

（4）防护设备

2. 个人安全防护装备穿戴

（1）切割作业

（2）焊接作业

（3）敲击作业

（4）打磨作业

（5）喷涂作业

3. 车间安全防护检查情况及改进措施

（1）总结

（2）改进

4. 个人安全防护装备穿戴情况及改进措施

（1）总结

（2）改进

建议：

①小组讨论分析实施过程中产生的问题，给出改进方案；

②小组准备汇报材料，每组派一人进行汇报；

③整理相关资料，列表说明项目资料及资料来源，注明存档情况。

习题与思考

1. 选择题

(1)【单选题】当汽油燃烧时，可使用（　　）灭火。

A. 大量的水　　B. 干粉灭火器　　C. 防火沙　　D. 扫帚

(2)【多选题】用压缩空气枪吹扫工件时，应佩戴的防护用具是（　　）。

A. 耳罩　　B. 护目镜　　C. 头盔　　D. 防尘面罩

(3)【单选题】车身维修车间所使用的压缩空气的压强一般为（　　）MPa。

A. 0.4～0.8　　B. 0.5～0.8　　C. 0.3～0.8

(4)【单选题】（　　），可对滤筒式呼吸器进行负压测试。

A. 将手掌放到滤芯上并吸气

B. 将手掌放到滤芯上并呼气

C. 用手掌罩住呼气器并呼气

(5)【单选题】在使用液压举升机时，操作者应该站在（　　）。

A. 液压举升机的正面

B. 液压举升机的侧面

C. 液压举升机的下面

2. 判断题

(1) 在焊接作业时最好穿绝缘鞋，以防止触电事故的发生。（　　）

(2) 车身修复工作区一般分为钣金加工检查工位、钣金加工校正工位、车身校正工位和材料存放工位等。（　　）

(3) 在调漆间附近可以使用割炬或焊接设备进行操作。（　　）

(4) 在使用惰性气体保护焊机进行焊接时，只佩戴好防护面罩即可。（　　）

(5) 对燃油箱可以使用氧乙炔焊机进行焊接操作。（　　）

3. 简述题

(1) 呼吸器的密合性测试怎么做?

(2) 进行车身维修操作时要遵守的个人安全准则有哪些?

项目二
车身材料和结构认知

项目描述

车身是驾驶员的工作场所，也是容纳乘客和货物的场所。随着新技术、新工艺、新材料的开发与研究，车身正以多种多样的形式不断满足安全、节油、舒适、耐用等技术要求。车身作为汽车的基本骨架，是汽车中最大的部件，它决定着汽车的基本形状、大小，甚至用途。车身由多种材料（通常包括钢、铝、塑料、玻璃等）制成，车身表面根据用户要求喷涂各种颜色的油漆，使车辆达到美观的效果。由于事故而造成汽车损坏时，如果车身无法修复，就表明这辆车必须报废了。

项目实施

当汽车发生碰撞时，车身发生变形以吸收碰撞能量。车身的变形情况取决于两个因素，一是车身的材料，二是车身的结构，因此本项目可以分为以下两个典型工作任务。

任务 2　车身材料认知

学习目标

【知识目标】

了解金属材料的性能；

掌握车身常用材料及其性能。

【能力目标】

能够掌握车身常用材料的性能。

【素养目标】

培养学生的团队协作意识；

培养学生严谨、细致的职业素养。

任务描述

车身材料决定着车身的安全性和轻量化程度，合理分析车身材料的类型、特点，有助于车身损伤的快速修复。请结合维修手册，分析车身材料的性能特点。

任务解析

车身材料主要包括超高强度钢、高强度钢、铝合金、塑料、橡胶等，每一种材料都具有独特的优势：钢制件结构稳固，强度大，可以吸收较大的碰撞能量；铝合金制件的质量比钢制件轻，能有效减轻车身的重量，多用来制作车门、前翼子板等构件，有的车型甚至采用全铝车身；塑料制件（简称塑料件）使用非常广泛，质量轻，价格便宜，便于维修。随着车身材料的不断发展，复合材料和纳米材料也将获得广泛应用。

知识学习

1. 金属材料的主要性能

金属材料的性能是指用来表征材料在给定外界条件下的行为的参量。当外界条件变化时，材料的某些性能会随之变化。通常金属材料的主要性能包括力学性能和工艺性能。

（1）金属材料的力学性能

金属材料的力学性能是指金属在外力作用下表现出来的性能。力学性能包括强度、疲劳强度、塑性、韧性、硬度等。

①强度。强度是指在外力作用下材料抵抗变形和断裂的能力，是材料最重要、最基本的力学性能指标之一。通过静载拉伸试验可测定材料的强度。

②疲劳强度。材料在极限强度以下长期承受交变负荷（即大小、方向反复变化的载荷）的作用，在不发生显著变形的情况下突然断裂的现象称为疲劳。材料在重复或交变应力作用下，经过周次 N 的应力循环仍不发生断裂时所能承受的最大应力称为疲劳极限。此时，N 称为材料的疲劳寿命。在重复或交变应力作用下，循环一定周次后断裂时所能承受的最大应力称为疲劳强度。某些金属材料，尤其是高强度材料或经过特殊处理的材料，在特定的加载条件下可能没有明显的疲劳极限。这意味着即使在较低的应力水平下，经过足够多次的循环加载，材料仍可能发生疲劳破坏。。

③塑性。金属材料在外力作用下产生永久变形而不致破裂的能力称为塑性。许多零件或毛坯是通过塑性变形而成形的，要求材料有较高的塑性；为防止零件工作时脆断，要求材料有一定的塑性。塑性也是金属材料的主要力学性能之一。

④韧性。韧性是指金属材料在冲击力（动力载荷）的作用下不被破坏的能力。金属的韧性通常随加载速度的提高、温度的降低、应力集中程度的加剧而降低。韧性高的材料在断裂前会发生明显的塑性变形，由可见的塑性变形至断裂要经过一段较长的时间，

能引起人们的注意，一般不会造成严重事故。韧性低的材料脆性大，在断裂前没有明显的征兆，因而危险性极大。评定材料韧性的力学性能指标是冲击韧度和断裂韧度。

⑤硬度。硬度是指金属抵抗更硬的物体压入其表面的能力。硬度不是一个单纯的物理量，而是一个反映弹性、强度、塑性等的综合性能指标。机械制造业所用的刀具、量具、模具等都应具备足够的硬度才能保证使用性能和寿命。

（2）金属材料的工艺性能

金属材料的工艺性能指金属材料在加工过程中表现出来的性能，即反映加工难易程度的性能。工艺性能主要有铸造性、切削加工性、焊接性、可锻性、冲压性、热处理工艺性等，在设计机械零件和选择加工方法时，都要考虑金属材料的工艺性能，如：灰铸铁具有优良的铸造性和切削加工性，常用来铸造机械零件，但其可锻性差，不能锻造，焊接性也差；低碳钢的可锻性和焊接性都很好。热处理工艺通常用于改善切削加工性或使零件得到所要求的最终性能而被安排在有关工序之间。

1）铸造性

铸造是将熔融的金属浇注、压射或吸入铸型的型腔中，待其凝固后得到具有一定形状和性能的铸件的方法。由此可知，铸造性是指金属熔化成液态后，在铸造成形时所具有的一种特性。衡量铸造性的指标有流动性、收缩性和偏析倾向。

①流动性。流动性是液态金属充满铸型的能力。流动性好，液态金属充满铸型的能力就强，容易获得尺寸精确、轮廓清晰、形状完整、薄而复杂的铸件；流动性差，铸型就不易被液态金属充满，铸件就容易“缺肉”而成为废品。

②收缩性。收缩性是指铸件在冷却凝固时，体积和线性尺寸收缩的程度。收缩不利于金属铸造，会使铸件产生缩孔、缩松、变形等缺陷。

③偏析倾向。偏析倾向是指铸件凝固后出现化学成分和组织不均匀的现象，从而导致铸件各部位的力学性能差异。一般来说，合金钢的偏析倾向较大，高碳钢的偏析倾向比低碳钢大，因此合金钢、高碳钢需要进行铸后热处理（扩散退火）来消除偏析。

2）切削加工性

金属材料在切削加工时所表现的性能称为切削加工性。切削加工性的好坏反映了金属材料经过切削加工而成为合乎要求的工件的难易程度。切削加工性与多种因素(如材料的组织、成分、硬度、强度、塑性、韧性、导热性、硬化程度以及热处理等)有关。评价金属材料的切削加工性是比较复杂的，评价指标包括切削力、切削热、刀具磨损、表面粗糙度等。一般根据材料的韧性和硬度可以做出大致的判断。硬度在170～230 HBS之间，并有足够脆性的金属材料，有良好的切削加工性。硬度和韧性过高或过低，切削加工性均不理想。金属材料的切削加工性很难用一个指标来评定，通常用切削率或切削加工系数来表示。一般来说，有色金属的切削加工性比黑色金属好，铸铁的切削加工性比钢好，中碳钢的切削加工性比低碳钢好。

3）焊接性

被焊金属材料在采用一定的焊接工艺方法、焊接材料、规范参数及结构形式的条件下，获得优质焊接接头的难易程度称为焊接性。一般来说，热导率过高或过低，膨胀系数大，塑性低或焊接时容易氧化、吸气的金属，焊接性比较差。低碳钢具有良好的焊接性，中碳钢的焊接性中等，高碳钢、高合金钢、铸铁和铝合金的焊接性较差。

4）可锻性

可锻性是指金属材料在锻造过程中承受塑性变形的性能。如果金属材料的塑性好，易于锻造成形而不发生破裂，就认为可锻性好。铜、铝的合金在冷态下具有很好的可锻性；碳钢在加热状态下可锻性也很好；而青铜的可锻性就差些；脆性材料的可锻性更差，如铸铁几乎不能锻造。

5）冲压性

冲压性是指金属经过冲压变形而不产生裂纹等缺陷的性能。许多金属产品（如汽车壳体、搪瓷制品坯料）的制造都要经过冲压工艺。为保证制品的质量和工艺的顺利进行，用于冲压的金属板、带等必须具有合格的冲压性能。

6）热处理工艺性

热处理工艺性是指金属经过热处理后，其组织和性能改变的能力，包括淬硬性、淬透性、回火脆性、氧化及脱碳趋势等。

2. 车身用金属材料

（1）热轧钢板和冷轧钢板

车身结构中有两种类型的钢板：热轧钢板和冷轧钢板。

热轧钢板是在800 ℃以上的高温下轧制的，它的厚度一般在1.6～8 mm之间，用于制造汽车上强度要求高的零部件，例如车身、横梁、纵梁、车身内部钢板、底盘零件等。

冷轧钢板是由热轧钢板经过酸洗后冷轧变薄，并经过退火处理得到的（因为滚轧的关系，热轧钢板内部结构变硬，要实施退火处理使它软化）。由于冷轧钢板是在较低的温度下轧制的，它的厚度精度高，一般为0.4～1.4 mm。冷轧钢板的表面质量好，具有良好的可压缩性和焊接性。大多数整体式车身都采用冷轧钢板制成。在悬架周围、车身底部容易腐蚀的地方，采用经过表面处理的冷轧钢板作为防锈钢板。

（2）低碳钢

低碳钢含碳量低，比较软，便于加工，可以很安全地进行焊接、热收缩和冷加工等操作，而强度不会受到严重影响。由于低碳钢容易变形，所以要用较厚的板件才能达到足够的强度，导致汽车质量增加。为了达到节能环保的要求，车身既要质量轻又要有足够的强度，因此整体式车身越来越少采用低碳钢。但从修理的角度考虑，车身的外覆盖件一般采用低碳钢制造。

(3) 高强度钢

高强度钢泛指强度高于低碳钢的各种类型的钢材，一般强度在 200 MPa 以上。

新设计的整体式车身通常比车架式车身小，要求车身的前部能够承受比过去大得多的载荷，并能够更好地吸收碰撞能量，高强度钢正好可以解决这两方面的问题。

目前整体式车身对构件的要求有以下几点。

①有足够的强度。例如挡泥板，不仅具有挡泥的作用，而且能够承受悬架的一部分载荷，并支撑横向安装的发动机、蓄电池、点火装置和减振器。

②质量轻，以减少燃料消耗。

③有很好的塑性。高强度钢可以设计成抗弯截面，能吸收碰撞能量并减少传递到乘客舱的损害。

为了达到这些要求，许多汽车制造厂都采用强度高、质量轻的高强度钢来制造现代车身的大部分板件，如图 2-1 所示。

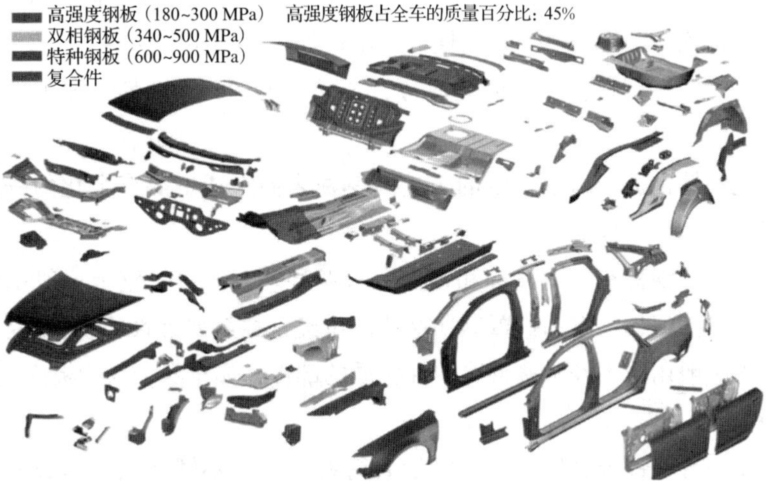

图 2-1　现代车身高强度钢板的应用

然而，高强度钢所具有的强度高和质量轻的特点却给修理带来了一些难题。高强度钢受到碰撞时不容易变形，但是一旦变形，它比低碳钢更难修复到原来的形状。在常规钢板的修理过程中，可以采用加热的方法来释放应力或焊接新的零部件。但对于高强度钢，加热却受到严格的限制，或者根本就不能加热，否则会对板件内部结构造成损害。

(4) 特殊金属板

1）防锈钢板

防锈钢板的表面有一层镀层，镀层的种类有镀锌、镀铝和镀锡。在这三种镀层中镀锌和镀铝比钢板容易腐蚀，而镀锡防腐蚀能力则比钢板好。镀锌钢板对碱性环境的防腐性能好于酸性环境，而镀铝钢板对酸性环境的防腐性能好于碱性环境。车身防锈钢板的种类与用途如表 2-1 所示。

表 2-1　车身防锈钢板种类与用途

防锈钢板种类	用途
镀锌钢板	车身、车门、发动机等
镀锡钢板	燃油箱
镀铝钢板	排气管护板

修理防锈钢板时要尽量保护镀层的完整性，在打磨、钣金或焊接等可能会破坏镀层的修理过程中，要尽量少地破坏镀层并及时恢复镀层，否则镀层被破坏的钢板会很快腐蚀。

在车身中应用最广泛的是镀锌钢板。由于钢板的表面有锌，空气不能直接和钢板接触，所以钢板得到保护。当出现锈蚀时，锌先于钢板生锈，且只在表面形成薄薄的涂层，不向内部延伸，此时空气还是不能直接与钢板接触，从而使钢板得到保护。

镀锌钢板有以下几种。

①电镀锌钢板：表面均匀，涂装性、焊接性好，但是镀层薄，防锈性差。

②电解镀锌钢板：镀层厚，防锈性好，不过焊接性和涂装性差。

③镍锌合金电镀钢板：通过电镀镍锌合金，力求达到涂装性、加工性和防锈性均良好的效果。

④合金化镀锌钢板：通过特定的工艺在钢板表面形成一层合金化的锌层，以提高钢板的耐腐蚀性和涂装性能。

车身用的镀锌钢板有单面镀锌和双面镀锌两种。双面镀锌钢板一般用于制造车身的下部板件，如挡泥板、发动机罩等，这些部位经常接触腐蚀性物质，需要重点防护。单面镀锌钢板一般用作不经常接触腐蚀性物质的部件，如车身上部的板件。

2）不锈钢板

不锈钢是一种铬镍合金碳钢，含铬量大约为 12% 。不锈钢板在车身上主要作为外装饰部件。

3）夹层制振钢板

夹层制振钢板表面或中间覆有塑胶，以前用于覆盖钢板的塑胶膜较薄，而现在用于覆盖钢板的塑胶膜较厚，吸收振动的效果更好一些。夹层制振钢板用作下隔板或乘客舱隔板。

4）铝合金板

以前铝合金仅应用在汽车的发动机、轮毂等部位，但现在一些新型的车身也开始应用铝合金。最初铝合金只应用于车身外部装饰件，现在车身结构件也可以全部用铝合金来制造，例如奥迪 A6、别克 GL8、标致 307 和欧宝维特 C 等车型的发动机均用铝合金制造。

铝合金板依据其在车身中应用的要求可分为铸造件、冲压件、压铸件。车身板件大部分使用压铸件。压铸件具有复杂的几何形状，通常用真空压铸的方法生产。压铸件用来制造能够承受大载荷的部件，可以明显减轻车身质量，同时具有高的强度。此外，压铸件还具有优良的延展性、良好的焊接性和较高的塑性，保证其在碰撞时有很高的安全性。压铸件的铝合金类型是铝硅、铝镁系列铝合金。铝合金部件一般应用在碰撞吸能区域，除了能够承受正常的载荷外，在碰撞变形中还可以吸收大量的能量，保护后面的部件完整、不变形。压铸件一般用来制造横梁、保险杠及其支撑件等。冲压件有非常高的强度，可提高车身的强度和刚性，使车身在剧烈的碰撞中保持结构的完整性。车身的铝合金件上一般都标有铝合金的类型标识。

3. 车身用非金属材料

在汽车制造中，除使用金属材料外，还广泛使用非金属材料。常见的汽车灯罩、仪表板壳、转向盘、坐垫、风窗玻璃、轮胎、传动带、连接软管等都是由各种非金属材料制成的。非金属材料具有许多优良的理化性能，可以满足某些特殊要求，而且原料来源丰富，加工简便，因此得到广泛的应用。

非金属材料的种类很多，这里主要介绍玻璃、塑料、橡胶和黏合剂等材料的基本知识，以及它们在汽车上的应用。

(1) 汽车用玻璃

汽车用玻璃有安全和外观两方面的要求。汽车玻璃要有良好的光学性能，还要有良好的耐磨性、耐热性、耐光性。汽车上要使用安全玻璃，玻璃在破碎后不能对乘客造成伤害。

现在的风窗玻璃都做成整体一幅式的大曲面形，上下左右都有一定的弧度。这种曲面玻璃从加工到安装配合的技术要求都非常高。

现在汽车上应用的安全玻璃有夹层玻璃、钢化玻璃、区域钢化玻璃和特殊功能玻璃等类型。

①夹层玻璃。夹层玻璃内部有一种透明、可黏合的塑料膜，贴在两层或三层玻璃之间，它将塑料的强韧性和玻璃的坚硬性结合在一起，增强了玻璃的抗破碎能力。

②钢化玻璃。钢化玻璃是将普通玻璃淬火后制成的，其内部组织形成一定的内应力，从而使玻璃的强度得到加强。在受到冲击破碎时，玻璃会分裂成带钝边的小碎块，不易对乘客造成伤害。

③区域钢化玻璃。区域钢化玻璃是钢化玻璃的一个新品种，它经过特殊处理，在受到冲击破碎时，裂纹仍可以保持一定的清晰度，保证驾驶人的视野不受到影响。目前风窗玻璃以区域钢化玻璃为主，能承受较大的冲击力。

④特殊功能玻璃。主要包括以下几种。

(a) 单面透视玻璃。单面透视玻璃是在普通玻璃上涂抹一层铬、铝或铱的薄膜制成的。它可以将大部分光线反射回去，使汽车从内向外可视性好，从车外却无法透视车内。

（b）控制风窗玻璃。这种玻璃具有雨点传感作用，其传感器可检测到雨点，然后自动打开风窗玻璃上的刮水器，并根据雨量的大小变化随时改变刮水器的速度。

（c）控制阳光玻璃。这种玻璃能挡住多达 84% 的太阳能，可以在所有车窗关闭和阳光直接暴晒的情况下使车内保持凉爽。

（d）导电玻璃。它是在普通玻璃表面涂上一层氧化钛、氧化锂之类的薄膜而制成的。这种玻璃通过微量的电流时会产生热量，使附着在车窗上的冰霜立即融化，以保证车内人员的视线。

（e）显示器系统玻璃。这种玻璃可以作为显示器系统。未来汽车路线指南、方位图等都可以从仪表板后面投射到前风窗玻璃上，这样驾驶人不用看仪表，只需正视前方就可以看到玻璃上显示的各种需要的信息，既方便又安全。

（2）汽车用塑料

塑料在汽车上的应用发展很快，从最初的内饰件和小零件，发展到替代金属制造各种机械配件和车身板件。用塑料代替金属，既可以取得汽车轻量化的效果，又可以改善汽车的某些性能，如耐磨、防腐、减振、减小噪声等。随着汽车工业的发展，塑料的应用越来越受重视。

1）塑料的组成

塑料是以合成树脂为基体，加入某些添加剂制成的高分子材料，在一定温度、一定压力下可以塑造成各种形状的部件。

①合成树脂。合成树脂是塑料的主要成分，它的种类、性质及加入量对塑料的性能有很大的影响，大部分塑料是以所加树脂的名称来命名的。工程上常用的合成树脂有酚醛树脂、环氧树脂、氨基树脂、有机硅树脂和聚氯乙烯、聚苯乙烯等。

②添加剂。加入添加剂是为了改善塑料的性能，扩大其使用范围。添加剂包括填料、增塑剂、稳定剂、固化剂和着色剂等。填料主要起强化作用，同时也能改善或提高塑料的某些性能。加入云母、石棉粉、氧化硅可以提高塑料的电绝缘性、耐热性、硬度和耐磨性。增塑剂用于提高塑料的塑性与柔软性。稳定剂可以提高塑料在光和热作用下的稳定性，以延缓其老化。固化剂可以使塑料在加工过程中硬化。着色剂可以使塑料制品的色彩美观。

2）塑料的分类

塑料的种类很多，按热性能可分为热固性塑料和热塑性塑料两大类。

①热固性塑料。热固性塑料是经过一次固化后不再受热软化，只能塑制一次的塑料。这类塑料耐热性好，受压不易变形，但力学性能较差。常用的热固性塑料有环氧树脂、酚醛树脂、氨基树脂、有机硅树脂等。

②热塑性塑料。热塑性塑料是指受热时软化，冷却后又变硬，可反复多次加热塑制的塑料。这类塑料加工成形方便，力学性能好，但耐热性相对较差，容易变形。热塑性塑料产量很大，约占塑料总产量的 80% 。常用的热塑性塑料有聚乙烯、聚氯乙烯、聚四氟乙烯、聚苯乙烯等。

3）塑料的主要性能

塑料具有许多优良的物理、化学性能，主要有以下几点。

①质量轻。塑料的密度一般只有 1.0 ~ 2.0 g/cm^3，可以大幅度减轻汽车的质量，降低能耗。

②化学稳定性好。一般的塑料对酸、碱、盐和有机溶剂都有良好的耐腐蚀性。

③比强度高。比强度是指单位质量的强度。尽管塑料的强度比金属低，但塑料密度小，质量轻，在等质量的情况下，其比强度更高。

④电绝缘性好。大多数塑料有良好的绝缘性，汽车电气零件广泛采用塑料作为绝缘体。大多数塑料的摩擦系数较小，耐磨性好，能在半干摩擦甚至无润滑的条件下正常工作。

⑤吸振性和消声性好。采用塑料轴承和塑料齿轮的机械在高速运转时可平稳地转动，噪声和振动大大减小。

塑料也有不少缺点，与钢材相比，其力学性能较差，耐热性较差（一般只能在 100 ℃以下长期工作），导热性较差，具容易吸水，吸水后性能恶化。此外，塑料还有易老化、易燃烧、温度变化时尺寸稳定性差等缺点。

4）塑料在汽车上的应用

塑料具有诸多金属和其他材料所不具备的优良性能，因此在汽车上应用很广，常用于制作各种结构零件、耐磨减磨零件、隔热防振零件等。

（3）汽车用橡胶

橡胶是一种高分子材料，汽车上有许多零件是用橡胶制造的，如轮胎、门窗密封条、风扇传动带、缓冲垫、油封、制动皮碗等。

1）橡胶的基本性能

橡胶具有以下优良性能。

①极高的弹性。这是橡胶独特的性能。橡胶在承受载荷时起初变形量很大，但随着外力的增大，橡胶具有很强的抵抗变形的能力。它可以作为减振材料，用于制造各种减轻冲击和吸收振动的零件。

②良好的热可塑性。橡胶在一定温度下会失去弹性而具有可塑性，当橡胶处于热可塑状态时，容易加工成各种形状和尺寸的制品，而且当外力去除后，仍能保持加工后的形状和尺寸。

③良好的黏着性。黏着性是指橡胶与其他材料黏结成整体而不分离的能力。橡胶

有很强的吸附能力，能与其他材料黏结成整体，如汽车轮胎就是利用橡胶与棉、毛、尼龙等牢固黏结在一起而制成的。

④良好的绝缘性。大多数橡胶是绝缘体，是制造电线、电缆等的理想材料。

此外，橡胶还具有良好的耐寒，耐蚀，不渗漏水、气等性能。

橡胶的缺点是导热性差、硬度和抗拉强度不高、容易老化等。

2）橡胶在汽车上的应用

在汽车上用量最大的橡胶制品是轮胎，另外橡胶还广泛用于制造车门、车窗的密封条，各种胶管、胶带，减振配件以及耐油配件等。

（4）汽车用黏合剂

黏合剂又称黏结剂，是将两种材料黏结在一起，或填补零件的裂纹、空洞等缺陷的材料。黏合剂具有较高的黏结强度和良好的耐水、耐油、耐腐蚀、电绝缘等性能，用黏合剂修复零件具有工艺简单、连接可靠、成本低、不会引起零件变形和内部组织变化等优点。因此，黏合剂在汽车修理中得到广泛应用。汽车用黏合剂主要有以下几种。

1）环氧树脂黏合剂

环氧树脂黏合剂是一种有机黏合剂，其用途很广，适合黏结各种金属材料和非金属材料。环氧树脂黏合剂以环氧树脂及固化剂为主，加入增韧剂、填料、稀释剂和促进剂等配制而成。

①环氧树脂。环氧树脂是人工合成的高分子化合物，它的优点是黏结能力强、固化收缩率低、耐蚀性和绝缘性好、使用方便等；缺点是脆性大、耐热性差。

②固化剂。固化剂与环氧树脂化合，使树脂的线状结构变成网状结构。固化后二者形成热固性材料，温度升高不软化或熔化，也不溶于有机溶剂，而且具有良好的耐油、耐酸性能。常用的固化剂有乙二胺、间苯二胺、聚酰胺等。

③增韧剂。增韧剂是为了改善环氧树脂的脆性，提高其柔韧性而加入的成分。它还可以减小固化时的收缩性，提高黏结层的抗剥离、耐冲击能力。

④填料。加入填料能提高黏结接头的强度和表面硬度，提高黏合剂的耐热性和电绝缘性，节约树脂用量。常用的填料有铁粉、石英粉、石棉粉、玻璃丝等。

⑤稀释剂。稀释剂用来溶解树脂，降低黏合剂的黏度，同时可以控制固化过程的反应热，延长黏合剂的使用期限，增加填料的加入量。常用的稀释剂有丙酮、甲苯、二甲苯等。

⑥促进剂。加入适量的促进剂，能使黏合剂加速固化并降低固化温度。常用的促进剂有四甲基二氨基甲烷、间苯二酚等。

2）酚醛树脂黏合剂

酚醛树脂黏合剂也是一种有机黏合剂，它的基本成分是酚醛树脂。酚醛树脂黏合剂具有较高的黏结强度，耐热性好，可在200 ℃以下长期工作，但其脆性大，不耐冲击。

酚醛树脂黏合剂可以单独使用，也可以与其他树脂或橡胶混合使用。它与环氧树脂混合使用时，用量为环氧树脂的 30%~40%，且要加增韧剂和填料。为了加速固化，可加入 5%~6% 的乙二胺，这样既改善了耐热性又提高了韧性。

例如 204 黏合剂是酚醛树脂与缩甲醛组成的黏合剂。它的特点是具有优良的耐热性，可在 200 ℃以下长期工作，主要用于高温环境下的零部件修复。

3）氧化铜黏合剂

氧化铜黏合剂是一种无机黏合剂。它具有良好的耐热性（在 600 ℃高温下不软化）和耐油、耐酸性，固化前溶于水而固化后不溶于水，但其脆性大，不耐冲击，耐碱性差。

氧化铜黏合剂由氧化铜、无水磷酸和氢氧化铝调和而成，其中氢氧化铝用于进行无水处理，氧化铜与无水磷酸反应生成磷酸铜，磷酸铜吸水后形成结晶水化物而固化，磷酸铜与钢铁表面接触黏结时，铁元素与铜元素会发生置换反应，从而提高氧化铜黏合剂的黏结强度。

氧化铜黏合剂在固化后体积略有膨胀，因此特别适用于管件套接或槽接，也可用于填补裂缝、堵漏和黏合零件，如粘补发动机气缸上平面、气阀室附近的裂纹以及黏结硬质合金刀头等。

任务实施

1. 高强度钢的修复及应用

（1）高强度钢的修复

1）高强度低合金钢

高强度低合金钢又称回磷钢，通过在低碳钢中加入磷来提高钢的强度。它有与低碳钢相似的加工特性，可为汽车的外部面板和车身提供更高的抗拉强度。

美国生产的许多汽车上都有用高强度低合金钢制造的零部件，例如前后纵梁、门槛板、保险杠面板、保险杠加强筋和车门立柱等。高强度低合金钢的强度主要取决于添加的化学元素，但经受高温加热后，原用于提高强度的化学元素遭受损失，导致强度降低。

为了避免汽车结构性能明显下降，在修理时对高强度低合金钢一定要按生产厂家规定的温度加热。根据经验，加热温度不可超过 480 ℃，同时加热时间不可超过 3 min。因此，对高强度低合金钢进行焊接时，要采用气体保护焊或电阻点焊，不允许采用氧乙炔焊或电弧焊。

2）高抗拉强度钢

高抗拉强度钢又称 Si-Mn 固溶体淬火钢。这种钢增加了硅（Si）、锰（Mn）和碳的含量，提高了抗拉强度。一般用这种钢制造与悬架装置有关的构件和车身等。

沉淀淬硬钢是另一种高抗拉强度钢，它通过形成碳氮化铌沉淀物来提高钢材的强度。这是20世纪70年代初期发展起来的一种高抗拉强度钢，这种钢具有优异的加工性能，主要用于制造门边护板、保险杠加强筋等。

日本生产的汽车上装有用高抗拉强度钢制成的车身构件。常规的加热和焊接方法不会明显降低这种钢的强度，其屈服强度可达350 MPa，抗拉强度可超过450 MPa。在汽车受到碰撞而发生变形时，车身构件的应力将增大，如果对受到碰撞的部位适当加热，促使它恢复原状，可减小因碰撞产生的应力，使车身构件的强度得到恢复。如果因碰撞产生的应力超过材料的抗拉强度，钢材将会破裂，可用一般的焊接方法（包括氧乙炔焊）修理。进行氧乙炔焊时，对高抗拉强度钢用氧乙炔焊炬加热的部位周围必须使用温度显示的方法，将这些地方的温度限制在600 ℃以内。车门护板和保险杠加强筋都不适宜校正，而应更换（对于车门护板，只要没有功能性的损坏，就可忽略不计；如果已经凹陷或产生其他变形，应加以更换）。

3）超高强度钢

在现代车身上应用的超高强度钢主要有高塑性钢、双相钢、多相钢、硼钢和铁素体-贝氏体钢等。

对普通碳钢进行热处理后，它的抗拉强度几乎可达到原钢材的10倍。这种钢有以下三种。

①单相钢。这种钢只有一相显微组织，如马氏体结构，马氏体钢是最著名的超高强度钢。

②双相钢。双相钢是将钢材在一个连续的热处理传送带或带钢热轧机上淬火而得到的。这种钢具有两相显微组织（淬硬的马氏体结构和铁素体结构）。双相钢的成形性好，抗拉强度高于800 MPa。这种钢主要用于制造前纵梁吸能区的部件。

③多相钢。这种钢具有多相显微组织（铁素体、马氏体、贝氏体和奥氏体结构），同时也具有很高的强度。

汽车上所有的车门、车顶纵梁和一些保险杠加强筋都是由各种超高强度钢制成的。

向普通碳钢中添加硼元素等，同时进行热处理可得到硼钢。硼钢的抗拉强度能达到1 400 MPa。如VOLVO S90型车的中柱就是用硼钢制造的，在侧面碰撞时可防止车内乘客免受或少受伤害。

超高强度钢之所以具有不同寻常的高强度，是由于在加工过程中产生了特殊细化的晶粒。在修理中重新加热将会破坏这种独特的结构，从而使钢的强度降低到一般低碳钢的水平。此外，这种钢材非常坚硬，一般修理厂的设备无法在常温下对它们进行校正。因此，损坏的超高强度钢零部件不可修复，必须更换。安装新的零部件时，应采用气体保护焊的塞焊方式或大功率电阻点焊机来焊接，切不可使用能产生大量热量的焊接方式。

（2）高强度钢在现代车身上的应用

由表2－2可知，与2000年前相比，现在车身采用低碳钢的比例大幅度降低，而用高强度钢和超高强度钢的比例却强劲升高。

表2-2　车身用钢材的变化

车身钢材类型	2000年前	现在	变化趋势
低碳钢	70%	30%	↓
高强度钢	20%	50%	↑
超高强度钢	10%	20%	↑

现代的车身外部覆盖件一般采用低碳钢或强度比较低的高强度钢制造，但是车身结构件都采用高强度钢或超高强度钢制造。

（3）高强度钢的热处理

1）加热对钢材性能的影响

对低碳钢钢板进行加热时，随着钢板温度的升高，其强度和刚度下降；停止加热，待温度下降到常温后，其强度又恢复如初。所以，对低碳钢钢板来说，修理时的加热操作不会降低钢板原有的强度，用常规的氧乙炔焊和电弧焊进行焊接，或对低碳钢钢板进行短时间的加热，都是允许的。

对高强度钢进行加热时，随着温度的升高，高强度钢内部的金属晶粒会发生改变，由原来比较小的晶粒互相融合、吸收而变成大晶粒，金属晶粒之间的作用力会随着晶粒变大而减小，导致强度降低。当加热后的高强度钢恢复到常温时，内部的晶粒不能够自己恢复到原来小晶粒的状态，所以高强度钢经过过度加热再冷却后，强度会下降。

修理车身时应尽量避免加热（尤其是车架、梁，一定不可以用加热的方式来修理），这是因为：加热除改变钢板的强度外，还会损害镀锌层，引起钢板锈蚀，降低钢板的防锈能力；加热形成氧化膜后，钢板厚度减小，又会进一步降低钢板的强度；过度加热不小心时，还可能使车辆燃烧起来。

由于被加热过的高强度钢板的外观及形状没有大的变化，修理人员会误认为加热并没有损坏板件，其实板件的内部结构已经被破坏了，这种变化对车身的危害是巨大的，车身的承重板件由于强度下降，一段时间后会发生变形，相关的机械部件（如发动机、悬架、转向系统）的安装点会发生变化，导致振动加剧、跑偏、轮胎偏磨、转向齿轮齿条过度磨损等问题。特别是在发生事故时，这些板件无法达到设计中的作用（如吸收碰撞能量），从而发生更严重的变形，导致更大的损害。

对钢材加热时，其颜色会随着温度上升而发生变化。从前的铁匠就是根据钢材的颜色变化来判断它的加热温度的，但这需要长久积累的经验和很强的观察能力。

从表2－3可以看出，当钢材加热到600 ℃时，我们才可以用肉眼观察到颜色变化，而这时已经超过大多数高强度钢板的耐热温度了。并不是所有类型的高强度、超高强度钢板都不能加热，只不过它们允许的加热温度都很低，一般不超过 200 ℃，由于不能用常规方式控制加热温度的范围，所以汽车制造厂一般不允许用产生热量过多的方式来修理现代汽车。

表 2-3　钢材的温度与颜色

温度/℃	600	700	800	900	1 000	1 100	1 200	1 300
颜色	暗红色	红色	淡红色	橘红色	黄色色	淡黄色	白色色	亮白色

2）钢材热处理的种类

钢材的热处理通常可分为四类：正火处理、淬火处理、回火处理和退火处理。

钢材的热处理是通过调整加热温度和冷却速率来控制的，而热处理的结果因金属含碳量和合金种类不同而有所不同。

正火处理用来强化内部结构。正火处理是将钢材加热到 850 ℃后，用空气来冷却的一种热处理过程。当钢材经过机械加工发生塑性变形后，其内部结构将变得散乱，从而造成强度不均，此时可借正火处理来整顿其内部结构，改善其力学性能。

淬火处理用来增加硬度（脆性）。淬火处理是将含碳量为 0.4% 的钢材加热至 850 ℃后急速冷却的一种热处理过程。淬火虽然能增加硬度，但同时也会增加脆性。

回火处理用来增加韧性。回火处理是将经过淬火处理的材料再次加热到 200 ℃然后冷却的一种热处理过程。回火处理可使材料内部组织稳定，从而增加韧性。

退火处理用来增加柔软性。退火处理是材料加热后慢慢冷却的一种热处理过程。加热的温度根据需求不同而有所不同。

3）钢材热处理的注意事项

在整体式车身的修理中，不能用氧乙炔焊、电弧焊等产生大量热量的焊接方式，而应用惰性气体保护焊和电阻点焊等产生热量少的焊接方式。

在修理中对钢板进行加热的目的是消除钢板内部的应力，而不是通过过度加热来软化钢板以方便修理。消除应力的加热一般不能超过 200 ℃，在加热时要采用热敏材料来控制加热温度。

2. 塑料件的修复

（1）塑料件的修复原则

塑料件的修复根据损伤情况确定。对一些大的塑料制件，如保险杠、仪表盘等，如果损伤范围较小，可以进行修复；对一些小的塑料制件，如挡泥板、灯罩等，如果损伤范围较大，可以进行更换。

（2）塑料件的修复方法

热塑性塑料件可以反复加热，而化学性质不发生变化，因此可以采用焊接或者黏结的方法进行修复；热固性塑料件为一次性成形构件，加热后化学性质会发生变化，因此只能采用黏结的方法进行修复。

任务总结

随着汽车的发展对环保的要求，车身的质量越来越轻，安全性能越来越高，普通的钢材已不能适应汽车发展的需要。在车身上开始大量应用不同种类的新材料，如高强度钢、超高强度钢、铝合金、塑料等。新材料的大量应用使车身板件的性能发生了非常大的改变，用传统的修理方法已经不能很好地修复损坏的车身板件了。所以，要了解车身主要材料的种类和性能，才能有针对性地对新型车身进行高质量的修复。

车身所用材料不同，修复方法也不同，本任务着重介绍了高强度钢和塑料件的修复方法。对于高强度钢，在修复中要注意控制加热温度，一般不超过 200 ℃。对于塑料件，热塑性塑料件可以选择黏结或者焊接的修复方法，热固性塑料件选择黏结的方法进行修复。

任务考核

表2-4　任务工单

<table>
<tr><td rowspan="3">工作任务：车身材料认知</td><td>班级</td><td colspan="3"></td></tr>
<tr><td>姓名</td><td></td><td>学号</td><td></td></tr>
<tr><td>日期</td><td></td><td>评分</td><td></td></tr>
<tr><td colspan="5">
1. 车辆基本信息
车型：　　　　VIN：　　　　生产年份：
2. 车身材料情况
（1）钢制件

（2）塑料件

注意：
区分热固性塑料件和热塑性塑料件。
（3）其他类型的钣金件

3. 反思
收获：
不足：
建议：
①小组讨论分析实施过程中产生的问题，给出改进方案；
②小组准备汇报材料，每组派一人进行汇报；
③整理相关资料，列表说明项目资料及资料来源，注明存档情况。
</td></tr>
</table>

习题与思考

1. 选择题

(1)【单选题】钢板加热到暗红色时的温度是（　　）℃。

A. 500　　B. 550　　C. 600

(2)【单选题】现在整体式车身上应用超高强度钢的部件是（　　）。

A. 中柱　　B. 门槛板　　C. 翼子板

(3)【单选题】采用高强度钢制造车身前部构件后，其强度（　　）。

A. 变大　　B. 变小　　C. 不会变化

(4)【单选题】车身上（　　）损坏了不允许修理，只能更换。

A. 前柱　　B. 前纵梁　　C. 保险杠加强梁

(5)【单选题】高强度低合金钢的加热时间不能超过（　　）min。

A. 3　　B. 4　　C. 5

(6)【单选题】车门护板已经凹陷或产生其他变形，应该怎样处理？（　　）

A. 低温加热维修。

B. 更换新的。

C. 修理后只要不影响尺寸，就可以继续使用。

(7)【单选题】对高抗拉强度钢用氧乙炔焊炬加热的部位周围必须使用温度显示的方法，将这些地方的温度限制在（　　）℃以内。

A. 500　　B. 600　　C. 400

(8)【单选题】现在车身上应用的超高强度钢可以达到（　　）。

A. 10%　　B. 20%　　C. 30%

(9)【单选题】对一些高强度钢进行加热处理时，加热温度不能超过（　　）℃。

A. 100　　B. 200　　C. 300

(10)【单选题】高强度钢于600 ℃下加热后冷却，相当于做了（　　）处理。

A. 正火　　B. 退火　　C. 淬火

(11)【单选题】车身上双面镀锌的部件有（　　）。

A. 车顶板　　B. 门槛板　　C. 发动机罩

(12)【单选题】高强度钢内部晶粒融合变大后，强度会（　　）。

A. 不变　　B. 变大　　C. 变小

2. 简述题

(1) 车身用金属材料的种类有哪些？

(2) 钢材常见的热处理方法有哪些？

(3) 车身的各种结构对材料的性能有什么要求？

任务3　车身结构认知

学习目标

【知识目标】

掌握车身结构类型和车身的主要性能；

掌握轿车的车身结构。

【能力目标】

能够准确识别车身受损构件。

【素养目标】

培养学生的团队协作意识；

培养学生严谨、细致的读图意识；

提高学生的职业素养。

任务描述

汽车在行驶过程中会不可避免地与周边的障碍物发生碰撞，导致车身前部、中部和后部出现不同的损伤（图2－2）。要想找到这些损伤并完成修复，必须了解车身结构，确定受损构件。

图2-2　受损车辆

任务解析

当轿车发生前面碰撞时，如果碰撞力较小，轿车的保险杠会被向后推，前侧梁、保险杠支撑件、前翼子板、散热器支座、散热器上支撑件和机罩锁紧支撑件也被折曲。如果碰撞的程度更为剧烈，前翼子板就会折弯到前车门，机罩铰链会向上弯曲至前围上盖板，前侧梁也会折弯到前悬架横梁上并使其弯曲。如果碰撞力足够大，前挡泥板以及前车身支柱将会弯曲，并使车门松垮掉下。另外，前侧梁会产生褶皱，前悬架构件将会弯曲，前围板和前车门也会弯曲。

当轿车发生侧面碰撞时，车门、门槛板、中柱等部件通过变形吸收碰撞能量。

当轿车发生后面碰撞时，后保险杠、后防撞钢梁、后地板等构件会发生变形。如果碰撞力大，车身立柱、车门等构件有可能损伤。

当坠落物体砸到汽车顶部时，除车顶钢板受损外，车顶纵梁、后顶盖侧板和车窗也可能被损伤；在汽车发生翻滚时，车顶盖、立柱、车下部的悬架会严重受损，悬架固定点的部件也会受到损伤。

因此，根据车身碰撞情况，结合车身结构，准确找到受损构件并进行维修，是钣喷修复人员必须掌握的基本技能。

知识学习

1. 车身结构类型

按车身的承载情况，车身结构主要分为两种类型：非承载式车身结构和承载式车身结构。

(1) 非承载式车身结构

非承载式车身（图2-3）又称为车架式车身，其典型特征是在车身下面有一个车架，车身壳体通过螺栓安装在车架上，发动机、变速器、悬架等大总成也安装在这个车架上。这些大总成的重量和地面冲击力主要由高强度的车架承载，而不是直接作用在车身上。在发生碰撞事故时，碰撞力先作用在车架上，然后向车身传递。为了降低路面噪声，缓冲振动，提高舒适性，往往在车架与车身、发动机、变速器之间安装一些橡胶衬垫。当前非承载式车身在轿车上已很少应用，主要用在一些运动型多功能车(SUV)、大客车和载货车上。

图2-3 非承载式车身

(2) 承载式车身结构

承载式车身（图2-4）的典型特征是没有车架，发动机、变速器、悬架等大总成直接安装在车身上，它们的重量和路面载荷主要由车身承载。在发生碰撞事故时，碰撞力直接作用在车身上，并沿着车身传递。

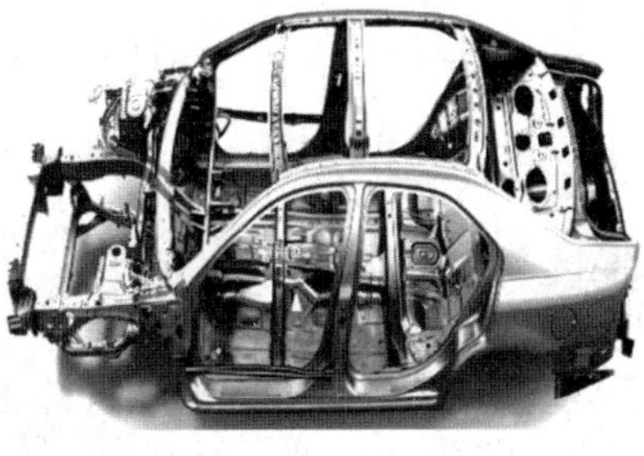

图2-4　承载式车身

在承载式车身结构中，车身板件、横梁和纵梁通过点焊或激光焊焊接在一起或黏结在一起，形成一个整体的车身箱体结构。这种结构既轻便又结实。承载式车身乘客舱的刚度比非承载式车身大，在碰撞中汽车的前部和后部可以按照受控的方式溃缩，而乘客舱则得到最大限度的保护。

2. 车身的主要性能

(1) 车身的密封性

车身的密封性是指关闭车身的全部门、窗和孔口盖时车身的防尘土和防雨水能力。如果车身的密封性不好，不但车内不能保持所需的温度，而且尘土和雨水易侵入车内。

影响车身密封性的主要部位是门窗缝隙，故在维修时应注意密封条的截面形状和密封效果；同时应注意车厢内发动机罩的密封性和空调管道孔的密封性。

(2) 车身的隔热性

车内温度是保证舒适性的重要因素之一。车内温度的保持，除了需要空调装置外，还要求车身具有良好的隔热性。如果车身的隔热性差，车内热（冷）量损失大，势必更多地消耗加热（或制冷）设备的能量。

车身一般采用隔热层隔热，如图2-5所示。隔热层由玻璃纤维、胶合板、毛毡、泡沫塑料等材料组成。通常情况下，顶盖受太阳辐射影响最大，故顶盖隔热层厚度一般较大。

(3) 车身的防振和降噪性

由于车身骨架轮廓误差，蒙皮和车身骨架不能完全贴合，加之车身骨架立柱间有一定的空腔，汽车在行驶过程中往往会出现蒙皮鼓动并产生噪声。

为了解决这个问题，目前广泛采取的措施是用喷涂的方法在蒙皮和骨架形成的腔内填充聚氨酯硬质泡沫塑料，如图 2－6 所示。聚氨酯硬质泡沫塑料层是由双组分发泡材料喷涂 3～5 s 后发生化学反应，成为固化的发泡塑料，并均匀地填满缝隙，牢固地黏结在喷涂表面上形成的。这样除保证了前述的密封性和隔热性外，也因增强了蒙皮与骨架的阻尼而减弱或消除了蒙皮的鼓动声，使车身的振动减轻，并降低了噪声。

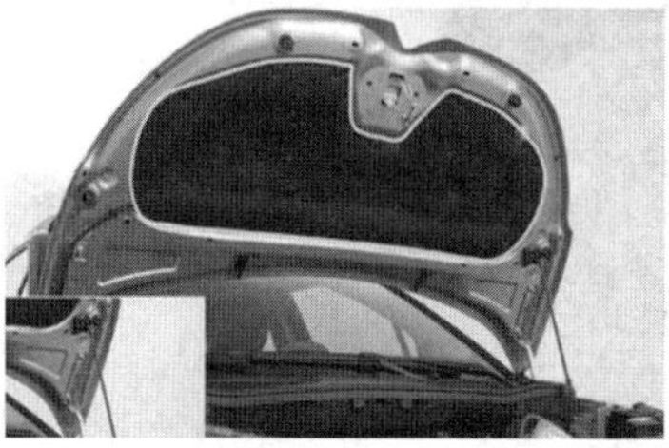

图2-5 车身隔热层

图2-6 聚氨酯硬质泡沫塑料

（4）车身的安全性

车身的安全性通常被划分为主动安全性和被动安全性。其中被动安全性是指发生交通事故时避免或减轻对车内人员的伤害的保护性对策，它主要取决于车身刚度匹配、车内软化和安全保护装置等。

车身壳体刚度在不同部位是有差异的。通常情况下，乘客舱相较于其前方的发动机舱和后方的行李舱具有较大的刚度。当汽车发生正面碰撞或追尾等事故时，所产生的冲击能量可以在车身前部或后部迅速释放，以保证中部的乘客舱有足够的活动范围与安全空间。

车内软化主要包括车内蒙皮表面、座椅表面、扶手等所用的材质及其软化程度。相对而言，车内无致伤结构、表面柔软，在汽车发生碰撞、翻滚时，车体对人的撞击便会减弱，从而减轻对人体的伤害。

目前用得最多的安全保护装置是安全带和安全气囊。安全带的主要作用是在汽车发生事故时对乘客适度限位，并减缓乘客因惯性作用可能遭受到的极大撞击力。安全带可以在轻拉和慢拉时使乘客有完全的活动范围，不妨碍人的动作。当突然停车时，安全带会自动卡紧，将人固定在座椅上。总体来说，安全带装置简单、通用，但对乘客活动有一定的限制，且效果不够理想。

如果只用安全带，则正面碰撞时仍然存在转向盘和风挡玻璃等部件对乘客头部和面部的伤害，而采用安全气囊则没有这个缺陷。安全气囊一般布置在乘客前面、侧面，当发生碰撞事故时能够在极短的时间内充气，形成 60～200 L 的气囊型保护装置，避免人体碰到硬物，所以应用越来越广泛。

任务实施

为了使车辆更加轻量化，绝大多数轿车都采用承载式车身，不再使用质量大的车架。车身是由外部覆盖件和内部板件焊接而成的空间结构。

轿车车身如图 2－7 所示进行分段，沿长度方向分为前段、中段、后段。中段刚度最高，前段、后段有较大的韧性，如在汽车正面碰撞试验中，前段收缩 30%～40%，中段仅收缩 1%～2%。

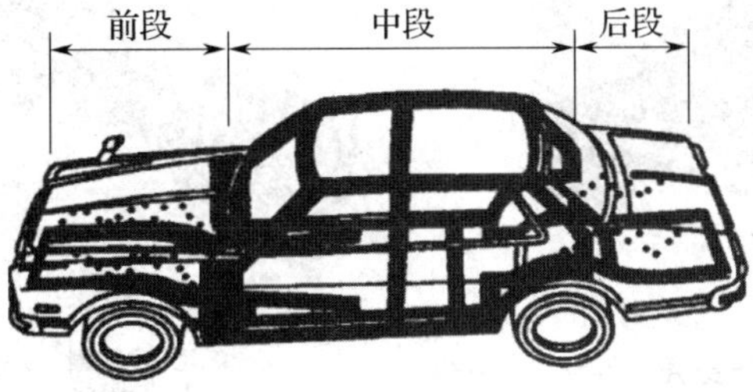

图 2－7　轿车车身分段

前段又称为车头部分，包括前保险杠和前围板之间的所有部件，如保险杠、进气格栅、水箱支架、前纵梁、前横梁、发动机支座、前翼子板、前悬架拱形座等构件。

中段又称为中间部分，包括构成乘客舱的所有车身构件，如地板、车顶、车颈板、风挡玻璃、车门、A 柱、B 柱、C 柱等。

后段又称为尾段或后尾，包括后风挡玻璃到后保险杠之间的所有部件，如后围板（后翼子板）、行李舱、后地板、后纵梁、行李舱盖、后保险杠等构件。

在进行事故勘察、制作查勘报告和定损单时，经常要说明是车辆的左侧还是右侧受损，是维修左侧还是右侧的哪个零部件；在查阅配件信息和专业的估损资料时，也要区分左右侧的配件。为避免混淆，行业中对车辆的左右侧规定如下：驾驶员坐在驾驶席上，其左手侧为车辆的左侧，右手侧为车辆的右侧。

1. 轿车车身壳体件

轿车车身壳体件包括前段车身壳体件、中段车身壳体件和后段车身壳体件。

（1）前段车身壳体件

前段车身壳体件（图 2－8）主要有前纵梁、前横梁、车颈板、减振器塔座和散热器支架等，它们构成一个封闭的箱体结构，为发动机、变速器等动力总成提供了承载空间，同时也提供了承载这些大总成的强度。另外，汽车的转向系统、前悬架机构也安装在前段车体上，因此这里的受力形式非常复杂。

1）前纵梁

前纵梁（图 2－9）通常以点焊方式焊接在防火板前面、翼子板挡泥板下面，车身左右两侧各有一根，通常是箱形构件，是承载式车身上强度最大的构件。

奔驰、宝马、沃尔沃等一些高档轿车经常采用渐变型纵梁设计，即前纵梁内侧钢板的厚度是渐变的，靠近保险杠的一端较薄，靠近驾驶舱的一端较厚，如同两个楔块。在受到碰撞外力时，纵梁可以逐级发生线性变形，从而起到吸收碰撞能量的作用。

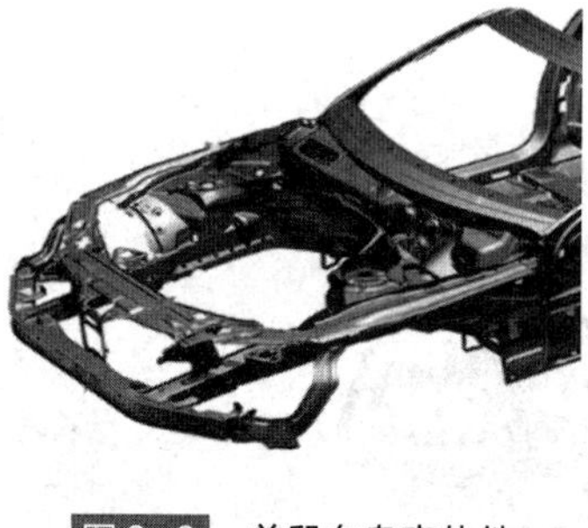

图2-8　前段车身壳体件

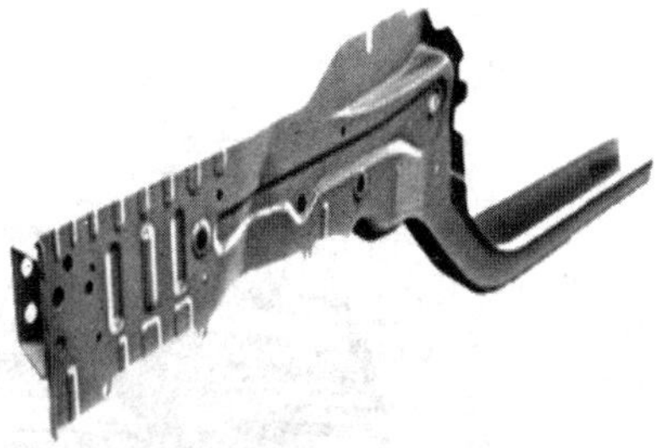

图2-9　前纵梁

2）前横梁

前横梁焊接在两侧纵梁之间，用于固定发动机和变速器总成，增大车身的横向强度。

3）散热器支架

散热器支架（图2-10）是一个相对独立的框架，位于车体结构的最前端，用来固定发动机散热器，通常用螺栓固定或焊接在纵梁和内翼子板之间。

4）翼子板挡泥板

翼子板挡泥板（图2-11）有时也称为内翼子板或翼子板裙板，包围在车轮上方，通常用螺栓固定或焊接在纵梁和防火板上，车身左右两侧各有一个。它对增大前段车体的强度具有重要作用。

图2-10~图2~14 彩图

5）减振器塔座

减振器塔座有时也称为减振器拱形座或支柱塔，如图2-12所示，是用来固定前悬架系统的减振器支柱和螺旋弹簧。减振器塔座变形可能会影响车轮定位参数，因此对它的强度要求很高，通常与翼子板挡泥板一起加工成形。

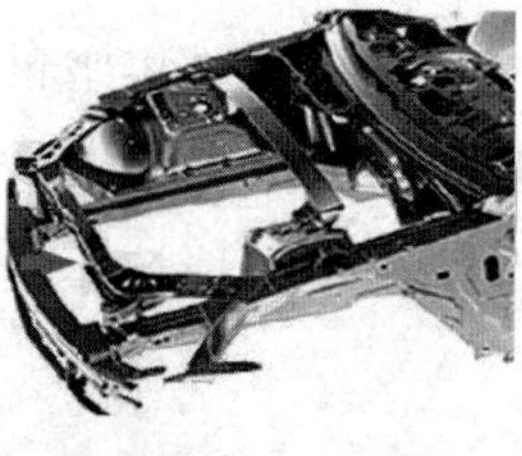

图2-10　散热器支架

图2-11　翼子板挡泥板

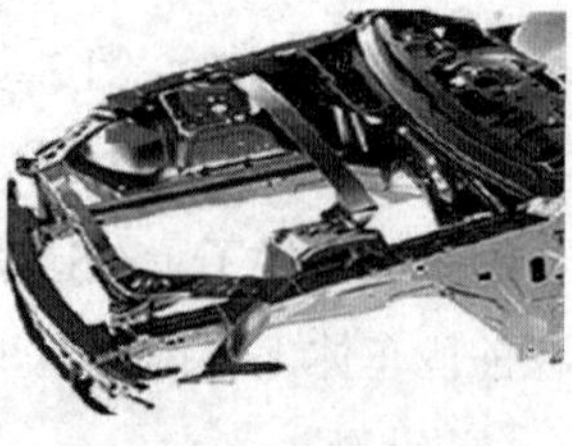

图2-12　减振器塔座

6）防火板

防火板（图2－13）也称为前围板或前壁板，介于发动机舱和乘客舱之间，是车身前段和中段的分界线，通常以焊接方式固定。防火板对保护车内乘客安全作用重大。

7）车颈板

车颈板（图2－14）位于前风挡玻璃的正前方，防火板的上方，由上盖板和两侧盖板构成。

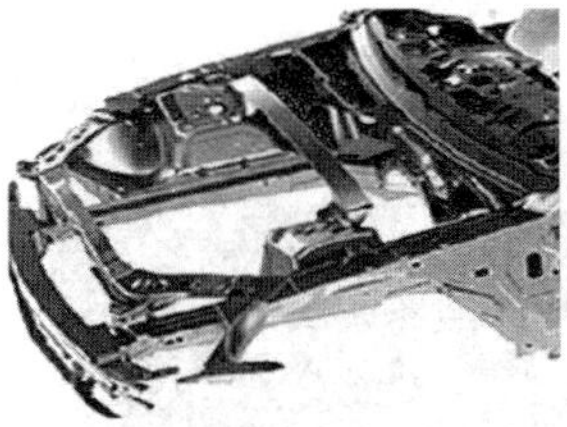

图2-13　防火板

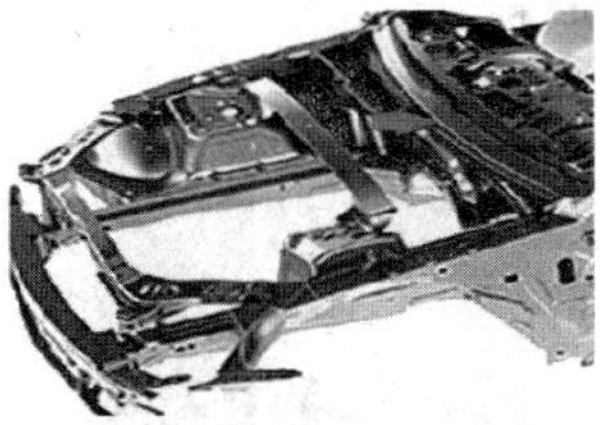

图2-14　车颈板

（2）中段车身壳体件

中段车身壳体件（图2－15）主要有车身底板、立柱、门槛板、车顶纵梁、车顶横梁等构件，它们焊接在一起构成乘客舱，为乘客提供安全、舒适的乘坐空间，在事故中可以有效保护乘客的安全。

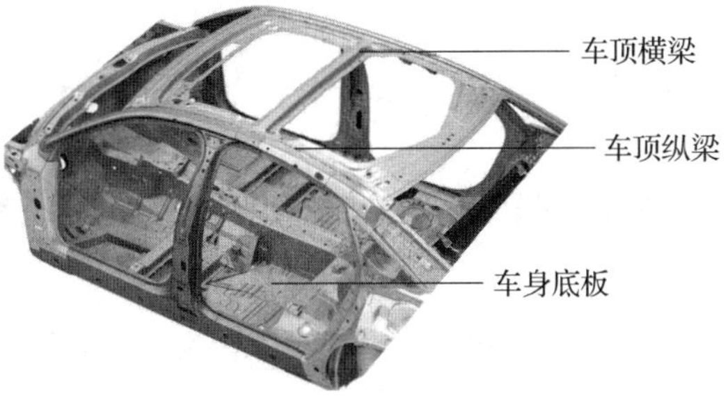

图2-15　中段车身壳体件

1）车身底板

车身底板位于乘客舱底部（图2－15），通常是一整块冲压成形的大钢板。车身底板是全车焊接的基础件，是与各大总成连接的重要构件。它承受和传递汽车重量（自身重量、载重量）、地面反作用力、牵引力、制动力、惯性力、离心力、侧向力等各种交变冲击力，因此对强度要求很高。

2）立柱

常见的四门轿车左右两侧各有三根立柱，分别称为前柱（或A柱）、中柱（或B柱，图2－16）、后柱（或C柱）。前柱是从车顶向下一直伸到车体底部的钢制箱形构件，有时内部还装有加强件，所以非常坚固，一方面为前门提供铰接安装点，另一方面起到保护乘客的作用。中柱在前后车门之间，一方面支撑车顶板，另一方面为后门提供铰接安装点，在侧面受到碰撞时还起到保护乘客的作用，因此对强度的要求很高，一般在箱形构件中间装有加强件。后柱从后围板向上一直延伸到车顶，用以固定车顶后部和后窗玻璃，其形状因车身形式不同而有所不同。

3）门槛板

门槛板（2－17）又称为脚踏板，是装在车门框底部的加强梁。它通常焊接在地板和立柱、踢脚板或后围板上，与中柱连接，由内外板件组成，对车身底板和侧面具有加强作用，在侧面碰撞时能够保护乘客。

图2－16　B柱

图2－17　门槛板

4）车顶纵梁

车顶纵梁焊接在前柱、中柱和后柱之间（图2－15），为车顶板提供支撑，在翻滚事故中对乘客起到保护作用。

5）车顶横梁

车顶横梁焊接在两侧车顶纵梁之间（图2－15），为车顶板提供支撑，在翻滚事故中对乘客起到保护作用。

另外，前后风挡玻璃对车身强度起着重要作用，通常也被视为结构件。

（3）后段车身壳体件

后段车身的很多构件与前段车身相似，如后纵梁、后减振器塔座、后翼子板、行李舱盖、后保险杠等，如图2－18所示。

1）后纵梁

如图2－19所示，后纵梁焊接在后段车身底部，通常是箱形构件，非常坚固，可为车辆的后部提供足够的强度。

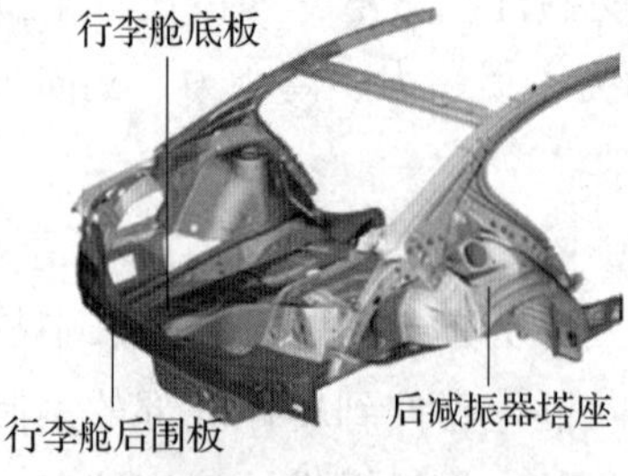

图2－18　后段车身壳体件

图2－19　后纵梁

2）行李舱底板

行李舱底板通常由一整块钢板冲压而成，焊接在后纵梁、后轮罩内板和后背板之间，构成行李舱的底部。大多数轿车的行李舱底板上还冲压出一个备胎坑，用于安装备胎。

3）后减振器塔座

后减振器塔座也称为后减振器拱形座，与后轮罩内板和外板焊接在一起，用于固定后悬架减振器的顶部。后减振器塔座承受来自地面的冲击载荷，而且它的刚度和形状会影响后轮定位参数，因此对强度和精度要求比较高。

除以上构件外，后风挡玻璃对后部车身的刚度也起着非常重要的作用，因此也被视为壳体件。

2. 轿车车身覆盖件

轿车车身覆盖件是指车身上具有不同曲面形状及尺寸的薄板，其作用是覆盖在车身本体上，使车身形成完整的封闭体，并满足乘客的乘坐要求，同时提高车身的强度、刚度。

轿车车身覆盖件包括前段车身覆盖件、中段车身覆盖件和后段车身覆盖件。

（1）前段车身覆盖件

前段车身覆盖件主要有前保险杠、格栅、前翼子板、发动机舱盖等。

1）前保险杠

前保险杠（图2-20）是车身前段重要的安全部件，也是车辆保险估损中最常遇到的部件，主要由杠皮、杠体、吸能装置、卡子等组成。前保险杠通常用螺栓或卡子安装在前段车体上。它的作用是在碰撞时发生变形，吸收部分能量，保护后面的车体不受损。

图2-20　前保险杠

现代轿车广泛采用吸能型保险杠，能够有效减少碰撞力进一步向车身构件传递。保险杠的吸能器有多种类型，比较常用的有橡胶或泡沫隔垫式、充液式或充气式、弹簧储能式三种。橡胶隔垫式吸能器的工作原理与发动机橡胶垫相同，在发生碰撞时，橡胶隔垫在碰撞力的作用下发生压紧变形，从而吸收碰撞能量。在碰撞力消失时，橡胶隔垫将恢复到原来的形状（除非它被碰撞力损坏），使保险杠恢复到原来的位置。充气式或充液式吸能器的工作原理很像悬架系统中的减振器，在发生碰撞时，充满惰性气体的活塞被压向充满液压油的油缸，在压力作用下，液压油通过一个小孔流到活塞中。这种受控制的液压油的流动吸收了碰撞能量。随着液压油流进油缸，它将挤压浮动活塞，对惰性气体产生压缩作用。在碰撞力消失之后，被压缩的惰性气体将把液压油挤出油缸，使保险杠恢复到原来的位置。弹簧储能式吸能器通过弹簧而不是压缩气体使保险杠恢复原位。

2）格栅

格栅（图 2－21）也称为进气格栅，是散热器支架的中心盖板。格栅上的百叶窗能让气流通过，以帮助散热器散热。一般轿车的格栅上还带有厂家的徽标。

3）前翼子板

前翼子板（图 2－22）是包在前悬架和挡泥板外面的盖板，从前保险杠一直延伸到前车门处，遮盖在前车轮外面。前翼子板因在车身上的位置和形状类似于鸟翼而得名，通常用螺栓固定在车体上。前翼子板在事故中容易受损，能够单独更换。

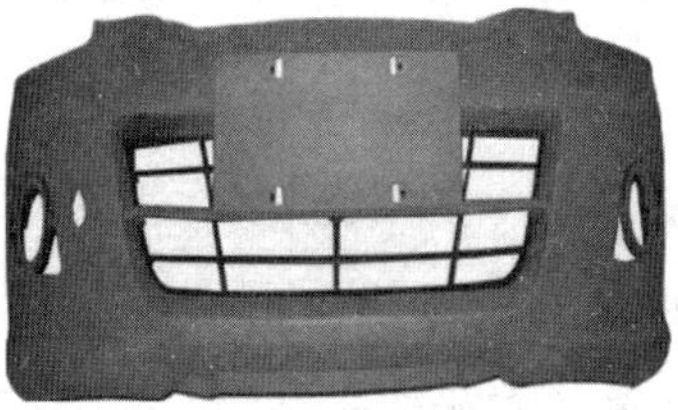

图 2－21　格栅

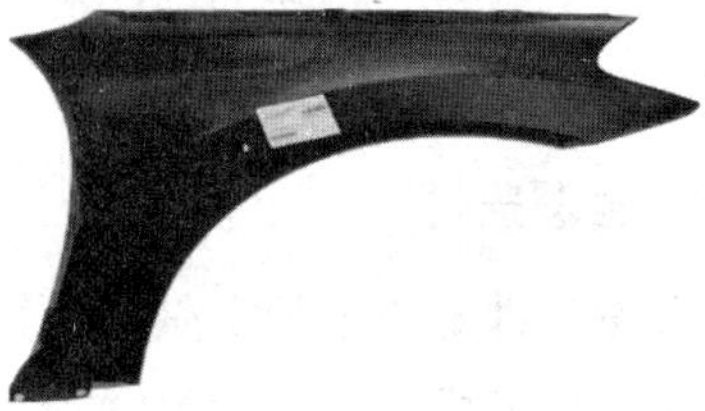

图 2－22　前翼子板

4）发动机舱盖

发动机舱盖（图 2－23）是发动机舱的上盖板，通常用铰链连接在车颈板上。发动机舱盖通常由内外两块金属板焊接或黏结而成，中间夹着隔热材料。内板主要起增强发动机舱盖强度的作用，其几何形状不定，但基本上都是骨架形式。发动机舱盖钣金修复的难度较大。发动机舱盖的开启方式有两种，即向后翻转和向前翻转。对于向后翻转的发动机舱盖，为了避免碰到前风挡玻璃，对其安装位置在设计时设定了一个角度，使它们之间至少能够保持 10 cm 的距离。另外，为防止发动机舱盖在行驶中由于震动而自动开启，其前端装有锁止装置，该锁止装置的拉手一般安装在乘客舱内的仪表板左下方。

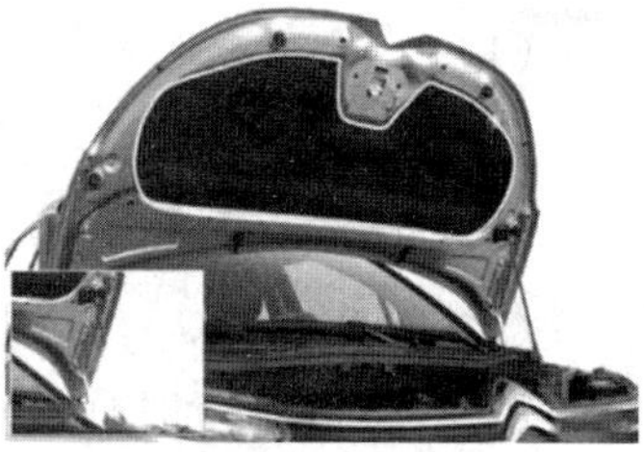

图 2－23　发动机舱盖

(2) 中段车身覆盖件

中段车身覆盖件主要有后搁物板（窗台板）、车门、车顶板、仪表板等。

1）后搁物板

后搁物板又称为窗台板，是后座与后风挡玻璃之间的一块薄板，通常装有一对音响扬声器。

2）车门

车门通常由门皮、门内骨架、门板、内饰等零件组成，门皮、门内骨架和门板通常用点焊或黏结的方式接合在一起。为加强侧面的抗碰撞强度，门内通常设有防撞杆。

车门上通常还装有车窗玻璃、玻璃升降器、门锁及相关电控装置、按钮和开关等，可见车门是一个非常复杂的总成。车门通过铰链与门柱相连，车门铰链通过螺栓或焊接的方式固定在立柱和门框上。车门总成的构成如图 2－24 所示。

3）车顶板

车顶板（图 2－25）是乘客舱顶部的盖板。对于承载式车身的整体刚度而言，车顶板不是关键部件，所以有些车型在车顶板上开设天窗。车顶板通常焊接在立柱上。车顶板底部一般装有隔垫和内衬，起到隔热、隔音和美化的作用。

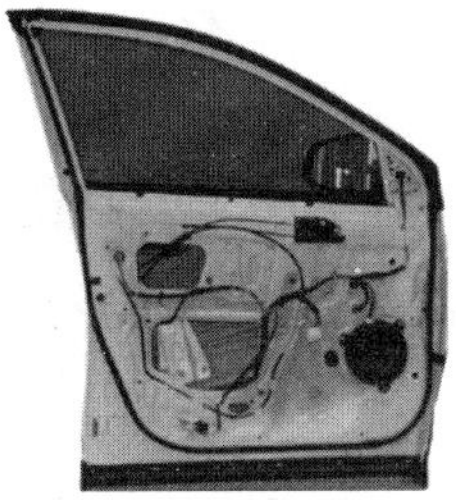

图 2－24　车门总成的构成

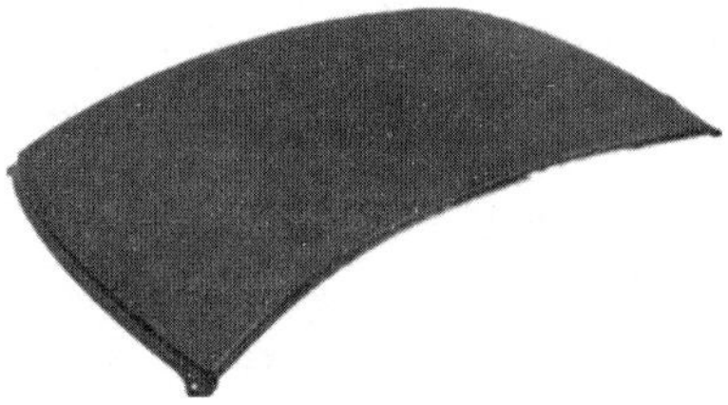

图 2－25　车顶板

4）仪表板

仪表板又称为仪表盘，是一个非常复杂的总成。除了有仪表台板、组合仪表、收放机、暖风和空调控制面板、通风口等零件之外，仪表板下面通常装有安全气囊、电控单元、线束等电气器件，一些高级轿车还带有驾驶员信息显示屏。仪表台板一般是塑料件，质地较软，在碰撞事故中不会对乘客造成二次伤害。如果在事故中安全气囊膨开，仪表板就会遭到损坏，需要更换新的。

（3）*后段车身覆盖件*

后段车身覆盖件主要有行李舱盖、后背板、后部上盖板、后翼子板、后保险杠等，对于两厢轿车、多用途汽车（MPV）和 SUV，车身尾部还有一个后舱门。

1）行李舱盖

行李舱盖（图 2－26）是行李舱上盖板，结构比较复杂，通常由外板和内板、内衬、锁闩隔板、支架盖锁内饰板等构成。为了提高行李舱盖的强度和吸能效果，在内板上装有加强筋。行李舱盖的内外板件结构形式加大了钣金维修的难度，如果行李舱盖在事故中严重损坏，一般只能更换内外板件。行李舱盖以铰接方式连接在后部上盖板上。行李舱盖上通常留有安装后牌照的位置，有时还安装部分尾灯。

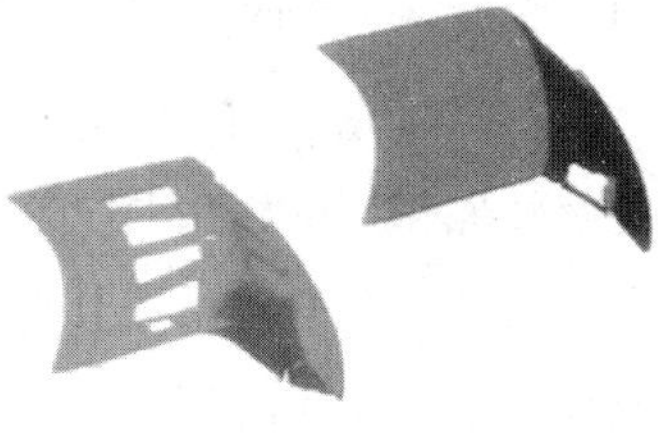

图 2－26　行李舱盖

2）后背板

后背板是焊接在行李舱后面、左右后翼子板之间的一块板件。

3）后部上盖板

后部上盖板是后窗与行李舱盖之间的一块板件，用于安装行李舱盖铰链。

4）后翼子板

后翼子板又称为后围板，是后部车身两侧的大块板件，从后车门一直延伸到后保险杠的位置，构成后段车身的侧面。后翼子板通常以焊接方式固定，是后段车身中的重要构件。

5）后舱门

后舱门也称为尾门或背门，用于两厢车，是一整块冲压板件，以铰接方式安装在车顶板上。后舱门上通常还有玻璃窗、玻璃升降器、刮水器、门锁等零部件，也是一个复杂的总成。

3. 轿车车身附属件

轿车车身附属件包括车身外部装饰件、车身内部装饰件、车身附件。

图 2-27 车身外部装饰件

（1）车身外部装饰件

如图 2-27 所示，车身外部装饰件主要是指装饰条、车轮装饰罩、标志、浮雕式文字等，散热器面罩、保险杠、灯具以及后视镜等附件亦有明显的装饰性。

（2）车身内部装饰件

车身内部装饰件包括仪表板、顶棚、侧壁、座椅等表面覆饰物，以及窗帘和地毯。在轿车上广泛采用天然或合成纤维、人造革或多层复合材料、连皮泡沫塑料等表面覆饰材料。

图 2-28 座椅

座椅（图 2-28）的作用是支撑人体，方便驾驶操作。座椅由骨架、坐垫、靠背、头枕和调节机构等部分组成，分为手动座椅和电动座椅。手动座椅的高矮、前后及靠背倾斜角度是用人工方法调整的。电动座椅内装有多个电动机，对座椅进行调整。

（3）车身附件

车身附件包括风窗刮水器、车身密封件、遮阳板、安全带、气囊、点烟器、烟灰盒等。在现代汽车上常常装有无线电放音机和杆式天线，在有的汽车车身上还装有无线电话机、电视机、加热食品的微波炉和小型电冰箱等附属设备。

1）风窗刮水器

风窗刮水器是为保证驾驶员的视野而设计的，用以刮去附着在车窗玻璃上的雨水、雪花或尘土。一般以电动风窗刮水器居多，其工作原理是电动机驱动减速机构旋转，并通过驱动杆系统做往复运动，从而带动刮水刷臂和刮水片总成做扇形的摆动来完成刮水动作。

2）车身密封件

为了保证行车过程中车身及乘客的安全性，车身大量使用了密封件。

3）安全带

安全带是最有效的防护装置，可以大幅度地降低碰撞事故的受伤率和死亡率。最常用的为三点式安全带。带子由结实的合成纤维织成，包括斜跨前胸的肩带和绕过胯部的腰带。在座椅的外侧和内侧地板上各有一个固定点，第三个固定点位于座椅外侧车身支柱的上方。绕过上方固定点的环状导向板，带子伸入车身支柱内腔并卷在支柱下端的收卷器内。乘客胯部内侧附近有一个插扣，插扣由插板（松套在带子上）和锁扣（与内侧地板固定点相连）两部分组成，这两部分插合后即可将乘客约束在座椅上。按下插扣的红色按钮就能解除约束。收卷器有多种结构形式，功能较完备的是紧急锁止式收卷器（ELR）。在正常情况下，安全带对人体上部并不起约束作用。当乘客向前弯腰时，带子可从收卷器经由上方固定点的导向板被拉出；而当乘客恢复正常坐姿时，收卷器又会自动将带子收起，使带子随时保持与人体贴合。但在紧急情况下——即汽车减速度超过预定数值时或车身严重倾斜时，收卷器会将带子卡住，从而对乘客产生有效的约束。

4）气囊

气囊在汽车受到正面碰撞时能防止乘客与其前方的物体发生撞击。气囊平时折叠在转向盘毂内或仪表板内，必要时可在极短的时间（碰撞开始后 0.03～0.05 s）内充满气体而呈球形，以填补乘客与其前方物体之间的空间。气囊通常采用氮气（N_2）充填。当汽车以大于 20 km/h 的行驶速度发生碰撞时，气囊就会自动充气弹出，瞬时挡在驾驶员和转向盘之间，可以减轻驾驶员头部及胸部受到的伤害。

气源可以是高压（约 15 MPa）钢瓶或设置在气囊下方的气体发生器。装设在汽车内的碰撞传感器发出的信号可点燃电气雷管，炸开高压钢瓶的封口或者点燃气体发生器内的气体发生剂，使气囊迅速充气。气囊总成通常由气体发生器、防护盖、气囊、约束件、溢气孔等组成。

5）门锁与门铰链

在现代汽车上，门锁和门铰链都应有足够的强度，在汽车碰撞时能同时承受纵横两个方向的载荷而不致使车门开启，从而避免乘客被甩出车外，减少受重伤或死亡的危险。此外，在事故结束后，门锁应不失效而使车门仍能开启。

目前，不能承受纵向载荷的舌簧式、钩簧式、齿轮转子式门锁等已经过时，而能同时承受纵横向载荷的转子卡板式门锁则被广泛采用。门铰链的结构如图 2－29 所示，锁扣如图 2－30 所示。

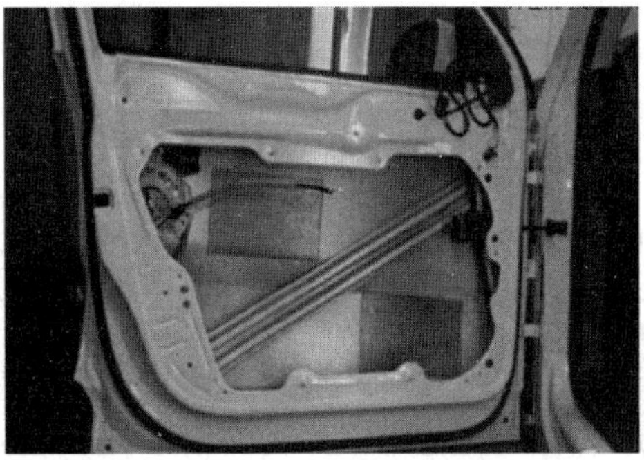

图2-29 门铰链的结构

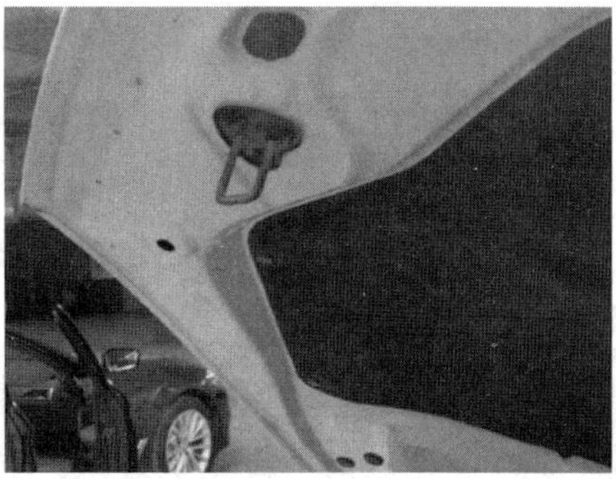

图2-30 锁扣

任务总结

车身按照受力情况可以分为承载式车身和非承载式车身。承载式车身也叫作整体式车身，采用轻型、高强度合金钢和新的处理、校正与焊接技术，使悬架系统和操纵系统的对准和平稳操作得到保证，所以绝大多数轿车都采用整体式车身。车身的主要性能包括车身的密封性、隔热性、防振和降噪性、安全性等。

车身构件分为车身壳体件、车身覆盖件及车身附属件等。其中，车身壳体件可以进一步分为车身结构件和车身加强件，前段车身壳体件包括前纵梁、前横梁、车颈板、减振器塔座和散热器支架等，中段车身壳体件包括车顶横梁、车顶纵梁、车身底板、立柱等，后段车身壳体件包括行李舱底板、后纵梁、后减振器塔座等；车身覆盖件主要是指车身外蒙皮部分，起到保护与车身装饰作用，前段车身覆盖件主要有前保险杠、前翼子板、发动机舱盖等，中段车身覆盖件有窗台板、车门、车顶板等，后段车身覆盖件有行李舱盖、后背板、后部上盖板、后翼子板等；车身附属件包括车身密封件、座椅、安全带、气囊等。

任务考核

表 2-5　任务工单

工作任务：车身结构认知	班级			
	姓名		学号	
	日期		评分	

1. 车辆基本信息

车型：　　　　　VIN：　　　　　生产年份：

2. 轿车前段车身结构认知

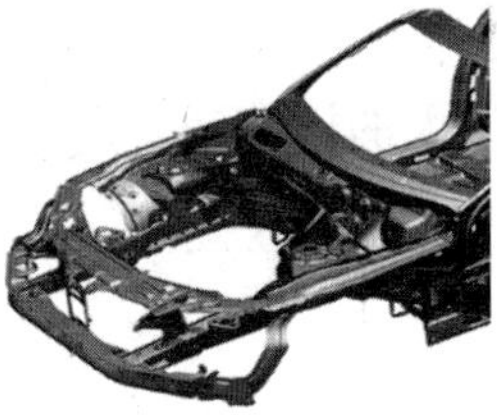

壳体件：

覆盖件：

附属件：

3. 轿车中段车身结构认知

壳体件：

覆盖件：

附属件：

4. 轿车后段车身结构认知

壳体件：

覆盖件：

附属件：

5. 反思

收获：

不足：

（续）

建议： ①小组讨论分析实施过程中产生的问题，给出改进方案； ②小组准备汇报材料，每组派一人进行汇报； ③整理相关资料，列表说明项目资料及资料来源，注明存档情况。

习题与思考

1. 填空题

（1）车身沿长度方向分为________、________和________。

（2）中段车身壳体件主要有________、________、________、________、________等构件。

（3）车身结构中强度最大的构件是________，一般采用箱形结构。

（4）前段车身覆盖件主要有________、________、________、________等。

2. 选择题

（1）【单选题】（　　）不是车身的结构部件。

A. 前柱　　B. 后纵梁　　C. 后围板

（2）【单选题】车架式车身在碰撞时主要由（　　）吸收能量。

A. 主车身　　B. 车架　　C. 横梁

（3）【单选题】目前货车上使用的车架是（　　）。

A. 梯形车架　　B. X 形车架　　C. 框式车架

（4）【单选题】整体式车身的（　　）刚性最大。

A. 前车身　　B. 中车身　　C. 后车身

（5）【单选题】在前置前驱汽车的车身上，由（　　）支撑减振器。

A. 前横梁　　B. 前纵梁　　C. 前挡泥板

（6）【单选题】发动机纵向放置在前车身的（　　）上。

A. 中间梁　　B. 前悬架横梁　　C. 后纵梁

（7）【单选题】（　　）是整体式车身前车身的部件。

A. 门槛板　　B. 前纵梁　　C. 中柱

（8）【单选题】在整体式车身的发动机舱部位，（　　）没有吸能区设计。

A. 纵梁　　B. 横梁　　C. 挡泥板

（9）【单选题】车门内外板通常是用（　　）方式连接的。

A. 焊接　　B. 折边　　C. 螺栓

（10）【单选题】发动机罩的加强梁是通过（　　）连接在内板上的。

A. 折边　　B. 点焊　　C. 螺栓

3. 判断题

（1）碰撞修理就是将汽车恢复到事故前的尺寸。（　）

（2）前轮驱动和后轮驱动汽车的前悬架结构是不相同的。（　）

（3）车架式车身由车架来承受大部分载荷。（　）

（4）整体式车身有部分骨架，其他的部件全部焊接在一起。（　）

（5）硬顶轿车的特征是只有一个中柱。（　）

（6）车身结构主要分为车架式和整体式两种。（　）

（7）车架是汽车的基础，车身和主要部件都焊接在车架上。（　）

（8）车架有足够的坚固度，在发生碰撞时能保持汽车其他部件的正常位置。（　）

（9）纵梁是在车身前部底下延伸的箱形截面梁，通常是承载式车身上最坚固的部件。（　）

（10）车架式的主车身是用螺栓固定在车架上的。（　）

项目三
车身碰撞损伤分析

项目描述

要彻底修复一辆因事故损伤的汽车，就要对其碰撞受损情况做出全面、准确的诊断，找出受损范围及受损部件，评估受损的严重程度，依此制订修复计划。一个有经验的车身维修人员一定会把大量的精力用在损伤评估上，这是因为一旦在修复中发现新的损伤情况，修复的方法及工序必将随之改变，这将浪费大量的人力、物力和时间。因此，可以说彻底、精确的碰撞损伤分析是高质量、高效率修复的基础。

在大多数情况下，在碰撞部位能够观察到结构损伤的迹象。用肉眼检查后，进行总体估测，根据碰撞的位置估计汽车所受碰撞力的大小及方向，判断碰撞如何扩散及可能造成哪些损伤。

项目实施

车身主要由覆盖件和结构件组成。覆盖件主要指车身外表面安装的零部件，如翼子板、前后保险杠等外部钣金件；结构件构成整个车身的基础结构，包括横纵梁、底板、立柱等。本项目在实际工作中可以分为以下两个典型工作任务。

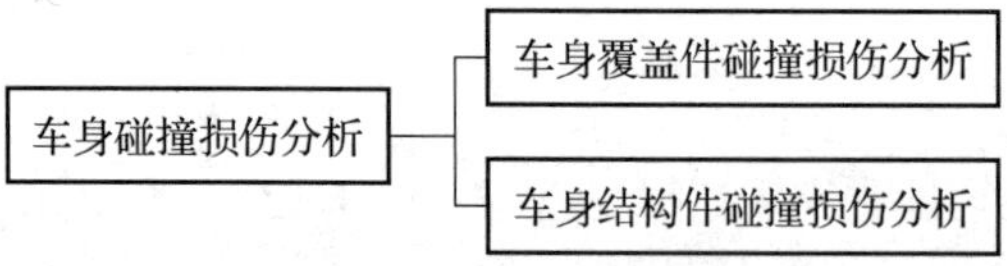

任务4　车身覆盖件碰撞损伤分析

学习目标

【知识目标】

熟悉车身覆盖件碰撞损伤的类型；
了解各种碰撞因素对汽车损坏的影响；
掌握车身碰撞损伤的诊断方法。

【能力目标】

能够进行损伤分析并逐一找到受损板件；
能够用目测法对车身覆盖件损伤情况进行评估；
能够对典型板件进行损伤分析。

【素养目标】

培养学生的规范操作意识；
培养学生的团队协作意识；
培养学生的安全操作意识。

任务描述

两车发生追尾碰撞（图3－1），请按汽车诊断流程对车身覆盖件碰撞损伤进行初步诊断。

图3－1　汽车追尾事故

任务解析

在汽车发生碰撞后，车身损伤的维修工作必须有据可依，才能又快又好地完成。车身维修工作既有规律，也有技巧，前提是在维修前必须对车身受损部位的位置和状态做仔细的检查，对碰撞损伤做出精确的判断，掌握损坏的程度、范围，找到受损的所有部件，在此基础上制定准确和科学的维修方案。

损伤检查就是通过检查和测试构件的损伤部位，根据损伤表现特征及构件的工作条件进行综合分析、判断，确定损伤的范围和性质。

知识学习

车身覆盖件的材料不同，碰撞损伤形式也会有所不同。由于铝合金件和塑料件的损伤形式与钢板件有很多类似之处，故下面仅以应用较多的钢板为例，说明车身覆盖件碰撞损伤的类型。

1. 钢板变形的类型

金属材料抵抗变形的能力可用它的三种性能来表示：弹性变形、塑性变形和加工硬化。

（1）弹性变形

金属材料在外力的作用下，尺寸和形状发生改变，也就是说发生了变形，当外力消失后，金属材料可以恢复（回弹）到原来的尺寸和形状，亦即原来的变形消失了，这种变形就称为弹性变形。

（2）塑性变形

当金属材料所受到的外力超出弹性极限时，将产生永久变形，这种变形在外力消失后也不能消除，亦即金属材料不能恢复到原来的形状，这种永久变形就称为塑性变形。

当汽车在碰撞过程中损坏时，由于碰撞而产生的变形将保留下来，除非人为地将这种变形除去。产生永久变形的部位周围都会产生弹性变形，如果永久变形不消失，则弹性变形也无法消除。在修理这种损坏的车身时，应首先修复永久变形，这样弹性变形会随之消失，使车身恢复到原来的形状。

（3）加工硬化

加工硬化是达到塑性变形的上限时金属出现的一种现象。例如，将一块钢板弯曲，在弯曲的部位出现弯折，这个部位的塑性变形非常大，迫使晶体组织完全离开了原来的位置，钢板变得非常硬，这种硬度增加的现象称为加工硬化。如图 3 - 2 所示，车身上未受任何损伤的钢板都会因为制造过程中的加工而存在某种程度的加工硬化。碰撞造成的弯曲会使受到影响的部位产生更加严重的加工硬化，车身修理人员在校正损坏的部位时同样会加重该处加工硬化的程度。钢板硬化会使钢板强度增加，但它却是钢板损坏的根源。

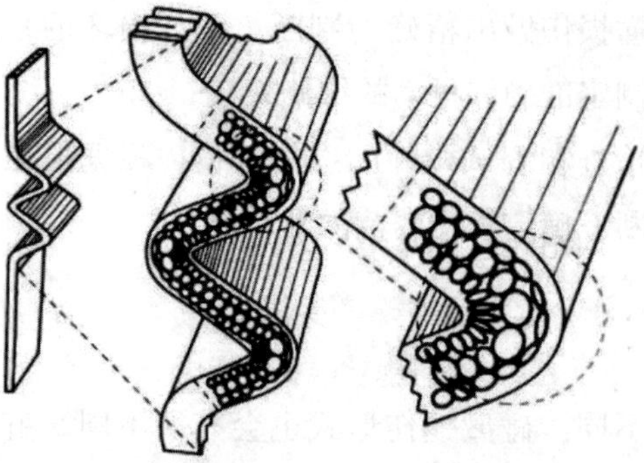

图3 - 2 钢板的加工硬化

如图3－3所示，钢板在被加工成翼子板之前相当柔软，冲压后被加工的部分变得很硬，仍保持平坦的部位则比较柔软。翼子板的无阴影区为“柔软”部位，有阴影区为“硬化”部位。有阴影区（顶部和边缘）硬度高，不容易损坏，但一旦变形损坏，就难以修复。钢板平坦的部位在修理过程中容易变形损坏，应采取正确的校正方法。由于汽车上的所有钢板都存在不同程度的加工硬化，所以在这些钢板损坏之前，就要知道哪些部位最硬或最软。

汽车上的钢板构件在受到碰撞时发生的折损会加重原来的加工硬化程度。在图3－4中的弹性弯曲区，钢板虽然发生了弯曲，但并没有折损，只在冷加工硬化区发生了折损。修理时把折损区修理好后，弹性弯曲区自然会恢复原状。如果先修理弹性弯曲区，就会使折损区遭到损坏。若钢板加工不当，造成过度加工硬化，则钢板将会更加难以修理。

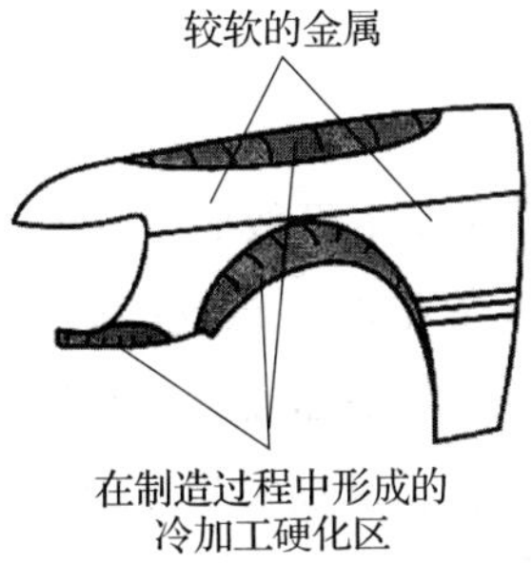

图3-3　车身板件中的加工硬化部位

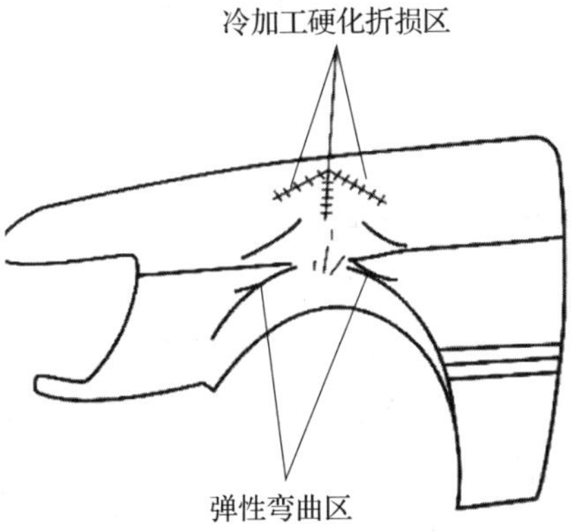

图3-4　弯曲变形中的冷加工硬化折损区和弹性弯曲区

了解这些部位的变形情况对确定正确的修理方法有着非常重要的作用，车身修理人员必须掌握金属的这些特性。在修理过程中造成的损坏与碰撞造成的损坏几乎同样多，这是由于缺少这方面的知识和经验造成的。在校正金属板的过程中，多少都会引起一些加工硬化，但一定要将它控制在最小范围内，不应造成损坏。

2. 车身钢板损伤的类型

钢板变形是指在力的作用下，钢板内部组织发生变化，导致板件产生弯曲、翘曲和凹凸不平等缺陷。钢板损伤的类型与作用力性质、撞击方向、撞击先后次序及碰撞力大小有关，不同条件下的碰撞会产生不同类型的损伤，如图3－5所示。钢板变形按作用力性质可分为外力损伤和内应力损伤；按撞击方向可分为正向撞击、纵向撞击和剐蹭损伤；按损坏类型可分为直接损坏和间接损坏；按折损类型可分为铰折折损和卷曲折损。

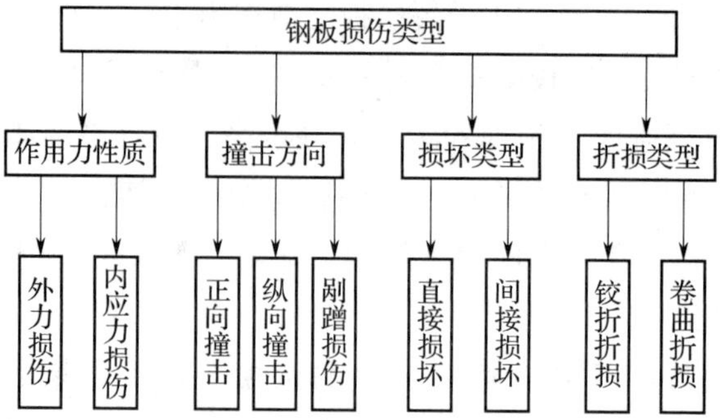

图3-5 钢板损伤类型

（1）不同的力引起的损伤

对于外力引起的变形（外力损伤），修复时主要针对变形部位采取校正措施；对于内应力导致的变形（内应力损伤），需要针对产生应力的部位而不是变形部位采取措施以消除内应力，或者使内部组织平衡以达到使钢板平直的目的。车身外部钢板变形大多是外力作用导致的，内应力引起的变形所占比例非常小。

（2）不同方向撞击导致的损伤

撞击是指两个或两个以上的物体之间的力学作用。车辆在发生事故时，通常会遭受前部撞击、后部撞击、纵向撞击、翻车、高空坠物或托底等事故。在这一过程中，钢板会受到与其平面垂直或接近于垂直的冲击（正向撞击）、与其平面接近于平行的撞击（纵向撞击）和与其平面成一定角度的剐蹭冲击（剐蹭损伤），从而发生变形。

在受到正向撞击时，钢板撞击部位通常会发生延展（图3-6），变薄，面积增大，修复时必须进行收缩作业，撞击严重时将导致构件整体尺寸变小。

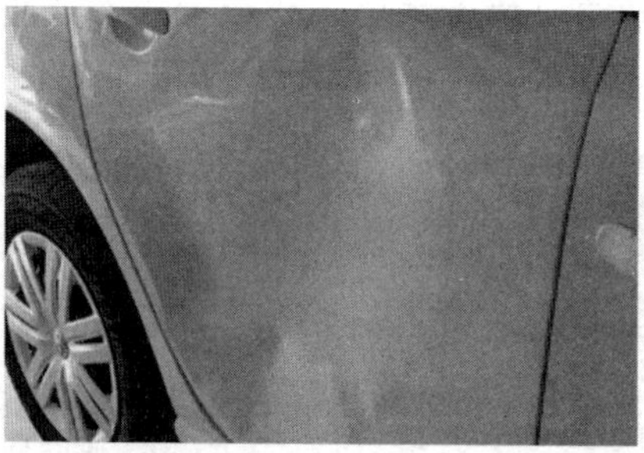

图3-6 正向撞击导致钢板延展

纵向撞击将导致钢板出现折损（图3-7）或大面积隆起，与钢板连接的内层结构往往也会发生变形，钢板通常会被压缩，整体尺寸变小，如不能采取正确的修理方法，将造成损伤进一步恶化。

剐蹭损伤是指钢板平面与撞击力夹角很小时产生的一种损伤，通常伴有划伤、擦伤，与尖锐物体剐蹭时还会出现开裂现象。车辆在行驶中托底、翻车时由于惯性与地面摩擦也会使钢板产生剐蹭损伤，如图 3－8 所示。事故严重时会造成钢板撕裂、变薄、磨穿等现象，通常采用更换的方法，不建议修复。

图 3-7　纵向撞击导致钢板折损

图 3-8　摩擦造成钢板剐蹭损伤

（3）直接损坏和间接损坏（图 3－9）

①直接损坏。直接损坏是指碰撞的物体与金属板直接接触而造成的损坏，也就是碰撞点部位的损坏。直接损坏通常以断裂、擦伤或划痕的形式出现，用眼睛即可看到。在所有的损坏中，直接损坏通常只占 10%~15%。

②间接损坏。碰撞除产生直接损坏外还产生间接损坏，也就是说，间接损坏是由直接损坏引起的。间接损坏占所有损坏的绝大多数。所有非直接的损坏都可认为是间接损坏。

各种构件受到的间接损坏基本相同。而 80%~90% 的金属板都可采用同样的方法修理，只是由于受损部位的尺寸、硬度和位置不同，所用的修理工具有所不同而已。

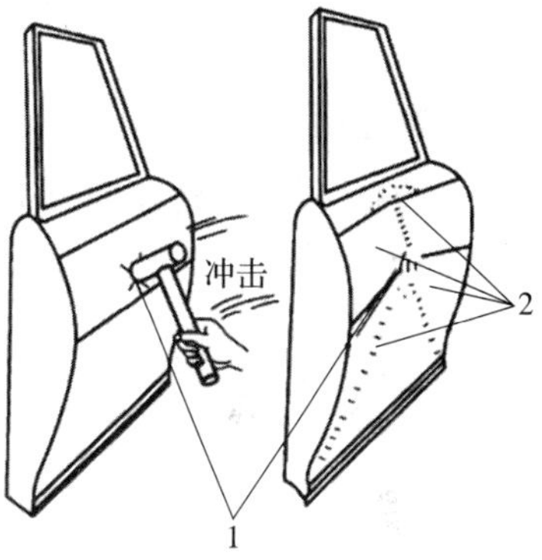

1—直接损坏；2—间接损坏

图 3-9　直接损坏和间接损坏

（4）折损

折损是钢板弯曲到一定程度后出现的一种塑性变形现象。钢板弯曲后不一定会折损，只有弯曲到不能恢复原来的形状才能称为折损，可以理解为日常生活中所说的“死褶”。折损通常以沟或槽的形式存在，根据损坏形式可分为铰折折损和卷曲折损两种类型。

1）铰折折损

铰折折损是指钢板受到撞击后，像铰链（合页）一样弯曲，此时钢板的厚度几乎不会发生明显的变化。这种折损在一些比较平坦的部位容易出现。对钢板铰折折损进行校正时，通常采取拉伸的方法以消除应力，单纯的反向校正很难保证整体尺寸恢复。铰折折损分为单纯铰折和凹陷铰折两种。

①单纯铰折（图 3－10）。钢板沿着一条线均匀弯曲，上部受拉产生拉伸变形，下部受压产生压缩变形，中间层不发生变形。

②凹陷铰折（图 3－11）。箱形截面弯曲时，顶部凹陷，底部铰折，侧面产生褶皱，此种类型的折损称为凹陷铰折。凹陷铰折常出现在结构梁、门槛板、风窗支柱、中柱、车顶梁等构件的损坏中。

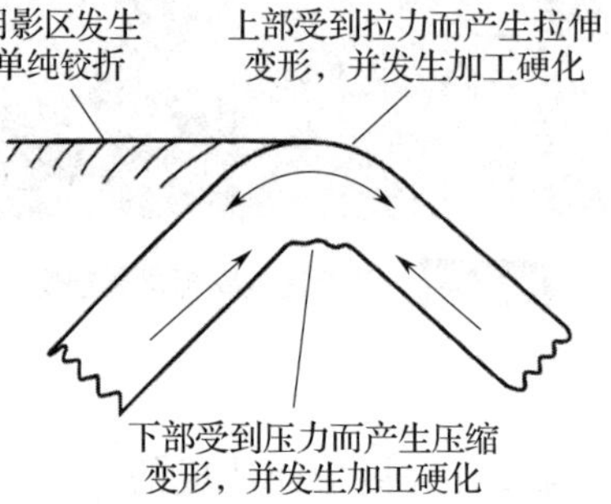

图 3－10　单纯铰折

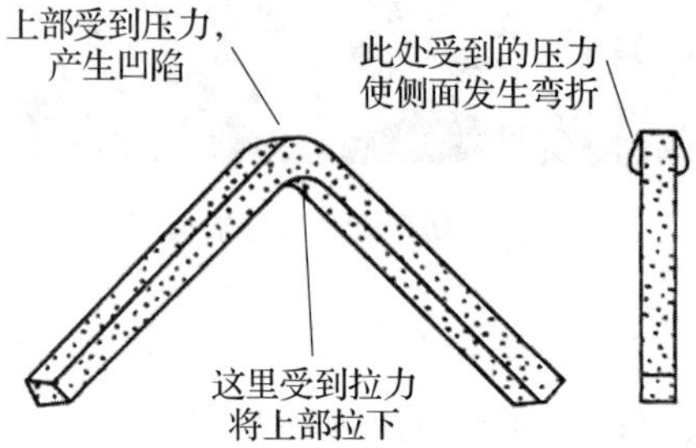

图 3－11　凹陷铰折

2）卷曲折损

当钢板以一定的曲面（隆起）存在，受到撞击产生折损时，将会向内卷曲，这种折损称为卷曲折损。卷曲折损将会造成折损两侧隆起的部位收缩，在折损处形成箭头形状，折损方向与隆起方向相反。对卷曲折损进行修复时，也应采取拉伸的方法以消除应力，并将折损部位放开。卷曲折损分为凹陷卷曲和单纯卷曲两种。

①凹陷卷曲。当折损穿过钢板时，会使钢板的内部向外翻卷，使折损部位长度增大，这种变形叫凹陷卷曲，如图 3－12 所示。

②单纯卷曲。发生凹陷卷曲时，在凹陷部位旁产生的折损与凹陷卷曲处形成一个箭头形，这种变形称为单纯卷曲，如图 3－12 所示。

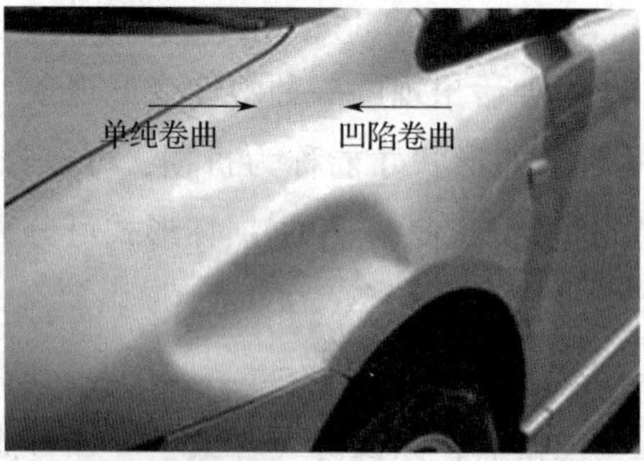

图 3－12　单纯卷曲和凹陷卷曲

(5) 板件损坏的拉伸区和压缩区

板件损伤后，一般用“压缩”和“拉伸”来形容金属受损以后的状况。这些状况也可用“高点”和“低点”来描述。在任何损坏发生以前，金属内部已存在压缩和拉伸，所有的拱形都受到压缩。但这里的压力并不是指发生损坏时产生的力，而是指金属被挤压的部位受到的一个新产生的压力，该压力通过加工硬化被保留下来。如果该压力突然消失，金属将恢复到它原来的形状。通常各种金属板的拱起程度有所不同，拱形很高的称为高拱形金属板，而接近平坦的称为低拱形金属板。当低拱形金属板受损时，金属被拉入损坏区的中心部位。这个拉力使金属板低于它原来的高度，低于正常高度的损坏区称为拉伸区；相反，金属板上任何超出原高度的损坏区都称为压缩区。图 3 – 13 所示为一个受损部件截面上的拉伸区和压缩区。

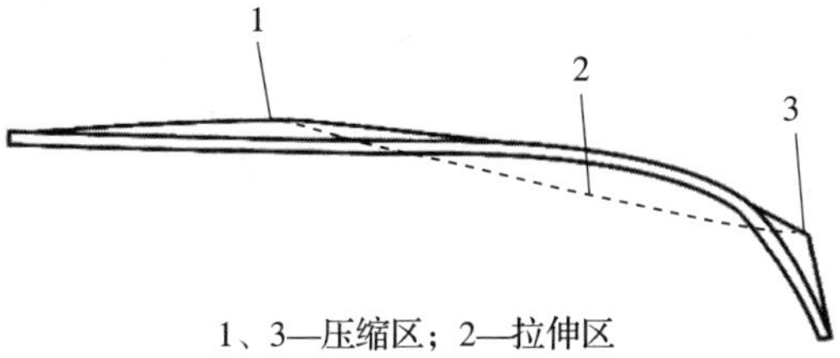

1、3—压缩区；2—拉伸区

图 3 – 13　受损部件截面上的拉伸区和压缩区

要判断金属板件产生的变化，应考虑金属板在损坏前压缩或拉伸的状况。校正时，先确定受损部位受到拉伸还是压缩，然后才可确定修理的方法和使用的工具。不能用锤子敲打拉伸区，也不能用垫铁敲打压缩区的内侧，要根据压力的方向来决定需要施加的力。当损坏部位存在压缩区时，不能在此部位使用塑料填充剂。

(6) 车身板件的拱起变形

汽车外部面板上的拱形有单曲拱形、复合拱形和双曲拱形三种类型。不同类型的拱形在受到外力时变形是不相同的。

①单曲拱形的变形。单曲拱形金属板在纵向（金属板的长度方向）上是平坦的，而在横向（金属板的宽度方向）上是拱形的，如图 3 – 14（a）所示。当向金属板拱形顶端施加一个压力时，则金属板在纵向受到拉伸，在横向受到压缩，如图 3 – 14（b）、（c）和（d）所示。

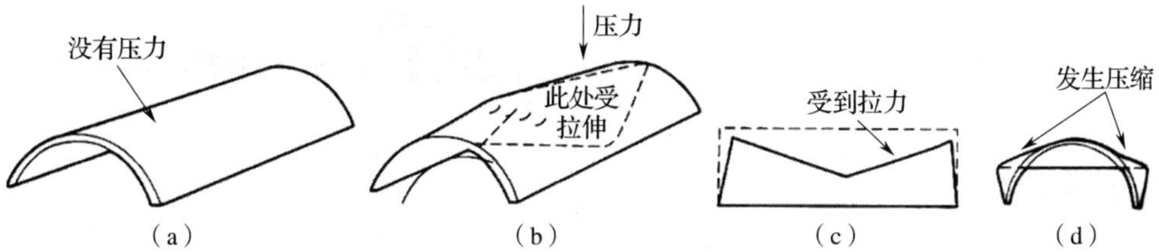

图 3 – 14　单曲拱形金属板受力后的变形

（a）损坏前的金属板　（b）损坏后的金属板　（c）侧视图　（d）正视图

②复合拱形的变形。所谓复合拱形就是平面与拱形的组合。图 3－15 所示就是复合拱形金属板受力后的变形。板件压力（*P*）的方向是由上向下，几乎是垂直的。由于拱形处金属的强度比平面处大，抵抗压力的能力强，所以凹陷卷曲到 *BC* 段的长度小于到 *AD* 段的长度。事实上，在损坏时两边受到的力相同，但是左侧金属损坏的面积较大。

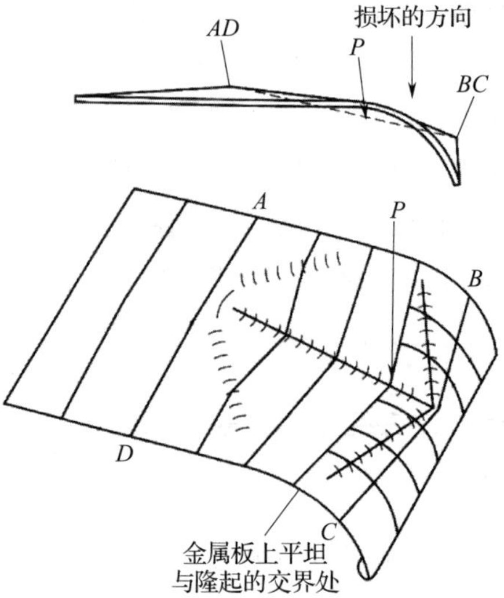

图 3－15　复合拱形金属板受力后的变形

③双曲拱形的变形。大多数金属板上的各种弯折都发生在一个方向上，而在另一个方向上保持平坦。但是也有一些金属板在两个方向上都有拱形，这类拱形就是双曲拱形，如图 3－16 所示。在拱形表面上发生的弯曲折损会扩散到离它最近的平坦区，但在双曲拱形表面上，卷曲折损通常会从受碰撞处向各个方向传播，就像车轮上的辐条一样，而轮毂则相当于最初的碰撞点。图 3－17 所示就是这种类型的金属板的凹陷卷曲折损。

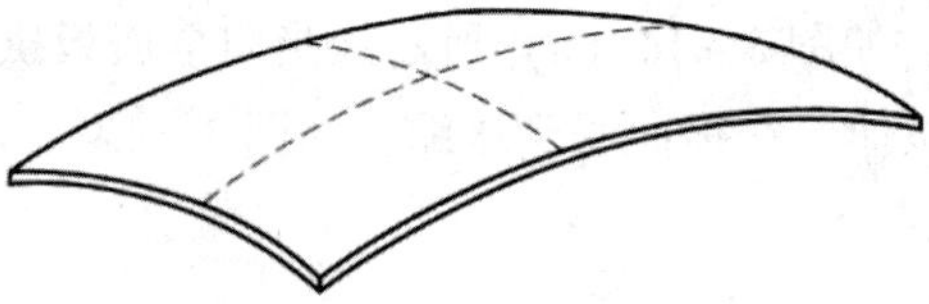

图 3－16　双曲拱形金属板

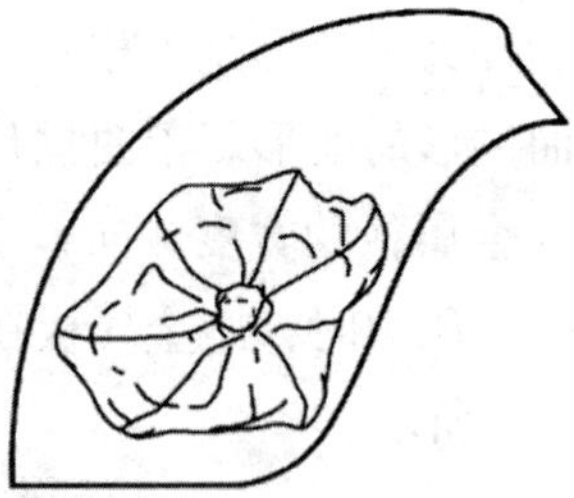

图 3－17　双曲拱形金属板的凹陷卷曲折损

任务实施

1. 影响损伤的因素

汽车碰撞时产生的碰撞力及受损程度取决于事故发生时的状况。通过了解碰撞的过程，能够部分地确定出汽车损伤。定损评估人员可以从客户那儿得到关于事故状况的信息。这种损伤评估的方法是极为必要的，它便于估算出修理的费用。因此，车身维修人员还应与定损人员做好交流。车身维修人员应当考虑以下因素对碰撞变形的影响：

①被碰撞汽车的尺寸、构造、碰撞位置；

②碰撞时汽车的速度；

③碰撞的角度和方向；

④碰撞时汽车上乘客、货物的数量及位置。

一个优秀的车身维修人员在深入掌握事故信息后，通常能够分析确定碰撞引起损伤的真实原因。

（1）碰撞位置

当发生正面碰撞时，主要损伤的是汽车的前部。当碰撞点在汽车前端较高的部位时，如图 3－18 所示，就会引起车身壳体和车顶后移及后部下沉；当碰撞点在汽车前端下方时，如图 3－19 所示，因车身惯性使汽车后部向上变形，车顶被迫上移，在车门的前上方与车顶板之间可能会形成一个极大的裂口。

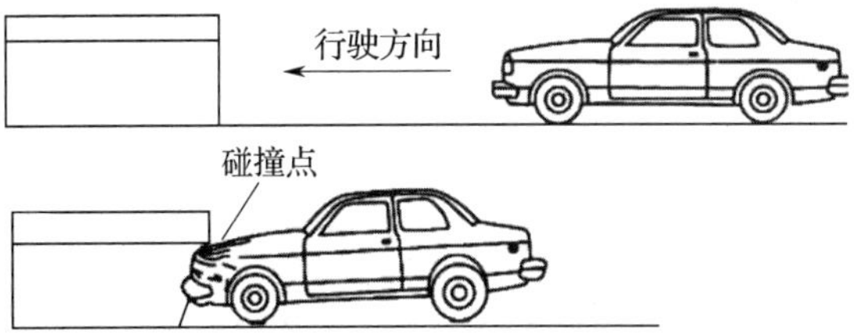

图 3－18　车身前部高点位置的碰撞

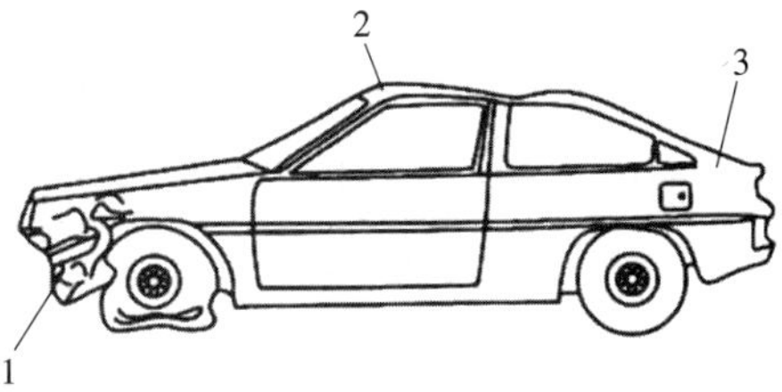

1—碰撞点；2—裂口；3—车身后部向上翘曲

图 3－19　车身前部低点位置的碰撞

（2）碰撞物

两辆相同的车以相同的车速碰撞，当撞击对象不同时，损伤结果差异会很大。如图 3－20 所示，如果撞上墙壁，碰撞面积较大，损伤程度就较轻；如果撞上电线杆，因碰撞面积较小，撞伤程度较严重，汽车前保险杠、发动机罩、散热器及其固定框架等部件都严重变形，发动机也被推后，碰撞影响还会扩展到后部的悬架等部位。

图 3－20　碰撞不同物体的碰撞结果

（a）与墙相撞　（b）与柱相撞

(3) 行驶方向

当横向行驶的汽车撞击纵向行驶的汽车的侧面时（图 3－21），纵向行驶的汽车会产生中部弯曲变形，而横向行驶的汽车除产生前部压缩变形外，还会被纵向行驶的汽车向前牵引，导致弯曲变形。

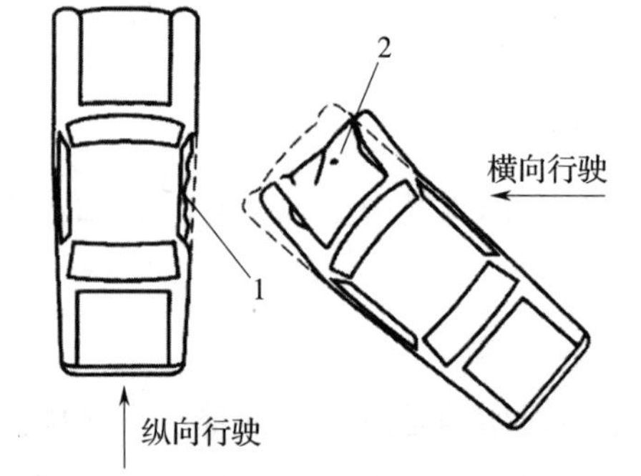

1—中部弯曲变形；2—前部压缩变形和弯曲变形

图 3－21　车辆侧面碰撞

从此例可以看出，横向行驶的汽车虽然只受到一次碰撞，但损伤却发生在两个方向上。此外，汽车也可能经历两次碰撞而损伤却发生在一个方向上，在十字路口汽车的碰撞中车身发生旋转，导致二次碰撞，这种情况常常见到。

(4) 碰撞力的方向

碰撞的损坏程度还取决于碰撞力相对于汽车质心的方向。如果碰撞力的延长线不通过汽车的质心，如图 3－22 所示，则一部分冲击力将形成使汽车绕着质心旋转的力矩，从而减轻冲击力对汽车零部件的损坏；如果碰撞力指向汽车的质心，则汽车就不会旋转，大部分能量将被汽车零部件所吸收，造成的损坏是非常严重的。

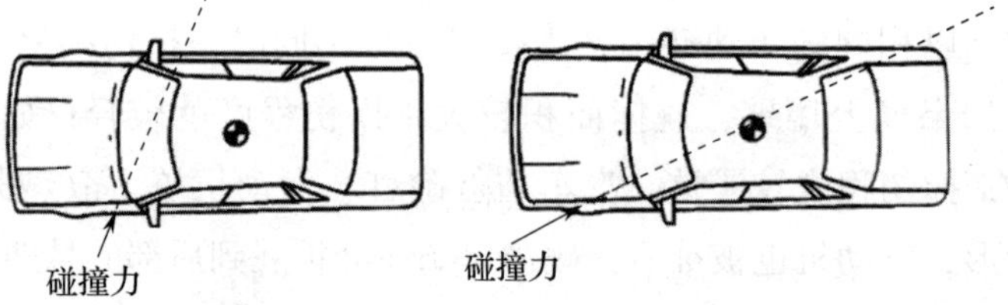

图 3－22　碰撞力的方向对损坏程度的影响

2. 汽车碰撞损伤诊断的基本步骤

汽车碰撞损伤诊断的基本步骤如下。

①了解车身构造类型。

②目测确定碰撞的位置。

③目测确定碰撞的方向及碰撞力的大小并检查可能的损伤。

④确定损伤是否限制在车身范围内，是否还包括功能部件或元件（如车轮、悬架、发动机等）。

⑤沿着碰撞路线系统地检查部件的损伤，直到没有任何损伤痕迹的位置。

⑥测量车身的主要尺寸，通过比较汽车维修手册给出的车身数据图上的标定尺寸和汽车的实际尺寸来检查。对于简单的车身损坏，可以用一个轨道式量规或定心量规来比较车身的尺寸。对于复杂的车身损坏，必须用三维测量系统检查悬架和整个车身的损坏情况。

3. 目测确定碰撞损伤程度的方法

承载式车身是由很多块钢板通过焊接、螺栓固定等方法组合而成的整体。车身外部由前后保险杠、车门、前后翼子板、发动机舱盖、车顶和行李舱盖等10余块外观钣金件组成。通常情况下，车身结构部位发生损伤变形，往往会影响到另一侧及相邻的外观钣金件的配合。车身结构部位的控制点和工艺孔修复到原始尺寸时，车身外观钣金件一般只需要通过简单的调整就可以达到装配要求。如果车身结构部位没有修复到位，从车身外观钣金件的配合就能看出来。如果修复时采用了改孔或其他野蛮的操作方法，则车辆在修复后会留有故障隐患，而且其外观也会使人感觉不协调。

目测法就是凭借肉眼观察车身外观钣金件的配合是否协调，车门、发动机舱盖与行李舱盖开关是否顺畅，钣金胶和油漆层是否开裂等，结合车辆受力时的状况，对隐藏的可能发生变形的部位做出快速分析和诊断。目测法反映了一种抽象思维能力，即透过表面现象诊断出故障产生的本质。目测法既可在车辆变形损伤评估时作为一种检测方法，也可在事故车修复过程中作为一种辅助手段，对变形部位是否拉伸到位进行诊断和监控。当然，目测法的精度较低、误差较大，最终的结果还要靠工具测量来验证。

使用目测法的目的是发现一些无法直观判断的隐性损伤，例如钢板的变形扭曲或断裂。在进行目测评估时，应首先将车辆放置在较为平坦的水平面上，从多个方向和角度观察车辆；然后仔细检查车辆的具体损伤部位，可通过观察车辆的高度，各钣金件的配合间隙是否均匀，轮廓线是否平齐，车门、行李舱盖与发动机舱盖开关是否顺畅，钣金胶与油漆层是否开裂等，判断相关构件及部位的隐藏损伤。

车辆损伤可分为直接损伤和间接损伤。直接损伤一般比较容易判断，而间接损伤则往往隐藏在一些构件的内部，只有将外部遮挡的钣金件拆除后，才能发现具体的变形损伤部位。通常情况下，维修人员不可能对车身上的每个点都进行测量，也不会拆除过多的构件。这样虽然可以降低劳动强度和缩短作业时间，但是可能导致损伤评估的结果不准确，从而影响到最终的维修质量。如果能够合理地利用目测法，有针对性地对损伤部位进行预测与分析，找出损伤波及的范围，就可以有效避免上述情况的发生。如目测一辆后部受到撞击的车辆时，维修人员发现该车前门与后门的间隙已明显发生变化。经检查前门在开关时没有任何异常现象，与前翼子板、门框及下边梁等相关部位配合良好。这些目测检查结果说明损伤仅波及中柱位置，前面的部位并没有因为撞击受到太大影响。采用目测法，在进行损伤检查时便可做到有的放矢，减少了工作量，节省了工作时间。

一些表面上看似不严重的撞击，往往也会造成车辆结构部件的损伤，这点在损伤评估时经常会由于保险公司定损人员及钣金修复人员缺乏经验而被遗漏。如果钣金修复人员有目测评估的经验便可做出快速诊断，节省很多不必要的工时。例如一辆前部受到侧向撞击的车辆，保险公司经过检查后只对保险杠等损坏部件更换进行了赔付，没有对纵梁校正进行赔付。钣金修复人员在进行维修前经过仔细检查发现该车发动机舱盖与左右翼子板的间隙已发生了变化，左前门与左前翼子板的间隙明显大于右前门与右前翼子板的间隙，打开发动机舱盖后发现锁柱已发生变形，无法锁紧发动机舱盖。综合这些观察到的现象进行分析，可以判断车辆前部已经整体向右发生了位置偏移，位移量经过测量即可确认。如果钣金修复人员缺乏足够的目测评估知识和经验，只按照保险公司赔付的项目进行修理，那么该车的最终维修质量就很难保证了。

4. 汽车碰撞损伤评估时的安全注意事项

①处理破碎玻璃棱边及锯齿状金属。

②擦净泄漏的变速器油和润滑油。

③在焊接前移走气罐，断开车载电脑连接。

④拆电气系统时，先卸下蓄电池负极电缆，切断电路。

⑤在进行损坏诊断时照明应良好。

⑥诊断修复时，注意相关安全规范。

5. 板件的定损原则

板件的定损原则主要有如下三个。

原则 1：既不影响使用性能又不影响外观质量的，应以修复为主；二类以上维修企业无法修复或无法保证修后质量的应更换。

原则 2：当配件修复费用高于配件更换费用时应更换。

原则 3：所有更换件定损的规格都不得高于原车事故前板件的规格。

任务总结

本任务主要学习了钢板变形的类型、车身钢板构件损伤的类型、影响损伤的因素、汽车碰撞损伤诊断的基本步骤和汽车碰撞损伤评估时的注意事项等。钢板变形有弹性变形和塑性变形两种，钢板加工后会出现加工硬化现象。被碰撞汽车的尺寸、构造、碰撞位置不同，碰撞时汽车的速度、角度和方向以及碰撞时汽车上乘客、货物的数量及位置不同，都会对汽车的损伤产生影响。

任务考核

表3-1　任务工单

<table>
<tr><td rowspan="3">工作任务：车身覆盖件碰撞损伤分析</td><td>班级</td><td colspan="3"></td></tr>
<tr><td>姓名</td><td></td><td>学号</td><td></td></tr>
<tr><td>日期</td><td></td><td>评分</td><td></td></tr>
<tr><td colspan="5">

1. 车身覆盖件变形损伤类型

（1）钢板变形的类型

（2）车身钢板构件损伤的类型

2. 车身覆盖件损伤分析

（1）影响损伤的因素

（2）汽车碰撞损伤诊断的基本步骤

（3）汽车碰撞损伤评估时的注意事项

3. 反思

收获：

不足：

建议：

①小组讨论分析实施过程中产生的问题，给出改进方案；

②小组准备汇报材料，每组派一人进行汇报；

③整理相关资料，列表说明项目资料及资料来源，注明存档情况。

</td></tr>
</table>

习题与思考

1. 选择题

(1)【多选题】钢板变形的类型有(　　)。

A. 弹性变形　　B. 塑性变形　　C. 加工硬化　　D. 弯曲变形

(2)【多选题】影响损伤的因素有(　　)。

A. 碰撞位置　　B. 碰撞物

C. 行驶方向　　D. 碰撞力的方向

(3)【单选题】有经验的车身维修人员会把大量精力和时间用在损伤评估上，总的修理时间会(　　)。

A. 缩短　　B. 延长　　C. 不变

(4)【单选题】当汽车以 50 km/h 的速度撞上障碍物时，发动机舱的长度会被压缩(　　)。

A. 20%~30%　　B. 30%~40%　　C. 40%~50%

(5)【单选题】汽车前部正面碰撞时，碰撞点位置靠下部，后部会(　　)变形。

A. 向上　　B. 向下　　C. 向左或右

2. 判断题

(1) 汽车板件定损时，更换件定损的规格可以高于原车事故前的规格。(　　)

(2) 汽车发生碰撞时，车内的载人、载货情况对汽车的损伤没有影响。(　　)

(3) 正面碰撞即相对行驶的车辆间发生的迎头碰撞。(　　)

(4) 追尾事故中被追尾车辆在碰撞发生前，一般都不知情且未采取躲避动作或措施。(　　)

(5) 斜碰撞是在碰撞中除沿车辆轴向有碰撞力的作用，还有垂直于被撞车辆车身轴线方向的碰撞力的作用。(　　)

3. 简述题

请简要叙述汽车碰撞损伤诊断的基本步骤。

任务5　车身结构件碰撞损伤分析

学习目标

【知识目标】

掌握承载式车身变形的特点；

掌握吸能区的特点。

【能力目标】

能用目测法对车身内部损伤进行评估。

【素养目标】

培养学生的规范操作意识；

培养学生的团队协作意识；

培养学生的安全操作意识。

任务描述

两车出现较严重的碰撞事故（图3-23），请按汽车诊断流程对车身结构件碰撞损伤进行初步诊断。

图3-23　汽车碰撞事故

任务解析

在研究车身的具体构造之前，需要先了解现代汽车车身的发展过程和结构形式，这对我们在动手操作之前合理地制定车身修复方案很有帮助。车身是汽车的四大组成部分之一，是由各种承力元件组成的刚性空间结构。

常见的车身结构可以分为承载式车身结构和非承载式车身结构两种。不同的车身结构发生碰撞后，汽车受到的损伤也不同，因此了解不同车身结构的碰撞特点对车身结构件碰撞损伤分析具有重要的意义。

知识学习

1. 非承载式车身碰撞变形

非承载式车身由车架及其周围的可分解的部件组成，车身的前部和后部具有上弯的结构，碰撞时会变形，但可保持车架中部结构的完整。图 3－24中圈出的部位为非承载式车身上较柔和的部位，主要用来缓冲碰撞冲击。车身与车架之间用橡胶垫间隔，橡胶垫能减缓从车架传至车身的冲击。遇到强烈冲击时，橡胶垫上的螺栓可能会折弯，导致车架与车身之间出现裂缝。车架的中部较宽，可以抵挡侧面的碰撞冲击，保护乘客的安全。车架是否变形，可通过比较门槛板与车架前后之间的空间尺寸，比较前翼子板与轮罩前后之间的空间尺寸，以及比较前保险杠上的后孔到前车架钢梁总成之间左右尺寸来确定。

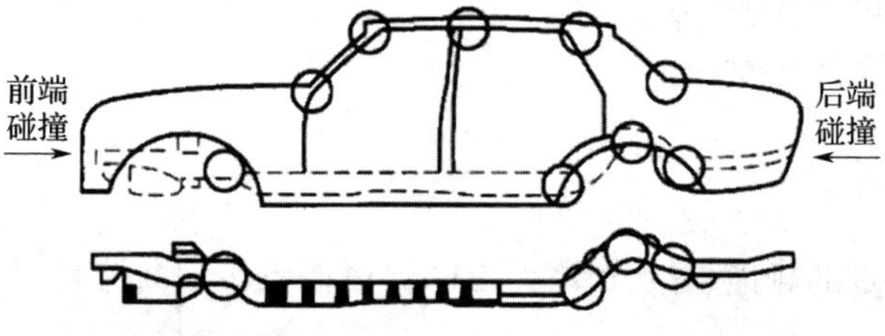

图 3－24 非承载式车身碰撞变形部位

车身损伤的主要原因是碰撞。碰撞时碰撞力的大小和碰撞方位不同，引起的车身损伤情况也就不同。车架损伤的类型主要有以下五种。

(1) 侧弯

侧弯也称为左右弯曲，即车架侧向弯曲变形，它是由侧面碰撞引起的，如图 3－25 所示。侧弯通常出现在车辆某一侧的前部或后部，其识别特征是：某侧纵梁的内侧和对面那根纵梁的外侧出现褶皱凸痕。

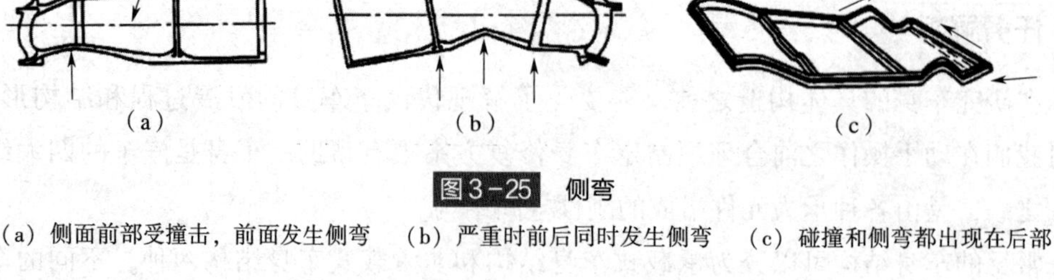

图 3－25 侧弯

(a) 侧面前部受撞击，前面发生侧弯 (b) 严重时前后同时发生侧弯 (c) 碰撞和侧弯都出现在后部

（2）上下弯曲

上下弯曲即车架某一段比正常位置低，如图3－26所示。上下弯曲通常是由前端或后端的正面碰撞引起的。

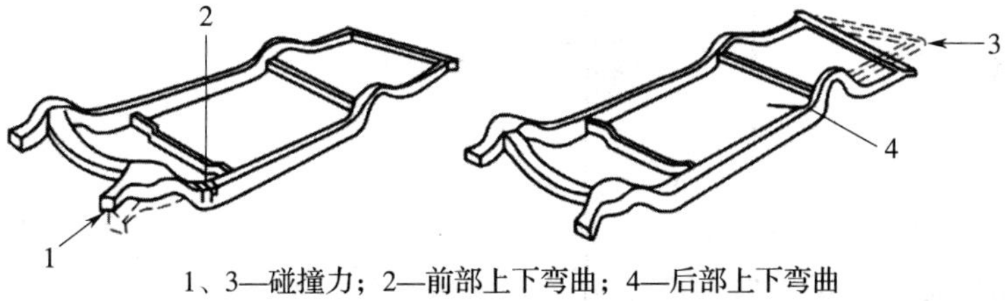

1、3—碰撞力；2—前部上下弯曲；4—后部上下弯曲

图3－26　上下弯曲

上下弯曲的识别特征是：翼子板和车门之间出现不规则裂纹，裂纹形状为下宽上窄，车门可能被卡死；车架上产生许多微小的褶皱或扭曲，油漆脱落。

（3）挤压

挤压造成车辆某一部分比正常尺寸短，如图3－27所示。挤压一般发生在发动机罩或行李舱上。

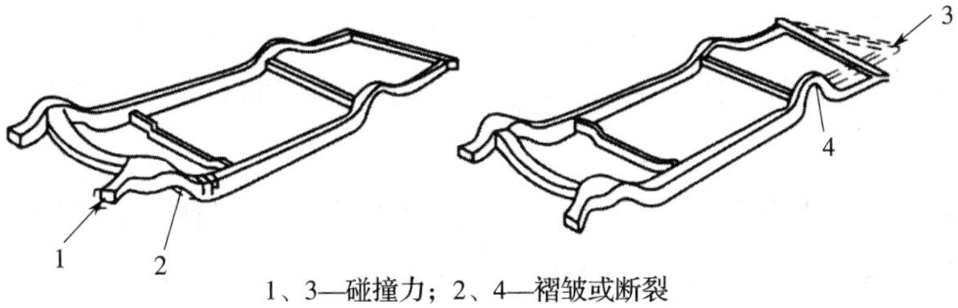

1、3—碰撞力；2、4—褶皱或断裂

图3－27　挤压

挤压会造成翼子板、发动机罩、车架各梁出现皱痕、断裂和严重的扭曲变形，车轮处的车架或车身还可能上翘，使悬架弹簧座变形。

（4）菱形变形

当车辆前部（或后部）的任一侧角或偏心点受到撞击时，车架的一侧向后（或向前）移动，车架或车身歪斜成近似平行四边形的形状，这种变形称作菱形变形，如图3－28所示。菱形变形是整个车架的变形，可以明显看到：发动机罩及行李舱盖发生错位；在接近后车轮罩的相互垂直的钢板上或在垂直钢板接头的顶部可能出现褶皱；在乘客舱及行李舱底板上可能出现褶皱和弯曲。此外，菱形变形还会附加有许多断裂及弯曲的组合损伤，但菱形变形很少发生在承载式车身上。

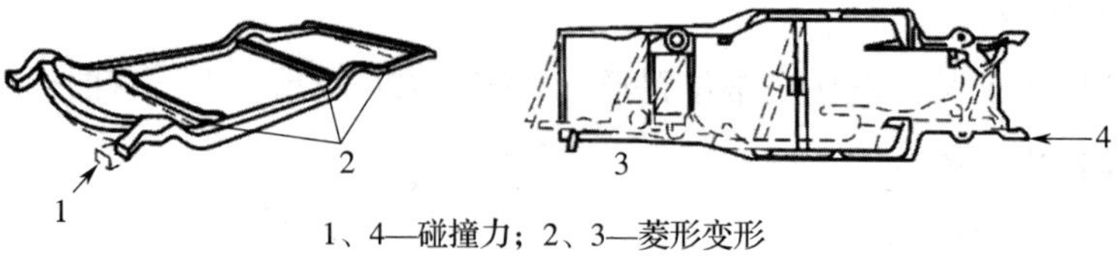

1、4—碰撞力；2、3—菱形变形

图 3-28 菱形变形

(5) 扭曲

扭曲是车架的一角上翘，而其对顶的角则下折，如图 3-29 所示。扭曲通常是由车头或者车尾碰撞在路边的石阶或路中央的隔离栏上造成的。

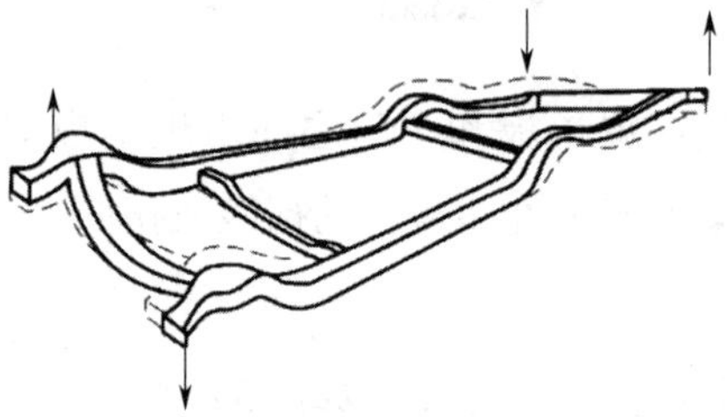

图 3-29 扭曲

通过观察可能发现薄金属板表面没有明显的损伤，但实际的损伤往往隐藏在内部。如果发现车辆一个角上翘，悬架变形，则应考虑是否有扭曲损伤，应当检查其他角是否下折。

很多碰撞事故可能引起不止一种损伤，比如侧弯和下凹就可能同时发生。另外横梁也可能变形，特别是前部横梁，如在翻车事故中，由于发动机重量较大，翻滚时的离心力常把安装发动机的横梁拉弯。

2. 承载式车身碰撞变形

(1) 车身吸能区

由薄钢板连接成的车身壳体在碰撞中能吸收大部分冲击能量。其中一部分碰撞能量被碰撞区域的部件通过变形吸收掉，另一部分碰撞能量会通过车身的刚性结构传递到远离碰撞的区域，这些被传递的振动波引起的损伤称为二次损伤。二次损伤会影响承载式车身的内部结构或与被撞击部位相反一侧的车身。

为了控制二次损伤变形，汽车在前部和后部设计了吸能区（抗挤压区域），如图 3-30所示。前保险杠支撑件、前纵梁、前挡泥板、发动机罩、后保险杠支撑件、后纵梁、后挡泥板、行李舱盖等部位，都设计成波纹状或进行结构强度上的局部弱化。在受到撞击时，它们就会按照预定的形式折曲，这样碰撞振动波在传递过程中就大大减小直至消散。中部车身有很强的刚性，把前部（或后部）吸能区不能完全吸收而传递过来的能量传递到车身的后部（或前部），使远离碰撞点的部件发生变形，从而保证中部乘客舱的结构完整和乘客的安全。这是现代汽车安全性设计的一个重要特点。

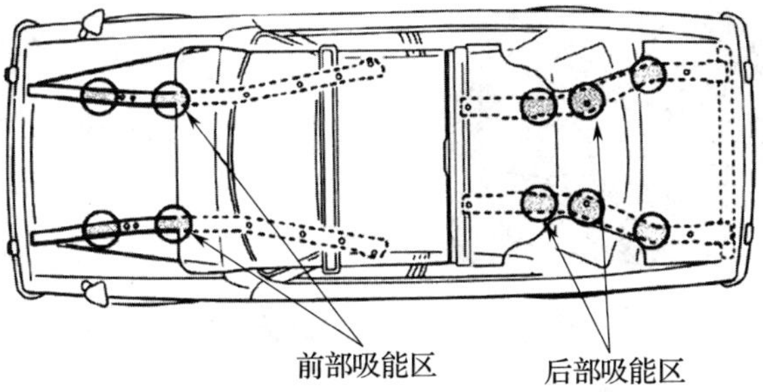

图 3-30　承载式车身的吸能区

在所有碰撞中，超过 70% 的碰撞发生在汽车的前部。碰撞力比较小时，前部的保险杠、保险杠支撑件等通过变形吸收碰撞能量。碰撞剧烈时，前面的纵梁等能很好地吸收碰撞能量，如图 3－31 所示。前纵梁作为前部最坚固的部件，不仅有承载前部其他部件的重量和载荷的能力，而且在碰撞中作为主要吸能元件通过变形吸收碰撞能量。

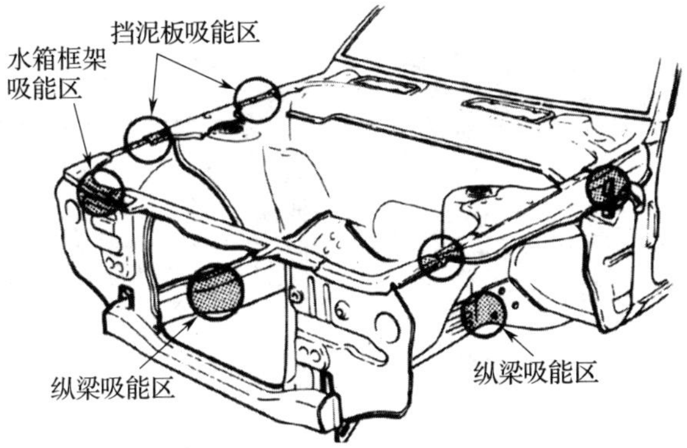

图 3-31　承载式车身的前部吸能区

经过波纹加工的新型保险杠加强件用螺栓连接在纵梁上（图 3－32），在碰撞时可以充分吸收碰撞能量，并且在维修时可以迅速更换。

当碰撞发生在车身中部时，碰撞能量通过车门、门槛板、中柱等部件的变形来吸收。为了保证乘客舱的结构完整和乘客的安全，中部区域的中柱、门槛板会采用一些高强度钢板甚至超高强度钢板，在车门内部会采用超高强度钢板制造加强防撞杆（板）来保护乘客的安全，如图 3－33 所示。

如果在设计中没有很好地考虑吸能区的吸能效果，或者修复后破坏了吸能区的结构，那么吸能区将不能很好地吸收碰撞能量，会造成中部的乘客舱严重变形，威胁乘客的安全。

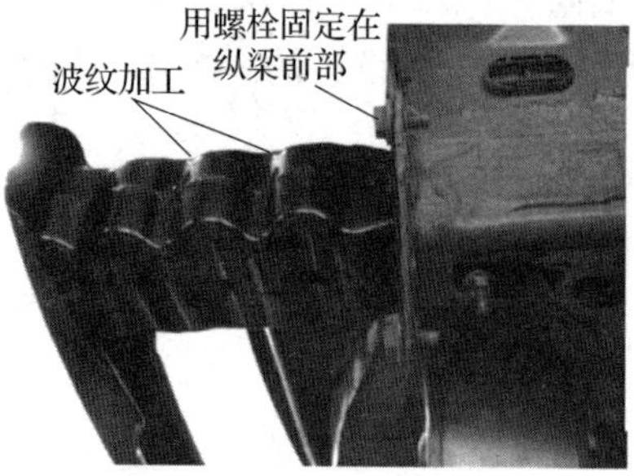

图3-32 波纹加工吸能件

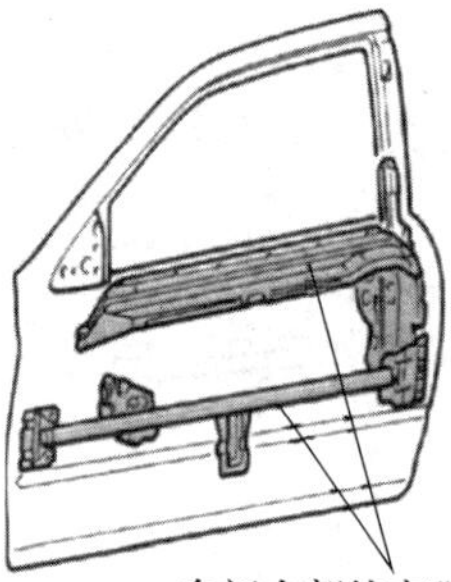

图3-33 车门内部的加强防撞杆（板）

（2）承载式车身碰撞变形特点

1）前部碰撞变形

图3-34所示是一辆汽车发生前部碰撞时的变形情况。前部碰撞的冲击力取决于汽车的质量、速度、碰撞范围及碰撞物。碰撞程度比较轻时，保险杠会被向后推，前纵梁、保险杠支撑件、前翼子板、散热器支座、散热器上支撑件和机罩锁紧支撑件等也会折曲。

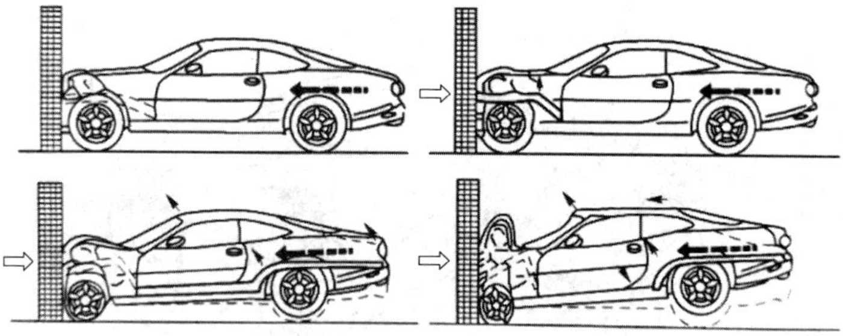

图3-34 汽车前部碰撞变形过程

如果碰撞比较剧烈，那么前翼子板就会弯曲而触到前车门，发动机罩铰链会向上弯曲至前围上盖板，前纵梁也会折弯到前悬架横梁上并使其弯曲。如果碰撞力足够大，前挡泥板及前车身立柱（特别是前门铰链上部装置）将会弯曲，并使车门松垮掉下。另外，前纵梁会产生褶皱，前悬架构件、前围板和前车门也会弯曲。

如果从某一角度进行正面碰撞，前纵梁的连接点就会成为旋转中心。由于左面和右面的前部构件是通过前横向构件连接在一起的，碰撞引起的冲击就会从碰撞一侧传递至另一侧的前部构件并引起其变形，如图3-35所示。

2）后部碰撞变形

汽车发生后部碰撞时，其受损程度取决于碰撞面的面积、碰撞时的车速、碰撞物及汽车的质量等因素。如果碰撞力小，后保险杠、后地板、行李舱盖及行李舱底板可能会变形。如果碰撞力大，相互垂直的钢板会弯曲，后顶盖侧板会塌陷至顶板底面。对于四门汽车，车身中柱也可能会弯曲。汽车后部碰撞力不同时的受损情况如图3-36所示。

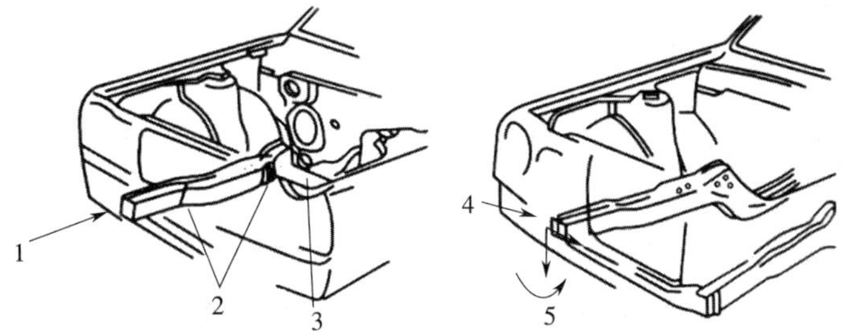

1、4—碰撞力；2—弯曲；3—开裂；5—侧向和垂直弯曲

图3－35　前纵梁的弯曲及断裂效应

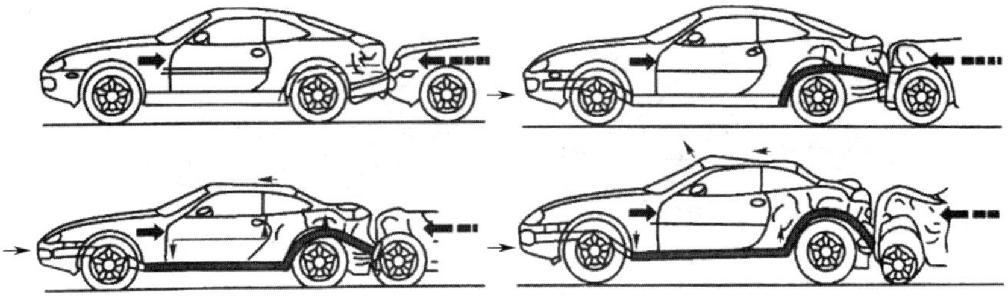

图3－36　汽车后部碰撞力不同时的受损情况（由轻微到严重）

由于汽车的后部有吸能区，碰撞时一般只是车身后部发生变形，从而保护中部乘客舱的结构完整和乘客的安全。

3）中部碰撞变形

当发生侧面碰撞时，车门、前部构件、车身中柱以及地板都会变形。如果碰撞比较严重，车门中柱、门槛板、顶盖纵梁都会严重弯曲，甚至对侧的车门中柱和顶盖纵梁会产生与碰撞方向相反的变形。随着碰撞力增大，车辆前部和后部会产生与碰撞方向相反的变形，整个车辆会变成弯曲的香蕉状，如图3－37所示。

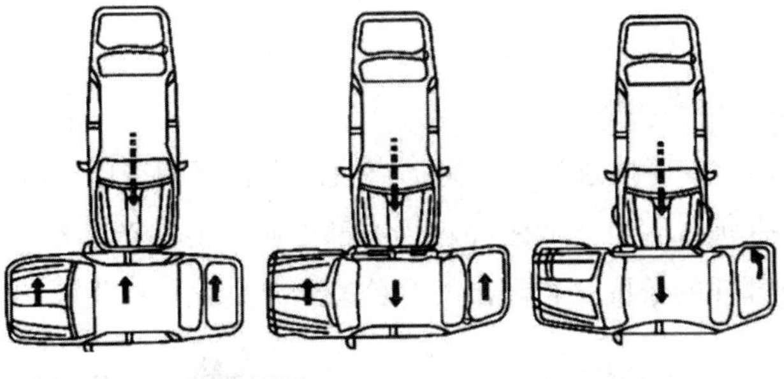

图3－37　汽车中部碰撞变形过程

前翼子板或后顶盖侧板受到垂直方向较严重的碰撞时，振动波会传递到汽车相反一侧。当前翼子板的中心位置受到碰撞时，前轮会被推进去，振动波也会从前悬架横梁传至前纵梁。这样悬架元件就会受到损伤，前轮的中心线和基线也都会改变。发生

侧面碰撞时，转向装置的连杆及齿轮、齿条的配合也将损坏。

4）顶部碰撞变形

当坠落物体砸到汽车顶部时，除车顶钢板受损外，车顶纵梁、横梁和车窗也可能被损伤。

在汽车发生翻滚时，车顶盖、立柱、车下部的悬架会受到严重损伤，悬架固定点的部件也会受到损伤，如图 3-38 所示。如果车身立柱和车顶板弯曲，那么另一侧的立柱同样也会损坏。由于汽车倾翻的形式不同，车身前部及后部部件的损伤也不同。就这些情况而言，汽车的损伤程度可通过车窗及车门的变形状况来确定。

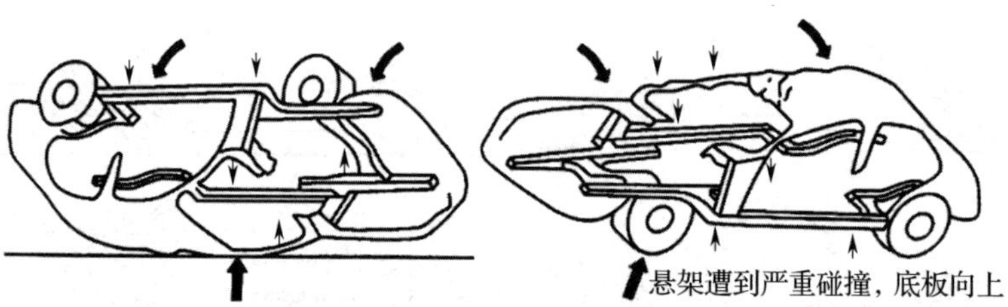

图3-38 汽车翻滚碰撞

3. 承载式车身碰撞损伤的类型

承载式车身结构的碰撞损伤是按弯曲变形、断裂变形、增宽变形和扭转变形的顺序进行的。

（1）弯曲变形

在碰撞的瞬间，由于汽车结构具有弹性，碰撞冲击被传递到距离较远的大部分区域，从而引起中部横向及垂直方向的弯曲变形。左右弯曲变形通常通过测量宽度或对角线长度来判别；上下弯曲变形通常通过测量车身部件的高度是否超出配合公差来判别。与非承载式车身结构的弯曲变形相似，这一变形可能仅发生在汽车的一侧，如图 3-39所示。

（2）断裂变形

如图 3-40 所示，在碰撞过程中，碰撞点会产生显著的挤压，碰撞的能量被结构的折曲变形吸收，以保护乘客舱。而距离较远的部位则可能会产生褶皱、断裂或者松动。可以通过测量车身部件的长度是否超出配合公差来判别是否产生断裂变形。

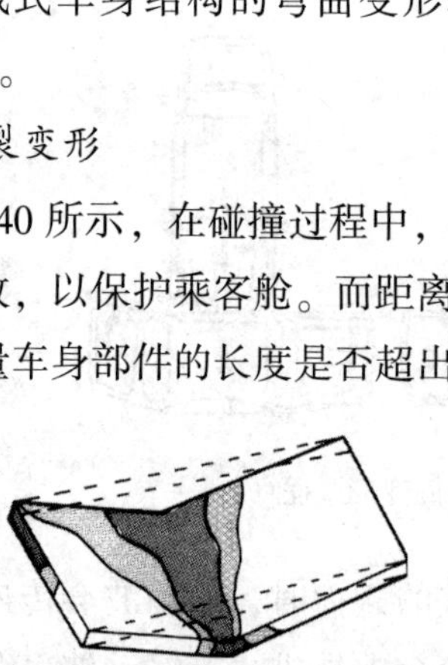

图3-39 承载式车身的弯曲变形

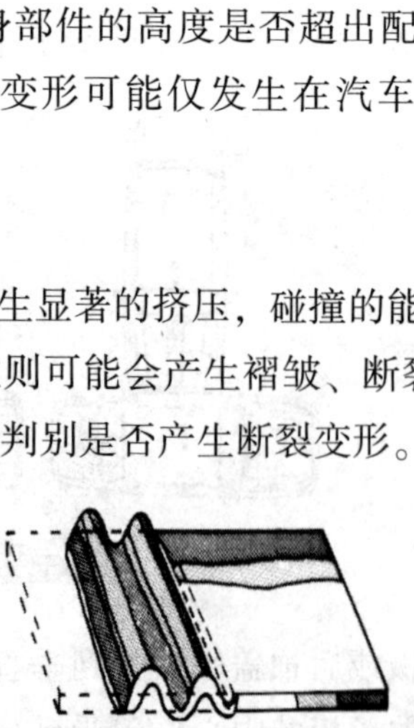

图3-40 承载式车身的断裂变形

(3) 增宽变形

如图 3－41 所示，增宽变形与非承载式车身的左右弯曲变形相似，可以通过测量车身的高度和宽度是否超出配合公差来判别。对性能良好的承载式车身来说，碰撞力会使侧面结构向外侧弯曲，同时纵梁和车门缝隙也将变形。

(4) 扭转变形

如图 3－42 所示，承载式车身的扭转变形与非承载式车身相似，可以通过测量车身的高度和宽度是否超出配合公差进行判别。由于扭转变形是碰撞的最后结果，即使最初的碰撞直接作用在中心点上，再次的冲击还是能够产生扭转力引起汽车结构的扭转变形。

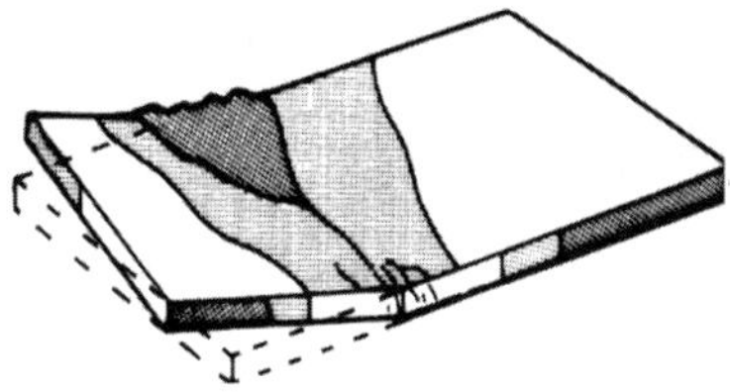

图 3－41　承载式车身的增宽变形

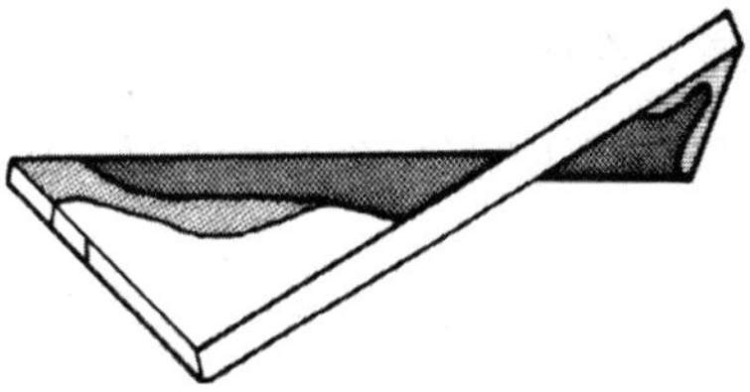

图 3－42　承载式车身的扭转变形

除无菱形变形外，承载式车身和非承载式车身的变形类型是极为相近的，但是承载式车身的损伤要复杂得多。承载式车身的修理与非承载式车身的修理步骤一样，采用后进先出的方法，首先校正最后发生的损伤，这是修复承载式车身的最佳方法。

任务实施

承载式车身的碰撞损伤可以用图 3－43 所示的圆锥图形法进行分析。将目测撞击点作为圆锥体的顶点，圆锥体的中心线表示碰撞的方向，其范围表示碰撞力穿过车身壳体扩散的区域。圆锥体的顶点通常为主要的受损区域。具体分析步骤如下。

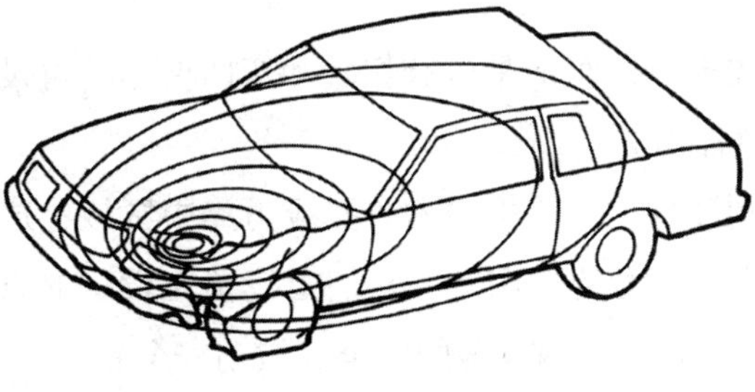

图 3－43　用圆锥图形法确定碰撞对承载式车身的影响

①了解整个碰撞过程，如碰撞部位、碰撞方向、碰撞时的车速、碰撞的物体及碰撞次数等。

②找到最初遭受冲击的地方（也就是最初的损伤部位），可通过油漆的剥落程度及钣金的伤痕来判定。

③沿着冲击力传播的方向系统地检查各部件（包括车身附件以及车身以外的其他总成和部件，如车轮、悬架、发动机等）的损伤。

④检查汽车的惯性损伤。当汽车受到碰撞时，一些质量大的部件（如发动机）的惯性会转化成巨大的作用力，使其向相反的方向移动而发生冲击，产生损伤，这就需对固定件、周围部件及钢板进行检查。对于非承载式车身，车身安装在橡胶隔离垫上以减小冲击振动，但是剧烈的碰撞也会引起车身和车架错位，破坏车身上的隔离件。

此外，在碰撞中由于惯性的原因，仪表盘、转向盘、转向支柱和座椅靠背将受到损伤。行李舱中的行李也可能成为引起行李舱底板、行李舱盖和后顶盖侧板损伤的原因。

⑤检查结构件上的吸能区。

（a）打开发动机罩，检查前纵梁、前挡泥板等部位的变形情况。

（b）检查后纵梁、后挡泥板等部位的变形情况。

（c）检查车身中部。

⑥用肉眼检查后进行总体估测，根据碰撞的位置估计汽车所受碰撞力的大小及方向，判断碰撞如何扩散并造成损伤。

⑦确定车身上所有损伤的部件后，应对损坏的部位进行分析，以确定损伤程度和类型。

⑧确定车身上所有损伤的部件之间的连接和装配关系。

目测评估损伤时应注意以下几点。

（a）要找出汽车的损伤，必须沿着碰撞力扩散的路径，按顺序一处一处地进行检查，确认变形情况。

（b）在估测中，先探查汽车上是否有扭转和弯曲变形，再设法确定损伤的位置及各种损伤是否由同一碰撞引起。

（c）检查时要特别注意车身结构中的一些应力集中区域，这些部位是在车身设计中特别设置的。在碰撞冲击力的作用下，它们会按预先设定的方式变形，吸收冲击能量，保持乘客舱的形状，保护车内乘客的安全（被动安全）。

（d）关注车身上容易识别的损伤变形部位。在碰撞中碰撞力通过车身刚性大的部件（如车身前柱（A柱）、车顶纵梁、底板纵梁等箱形截面梁），最终深入至车身内部并损坏薄弱部件。在检查中要特别仔细地观察板件连接处有没有错位、断裂，加固材料（如加固件、盖板、加强筋、连接板）上有没有裂缝，各板件的连接处有没有变形，油漆层、内涂层及保护层有没有裂缝和剥落，以及零件的棱角和边缘有没有异样等，这样损伤部位就容易识别出来了。

（e）关注车门、翼子板、发动机罩、行李舱盖、车灯之间的配合间隙。这些间隙都有一定的尺寸要求，通过观察和测量它们的变化可以判定发生了哪些变形。

任务总结

本任务主要学习了非承载式和承载式车身发生碰撞时的变形特点和损伤类型以及如何通过目测法检查车身内部的碰撞损伤。非承载式车身碰撞损伤的类型有侧弯、上下弯曲、挤压、菱形变形和扭曲五种，承载式车身碰撞损伤的类型有弯曲变形、断裂变形、增宽变形和扭转变形四种。

任务考核

表3-2　任务工单

<table>
<tr><td rowspan="3">工作任务：车身结构件碰撞损伤分析</td><td>班级</td><td colspan="3"></td></tr>
<tr><td>姓名</td><td></td><td>学号</td><td></td></tr>
<tr><td>日期</td><td></td><td>评分</td><td></td></tr>
<tr><td colspan="5">**1. 车身碰撞变形**
（1）非承载式车身碰撞变形

（2）承载式车身碰撞变形

2. 承载式车身碰撞损伤类型

3. 反思
收获：
不足：
建议：
①小组讨论分析实施过程中产生的问题，给出改进方案；
②小组准备汇报材料，每组派一人进行汇报；
③整理相关资料，列表说明项目资料及资料来源，注明存档情况。</td></tr>
</table>

习题与思考

1. 选择题

(1)【多选题】非承载式车身的变形类型有（　　）。

A. 侧弯　　B. 上下弯曲　　C. 挤压
D. 菱形变形　　E. 扭曲

(2)【多选题】承载式车身碰撞损伤的类型有（　　）。

A. 弯曲变形　　B. 断裂变形　　C. 增宽变形　　D. 扭转变形

(3)【单选题】对车身进行修理时，确定校正顺序的原则是（　　）。

A. 从里到外　　B. 先中间后两边　　C. 后进先出　　D. 以上全部

(4)【单选题】可以通过测量（　　）确定事故车的悬架系统是否损伤。

A. 汽车轴距　　B. 汽车轮距　　C. 轮胎外倾角　　D. 前轮前束

(5)【多选题】在前部碰撞中，行李舱中物体的惯性会导致（　　）损伤。

A. 后纵梁　　B. 行李舱底板　　C. 后围板　　D. 后地板

2. 判断题

(1) 当汽车被撞后，车身外壳表面比正常位置低，结构上有后倾现象，这说明车身发生了左右弯曲变形。（　　）

(2) 当汽车高速撞击到路缘石或路中央的隔离栏，或后侧角端发生碰撞时，可能发生扭转变形。（　　）

(3) 汽车前部较低的位置发生碰撞时，除了前部的损伤外，在汽车尾部可能有向上的变形损伤。（　　）

(4) 具有整体式车身的汽车发生碰撞时，除了碰撞点的损伤外，离碰撞点很远的部位也会有损伤。（　　）

(5) 车身中部强度很高，也设计了吸能区保护乘客。（　　）

(6) 如果在碰撞中前门松垮下来，那么中柱也可能受到损伤。（　　）

(7) 整体式车身的菱形变形很复杂，需要仔细检查、诊断。（　　）

(8) 在所有的修复程序进行之前，先要对碰撞损坏的车辆进行全面、细致的损伤评估。（　　）

(9) 除用目测法进行诊断外，还应该使用精确的工具及设备来测量、评估受损汽车。（　　）

(10) 车身中部可以压缩变形以吸收碰撞能量。（　　）

3. 简述题

如何通过目测法评估汽车碰撞的损伤情况？

项目四
车身测量

项目描述

车身测量是车身修理中不可缺少的一个重要环节，特别是现代轿车采用承载式车身结构，发动机及底盘各总成都是直接或间接安装在车身上的。车身损伤如果修理得不彻底、不精确，势必对汽车使用时的安全性、稳定性、平顺性等造成影响。精度是车身修理的首要问题，而精度的保证是以对车身的准确测量为基础的。由此可见，测量在车身修理中占据着极其重要的地位，并且是影响车身修理质量的关键因素。在承载式车身的修理中，允许误差通常不大于 ±3 mm，有时甚至更小。

车身测量往往贯穿车身修理作业的全过程，一般可分为作业前、作业中和作业后三个阶段。作业前的测量，旨在判别车身损伤状态，把握变形程度的大小，并为确定修理方案提供可靠的依据。作业中的测量，有助于对修复过程的质量进行有效的控制。作业后的测量，可为验收和质量评估提供可靠的依据。

项目实施

当车身受损后，车身测量是车身修复所必需的工作之一。在车身测量中必须识读车身数据图，并选择正确的测量方法与测量工具完成测量。因此，本项目主要包括车身数据图识读和车身测量工具及其使用两个方面的内容。

任务6　车身测量

学习目标

【知识目标】

了解车身测量的重要性；

掌握车身测量的基准；

掌握车身数据图的识图；

掌握车身测量工具的使用方法。

【能力目标】

能够正确识读车身数据图；

能够对车身损坏处选择合适的工具进行测量；

能够用测距法、三维坐标法进行车身尺寸的测量。

【素养目标】

培养学生的团队协作意识；

培养学生严谨、细致的读图意识；

提高学生的职业素养。

任务描述

车辆发生碰撞，导致车身钣金件变形（图4－1）。无论在作业前、作业中还是作业后都需要对车身进行测量，以提高维修质量。

图4－1 受损车辆

任务解析

车身测量是车身修理中不可缺少的重要环节。车身数据图的准确识读是保证车身测量准确的基础，钣喷修复人员应能准确读出车身上基准点的长度、宽度和高度，并使用测距法、三维坐标法对车身尺寸进行测量，给出对车身损伤准确的评估。

知识学习

1. 车身测量基准

(1) 车身测量的重要性

测量是顺利完成各种车身修复所必需的程序之一。对整体式车身来说，测量对于损伤修复更为重要，因为转向系统和悬架大都装在车身上，机械零件、发动机、变速器、差速器等也直接装配在由车身构件支撑的支架上，车身变形会直接导致悬架变形，机械零件错位，转向系统失灵，传动系统产生振动和噪声等。为保证汽车正确转向及具有良好的操纵性能，关键尺寸的配合公差不得超过 3 mm。

在整个修复过程中，不论是对于车架式车身还是对于整体式车身，测量都是非常重要的，必须对受损部位上的所有主要加工控制点依照汽车制造厂的说明书进行复查。

（2）车身测量的基准

在车身修复过程中，车身测量主要指对车身及其构件形状与位置误差的测量。选择测量基准是形状与位置检测中十分重要的内容，而确定点、线、面三个要素又是高质量完成车身测量任务的关键。

1）控制点原则

车身测量的控制点用于检测车身损伤与变形的程度。车身设计与构造中有多个控制点，检测时可根据技术要求测量车身上各个控制点之间的尺寸，如果测量值超过规定的极限尺寸，就应对其进行校正，使之达到技术标准规定的范围。

车身上的控制点并非无据可循，承载式车身的控制点如图 4－2 所示。控制点①通常在前保险杠或前车身散热器支撑部位；控制点②在发动机舱的中部，相当于前横梁或前悬架支撑点；控制点③在车身中部，相当于后门框部位；控制点④在后横梁或后悬架支撑点。

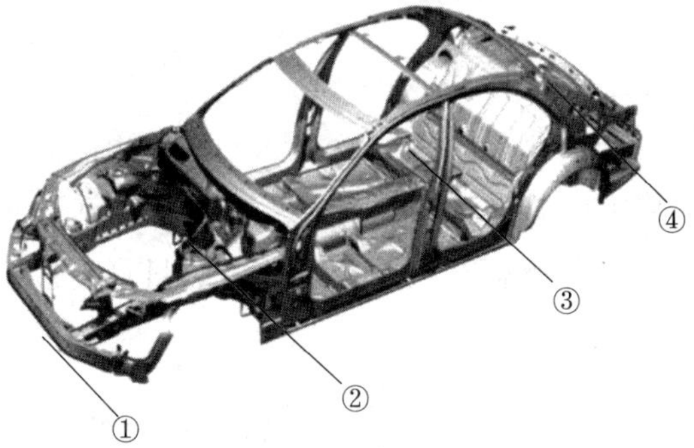

①—前保险杠或前车身散热器支撑部位；②—发动机舱的中部；
③—车身中部；④—后横梁或后悬架支撑点

图 4－2　车身控制点基本位置

在车身设计和制造中，人们将这些控制点作为组焊和加工的定位基准，这些控制点是生产工艺上留下来的基准，同样可以作为车身测量的定位基准。此外，汽车各主要总成在车身上的装配连接部位也必须作为控制点来对待。因为这些装配孔的位置都有严格的尺寸要求，这对汽车各项技术性能的发挥有着十分重要的影响。例如：前悬架支撑点的位置会直接影响前轮定位角和车轴距；发动机支撑点与车身控制点的相对位置会影响发动机和传动系统的正确装配，如有偏差，会造成异响甚至零件损坏。

实际上，对控制点的测量就是对车身关键参数的检查与控制，并且这些参数是有据可查的。一些车身测量设备就是根据控制点原则制成的，控制点原则是目前车身修理中比较实用和流行的测量原则。

2）基准面原则

进行车身设计时往往先选定一条基准线，将该基准线沿水平方向平移到一个水平平面（即基准面，图4－3），由车身上各个对称平行点所形成的线或面与之平行。车身数据图上所标注的沿高度方向的尺寸为车身各部分与基准平面间的距离。既然车身设计与制造是以该平面为高度基准的，车身测量与维修同样需要这些高度来控制其误差。

在实际测量中，应根据基准面原则调整车身的高度，由此确定车身高度测量基准。

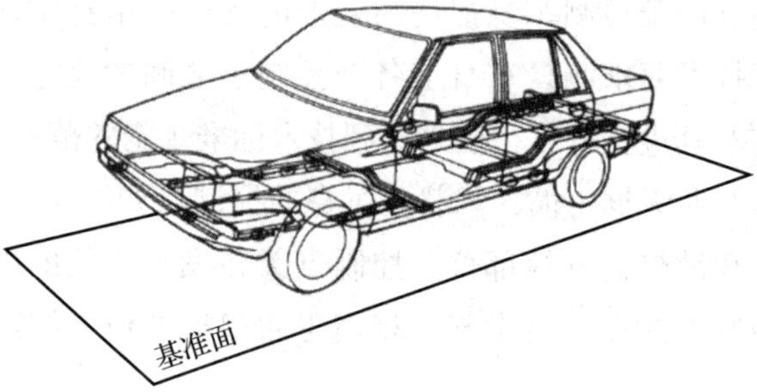

图4－3 基准面

3）中心线及中心面原则

中心线及其沿垂直方向平移获得的中心面实际上是假想的具有空间概念的直线及平面，该平面将车身沿长度方向截为对称的两半，如图4－4所示。车身的各个点通常是沿这一平面对称分布的，因此所有宽度方向尺寸的测量都是以该中心线或中心面为基准的。

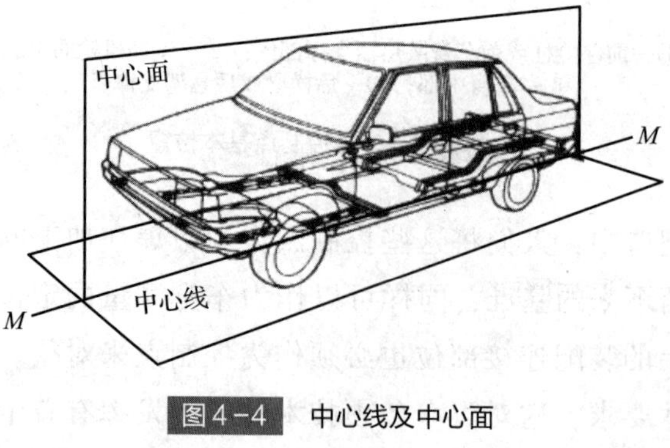

图4－4 中心线及中心面

在实际测量中，使用定中规等测量仪器检查车身损伤时，如果在不同测量断面上定中规的中心都指示在同一条直线或同一个平面上，说明车身无横向变形或损伤。如果经测量发现定中规有偏移，则说明在该断面上车身发生了横向变形或损伤。

4）零平面

承载式车身是一个整体刚性框架，属于应力壳体式结构，整个车身都参与承载。对于一定的载荷，车身会将其分散开来，分别作用于车身的各个构件上。

根据车身应力壳体式结构的变形特点和损伤规律，测量时可以将车身前段、中段、后段三部分和左右对称部分的界面称为零平面，如图 4－5 所示。发生事故时零平面的变形最小。以车身中段为例，当车辆发生碰撞事故时，损伤最轻的部位通常是车身中段的对称中心，如果以此为测量基准，就可以得到可靠的检查与测量结果。

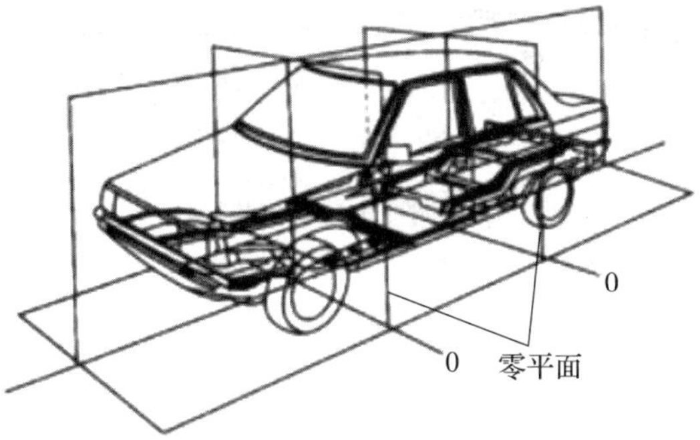

图 4－5　零平面

零平面是标注车身长度尺寸的基础，也是实际测量长度尺寸的参考基准。

2. 车身测量工具

“工欲善其事，必先利其器”，车身测量工具的选择及使用对车身测量精度会产生重要影响，因此必须根据车身测量点的特征，确定测量方法，选择测量工具，完成车身的测量。

对车身整体变形，需要依靠测量工具采集相关的技术数据，判定车身构件与基准之间的相对位置，并且以实际测得的状态参数为依据，进行数据的分析、比较，找出相对位置的变化规律，从而判明车身变形的具体状况。

车身测量方法根据使用工具和测量方式的不同，可分为测距法、定中规法和三维坐标法三种，其中定中规法目前在行业中已很少使用。

（1）测距法

测距法可以直接获得定向位置上点与点的距离，是最简单、实用的一种测量方法。它主要通过测量距离体现车身构件之间的位置状态。

测距法使用的量具主要有钢卷尺和轨道式量规。对钢卷尺头部进行如图 4－6 所示的处理后，可以提高测量精度。

1）卷尺测量（图4－6）

修理人员常用的基本测量工具有钢板尺和钢卷尺，这两种尺可以测量两个点之间的距离。对卷尺的前端进行加工后插入控制孔测量，会使测量结果更为精确。

钢卷尺的使用方法简便易行，但测量精度低、误差大，仅适用于对精度要求不高的场合。

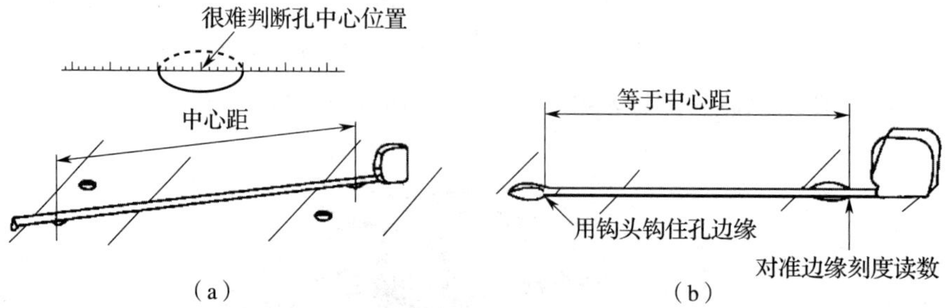

图4－6 卷尺测量

（a）错误方法 （b）正确方法

2）量规测量（图4－7）

如果各个测量点之间有障碍，将会使测量结果不准确，这时就需要使用轨道式量规。图4－7所示的轨道式量规可以将测量头插入孔中，应用起来非常方便、灵活。

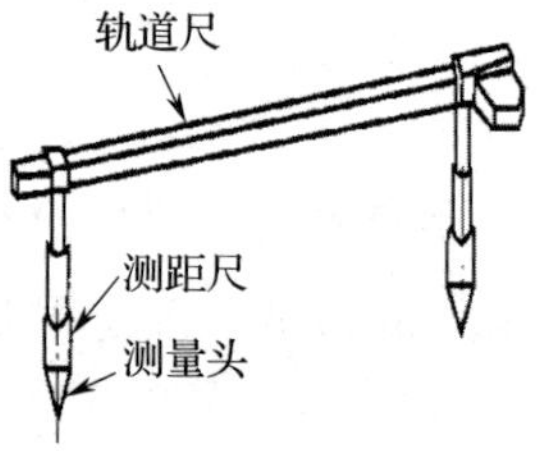

图4－7 量规测量

（2）三维坐标法

1）三维坐标法的测量原理

三维坐标法的测量原理是利用车身构件的对称性，用测量架采集被测点在 X、Y 和 Z 三个方向的数据，如图4－8所示，用平行于 XOZ 平面的一个平面 α 截取被测件的型面，交线即为所在面的曲线。同理，也可用平行于 YOZ 平面的一组平面 β 截得等距 X 间隔的各截面曲线。将两组曲线组合，即可获得该构件曲面型线的坐标参数，圆滑连接便可形成该构件的表面实样测绘图。对测量结果进行对比、分析，车身构件的外观形状误差便可体现出来。

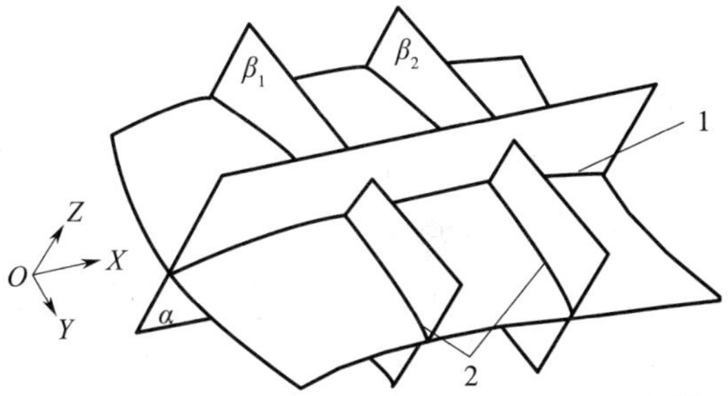

α—平行于XOZ平面的平面；β_1、β_2—平行于YOZ平面的平面；
1—α截面交线；2—β截面交线

图4－8　三维坐标法的测量原理

2）三维坐标法的测量设备

Ⅰ. 机械测量系统

三维坐标法适用于对车身壳体表面的测量，尤其是像轿车那样的多曲面外形，使用通用桥式测量架可以比较容易地实现这方面的测量。

桥式测量架由导轨、移动式测量柱、测量杆和测量针等组成。在测量过程中，可以根据需要调整其与车身的相对位置。当测量针接触到车身表面时，能够直接从导轨、移动式测量柱、测量杆和测量针上读出所对应的测量值。

通用测量系统，如门式通用测量系统（图4－9）、米桥式通用测量系统等，在现代车身修理中被广泛应用。通用测量系统不仅能够同时测量所有基准点，而且能使一部分测量更容易、更精确。米桥式通用测量系统主要由底部的米桥尺，横尺及测量头，门形立尺及上横尺，以及许多辅助测量头和可安装各种用途的量尺的固定器组成。机械测量系统只有在测量精度达到±（1～1.5）mm时才能作为合格的车身测量工具。

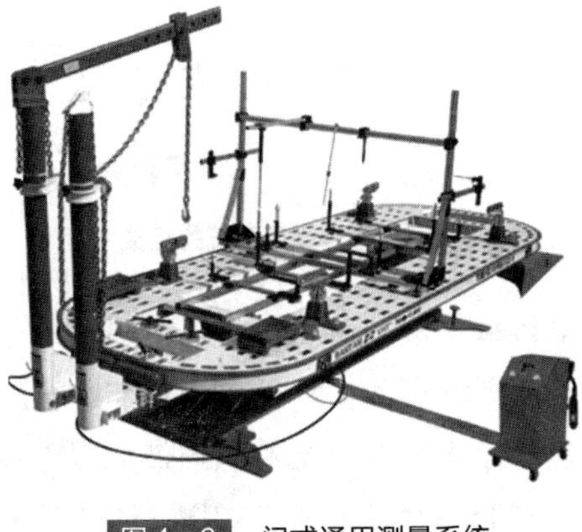

图4－9　门式通用测量系统

在测量时，首先建立起车辆和测量系统的基准，在测量桥或测量架上安装好横尺，将测量头安装在横尺上，就可以同时测量受损车辆上的多个基准点。基准点找好以后，就可以利用安装在测量架上的测量头来测量车身上的各个测量点。根据每个车辆的标准数据，通过测量、对比数据的变化来判定车身部件是否变形，校正工作是否准确，或者新更换部件的定位是否正确。

在实际测量操作过程中，修理人员首先要用测量头来测量基准点。通过各基准点的实际测量数据与标准数据相比较，就能很快地确定各个基准点所处的位置是否变形，如果车身上的基准点的数据超过 3 mm 的公差，就必须先对基准点进行校正。

Ⅱ. 电子测量系统

电子测量系统使用计算机和专门的电子传感器来迅速、便捷地测量车身结构的损坏情况，性能好的电子测量系统能够在车身拉伸校正作业过程中给出实时的测量数据。

在电子测量系统计算机的数据库中，储存了大量不同厂家、不同年代的车身数据。这些标准车身数据图可以随时被调出，系统就可以自动地将实际的测量值与标准值进行比较，不用再去人工翻查数据手册或记录测量值，它们都在计算机屏幕上显示出来了。

典型的车身三维尺寸测量系统的组成如图 4－10 所示。该系统包括多个视觉传感器，每个视觉传感器都是一个测量单元，对应车身上的一个被测点。系统组建时，所有的传感器均已统一到基准坐标系下（即系统全局校准），传感器由系统中的计算机控制。测量时，每个传感器测量相应点的三维坐标，并转换到基准坐标系中，全部传感器给出车身上所有被测点的测量结果，完成系统测量任务。

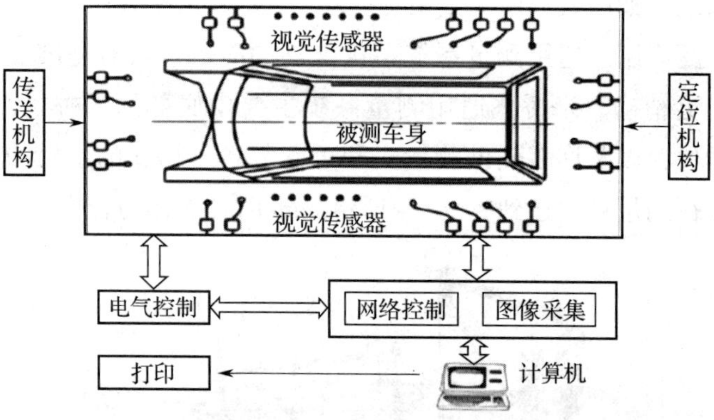

图 4－10　测量系统的组成

电子测量系统主要有半机械半电子测量系统、半自动电子测量系统和全自动电子测量系统等几种类型。现代汽车维修企业大多使用全自动电子测量系统。

全自动电子测量系统包括激光测量系统和超声波测量系统两种。激光测量系统包括标靶、一个激光发射接收器和一台计算机，如图 4－11 所示。现代激光测量系统采用激光测量技术，由两个准分子激光发射器发射激光投射到标靶上，每个标靶上有不同的反射光栅，通过接收光栅反射的激光束测量出数据并传输给计算机，由计算机通过计算得到测量点的三维尺寸。

图 4－11　激光测量系统的标靶和激光发射接收器

激光测量系统提供直接且瞬时的尺寸读数。在拉伸校正作业过程中，车辆的损伤区域和未损伤区域中的基准点都可被持续监测。

超声波测量系统的测量精度可以达到 ±1 mm，测量稳定、准确，可以瞬时测量，操作简便、高效。该系统可以为车辆的预检、修理中测量和修理后检验等工作提供有效的帮助，现在也用在一些二手车辆交易的车身检验工作中。

超声波测量系统由超声波发射器、测量横梁、孔探头、连接杆等组成，如图 4－12 所示。

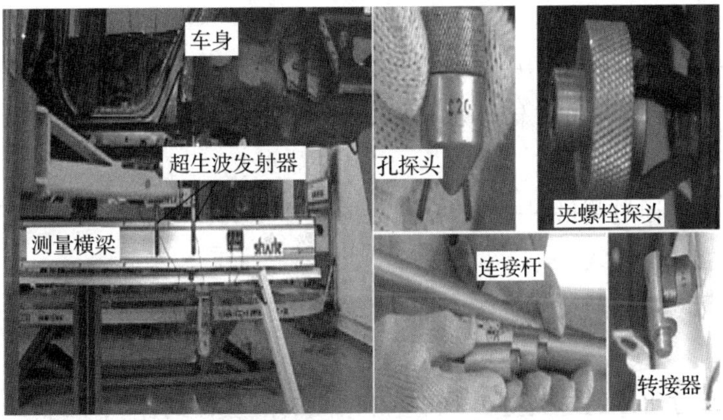

图 4－12　超声波测量系统

任务实施

1. 用测距法测量车身尺寸

(1) 劳动安全与卫生

进行车身尺寸测量时，应穿戴的劳动保护用具有工作服、工作帽、安全鞋、棉质手套等。测量时应注意以下事项。

①拆卸零部件时，注意工具使用安全。

②如需切割，采用气割法时，务必将气罐移开，防止气罐漏气引起爆炸；采用切锯切割时，一定注意使用安全。

③拆除电气系统时，先卸下蓄电池负极电缆，切断电路，以免突然点燃易燃气体，同时也保护电气系统。

④车间照明应良好。

⑤使用车身校正台时，应严格按使用说明书的规定进行操作。

⑥测量时注意车身的尖角、板件的毛刺，以防造成人体损伤。

（2）查找车身尺寸数据

车身上部尺寸通常为点对点的数据图，选择一个车身上部数据图后，首先概览全图，如图 4－13 所示。

图上主要显示车身上部的测量点，包括发动机舱部位翼子板安装点、散热器支架安装点、减振器支座安装点和其他一些测量点，还有前后风窗的测量点，前后门的测量点，前、中、后柱铰链和门锁的测量点，行李舱的测量点等。

①发动机舱尺寸的测量。找到主要部件的安装点数据和测量点。

②前风窗的尺寸通过测量图中 *A*、*B*、*C*、*D* 四点之间的尺寸得到，*A* 和 *B* 是车顶板拐角，*C* 和 *D* 是发动机罩铰链的后安装孔。

③后风窗的尺寸通过测量图中 *A*、*B*、*C*、*D* 四点之间的尺寸得到，*A* 和 *B* 是车顶板拐角，*C* 和 *D* 是行李舱点焊裙边上的一条焊接搭缝。

④前门的尺寸通过测量图中 *A*、*B*、*C*、*D* 四点之间的尺寸得到，*A* 点表示风窗立柱上的搭接标记，*B* 点表示立柱铰链表面，*C* 点表示中柱门铰链上撑，*D* 点表示中柱门铰链固定螺栓中心。

⑤后门的尺寸通过测量图中 *A*、*B* 两点的尺寸得到，*A* 点表示后柱门铰链上撑，*B* 点表示铰链与立柱的交线。

⑥中柱的尺寸可以通过测量图中 *A*、*B* 两点的尺寸得到，*A*、*B* 点都表示中柱门锁固定螺栓中心。

⑦后柱的尺寸可以通过测量图中 *C*、*D* 两点的尺寸得到，*C*、*D* 点都表示后柱门锁固定螺栓中心。

⑧行李舱的尺寸通过测量图中 *A*、*B*、*C*、*D*、*E*、*F* 六点之间的相互尺寸得到，*A*、*B* 表示行李舱点焊裙边上的一条焊接搭缝，*C*、*F* 表示行李舱后的车尾板拐角，*D*、*E* 表示保险杠上部的固定螺栓中心。

（3）孔中心距的测量

1）使用钢卷尺测量

①用钢卷尺测量孔的中心距时，可从孔的边缘起测量，以便于读数。

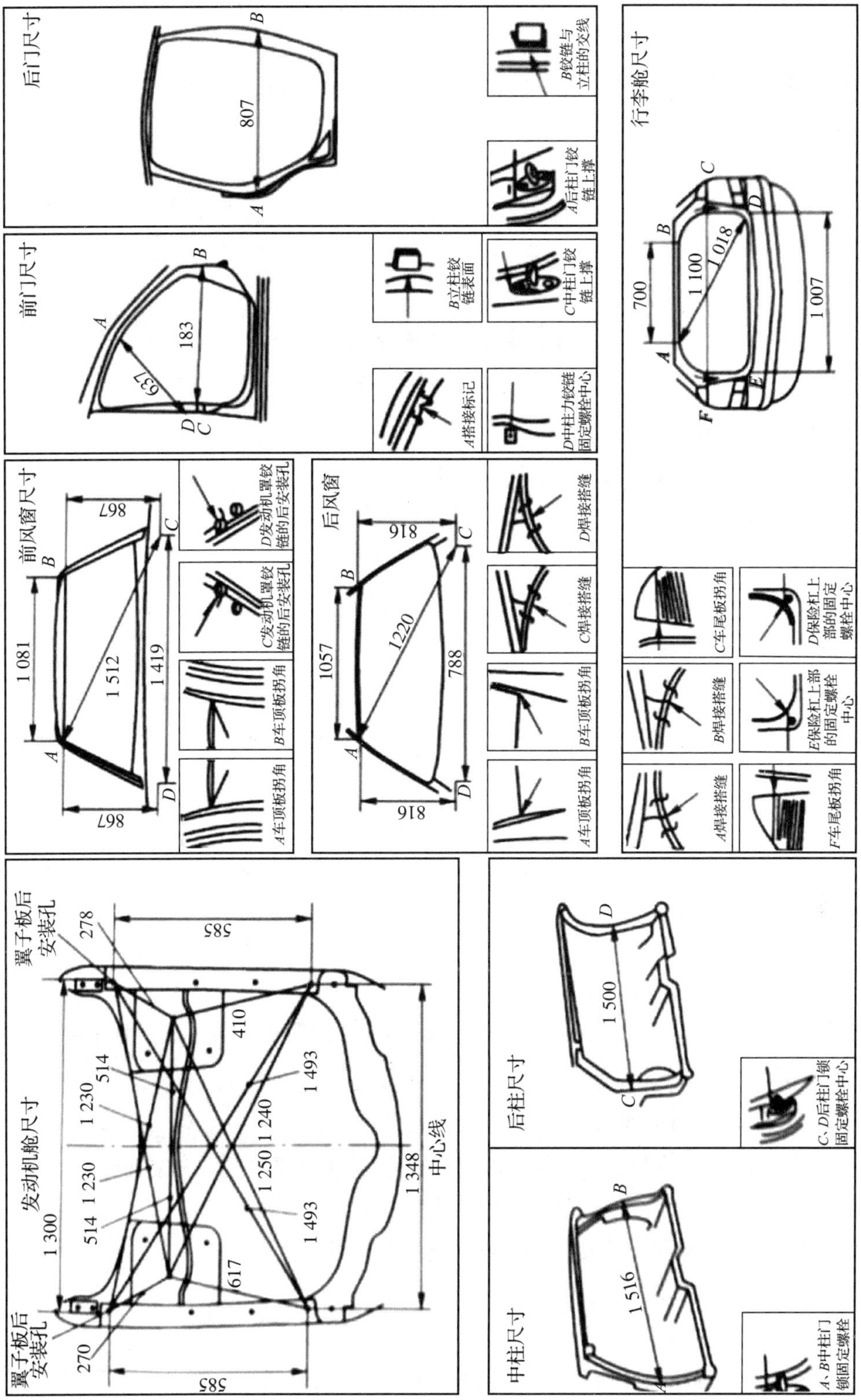

图4-13　车身上部数据图

②当两孔的直径相同并且孔没有变形时，才能以孔的边缘间距（B）代替中心距（A），如图 4－14(a) 所示。

③当两孔的直径不同时，其中心距按 $A=(B_1+B_2)/2$ 计算，如图 4－14(b) 所示。

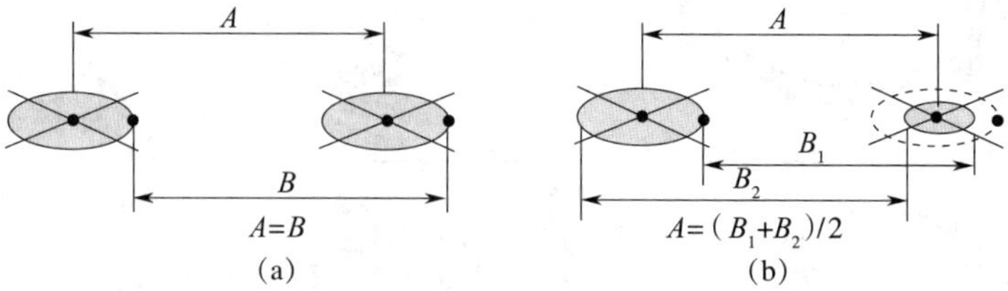

图 4－14 用钢卷尺测量孔

（a）两孔直径相同 （b）两孔直径不同

2）使用轨道式量规测量

①根据测量点的距离选择合适规格的量规。

②根据测量孔的大小、形状选择合适的测量头。

③将测量头安装在测量横杠上，就可以进行尺寸测量了。

当测量孔直径大于测量头直径时，如图 4－15 所示，为了用轨道式量规进行精确测量，就需用边缘测量法。

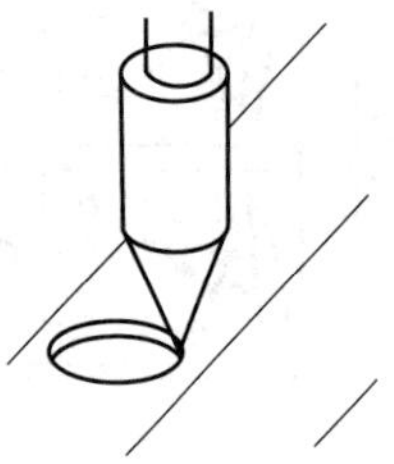

图 4－15 测量孔直径大于测量头直径时的测量方法

当两孔直径相同时，要测量间距只要测出两个孔同侧边缘的距离即可，此数值就是中心距，如图 4－14（a）所示。

当两孔直径不同时，孔的中心距与同侧边缘距不再相等。此时先测得两孔内缘间距，后测得两孔外缘间距，然后将两次测量结果相加再除以 2 即可，如图 4－14（b）所示。

例如，如果测得两孔内缘间距为 300 mm，外缘间距为 336 mm，则孔中心距为 $(300+336)/2=636/2=318$ mm。

（4）车身上部尺寸的测量

①根据汽车制造厂提供的车身数据图，找到车身上部最重要的控制点的位置和尺寸。

②使用钢卷尺或轨道式量规测量这些点之间的尺寸。

③对照标准数据，判断车身是否变形。

注意：

（a）检验汽车前端尺寸时，轨道式量规测量的最佳位置是悬架及机械零件上的安装点。

（b）每一个尺寸都应该对照另外两个基准点进行检验，其中至少有一个基准点要进行对角线测量。

（c）通常测量的尺寸越长，精确度越高。例如，测量从车颈（前车身与中车身的交接处称为车颈）下端至发动机底座前部的尺寸要比测量从车颈下端至另一侧车颈下端的尺寸精确，因为它是在较大范围内测得的一个较长尺寸。

（5）用对比测量法判断车身变形情况

1）对称部位（如发动机舱、前后窗框、行李舱等处）的测量

①找到车身测量点。

②利用钢卷尺或轨道式量规进行对角线测量，如图 4 – 16 所示。

③对比两次测量的数值，判断车身的变形情况，如图 4 – 16 所示。

2）不对称部位的测量

①当受损部位的尺寸不对称，比如左侧门框变形时，可以测量左侧门框的尺寸，并与右侧良好门框的尺寸进行对比，从而判断受损部位的变形情况。

②如果两侧都发生变形，可以测量受损车身的尺寸，并与良好车身（同一款车型）的尺寸进行对比，从而判断受损部位的变形情况。

3）运用对比测量法时应注意的问题

对比测量法需要操作者根据情况量取有关数据，选择哪些测量点、数据链作为车身定位参数的依据标准是一个值得研究的问题。运用该方法时应遵循以下原则：

①利用车身壳体或车架上已有的基准孔，找出所需的定位参数值；

②以基础零件和主要总成在车身上的正确装配位置为依据；

③比照其他同类车型车身数据图中标示的方法，确定参数的测量方案。

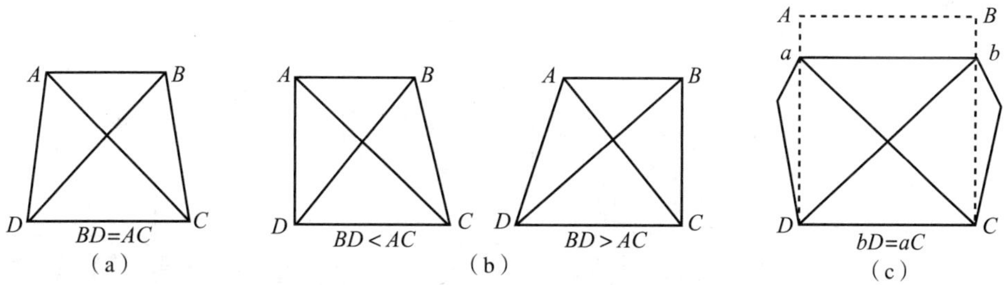

图 4 – 16　对比测量法

（a）车身没有翘曲　（b）车身向左或向右翘曲　（c）车身两侧发生变形

对比测量法可靠性较差，要求尽可能将测量误差限制在最小范围内，以防止因累计误差的增大而影响最终的修复质量。在操作时应注意以下几点：

（a）选择便于使用的测量工具（如测距尺）；

（b）不能以损伤的基准孔作为测量依据；

（c）参数值最好一次性测得，应尽量避免分段量取。

2. 车身数据图识读

车身数据图尽管数据格式可能不同，但要表达的基本内容是一致的，都要提供车身主要结构件、板件（车门、发动机罩、行李舱盖、翼子板等）的安装位置，机械装置（发动机、悬架、转向系统等）的安装尺寸。学会车身数据图的识读将为车身测量打下基础。

（1）车身底部数据图

车身底部数据图有以俯视图和侧视图表示的，也有只用俯视图表示的。

1）以俯视图和侧视图表示的车身底部数据图

图4－17是以俯视图和侧视图表示的车身底部数据图，图的上半部分是俯视图，下半部分是侧视图，用一条虚线隔开。图的左侧部分代表车身的前方，右侧部分代表车身的后方。要读取数据，首先要找到图中长、宽、高这三个基准。

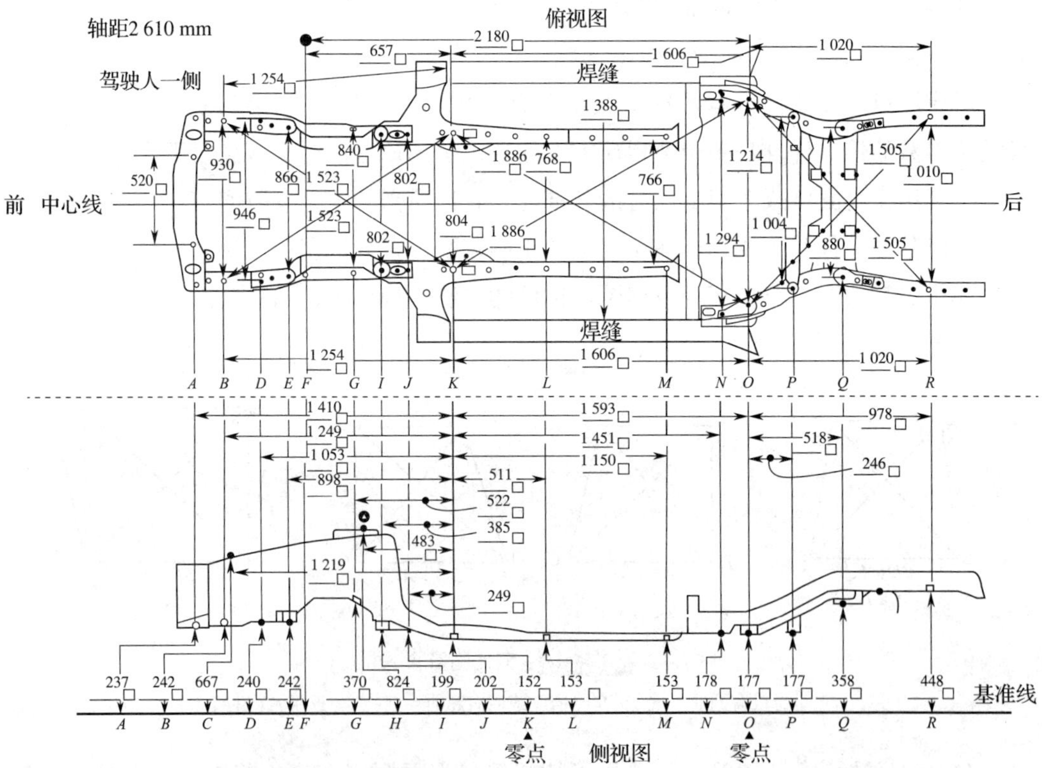

图4－17 以俯视图和侧视图表示的车身底部数据图

①宽度数据。在俯视图的中间位置有一条贯穿左右的线，这条线称为中心线，它把车身一分为二。俯视图上的黑点表示车身上的测量点，一般的测量点是左右对称的。两个黑点之间的距离有数据显示，单位是 mm（有些数据图还会在括号内标出英制数据，单位是 in），每个测量点到中心线的宽度数据是图上标出的数据的 1/2。

②高度数据。在侧视图的下方有一条较粗的黑线，这条线就是车身高度的基准线。线的下方有从 *A* 至 *R* 的字母，表示车身测量点，每个字母表示的测量点一般在俯视图上部显示两个左右对称的测量点。俯视图上每个点到高度基准线的距离都有数据表示，这些数据就是测量点的高度值。

③长度数据。在高度基准线的字母 *K* 和 *O* 的下方各有一个小黑三角，表示 *K* 和 *O* 是长度方向的零点。从 *K* 点向上有一条线延伸至俯视图，在虚线的下方可以看出汽车前部每个测量点到 *K* 点的长度数据。从 *O* 点向上有一条线延伸至俯视图，在虚线的下方可以看出汽车后部每个测量点到 *O* 点的长度数据。长度基准点有两个，*K* 点是车身前部测量点的长度基准点，*O* 点是车身后部测量点的长度基准点。

例如要找 *A* 点的长、宽、高数据，首先要找出 *A* 点在俯视图和侧视图上的位置，从俯视图中可以找出左右 *A* 点之间的距离是 520 mm，*A* 点至中心线的宽度值是前述距离的一半，即 260 mm。从侧视图中可以找出 *A* 点的高度值为 237 mm。根据 *A* 点和 *K* 点向上的延伸线可以找出 *A* 点的长度值为 1 410 mm。

使用这种数据图配合测量系统进行测量时，首先要把测量系统的宽度基准调整到与车辆的宽度基准一致或平行，然后调整车辆的高度，让车辆的高度基准与测量系统的高度基准平行，长度基准就在车身下部的基准孔位置。找到基准后，就可以使用各种测量头对车身进行三维测量了。

2）只用俯视图表示的车身底部数据图

只用俯视图表示的车身底部数据图如图 4 - 18 所示，左侧为发动机舱数据图，右侧为车身底部数据图，同样要找到图中长、宽、高这三个基准。车身底部数据图的左侧部分代表车身的前方，右侧部分代表车身的后方。

①宽度数据。在俯视图的中心部位有一条线把车身一分为二，这条线代表中心面。车身的测量点用数字 1 ~ 28 表示，每个数字代表车身上左右两个对称的测量点。根据测量点到中心面的数据，可以直接读出任一测量点的宽度数据。

②高度数据。在数据图的上方有一排图标，有圆形、六角形和三角形等，内部有 A、B、C 和 E 等字母和数字。圆形表示测量点是一个孔，六角形表示测量点是一个螺栓，三角形表示测量部件的表面。A、B、C、E 等字母表示测量时所用测量头的型号。数字表示高度数值，有时同一个点有两个高度值，是因为有螺栓时和拆掉螺栓后的高度是不同的。

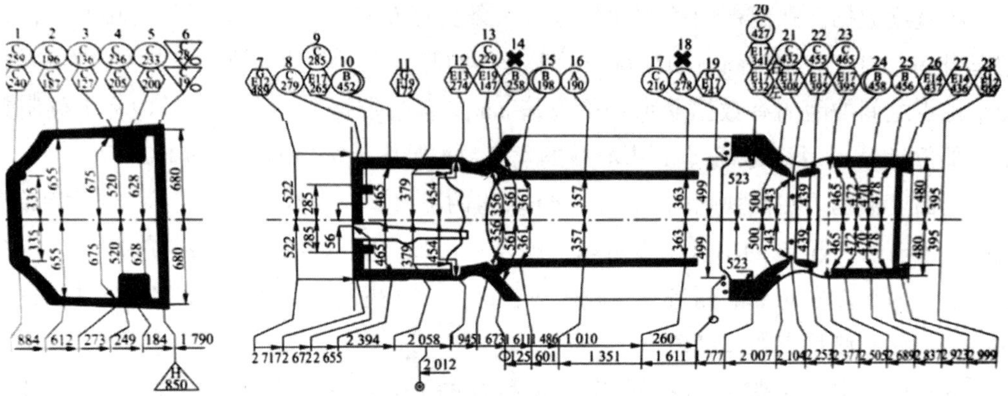

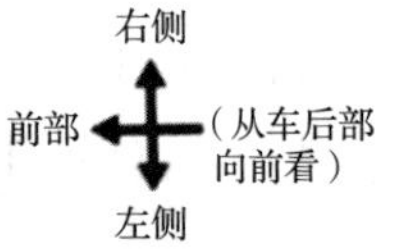

228 mm标尺柱尺寸数据

孔号	尺柱位置	长度	○高度	○高度
11	X	117	GE19140	
12	Y	154	E13242	
13	Z	34	E19115	C197

长度尺寸均以Y为基准

极限偏差
长度方向：8 mm
宽度方向：5 mm
高度方向：5 mm

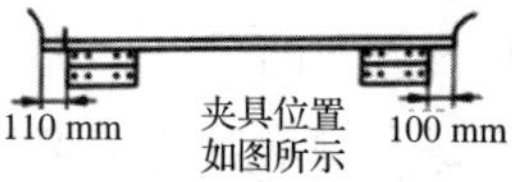

螺栓去除后高度变化

孔号	○高度	○高度
2	C185	C194
7	GE12492	
10		B454
12	E13242	
28	E19115	

图 4－18　只用俯视图表示的车身底部数据图

③长度数据。在 14 和 18 这两个测量点的位置有两个黑色的✖符号，表示这两个点是长度方向的基准点。从图中可以看出，以车身后部的 18 号点为长度基准点，得到汽车前部各个测量点的长度数值；以车身前部的 14 号点为长度基准点，得到汽车后部各个测量点的长度数值。

图 4－18 左侧的发动机舱图的宽度基准与车身俯视图的宽度基准相同，发动机舱图下方的数字表示 1～5 号点距离 6 号点的长度，6 号点为发动机舱新的长度基准点，它距离 18 号点 1 790 mm。高度尺寸是从距离 18 号点 1 790 mm 的位置向上 850 mm 作为新的高度基准测量得到的发动机舱各测量点的高度数据。

例如要找 5 号点的长、宽、高数据。5 号点的数据属于发动机舱的数据，它是用门形尺架测量的。首先找到 5 号点在车身上的位置，可以读出 5 号点的左右测量点到中心面（线）的宽度数据均为 628 mm。5 号点的高度尺寸是从原基准向上 850 mm 作为新的基准测量的，在数字 5 下方的圆形内有字母 C 和数字 233，六角形内有字母 C 和数字 200，表示用 C 型测量头测量时，5 号测量点为孔时高度为 233 mm，5 号测量点为螺栓时高度为 200 mm（5 号点距离原高度基准的高度尺寸是 850 mm－233 mm＝617 mm 和 850 mm－200 mm＝650 mm）。在发动机舱图的下方表示的是长度尺寸，5 号点的长度尺寸是 184 mm（5 号点距离新长度基准 6 号点 184 mm，而距离长度基准 18 号点 1 790 mm＋184 mm＝1 974 mm）。

例如要找10号点的长、宽、高数据，首先找到10号点在车身上的位置，可以读出10号点的左右测量点到中心面（线）的宽度数据均为465 mm。在数字10下方的圆形内有字母B和数字452，表示用B型测量头测量10号孔时，高度是452 mm。根据10号点的延伸线可以找出10号点距离18号点的长度是2 394 mm。

（2）车身上部数据图

车身上部数据图显示车身上部的测量点，包括发动机舱部位翼子板安装点、散热器支架安装点、减振器支座安装点和其他一些测量点，还有前后风窗的测量点，前后门的测量点，前、中、后柱铰链和门锁的测量点，行李舱的测量点等。

车身上部的这些测量点（如发动机舱的测量点）对车身的性能影响很大，其他的测量点对车身的外观尺寸调整非常重要。

有些数据图显示的是车身上部测量点的点对点数据，另一些数据图则显示车身上部测量点的三维数据。

图4－19所示为前风窗玻璃数据图，通过测量图中*A*、*B*、*C*、*D*四点之间的尺寸得到，其中*A*和*B*是车顶板拐角，*C*和*D*是发动机罩铰链的后安装孔。

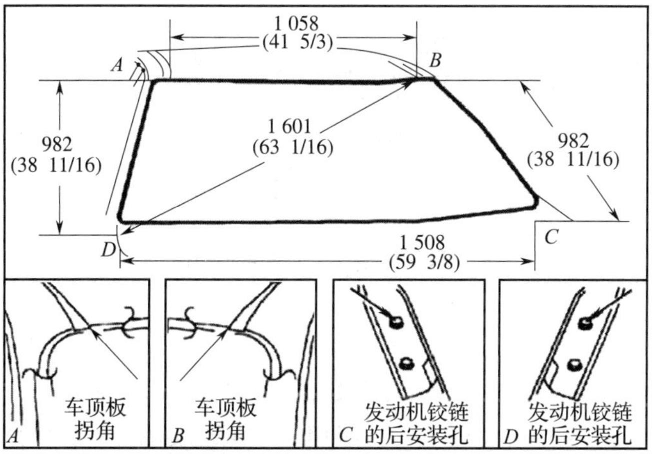

图4－19　前风窗玻璃数据图

图4－20所示的车身数据图是车身上部的俯视图，包括发动机罩铰链的位置以及前后风窗、前后门、背门、角窗和前、中、后柱的尺寸数据，给出了上述测量点的三维数据。图的左侧表示汽车前方。读图时要先找到图中长、宽、高这三个基准。

①宽度基准。在俯视图的中心部位有一条线把车身一分为二，这条线代表中心面。车身的测量点用数字1～17表示，每个数字代表车身上左右两个对称的测量点。根据测量点到中心面的数据，可以直接读出任一测量点的宽度数据。

②高度基准。在数据图的上方有一排图标，有六角形、正方形、三角形和菱形等，内部有C、E、F、DS、GC、GF等字母和数字。六角形表示测量点是一个螺栓，正方

形表示测量部件的表面，数据图下部的三角形表示测量基准位置的变化情况。C、E、F、DS 等字母表示测量时所用测量头的型号，G 表示要用 G 型测量头与其他测量头配合使用。数字表示高度数值。

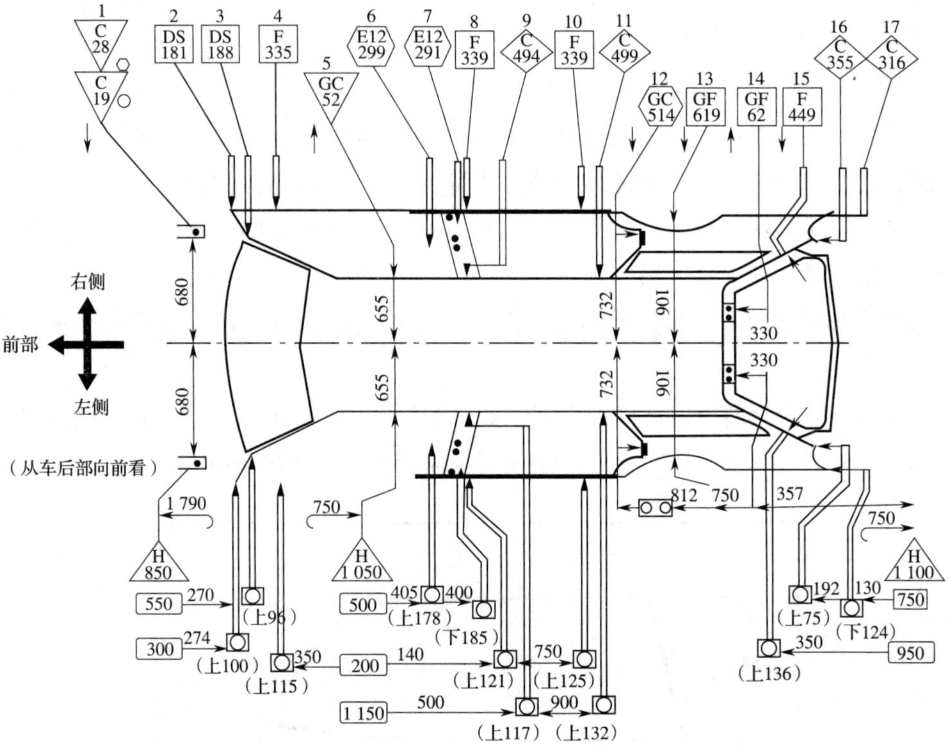

图 4-20　车身上部的三维数据

例如要找 1 号点的长、宽、高数据，首先找到 1 号点在车身上的位置，可以读出 1 号点的左右测量点到中心面（线）的宽度数据均为 680 mm。在数字 1 的下方有两个倒三角标志，内有字母 C 和数字 28、19，表示用 C 型测量头测量 1 号螺栓时，高度数据值是 28 mm；用 C 型测量头测量 1 号孔时，高度数据值是 19 mm。在 1 号点的延伸线的下部有标有1 790的弯箭头以及内部有 H 和 850 的三角形标志，表示 1 号点的长度是图 4-18中 18 号点前方 1 790 mm，850 表示 1 号点的高度尺寸是以此位置的高度基准向上 850 mm 依为新的高度基准测得的。

3. 用电子式车身校正台测量车身数据

以超声波测量系统的操作为例。

1）准备工作

①安装车身。如图 4-21 所示，将车身安装到校正平台上，调整高度，使车身底板基本与台面平行，并固定好。车身最好安装在校正平台的中部。

②连接系统。在车辆的中部下面放置车身测量横梁，然后通过电缆插到计算机上，如图4－22所示。

图4－21 安装车身

图4－22 连接系统

2）测量

超声波测量系统操作相对简单，其操作步骤如下。

①进入系统界面，选择语言的种类。为了方便各国的使用者，系统内设置了包括中文在内的主要语言种类。

②记录用户信息，包括车辆的信息和车主的信息，这些信息可以与后面的测量结果一起存储，方便以后查询。

③根据事故车的类型选择汽车公司、汽车品牌、生产年代，从数据系统内调出符合的车型数据图，如图4－23（a）所示。

④选择测量基准。由于每个超声波发射器有两个发射源，接收装置有多个，系统可以自动计算出宽度和高度基准。根据车辆的损坏情况选择长度基准：若前端发生碰撞则选择后面的基准点作为长度基准；若后端发生碰撞则选择前面的基准点作为长度基准；如果车身中部发生碰撞，则要对中部进行整修，直到中部的四个基准点有三点尺寸被恢复，如图4－23（b）所示。

⑤安装传感器。根据车身损坏情况选择车身上哪些点需要测量，需要测量的点按照计算机的提示选择合适的安装头，计算机还可以显示测量点的位置。把传感器通过合适的安装头连接到车身，把传感器的连接线连接到选定的接口上，如图4－263(c)所示。

⑥选择测量模式。测量模式选定后，计算机能根据需要自动地把测量的实际值、标准值和二者的差值显示出来，如图4－23（d）所示。

⑦拉伸校正中的测量。超声波测量系统一次可以测量多个测量点，能同时对几个点进行测量监控。可以选择持续测量实时监控模式，系统会自动每隔很短的时间发射一次超声波进行测量，并把最新的测量结果在显示器上实时刷新。在测量过程中测量

不会相互干扰，系统每隔 1 ~2 s 会自动重新测量一次，把环境对它的影响减小到最小。在操作中不用调节水平，计算机会自动找正，而且不会因为发射器、接收器的位置移动而改变数据。

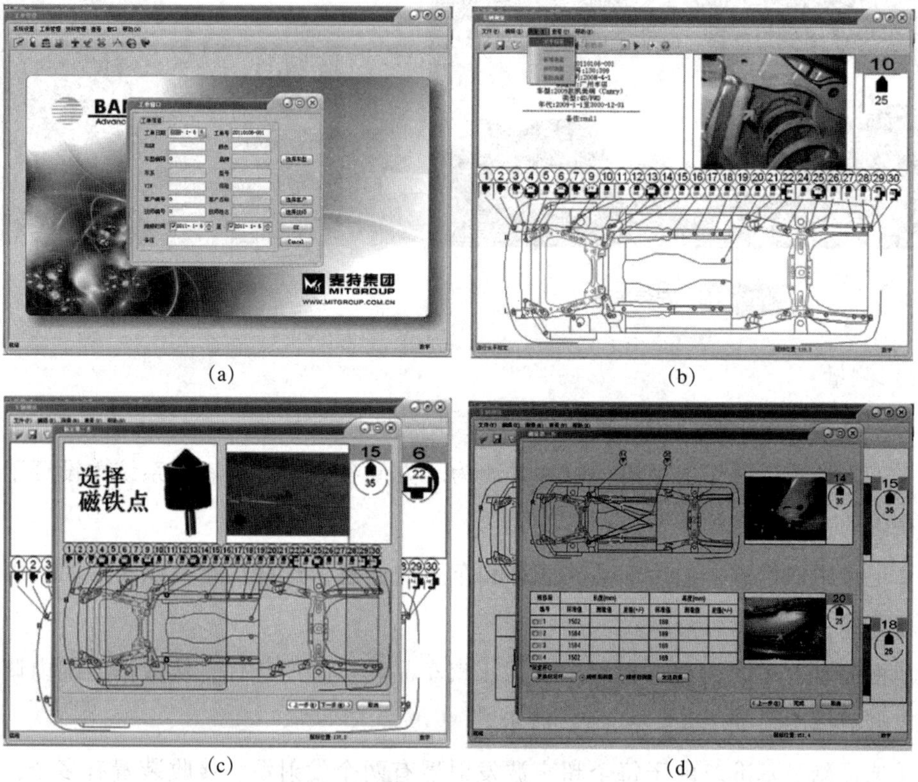

(a) (b) (c) (d)

图 4－23 测量步骤

（a）选择车型 （b）选择基准点 （c）传感器安装 （d）选择测量模式

任务总结

车身测量是车身修复的基础，无论维修前评估损伤程度，维修中把控维修质量，还是维修后进行车辆验收和质量评估，都需要做好车身测量。

车身测量的方法主要有测距法、定中规法和三维坐标法。测距法主要使用钢卷尺、轨道式量规测量车身上孔与孔之间的距离，定中规法主要使用中心量规判断车身的变形情况，三维坐标法使用超声波测量仪、激光测量仪等测量车身上关键点的长、宽和高。

各个汽车公司都有车身数据图，详细提供了车身主要构件、板件（车门、发动机罩、行李舱盖、翼子板等）的安装位置，机械部件（发动机、悬架、转向系统等）的安装尺寸，钣金修复人员应能熟读车身上部、底部数据图，找到关键点的相关信息，保证车身修复质量。

任务考核

表4-1　任务工单

工作任务：车身测量	班级			
	姓名		学号	
	日期		评分	

1. 基本信息

(1) 车辆基本信息

车型：　　　　VIN：　　　　生产年份：

(2) 车辆损坏情况

(3) 损伤构件定损情况

2. 车身测量

(1) 设备、工具、材料准备

(2) 劳动防护

(3) 测量步骤

(4) 测量注意事项

3. 反思

收获：

不足：

建议：

①小组讨论分析实施过程中产生的问题，给出改进方案；

②小组准备汇报材料，每组派一人进行汇报；

③整理相关资料，列表说明项目资料及资料来源，注明存档情况。

习题与思考

1. 填空题

(1) 车身测量的三种方法为________、________和________。

(2) 常规的车身测量工具有________、________和________。

(3) 全自动电子测量系统包括________和________。

2. 选择题

(1)【单选题】测量时发现测量孔已经变形，需要(　　)。

A. 继续测量，不会影响数据的准确性

B. 对孔进行校正后再测量

C. 换另外一个测量点

(2)【单选题】进行对角线测量时，两个数据相同，测量的部件(　　)变形。

A. 肯定没有　　B. 肯定有　　C. 可能有

(3)【单选题】(　　) 属于机械测量系统。

A. 自由臂式测量系统　　B. 专用量头　　C. 超声波测量系统

(4)【单选题】在使用专用测量头测量时，要把注意力放在(　　)上。

A. 板件的变形量　　B. 板件与测量头的配合　　C. 测量头

(5)【单选题】车身电子测量系统的测量精度要达到(　　) mm。

A. ±1　　B. 0.5　　C. 1.5

(6)【单选题】激光测量系统标靶的作用是(　　)。

A. 接收激光束　　B. 反射激光束　　C. 发射激光束

(7)【单选题】车身高度数值是以(　　)为基准测量的。

A. 基准面　　B. 中心面　　C. 零平面

(8)【单选题】在测量前端碰撞的汽车时，先测量(　　)。

A. 散热器支架部位

B. 车身中部

C. 车身前部（包括散热器支架）

(9)【单选题】自由臂式测量系统的测量传感器是(　　)。

A. 位移传感器　　B. 角度传感器　　C. 激光传感器

3. 简述题

(1) 车身测量有何意义?

(2) 车身测量的基本要素有哪些?

项目五
车身校正

项目描述

车辆受到严重撞击后，车身的外覆盖件和结构件钢板都会发生变形。车身外覆盖件损坏可以用锤子、垫铁和整形修复机来修理，但车身结构件损坏仅仅使用这些工具是无法完成修理的。非承载式车身的车架和承载式车身的结构件是非常坚固和坚硬的，强度非常高，对于这些部件的变形，必须利用车身校正仪的巨大液压力量才能够进行修复操作。因此，车身校正是车身结构件变形常见的修复方法。

项目实施

车身校正需要正确使用车身校正设备，按照车身校正的规范工艺流程进行拉伸或支撑。因此，在对车身进行校正前，必须先掌握车身校正的原理及设备，掌握车身校正的规范工艺流程。本项目将重点讲解车身校正的原理及车身校正设备的使用方法，并针对不同构件的损伤制定拉伸工艺流程，完成车身结构件等高强度构件的拉伸校正。

任务7　车身校正

学习目标

【知识目标】

掌握车身校正的基本原理；

掌握车身校正设备的使用方法。

【能力目标】

能够正确使用车身校正设备；

能够使用常用的车身校正设备对不同类型的损伤进行拉伸校正。

【素养目标】

培养学生的团队协作意识；

培养学生精益求精、严谨细致的规范操作意识。

任务描述

汽车后部受到撞击时，后纵梁通过凹陷变形吸收碰撞能量（图5－1）。对后纵梁凹陷变形，使用手工工具或者整形修复机很难进行拉伸校正，需使用车身校正仪拉伸校正。

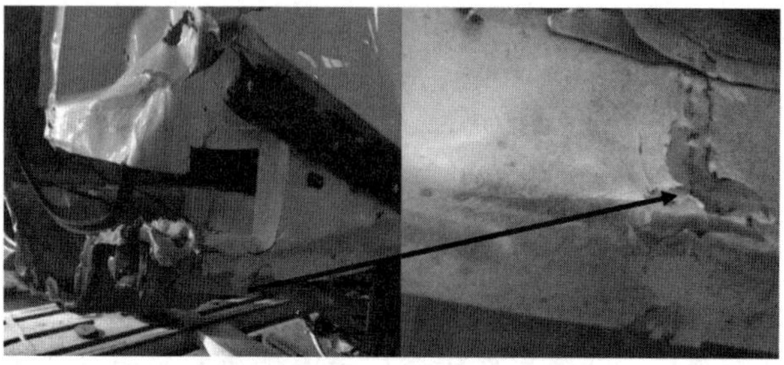

图5－1 后纵梁凹陷变形

任务解析

车身有前纵梁、A柱、B柱、C柱及后纵梁等结构件，这些结构件都是由双层或者多层高强度钢板焊接而成的，强度大，结构复杂。汽车发生强烈碰撞时，结构件首先吸收碰撞能量，保护驾乘人员的安全。

结构件由于强度大，结构复杂，当发生变形时，无法使用整形修复机等修复设备进行拉伸修复，需借助车身校正仪进行拉伸校正。

知识学习

1. 车身校正的基本原理

校正受损车身的基本原理是沿与碰撞力相反的方向进行拉伸或者顶压，如图5－2所示。在碰撞区施加拉力进行校正的方法仅适用于碰撞力很小、损伤形式比较简单的情况。

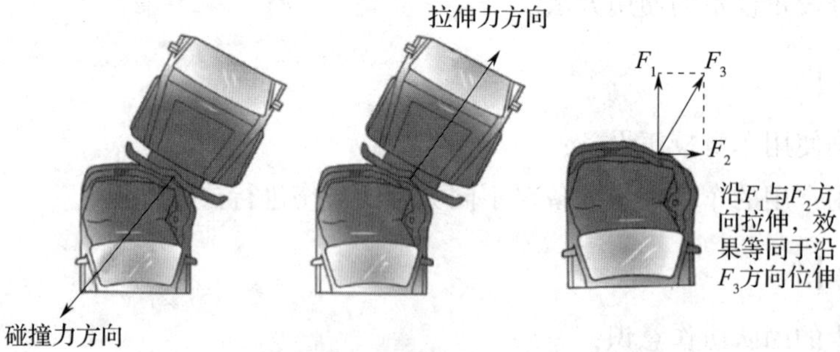

图5－2 车身校正的基本原理

但是当损伤区域有褶皱，或者发生了剧烈碰撞时，构件变形就比较复杂，这时仍沿着一个方向拉伸就不能使车身恢复原状。这是因为在拉伸恢复过程中，构件的强度和变形也随着改变，因此拉力的大小和方向需要适时改变，力仅仅施加在一个方向上就不能取得好的修复效果。从力的分解和合成（图 5－2）可知，分力与合力构成平行四边形关系，F_1 与 F_2 的合力与 F_3 相等。

如果碰撞力较小，损伤比较简单，那么沿与碰撞力相反的方向施加拉力就可以了；如果损伤较严重，就需要调整拉力的方向了。如图 5－3（a）所示，拉力两侧的板件 A 和 B 部分变形程度不一样，A 部分变形较小，施较小的拉力就可以恢复；B 部分变形较大，需施加较大的拉力。如果坚持在与碰撞力相反的方向上施加拉力，如图 5－3（b）所示那样，就会出现如图 5－3（c）所示的情况，即 A 部分已经拉直，B 部分还没有恢复，如果继续施加拉力，A 部分就会拉过了，这时可以如图 5－3（c）所示调整拉力的方向，以减小施加在 A 部分上的分力，增大施加在 B 部分上的分力。

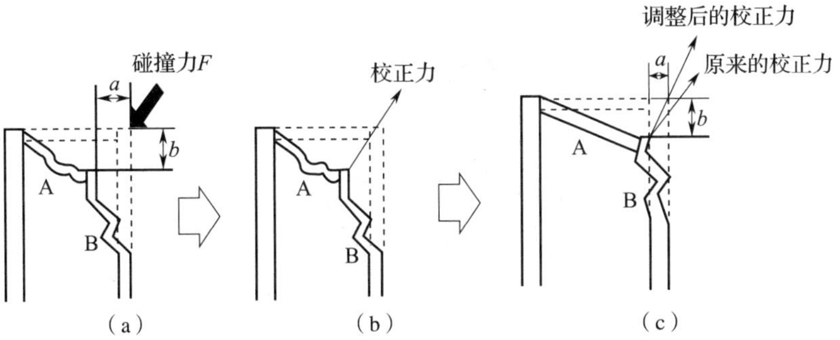

图 5－3　在拉伸中调整拉力的方向

（a）拉力两侧板件变形程度不一样　（b）原来的校正方向　（c）调整后的校正方向

在实践中会遇到车身受到侧向冲击的损伤，严重时车身会整体弯曲，校正方法如图 5－4 所示，要从三个方向进行牵引校正。

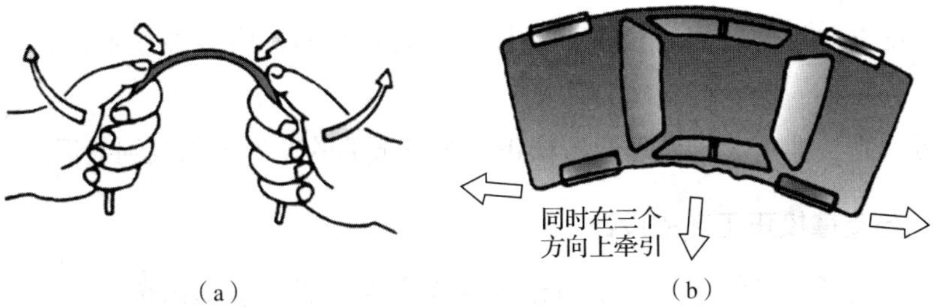

图 5－4　车身侧向整体变形的校正方法

（a）基本原理　（b）施力方向

事实上，车身构件多属于立体钢架式结构，这就决定了其碰撞时多受到空间力系的作用，即作用在车身构件上的冲击力由于分解的结果，力的作用线（即分力的方向）

不在同一平面内。尽管在大多数场合下可以将空间的受力简化为平面力系来对待，但在详尽分析的基础上进行校正更好。并不需要对构件的受力做更专业化的分析，只需建立起关于空间力系的概念，就可以按基本方案校正各类复杂的变形。

当然，许多变形很难通过一次校正修复，而是需要不断修正力的大小和方向，有时甚至还要调整校正力的作用点。例如：校正如图 5－5 所示的严重弯折，由于受牵引条件的限制而不能按理想的方向施加校正力时，可以将牵引力分解成两个或两个以上的分力，通过辅助牵引同时对弯曲进行校正。于垂直和水平两个方向同时牵引纵梁，就比较容易使变形处恢复到正常工作位置。

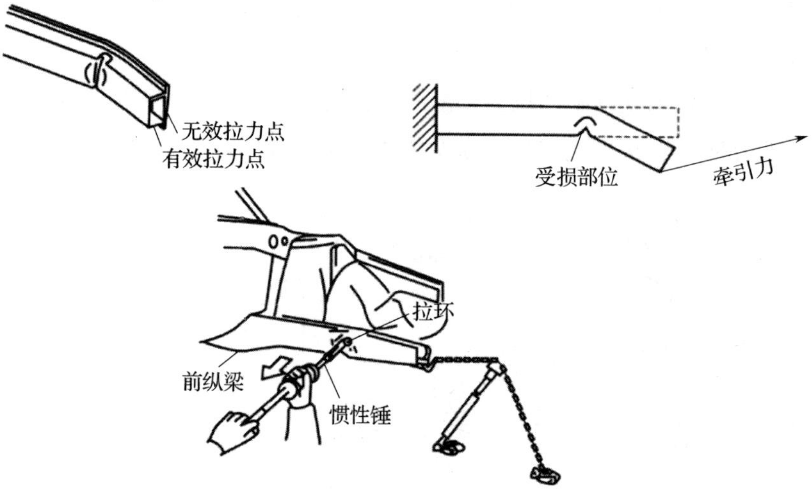

图 5－5　辅助牵引的应用

在设计车身整体变形的牵引与支撑作业程序时，一般应遵循如下几个原则：

①先重后轻，即优先校正损伤最大的部位；

②先强后弱，即同一部位的变形先从强度大的构件开始校正；

③先中间后两边，即从中间部位开始操作；

④先长度方向校正后侧向校正，即长度方向和侧向同时存在变形时，优先校正长度方向变形；

⑤先低后高，即由车身底部开始校正，车身顶部的变形可以放到最后进行。

2. 牵引与支撑校正工艺的设计

对于局部变形，多使用外力牵引或支撑来实现对骨架、横纵梁、翼子板、门槛等变形的校正。

（1）牵引法校正

如图 5－6 所示，选用合适的装卡定位装置将车身的变形部位固定后，就可以借助力将变形校正过来。

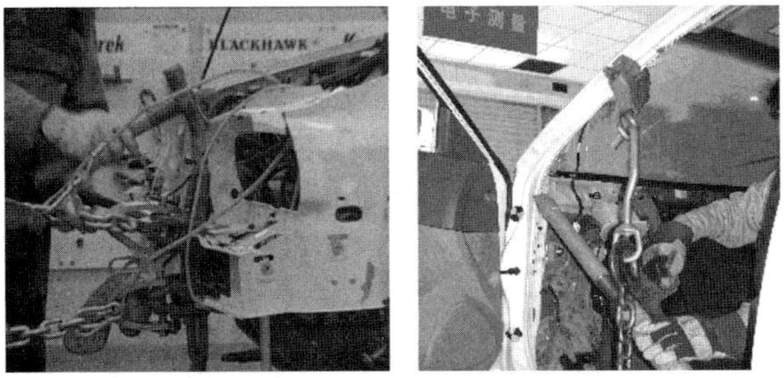

图5－6　用牵引法校正车身变形

对于更严重的变形，可使用图5－7所示的移动式牵引设备进行校正。将车身一端固定，可采用夹具夹持的方式。

图5－7　移动式牵引设备校正

有时车身构件并非表现为向车内方向的挤压变形，而表现为向外弯曲的膨胀形式。对此，也需要运用牵引法加以校正，只不过是做反向牵引而已。有效的校正方法是，利用具有向内收缩功能的工具或设备使外胀式变形向相反的方向收缩。当车身的变形发生在单边时，向内牵引收缩的固定方法也应有所变化，需要另选强度高的部位作为收缩牵引的基础，以防止车身的另一侧发生不应有的变形。

对于较大的车身构件，有时需要采用支架拉伸的方法进行牵引。由于受主梁高度的限制，牵引时需用支架使车身升起一定的高度，然后将牵引设备送入车身底部进行不同方向的牵引操作。

牵引法所施加的校正力既可以从零开始逐渐加大到所需的极限，也可以从不同角度同时增大牵引力，这对校正综合变形更有利。牵引法适合校正大型构件的多方位变形，尤其是校正车身的整体变形。

在牵引法中，除了运用拉链并辅以各种定位装置外，拉带式牵引法也有它的特殊用途和独到之处。如：当翼子板下边缘发生向内挤压变形后，可通过牵引挂在翼子板边缘的拉带使变形得到校正。当然，需要校正单边的变形时，拉带的另一端应固定在其他强度较高的部位。用拉带取代拉链牵引的好处在于，可避免铁链刮伤车身的外表面。

(2) 支撑法校正

由于受牵引方向的限制，牵引法适用于水平方向的校正。对于开口类框架式构件（如门框、窗框、发动机舱、行李舱等）的挤压变形，用支撑法校正就比较得心应手。支撑法利用可自由伸长的支撑杆的支撑力将变形的框架式构件顶压至理想的位置，如图 5-8 所示。

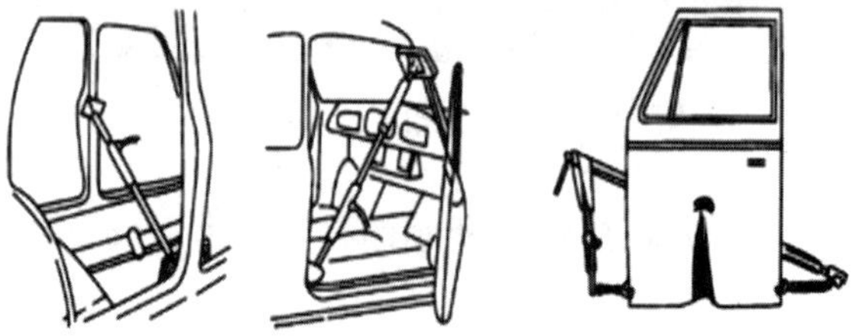

图5-8 用支撑法校正车身变形

对于一些综合变形，往往将支撑法和牵引法配合运用。如图 5-9 所示，翼子板的严重变形波及窗柱，仅用支撑法直接校正窗柱的变形是不可能的；反之，仅用牵引法校正前部的变形也很难奏效。两种方法配合运用，就可以获得事半功倍的整修效果。

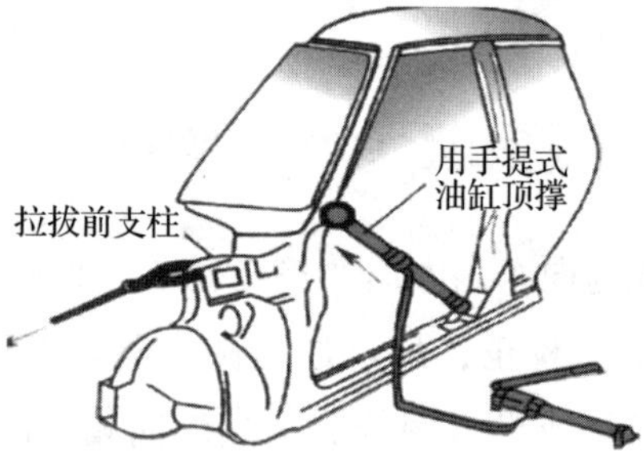

图5-9 支撑法和牵引法配合运用

支撑法适合校正车身底部于垂直方向上的变形。如车架和承载式车身的车底纵梁产生拱曲时，将梁的两端于垂直方向固定后，用液压千斤顶支撑变形最大的部位，弯曲就很容易得到校正。同理，上拱形弯曲也可以用支撑法校正，只要变换一下支撑位置即可。

此外，支撑法还适合修复车顶的变形。对于车顶盖及其周围发生的凹陷变形，可以使用便携式液压工具并配以专用橡胶接头顶出，在校正过程中使用钣金锤和钣金托模按预定要求进行整形即可。

支撑法这一校正方式运用起来比较灵活。其一般分为液压式和机械式两种，其中液压式支撑法的使用性能更好，也比较多见。与支撑工具配套的各种类型的支撑座适用于车身上的不同部位。

(3) 牵引力与支撑方向设计

如图 5－10 所示，不同的三角形支撑可获得不同方向的牵引力。此外，由牵引座、拉链和工作油缸构成的三角形相对固定时，牵引力会随着车身损伤部位的拉动而自动改变方向。因此，操作时应特别注意车身损伤部位的变化带来的影响，必要时应根据需要调节三者之间的位置。

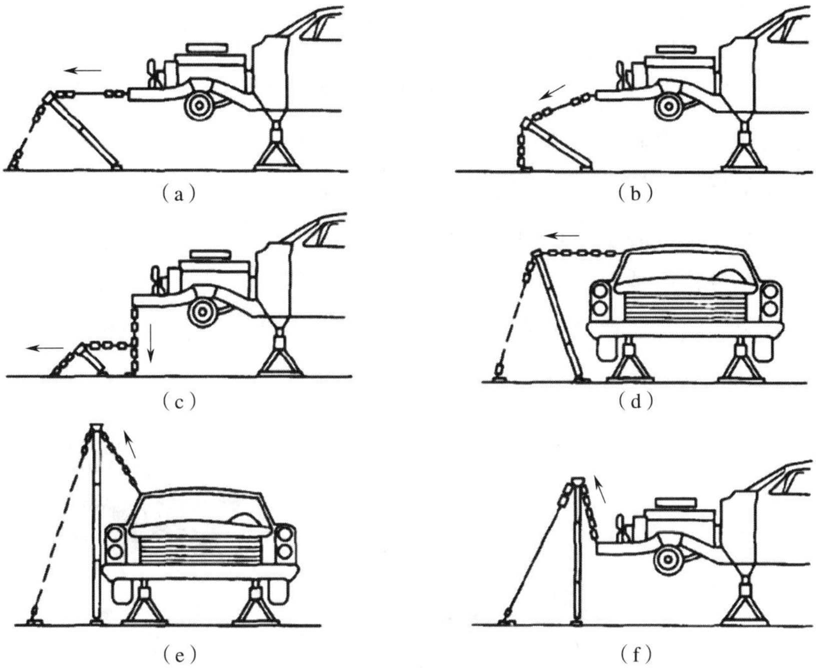

图 5－10　牵引力方向的变化

（a）向外直拉　（b）向斜下方牵拉　（c）通过链条向下牵拉　（d）牵拉车顶　（e）向斜上方牵拉车顶　（f）向斜上方牵拉

3. 车身校正设备

(1) 车身校正设备的基本要求

在车身修理中，为了达到比较好的修复效果，必须使用具有多种基本修复功能的车身校正设备。虽然车身校正设备种类繁多，但并不是每个被称为车身校正仪的设备都能高效、精确、安全地修复好车身。为了做好车身修复工作，车身校正设备必须具备以下条件：

①配备高精度、全功能的校正工具；

②配备多功能的固定器和夹具；

③配备多功能、全方位的拉伸装置；

④配备精确的三维测量系统。

(2) 车身校正设备的分类

车身校正设备主要分为L形简易车架车身校正器、地框式校正设备（俗称地八卦）、框架式专用型车身校正仪（专用型设备）和平台式车身校正仪（通用型设备）。

①L形简易车架车身校正器（图5－11）。L形简易车架车身校正器只能在一个方向上拉拔，因此只适合修复一些小的碰撞，对于复杂的碰撞变形不能进行精确的修复。

②地框式校正设备（图5－12）。地面有地框系统的锚孔或轨道，车辆要安全地紧固在支座的夹钳上，用链条把车辆固定好，适用于小型车的车身维修车间。

③框架式专用型车身校正仪（图5－13）。框架式专用型车身校正仪最大的优点和缺点都是专用性，精确修复必须具备完整的专用测量头。

④平台式车身校正仪（图5－14）。平台式车身校正仪是一款通用型车身校正设备，可以对各种类型、型号的车身进行有效的校正。平台式车身校正仪配备的两个或多个塔柱可以沿工作台轨道任意移动，从而对车身进行多点、全方位的维修。很多平台式车身校正仪有液压倾斜装置或整体液压升降装置，利用一个手动或电动拖车器将车身拉（推）到校正平台上的一定位置。

图5－11　L形简易车架车身校正器

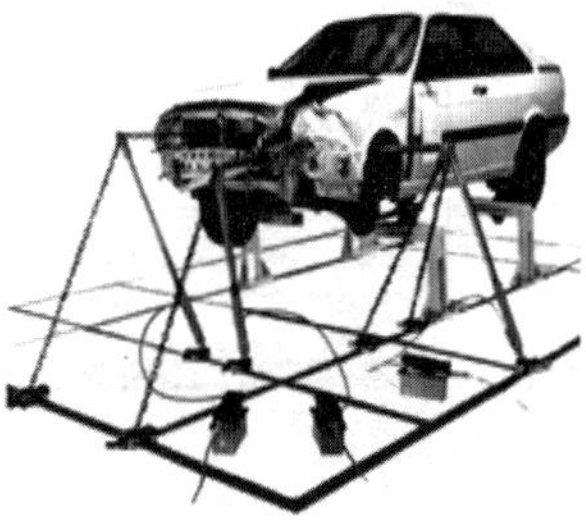

图5－12　地框式校正设备

图5－13　框架式专用型车身校正仪

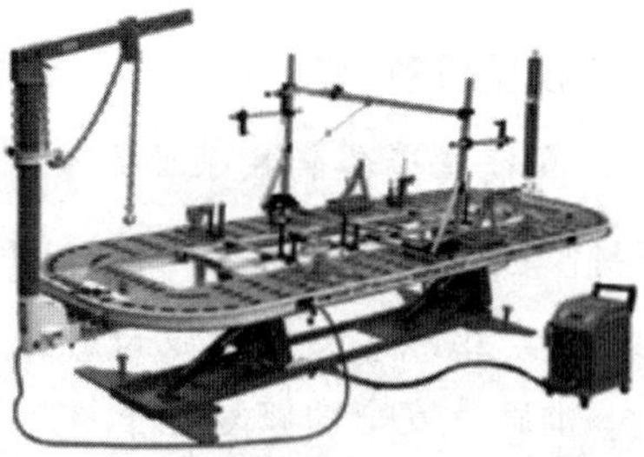

图5－14　平台式车身校正仪

平台式车身校正仪包含以下几个组成部分。

(a) 校正平台。校正平台是车身修复的主要工作平台，如图5－15所示，事故车身的拉伸校正、测量、板件更换等工作都在校正平台上完成。

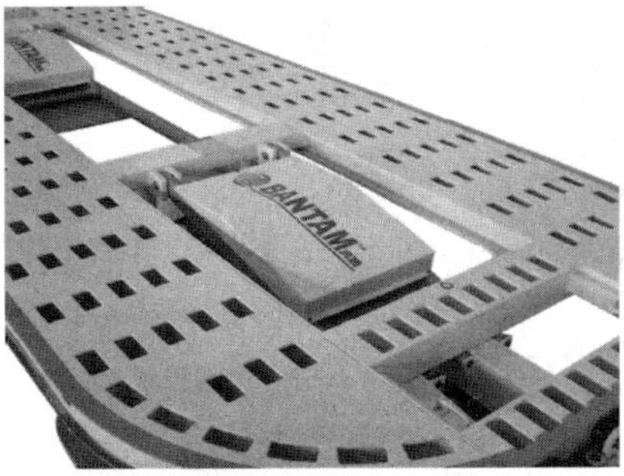

图5－15　校正平台

（b）上车系统及平台升降机构。通过上车系统（图5－16）可以把事故车放置在校正平台上。上车系统包括上车板、拖车器、车轮支架、拉车器（牵引器）等。可通过平台升降机构（图5－17）把平台升到一定的工作高度。平台的工作高度有固定式高度和可调式高度，固定式高度一般采用倾斜式升降，高度在500～600 mm；可调式高度一般采用整体式升降，高度在300～1 000 mm。

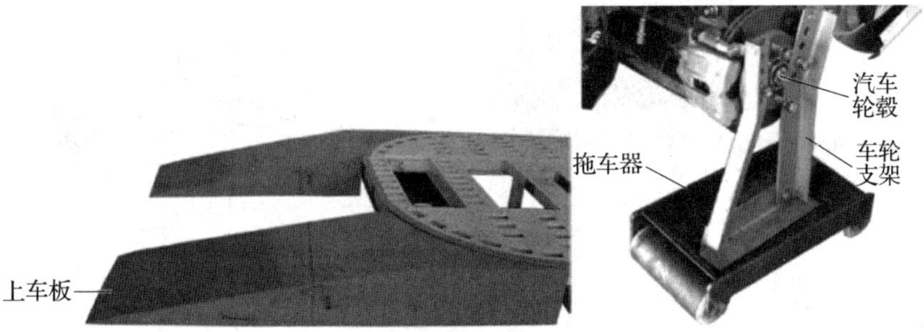

图5－16　上车系统

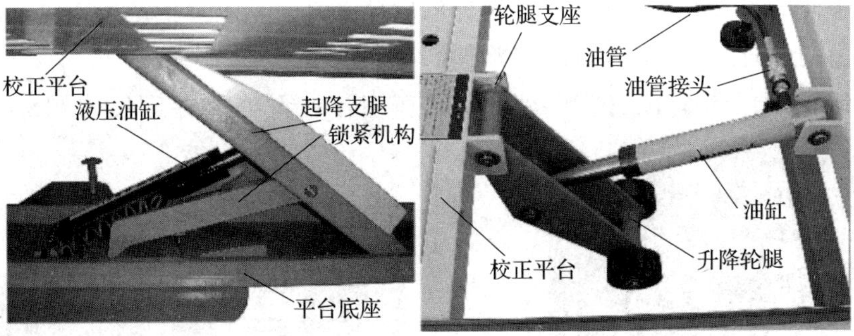

图5－17　平台升降机构

（c）主夹具。在维修前，通过固定在校正平台上的主夹具紧固车身，使车身、校正平台和主夹具成为一个刚性的整体，车身在拉伸操作时不能移动。为了满足不同车身下部固定位置的需要，主夹具有多种形式，如图5－18所示。

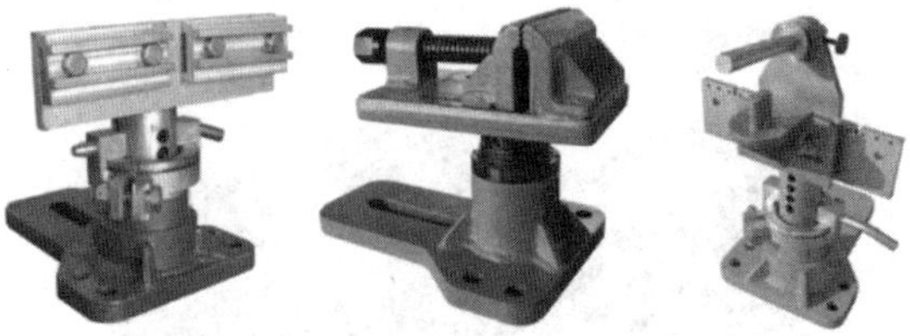

（a）　　（b）　　（c）

图5－18　不同形式的主夹具

（a）双夹头夹具　（b）单夹头夹具　（c）专用夹具

（d）液压系统。车身拉伸校正工作是通过强大的液压力把车身上变形的板件拉伸到位的。平台式车身校正仪一般配用气动液压系统或电动液压系统，如图5－19所示，通过油管把液压油输送到塔柱内部的液压缸中，推动液压缸的活塞顶出。气动液压系统一般是分体控制的，而比较先进的电动液压系统一般是集中控制的，由一个或两个电动液压泵来控制所有的液压装置，这样效率更高，故障率更低，工作平稳。

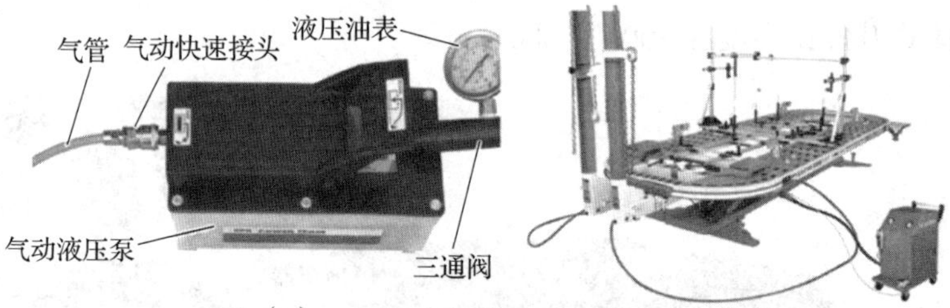

（a）　　（b）

图5－19　液压系统

（a）气动液压系统　（b）电动液压系统

（e）塔柱拉伸系统。对损坏板件的拉伸操作是通过塔柱拉伸系统实现的，如图5－20所示。塔柱内部有液压缸，液压油推动液压缸的活塞，活塞推动塔柱的顶杆，顶杆在从塔柱中伸出的同时拉动链条，在顶杆的后部有链条锁紧窝把链条锁住，通过导向环改变拉力的方向，导向环通过摩擦力卡在塔柱上。

（f）钣金工具。钣金工具包括各种用于拉伸车身各个部位的夹持工具，如图5－21所示。

图5－20　塔柱拉伸系统

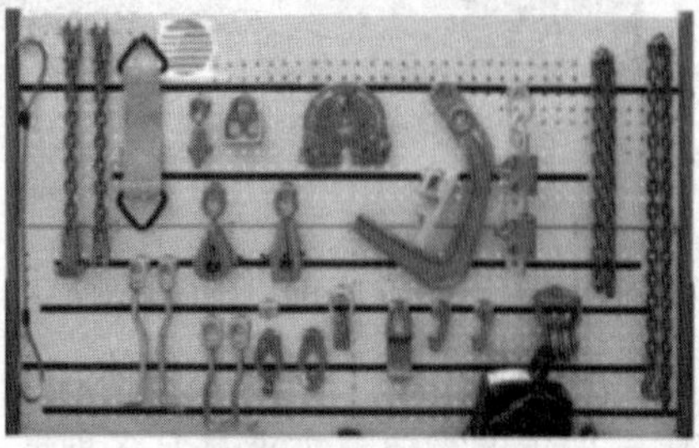

图5－21　钣金工具

（g）测量系统。测量系统是整个车身修复过程中不可或缺的。

任务实施

首先要根据测量和损坏分析的结果来制定精确的碰撞修理程序（工艺），然后按照定好的程序完成车身拉伸校正操作。

1. 劳动安全与卫生

使用车身校正仪时，不正确的操作可能对人员、车身和车身校正仪造成损伤，因此要注意以下安全规则。

①根据所用设备的说明书，正确地使用车身校正设备。

②严禁非熟练人员或未经过正式训练的人员操作车身校正设备。

③车辆固定时要保证主夹具夹钳齿咬合非常紧固，车辆被牢靠地固定在平台上。

④拉伸前汽车要装夹牢固，检查主夹具固定螺栓和钳口螺栓是否紧固牢靠。

⑤一定要用推荐型号和级别的拉伸链条和钣金工具进行操作。

⑥拉伸时钣金工具要在车身上紧固牢靠，链条必须稳固地与汽车和平台连接，以防在牵拉过程中脱落，缠在尖锐的器物上。

⑦向一边大力拉伸时，一定要在相反一侧采用辅助固定，以防将汽车拉离校正平台。如汽车前端只有一个辅助固定，会在拉伸过程中对车身产生一个偏转力矩，使车身扭转（图 5－22）。若汽车前端有两个辅助固定，在拉伸过程中就不会对车身产生偏转力矩了。

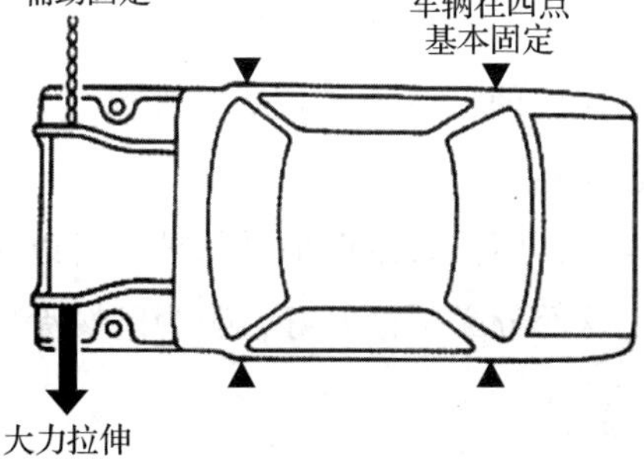

图 5－22　辅助固定

⑧操作人员在汽车上面和汽车下面工作时，不要用千斤顶支撑汽车。

⑨严禁操作人员与链条或牵拉夹钳在一条直线上。因为当链条断裂、夹钳滑落、钢板撕裂时，可能会造成直接的伤害事故，特别是在拉伸方向。在车外进行拉伸校正时，人员在车内工作是很危险的。

⑩用厚防护毯包住链条或用钢丝绳把链条、钣金工具固定在车身的牢固部件上，如

图5－23所示，万一链条断裂，可以防止钣金工具、链条甩出对人员和其他物品造成损伤。

图5－23 在拉伸中要有安全防护

⑪拉伸时要把塔柱与平台的固定螺栓紧固牢靠，否则在拉伸中塔柱滚轮移动，装置会受力损坏，可能导致塔柱突然脱离平台，造成人员和物品的损伤。

⑫塔柱使用链条进行拉伸时，链条在顶杆的锁紧窝锁紧，链条不能扭曲，所有链节都呈一条直线。导向环的固定手轮是在拉伸前固定导向环高度的，在拉伸开始后要松开手轮，手轮松开后一旦链条断裂，导向环会自由向下滑落，要防止链条向左右甩出。

2. 拉伸操作中的车身防护

在进行拉伸校正之前，应对车身和一些部件进行保护，具体如下：

①拆卸或盖住内部部件（座位、仪表、车垫等）；

②焊接时用隔热材料盖住玻璃、座位、仪表和车垫（特别是在进行惰性气体保护焊焊接时，这种保护更为必要）；

③拆除车身外面的部件时，用棉布或保护带保护车身以防擦伤；

④如果油漆表面擦破，这部分必须修复好，因为防腐涂层损坏可能造成锈蚀。

3. 其他准备工作

（1）损坏分析

根据碰撞的位置和碰撞力的方向检查车身。如图5－24所示，车辆的后部受到与车身对角线方向平行的碰撞力的损伤。它的后防撞钢梁、行李舱、后保险杠总成、后翼子板、后风窗玻璃灯损坏严重，需要更换。

对于承载式车身来说，车辆前部受损，碰撞力有可能会传到车身的后部，造成风窗立柱、车顶框架等车身框架变形。在驾驶舱内部也能看到左侧车门立柱内饰件错位的情况，说明该处立柱已经变形。

图5－24 后部严重受损的汽车

(2) 确定拉伸程序

通过碰撞位置可以分析出车身的后方受到碰撞（图5－25），行李舱和后纵梁都严重损坏，需要沿与碰撞方向相反的方向对左侧后纵梁进行牵拉（图5－26），把需要更换的左侧后纵梁拆除后，再修理后翼子板和行李舱。需要修理一侧的整个挡泥板或纵梁可能仅在右边或左边略有弯曲，在纵向没有变形。

图5－25 后方碰撞

图5－26 后纵梁拉伸校正

(3) 拆卸妨碍工作的部件

在拉伸校正开始之前，应该拆去车上妨碍校正的部件。有些外覆盖件需要拆卸，有些机械部件也需要拆卸。因为整体式车身的损伤容易扩散，经常扩散到一些意想不到的地方，有些甚至藏在这些部件里面，只有拆除这些部件才能更好地找出损伤。

拆卸汽车零部件时要注意以下事项。

①只拆卸那些为了接近车身需要修理的部位而必须拆除的部件。过去将整体式车身汽车放在校正平台上之前，要拆去悬架、传动装置、发动机和水箱等总成。现在有了定位器和发动机台架等辅助设备，如果损伤不是非常严重，可以不进行拆卸。

②在进行修复前，要仔细研究车身结构、损伤位置和损伤程度，决定拆去什么、保留什么，以及如何拆卸更为方便。

③更换结构件比修理结构件需要拆除更多的部件。要花时间认真研究发动机、传动装置和悬架的安装位置，看这些部件是否损坏。在拆卸部件时应以单元的形式来拆卸，这样可以缩短拆卸的时间。

(4) 事故车在平台上的定位

事故车上平台及在平台上的定位操作请参阅上面的内容。

(5) 继续拆除妨碍测量和拉伸的零件

由于后横梁变形严重致使散热器等零件无法拆卸，需要对后翼子板进行预拉伸，有一定的操作空间后再将后翼子板切除。可以用等离子切割枪切除后翼子板框架(图 5－27)和左侧纵梁前部损坏的部位，然后将散热器拆卸下来，再把发动机的相关部件拆除。

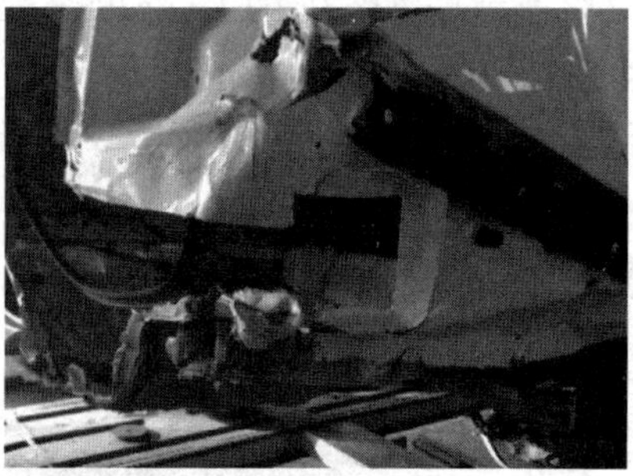

图 5－27 切除后翼子板框架

行李舱框架的拆除可以使用焊点钻钻除焊点，分离板件。左侧纵梁和挡泥板要保留，因为需要通过拉伸这些部位来校正前柱的变形，在把前柱的变形拉伸校正好了以后，再将其切除更换新件。

4. 测量与校正

(1) 初步测量

对碰撞部位附近的车身形状进行简单的测量，比如通过对左后门框的测量可以知道后柱后移造成风窗立柱向上拱曲，门框变窄，所以车门无法关严。

(2) 初次校正

1) 选择钣金工具

为了更好地对承载式车身进行拉伸修复，针对车身不同部位的变形修复设计了多种钣金工具(图 5－28)，可以对车身进行有效的拉伸修复。图 5－29 给出了一些钣金工具的使用方法。

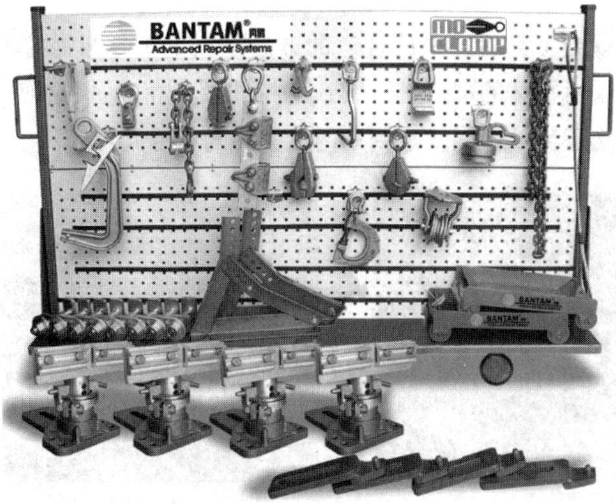

图 5－28　钣金工具

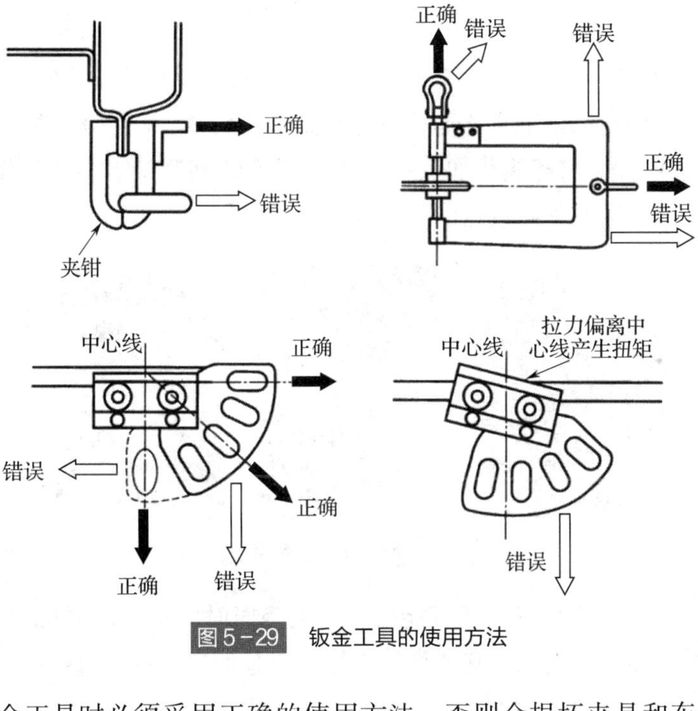

图 5－29　钣金工具的使用方法

在使用钣金工具时必须采用正确的使用方法，否则会损坏夹具和车身。在拉伸时必须使拉力方向的延长线通过夹齿的中间，否则夹钳有可能受扭转的力而脱开，还会造成钳口夹持的部位进一步损坏。在用夹钳进行多点拉伸时，需要充分发挥想象力和创造力。

在为拉伸校正做准备时，钣金工具不一定正好夹持在变形区域，如果遇到这种情况，可暂时在需要拉伸的部位焊一小块钢片（图 5－30），修复之后再去掉钢片。

2）拉伸

选择好合适的钣金工具后，采用合适的方法将钣金工具与需拉伸件连接好，然后根据初步测量的结果对损坏的部位进行大致的拉伸校正。通过拉伸后纵梁（图 5－31）使后柱变形得到一定程度的恢复，达到车门能关闭的程度就可以了。

图 5－30　临时焊片

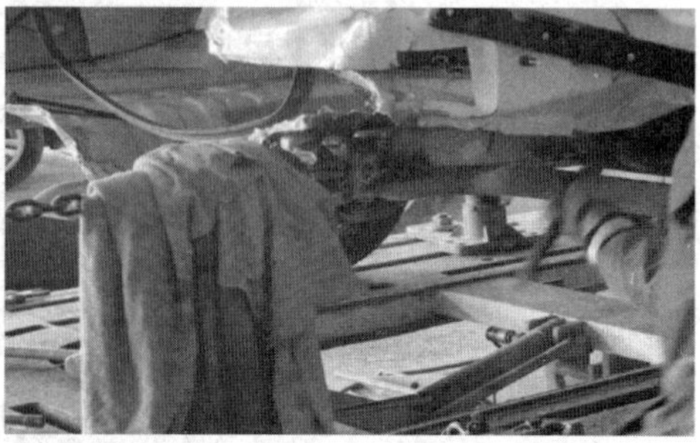

图 5－31　拉伸后纵梁

（3）精确测量

使用测量系统对车身进行整车检查，对变形部件进行测量，还需要知道受损板件变形的方向和大小。将测量系统安装好，选择合适的车型和测量模式。因为车辆的后部受到损伤，所以测量的基准点要选择后部右侧基准点 *B*。根据提示选择合适的测量探头 C30 和加长杆 E100。将探头、加长杆和传感器安装到测量点上，如图 5－32 所示，然后按同样的方法安装其他测量点的传感器。

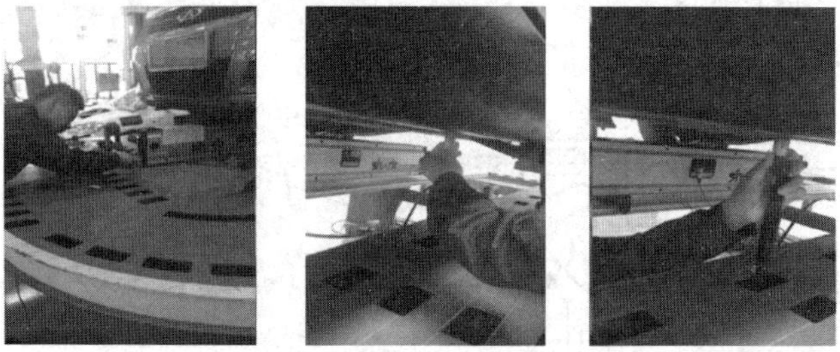

图 5－32　安装测量系统

承载式车身结构的前端有碰撞吸能区，受到碰撞时，这些区域可以将碰撞的动能转化为变形的机械能，从而保证其他部位完好。但是如果碰撞超过吸能区的能力范围，碰撞力就会通过地板纵梁、门槛纵梁、上部车身框架向车身前部传递，造成车身前部变形。所以，车身前部的尺寸也要测量。通过测量知道事故车的变形集中在左后部，车身前部变形尺寸小于 3 mm，在准许的变形范围内，只要将车身左后部拉伸到规定的尺寸就可以了。

（4）精确拉伸

拉伸前围板和前柱时要用到未拆卸的前纵梁和挡泥板，因为碰撞严重，损坏扩散到车体前柱，所以车门关不上。通过拉伸恢复前柱的标准尺寸，在拉伸的过程中要不断测量。拉伸变形部位到选定测量基准点后稳定不动，锤击变形部位消除应力（图5－33），减小金属的弹性变形。然后释放拉力，再拉伸并维持拉力不变，锤击变形部位消除应力，再释放，进行测量，直到变形部位的尺寸恢复到误差准许的范围内为止。

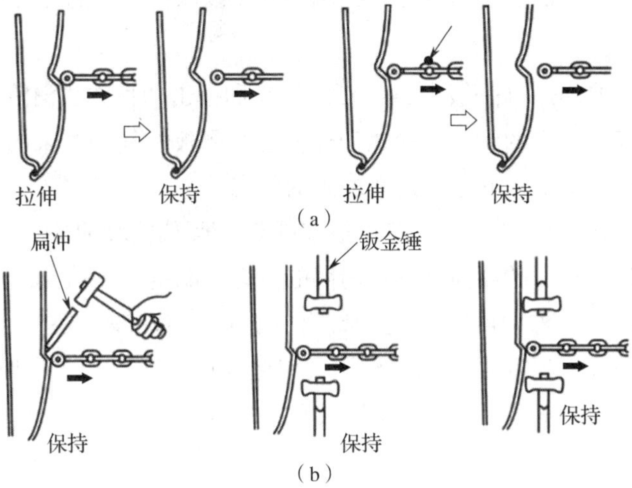

图5－33　锤击变形部位消除应力

（a）校正过程　（b）消除应力

通过拉伸恢复前柱的尺寸以后，就可以将前纵梁和挡泥板拆下了。在分离前纵梁和前柱时，首先要将电焊部位的防腐蚀涂层清除掉，注意清除的面积要尽可能小，能清楚地看到电焊的轮廓就可以了。可以使用电钻将焊点切除，在切除焊点时注意不要损坏下层板件。

通过测量发现后柱车门铰链处的尺寸误差较大，需要校正。用螺栓把拉伸工具固定在立柱铰链部位进行拉伸，如图5－34所示。把拉伸工具通过车身底部的孔固定在车身上（图5－35），对后柱底部和后地板部位进行拉伸，在拉伸的过程中要不断监控测量数据的变化。

图5－34　后柱拉伸

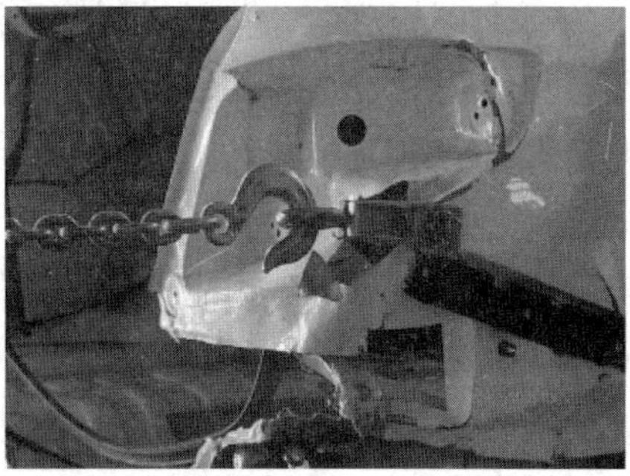

图5－35　固定拉伸工具

如果在维修中简单地夹住挡泥板，对纵梁前缘进行拉伸，则不能修理好车身前柱或前围板的主要损坏。需要多点对损坏部位进行拉伸，如果拉伸效果不好，可以一边拉伸一边用液压杆从里边推压，用夹具夹住风窗立柱的变形部位向下拉伸。风窗立柱的校正要等到后柱的校正完成后进行。随着后柱和风窗立柱尺寸的恢复，前门的安装尺寸也在恢复，但是还需要调整风窗立柱和中柱，以取得良好的配合尺寸。

(5) 消除应力

一般用可控制的加热（一般在 200 ℃以下）和锤击两种方法消除应力，激活晶体，使晶体松弛后恢复到原来的状态。加热和外力使金属板恢复到原来的状态，应力减小，尽可能使金属板恢复平直，并且保持它原来的状态。

大多数应力消除是冷作用，不需要很多热量，假如需要加热，也要小心地加热，并加以控制。现代车身上的高强度钢板内部的应力不能用加热的方式消除。

加热通常会造成某种程度的氧化，产生一定量的氧化皮，还会产生脱碳作用。氧化皮会影响金属的表面粗糙度，脱碳作用会引起表面软化，严重影响疲劳寿命。氧化皮的量在很大程度上取决于加热的时间和温度。加热件背面的氧化皮总是比暴露于火焰的正面要厚一些。火焰层直接接触正面，由于有燃烧气体的保护，正面不致氧化，但背面一旦达到适当的温度，就会氧化。同一部位每次重新加热，都会产生更多的氧化皮。

如果损坏的部分需要加热，必须严格遵守汽车维修手册上的建议。例如，在整体式车身梁上加热时，应仅在梁的角上加热。加热后不能用水或压缩空气冷却加热区，必须让它自然冷却。快速冷却会使金属变硬，甚至变脆。监视加热的最好办法是用热蜡笔或热敏涂料。用热蜡笔在冷件上做标志，当达到一定的温度时，热蜡笔记号就会熔解。热蜡笔确定温度相当准确，比修理人员用眼观察颜色变化确定温度要精确得多，用热蜡笔产生的误差为 ±1%。

(6) 安装、更换部件

通过校正恢复变形部位的尺寸后，就可以安装、更换部件了。车身后柱、后翼子板、后地板、风窗立柱和中柱校正好以后，就可以安装后纵梁和行李舱框架了。更换使用的部件可以是新部件，也可以是从其他车身上更换下来的良好部件，新部件应按照原来的安装痕迹安装。将后纵梁的延伸段在前柱处定位，再把后纵梁和挡泥板组件与后围板和后柱按原来的安装痕迹初步定位。在更换的后纵梁的检测孔内安装测量传感器测量尺寸误差，并进行适当的调整，调整好后用大力钳和螺栓将后纵梁和挡泥板组件固定。

安装翼子板和行李舱罩时，要不断调整新安装板件的安装缝隙，直到缝隙均匀，左右对称，并对其进行临时紧固。通过对车身结构尺寸的测量检验结构件的校正是否到位。通过装配检验车身覆盖件是否安装到位。通过测量和外观检测调整好板件以后，就可以对更换的结构件进行焊接了。

焊接前要将行李舱、翼子板拆掉，拆卸前用记号笔做好定位标记。测量后纵梁与挡泥板组件的尺寸，确定无误后进行焊接操作。后纵梁的焊接要采用CO_2气体保护焊，如图5-36所示。行李舱框架可以用电阻点焊焊接，也可以用CO_2气体保护焊进行塞焊连接。结构件焊接完成后，安装翼子板、行李舱罩、后保险杠总成和后大灯等，车身维修竣工。

图5-36 CO_2气体保护焊

(7) 检查

修理（包括所有校正和焊接操作）完成以后，要对车辆进行最后的检查。在检查时车身修理人员需要围绕着汽车观察，看看是否有明显的校正错误。如在检查中发现问题，应马上将车固定起来，重新进行校正。检查时应该注意以下几点：检查车门与车门槛之间的空隙，应该是一条又直又窄的缝隙；检查车身上部所有部位总的平整情况；开、关车门、发动机罩盖和行李舱盖，看开关时是否感觉过紧。

(8) 拉伸操作注意事项

承载式车身的强度比较高，同时对热很敏感。其拉伸校正不是通过一次拉伸操作而是通过一系列拉伸操作（拉伸→保持平衡（消除应力）→再拉伸→再保持平衡（消除应力））完成的。在这样一个循环往复的操作过程中，有更多的时间使车身金属板恢复原形，有更多的时间使金属松弛（消除加工硬化的应力），有更多的时间测量、检查和调整拉伸校正的进度。

在拉伸开始时，要慢慢地启动液压系统，仔细观察车身损坏部位的移动，看它的变形是否与需要的变形相吻合，是否在正确的方向上变形。如果不是，要检查原因，调整拉伸角度后再开始。在拉伸到出现一定的变形后要停止拉伸并保持拉力不变，用锤子不断锤击损伤区域以消除应力，卸载使之松弛，然后再次拉伸并消除应力。

①车身的每个部件都有足够的强度来承受载荷，但在拉伸过程中钣金工具由于夹持的面积小，会在夹持部位产生非常大的压强，导致夹持部位的板件损坏或断裂。在对一个部位施加比较大的拉力时应该多使用一些夹钳，将拉力分散到板件的更大区域。

②车身部件的拉伸要从靠近车中心的部位向外进行，当中部部件的控制点尺寸到位以后，可以用一个辅助固定夹来固定，再拉伸下一段没有完全恢复尺寸的部分。如果不对已经拉伸校正好的部位进行辅助固定，再拉伸下一段时可能影响已修复好的部分。

③在拉伸时要一边间歇地施加拉力，一边检查车身部件的运动，确定拉力在损坏部位是否有效。如果看不到任何效果，就要考虑改变拉伸的方向或拉伸的部位。

④对于纵梁的弯曲，可以夹住弯曲表面内侧进行牵拉。拉力的方向应与纵梁的弯曲方向相反。

⑤如果损坏部件一些部位的褶皱折叠得太紧，内部的加工硬化太严重，在拉伸时板件有被撕裂的危险。这些部件如果在吸能区的话就不能进行维修了，需要进行更换。在拉伸这些部件时需要对其加热以消除应力。加热时要注意，只能在棱角处或两层板连接得较紧的地方加热。如果在车身纵梁或箱形截面部分加热，只会使其状态进一步恶化。加热只能作为消除金属应力的一种手段，而不能把它作为软化某一部分的方法。现代车身一般不推荐在高强度板件上用焊炬加热。

⑥防止过度拉伸。钢板可以被拉长，但不可能通过推压使其缩短。任何损坏的钢板在拉伸校正时一旦超过了极限尺寸，就很难再收缩或被压缩了。过度拉伸唯一的修理方法就是更换损坏的板件。为防止过度拉伸而损坏承载式车身，在每一次的拉伸校正过程中都要对损伤部位的校正进程进行测量、监控。发生过度拉伸的原因一般有以下两个。

（a）在修复中没有遵循“先里后外”的拉伸原则，导致修理程序混乱，修理好的板件在其他变形板件进行修理时受到影响，已经校正好的板件长度又增大了，超过了原尺寸。

（b）在校正过程中没有经常地、精确地测量拉伸部位的尺寸，没有很好地控制拉伸的程度。

任务总结

汽车发生严重碰撞时，整个车身的板件可能都会变形。类似于车身覆盖件蒙皮的凹凸变形，可以通过钣金锤、垫铁和整形修复机来维修；但车身的结构件，如纵梁、横梁等，作为汽车的骨架构件，板件比较厚，形状、结构比较复杂，强度很高，仅仅依靠手工工具和整形修复机是无法维修的。汽车的车架或整体式车身是一个受力的刚性立体，对其进行形状复原的前提是进行有效的拉伸校正。

拉伸校正可以使车身钣金维修高效率、高精度地将变形车身的尺寸恢复到偏差小于 ±3 mm。拉伸校正可以帮助车身维修人员准确判断板件是维修还是更换。车身板件维修的习惯是“弯曲就修，扭曲就换”。通过拉伸校正，不仅可以十分容易地维修弯曲的板件，还可以根据初步拉伸校正的恢复程度准确判断板件是否应该更换。

车身校正设备主要是车身校正仪，应根据车身损伤的不同情况选择合适的车身校正仪及固定夹具、拉伸夹具等进行拉伸校正。车身拉伸校正需与车身测量配合，边拉伸边测量，防止过度拉伸。同时，应根据车身损伤的不同情况制定合理的拉伸校正工艺，保证拉伸的精度，完成车身纵梁、A 柱、B 柱、C 柱及门槛板等高强度钢板的拉伸校正。

任务考核

表5-1　任务工单

工作任务：后纵梁的拉伸校正	班级			
	姓名		学号	
	日期		评分	

1. 基本信息

（1）车辆基本信息

车型：　　　　VIN：　　　　生产年份：

（2）车辆损坏情况

（3）损伤构件定损情况

2. 板件拉伸校正

（1）工具准备

（2）劳动防护

（3）维修步骤

（4）维修注意事项

3. 反思

收获：

不足：

建议：

①小组讨论分析实施过程中产生的问题，给出改进方案；

②小组准备汇报材料，每组派一人进行汇报；

③整理相关资料，列表说明项目资料及资料来源，注明存档情况。

习题与思考

1. 选择题

(1)【单选题】两个前纵梁都发生了变形，校正的方法是（　　）。

A. 不拆水箱框架，先校正严重损伤的纵梁

B. 不拆水箱框架，先校正轻微损伤的纵梁

C. 拆开水箱框架，分开校正

(2)【单选题】纵梁向右弯曲时，校正的方法是（　　）。

A. 夹紧纵梁右侧的板件，进行拉伸

B. 夹紧纵梁左侧的板件，进行拉伸

C. 以上两种夹紧方法都可以

(3)【单选题】一辆前端严重碰撞的汽车，要先校正（　　）。

A. 水箱框架部位　　B. 车身中部　　C. 前纵梁

(4)【单选题】在车身拉伸校正过程中，决定其修复程度的是（　　）。

A. 板件变形量　　B. 板件尺寸测量　　C. 板件配合间隙

(5)【单选题】A 部件经拉伸校正恢复尺寸后，对与它相连的 B 部件进行拉伸，处理方法是(　　)。

A. 对 B 部件进行拉伸时力量要小一些

B. 边拉伸 B 部件边测量 A 部件

C. 对 A 部件进行辅助固定

(6)【单选题】车门中柱附近受到严重碰撞，校正时要从（　　）个方向同时进行拉伸校正。

A. 三　　B. 四　　C. 五

(7)【单选题】车门槛弯曲后，对其进行向前、向后拉伸校正时，门槛下的主夹具（　　）。

A. 与校正平台不固定　　B. 与校正平台固定

C. 与校正平台固定，但不能完全紧固

(8)【单选题】对中柱进行拉伸使用（　　）。

A. 钢丝绳　　B. 尼龙带

C. 只要能夹紧的钣金工具都可以

2. 判断题

(1) 车身校正仪是通过液压力进行修复的。（　　）

(2) 车身结构件的校正可以使用锤子、垫铁和整形修复机。（　　）

(3) 拉伸校正的重点是恢复变形部件的尺寸。（　　）

(4) 不适当的车身和车架校正技术是车身结构不能恢复到原来尺寸的主要原因。 (　　)

(5) 车身校正工作直接影响到汽车的安全性。 (　　)

(6) 车身所有部件的损坏都可以校正。 (　　)

(7) 车身需要更换的板件在校正前要拆下，以免妨碍校正工作的进行。 (　　)

(8) 对车身所有板件的变形，都可以沿与输入力相反的方向拉伸。 (　　)

(9) 变形复杂的构件在拉伸恢复过程中强度和变形也随着改变，因此拉力的大小和方向需要适时改变。 (　　)

3．简述题

车身校正后如何消除应力？

项目六 车身焊接和切割

项目描述

汽车上零部件连接的方法有多种，包括机械连接、焊接和黏结等。在车身修理作业中，焊接占的比重最大，这是因为焊接可以获得与母材相近的强度，连续焊接不仅具有良好的水密性和气密性，而且有比其他任何连接方式都可靠的结合强度。焊接与铆接相比，可以减轻车身的重量且工艺简单，成本低。车身维修作业离不开焊接技能的应用，尤其是那些因行车事故而损伤的车辆，离开焊接是不可能达到修复目的的。

项目实施

由于90%以上的车身钢板是通过焊接组装在一起的，因此在车身维修过程中最常用的维修方法是焊接。焊接主要包括电阻点焊和CO_2气体保护焊，其中电阻点焊主要用于点焊焊接部分的修复，CO_2气体保护焊主要用于新旧板件的连接。车身上还有一些部件（如水箱等）是通过钎焊等方式焊接在车身上的。所以，车身焊接工艺是每一位钣喷修复人员都必须掌握的岗位技能。

任务8 CO_2气体保护焊

学习目标

【知识目标】

了解焊接工艺的分类；

掌握CO_2气体保护焊的焊接工艺。

【能力目标】

能够对车身薄钢板进行CO_2气体保护焊焊接；

能够对CO_2气体保护焊进行质量检验。

【素养目标】

培养学生的团队协作意识；

培养学生精益求精、严谨细致的规范操作意识；

提高学生的职业素养。

任务描述

一辆轿车在行驶过程中与一辆侧向行驶的车辆发生严重碰撞，轿车的后翼子板受到严重损伤（图 6-1），需要进行切割更换。对于这种损伤需要更换部分车身覆盖件，该怎样修复呢？

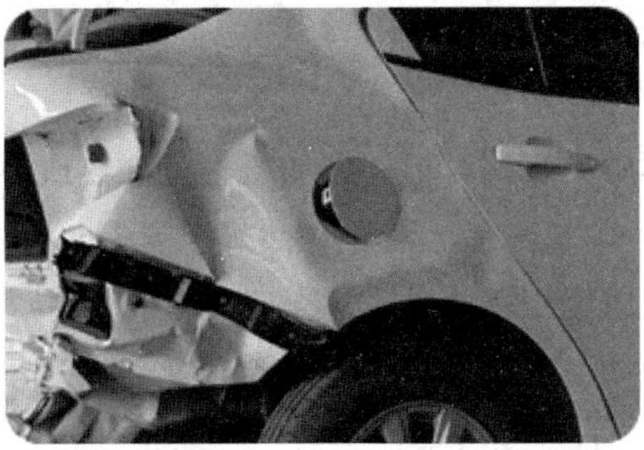

图 6-1　事故车辆后部受损

任务解析

轿车的后翼子板一般与车身后部是整体式结构，在受损无法修复需要更换时，首先要进行切割。更换新的翼子板时，要达到和原车相近的强度，具有良好的水密性和气密性，同时要减轻车身的重量，此外工艺要简单，成本要低。根据掌握的焊接相关知识，可以知道选择 CO_2 气体保护焊来进行这辆事故车的修理是比较合适的。

知识学习

1. 车身焊接工艺概述

焊接是对焊件进行局部或整体加热，使焊件发生塑性变形熔化，形成焊件间的原子结合，从而实现永久连接的工艺方法。车身组件多由钢板或型钢构成，常用的焊接方法有气体保护焊、电阻点焊、气焊、手工电弧焊等。随着高强度钢板和铝合金等金属在车身板件上的普遍使用，气焊和手工电弧焊被要求避免使用。焊接具有节省钢材、操作简单、密封性能好等优点。

(1) 焊接工艺的分类

焊接工艺大致可分为压焊、熔焊和钎焊，如图 6-2 所示。

- 焊接
  - 压焊
    - 电阻焊
      - 点焊
      - 凸焊
      - 缝焊
    - 超声波焊
    - 摩擦焊
    - 加压气焊
    - 爆炸压焊
  - 熔焊
    - 电弧焊
      - CO_2气体保护焊
      - 埋弧焊
      - 药芯焊丝电弧焊
      - 熔化极活性气体保护电弧焊
      - 钨极气体保护电弧焊
      - 原子氢焊
      - 等离子弧焊
      - 电子束焊
    - 气焊
      - 氧乙炔焊
      - 氢氧乙炔焊
  - 钎焊
    - 软钎焊
    - 硬钎焊

图6-2 焊接工艺的分类

①压焊。在焊接过程中，必须对焊件施加压力（加热或不加热）才能完成焊接的方法称为压焊。常用的压焊方法有电阻焊（凸焊、点焊、缝焊）、摩擦焊、超声波焊等。电阻点焊是在车身上应用较多的焊接方法。

②熔焊。在焊接过程中，将焊件接头加热至熔化状态，不加压力即可完成焊接的方法称为熔焊。

（a）气焊：利用可燃气体与氧气（O_2）混合燃烧的火焰所产生的高热熔化焊件和焊丝而进行金属连接的一种焊接方法。

（b）电弧焊：熔化焊条和焊件，从而获得牢固接头的一种焊接方法。按照电极是否熔化，电弧焊分为熔化极电弧焊和非熔化极电弧焊两类。

③钎焊。在焊接过程中，采用比母材熔点低的金属材料作为钎料，将焊件和钎料加热到高于钎料熔点、低于母材熔点的温度，利用液态钎料润湿母材，填充接头间隙并与母材相互扩散实现焊件连接的方法称为钎焊。

（2）常用焊接方法

①手工电弧焊。手工电弧焊以外部涂有涂料的焊条作为电极和填充金属，电弧在焊条端部和被焊工件表面之间燃烧。在电弧热作用下涂料一方面可以产生气体保护电弧，另一方面可以产生熔渣覆盖在熔池表面，防止熔化的金属与周围气体的相互作用。熔渣更重要的作用是与熔化的金属发生物理化学反应或添加合金元素，改善焊缝金属的性能。

②埋弧焊。埋弧焊以连续送进的焊丝作为电极和填充金属。焊接时，在焊接区的上面覆盖一层颗粒状焊剂，电弧在焊剂层下燃烧，将焊丝端部和局部母材熔化，形成焊缝。埋弧焊可以采用较大的焊接电流。与手工电弧焊相比，埋弧焊的焊缝质量好，焊接速度快，因此多用于机械化焊接。

③钨极气体保护电弧焊。这是一种不熔化极气体保护电弧焊，利用钨极和工件之

间的电弧使金属熔化而形成焊缝。在焊接过程中钨极不熔化，只起电极的作用。同时由焊枪的喷嘴送进氩气（Ar）或氦气（He）进行保护。还可根据需要另外添加金属。这种焊接方法在国际上简称 TIG 焊。

④熔化极气体保护电弧焊。这种焊接方法利用连续送进的焊丝与工件之间燃烧的电弧作为热源，利用由焊炬的喷嘴喷出的气体保护电弧来进行焊接。通常使用的保护气体有 Ar、He、CO_2或这些气体的混合气。以 Ar 或 He 为保护气体时，这种焊接方法称为熔化极惰性气体保护电弧焊；以惰性气体与氧化性气体（O_2、CO_2）的混合气、CO_2 或 CO_2 与 O_2 的混合气为保护气体时，这种焊接方法统称熔化极活性气体保护电弧焊，在国际上简称 MAG 焊。

⑤等离子弧焊。这也是一种不熔化极气体保护电弧焊，是利用电极和工件之间的等离子弧实现焊接的。所用的电极通常是钨极。产生等离子弧的等离子气可用 Ar、N_2、He 或其中二者之混合气。同时由焊炬的喷嘴喷出惰性气体进行保护。焊接时可以外加填充金属，也可以不加填充金属。

⑥点焊。点焊使工件处在一定电极压力作用下并利用电流通过工件时产生的电阻热将两工件之间的接触表面熔化而实现连接。点焊通常使用较大的焊接电流。

2. CO_2气体保护焊工艺

（1）CO_2气体保护焊的原理

CO_2 气体保护焊采用 CO_2气体作为保护介质。焊接时，CO_2气体通过焊枪的喷嘴沿焊丝周围喷射出来，在电弧周围形成气体保护层，将焊接电弧及熔池与空气隔离开来，从而避免有害气体侵入，保证焊接过程稳定，获得优质的焊缝。CO_2 气体保护焊的原理如图 6－3 所示。

惰性气体保护焊原理

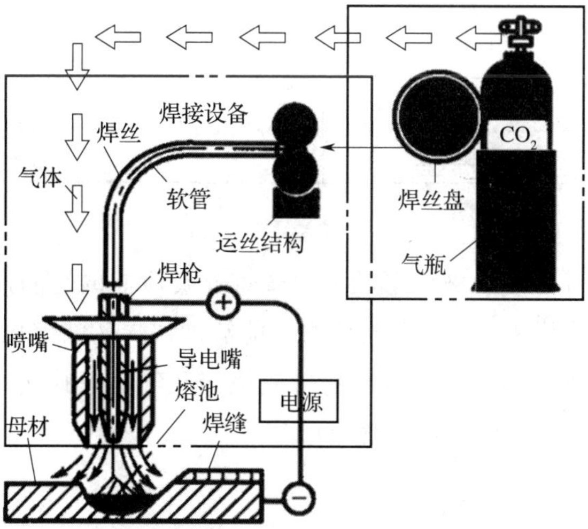

图6－3　CO_2气体保护焊的原理

(2) CO_2气体保护焊的焊接工艺参数

1) 焊丝

惰性气体保护焊焊接参数的调整

CO_2气体保护焊选择焊丝的基本原则是保证焊缝金属与母材具有同等水平的性能。一般在焊接低碳钢和低合金高强度钢时，根据母材的抗拉强度选择相同强度等级的焊丝；焊接不锈钢时，选择相同化学成分的焊丝。CO_2气体保护焊所用焊丝的焊缝力学性能见表6－1。

表6－1　焊缝力学性能

焊丝牌号	抗拉强度/MPa	条件屈服应力/MPa	伸长率/%	室温冲击吸收功/J
H08MnSi	420～520	≥320	≥22	≥27
H08Mn2Si	≥500	≥420	≥22	≥27
H08Mn2SiA	≥500	≥420	≥22	≥47
H11MnSi	≥500	≥420	≥22	—
H11Mn2SiA	≥500	≥420	≥22	≥27

2) 焊丝直径

焊丝直径以焊件厚度、焊接位置及质量要求为依据进行选择，见表6－2。

表6－2　焊丝直径的选择

焊丝直径/mm	熔滴过渡形式	焊件厚度/mm	焊接位置
0.5～0.8	短路过渡 颗粒过渡	1.0～2.5 2.5～4.0	全位置 水平位置
1.0～1.4	短路过渡 颗粒过渡	2.0～8.0 2.0～12.0	全位置 水平位置
1.6	短路过渡	3.0～12.0	水平、直立、横向、仰面位置
>1.6	颗粒过渡	>6.0	水平位置

3) 焊接电流

焊接电流根据焊件厚度、坡口形状、焊丝直径及所需的熔滴过渡形式来选择。焊接电流增大，熔深相应增大，熔宽略有增大，能够加快焊丝的熔化速度，提高生产率，但焊接电流太大会使飞溅增加，并且容易造成烧穿及气孔等缺陷。反之，若焊接电流太小，电弧不稳定，不容易焊透，焊缝成形差。

4) 电弧电压

电弧电压是影响熔滴过渡形式、飞溅程度、短路频率和焊缝成形的重要因素。一般情况下，当电弧电压增大时，焊缝宽度相应增大，而焊缝的余高和熔深则减小。在焊接电流较小时，电弧电压过高，则飞溅增加；电弧电压太低，则焊丝容易伸入熔池，使电弧不稳。在焊接电流较大时，电弧电压过高，则飞溅增加，容易产生气孔；电弧电压太低，则焊缝成形不良。要获得稳定的焊接过程和良好的焊缝成形，要求电弧电压与焊接电流有良好的配合。通常进行细丝焊接时电弧电压为16～24 V，进行粗丝焊接时电弧电压为25～36 V。

5）焊接速度

焊接速度对焊缝成形有一定的影响。焊接速度太快，会使气体保护作用受到破坏，同时使焊缝冷却速度过快，降低焊接接头的力学性能，并使焊缝成形变差；焊接速度太慢，容易造成烧穿或焊缝金属的金相组织粗大等缺陷。因此，焊接速度应根据焊件的性质、厚度和冷却条件等选择。一般焊接速度在0.25～0.65 m/min的范围内。

6）气体流量

气体流量主要影响对熔池的保护效果。一般情况下，细丝焊接时气体流量为6～15 L/min，粗丝焊接时气体流量为20～30 L/min。气体流量过大和太小，都会降低气体对熔池的保护作用，产生气孔等缺陷。

3. CO_2气体保护焊的操作要领

（1）基本操作技术

1）引弧

CO_2气体保护焊一般采用直接短路接触法引弧。引弧前应调节好焊丝伸出的长度，使焊丝端部与焊件保持2～3 mm的距离；起弧后要灵活掌握焊接速度，以避免焊缝起弧处出现未焊透、气孔等缺陷。

2）熄弧

在焊接结束时不要突然断电，在弧坑处稍作停留，然后慢慢地抬起焊枪，这样可将弧坑填满，并使熔池中的金属在凝固前仍受到良好的保护。

3）左焊法和右焊法

CO_2气体保护焊按焊枪的移动方向分为右焊法和左焊法，如图6－4所示。

采用右焊法时，熔池能得到良好的保护，因此可以得到外形比较饱满的焊缝。但是焊接时不便观察，不易准确把握焊接方向，容易焊偏，尤其焊接对接接头时更为明显。

采用左焊法时，电弧对焊件有预热作用，能得到较大的熔深，焊缝成形得到改善。虽然左焊法观察熔池有些困难，但能清楚地看到待焊接头，易把握焊接方向，不会焊偏，所以CO_2气体保护焊一般采用左焊法。

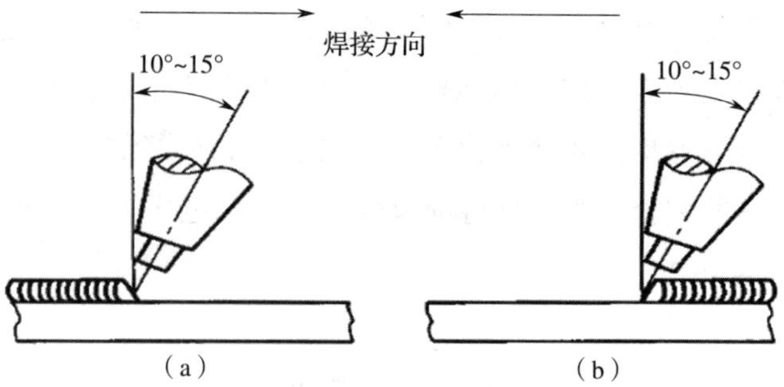

图6-4 CO_2气体保护焊

(a) 右焊法 (b) 左焊法

4) 运丝方式

运丝方式有直线移动法和横向摆动法。直线移动法即焊丝只做直线运动不摆动，焊出的焊道稍窄。横向摆动法是在焊接过程中，以焊缝中心线为基准做两侧的横向交叉摆动，常用的方式有锯齿形、月牙形、三角形、斜圆圈形等，如图6-5所示。

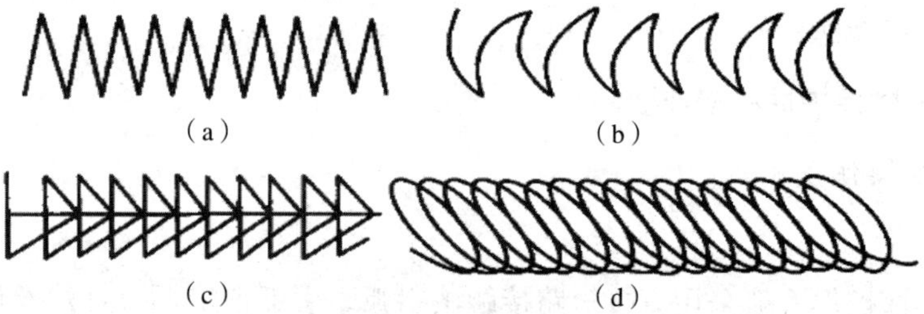

图6-5 横向摆动方式

(a) 锯齿形 (b) 月牙形 (c) 三角形 (d) 斜圆圈形

横向摆动运丝方式在操作时应注意以下事项：运丝时以手腕为辅，以手臂为主；左右摆动的幅度要一样，摆动幅度不能太大；做锯齿形和月牙形摆动时，摆到中心时速度应稍快，而在两侧时应稍作停顿；有时为了降低熔池温度，避免液态金属流淌，焊丝可做小幅度的前后摆动，摆动须均匀。

直线移动方式主要应用于薄板和打底层；锯齿形摆动方式常应用于根部间隙较小的场合；月牙形摆动方式常应用于填充层以及厚板的焊接；三角形和斜圆圈形摆动方式常应用于角接头和多层焊。

惰性气体保护焊的焊接位置

(2) 焊接位置

CO_2气体保护焊的焊接位置有平焊、横焊、立焊和仰焊四种。

4. CO_2气体保护焊的焊接形式

CO_2气体保护焊的焊接形式有六种（图6-6）。

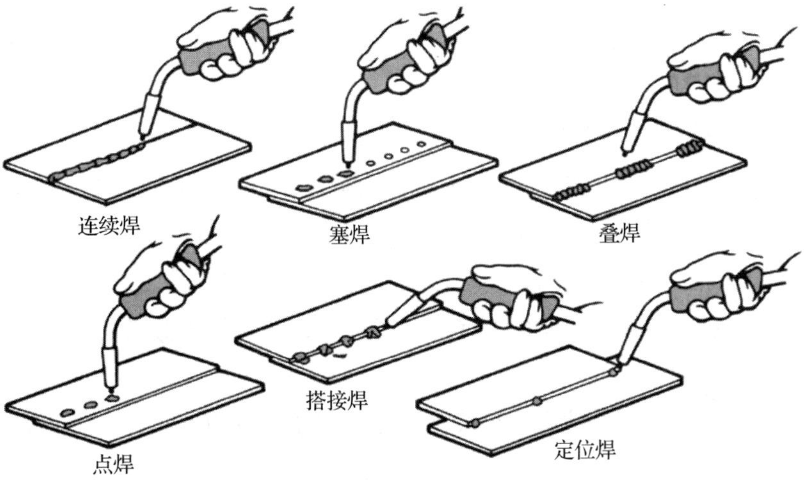

图6-6　基本焊接形式

(1) 定位焊

这是一种相对小型的临时点焊，在进行永久性焊接的过程中用来取代夹紧装置或钣金螺钉。与夹紧装置和钣金螺钉一样，定位焊始终是一种临时性的措施。各焊点间的距离与板件的厚度有关，一般来说为板件厚度的15～30倍。定位焊对板件的正确定位十分关键，因此必须精确操作。

(2) 连续焊

连续焊在缓慢、稳定的向前移动中形成连续的焊缝。应固定好焊枪，以免发生晃动。采用正向焊法，连续地匀速移动焊枪，并经常观察焊缝。焊枪应倾斜10°～15°，以获得形状最佳的焊缝、焊接线和最佳的气体保护效果。焊枪嘴和母材之间应保持适当的距离，焊枪应保持正确的角度。如果不能正常进行焊接，问题可能是焊丝太长。如果是这个原因，金属的焊接熔深将会减小。为了得到适当的焊接熔深，以提高焊接质量，应使焊枪靠近母材。平稳、均匀地操作焊枪可得到高度和宽度恒定的焊缝，并呈现均匀、细密的焊波。

(3) 塞焊

塞焊是在外侧工件上被钻或冲的孔中进行的，电弧穿过此孔熔透里面的工件，这个孔被熔化的金属填满。

(4) 点焊

点焊是当送丝定时脉冲被触发时，将电弧引入被焊的两块金属板使其局部熔合的焊接形式。

(5) 搭接焊

搭接焊是将电弧引入下层的金属板，并使熔融的金属流至上层金属板边缘的焊接形式。

（6）叠焊

叠焊就是一系列相连或重叠的点焊，形成连续的焊缝。

5. CO_2气体保护焊的注意事项

①施焊前清理焊件和焊丝表面的油污和锈迹，以防焊接时产生气孔。

②瓶装液态 CO_2灌气后应将钢瓶倒置 1 ~ 2 h，每隔 30 min 打开瓶口气阀放水 2 ~ 3 次，才能保证输出的 CO_2气体的纯度。使用前打开瓶口气阀 2 ~ 3 s，排出钢瓶顶部低纯度的 CO_2气体，然后接入焊枪使用。在焊接过程中，瓶内气压低于 900 kPa 时应停止使用，更换新气源。

③引弧之前，调好焊丝伸出的长度，一般应等于焊丝直径的 10 倍。焊丝端部的粗大球形头应当剪去。

任务实施

1. 焊接基本操作

提供两块 1 mm 厚、10 cm × 5 cm 大小的钢板，指导学生使用 CO_2 气体保护焊进行连续焊、塞焊、点焊等焊接练习。

练习时可以先在厚一点的钢板上进行，不要求将板件连接起来，只要熟悉焊接手法，能在板件表面焊出良好的焊缝即可。

当练习将板件焊接在一起时，应该首先用大力钳将板件固定好，再按规范的操作方法焊接。

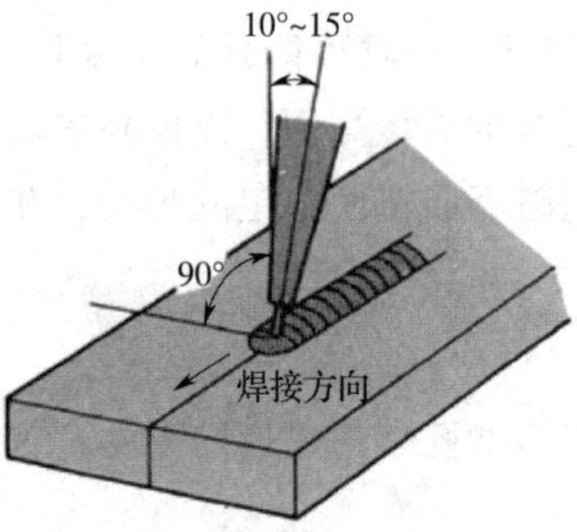

图 6－7　连续焊

（1）连续焊

连续焊的操作方法如图 6－7 所示。

①焊枪缓慢、稳定地向前移动，形成连续的焊缝。

②在操作中保持焊枪的稳定进给，以免发生晃动，将得到高度和宽度恒定的焊缝，而且焊缝上带有许多均匀、细密的焊波。

③采用正向焊时，匀速移动焊炬，并经常观察焊缝。不能正常进行焊接的原因可能是焊丝太长。焊丝过长，金属的焊接熔深将会减小。

④为了得到适当的焊接熔深，以提高焊接质量，应使焊枪靠近板件。

（2）塞焊

塞焊的操作方法如下。

①进行塞焊前，应先在上面的板件上打孔。一般来说，1 mm 厚的钢板上钻直径为

5 mm的孔即可。

②当需要将两层以上的金属板焊接在一起时，应在最下层金属板之上的每一层金属板上钻一个孔，并且要求每一层金属板的塞焊孔直径小于其上层金属板的塞焊孔直径。

③夹紧装置必须位于焊接位置的附近，保证板件非常牢固地固定在一起。板件间不要有太明显的缝隙。

④焊接时，焊枪和被焊接的表面保持一定的角度，将焊丝放入孔内。短暂地触发电弧，然后断开触发器，反复多次，直到熔融的金属填满该孔并凝固为止，所有板件将被焊接在一起，如图6－8所示。

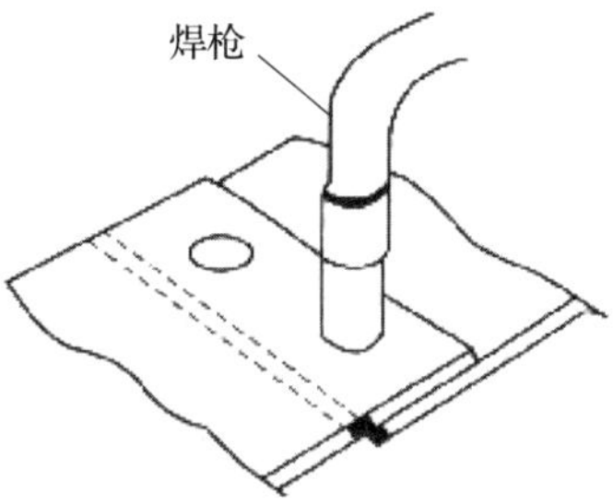

图6-8　塞焊

⑤一定要让焊接深入下面的金属板。金属板下面有半球形隆起表明有适当的焊接熔深，如图6－9所示。

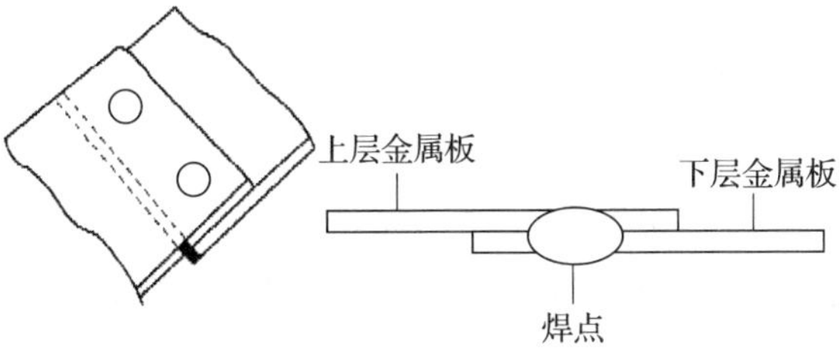

图6－9　焊透底层金属板

⑥进行多点塞焊时，焊接过的部位自然冷却后，才可以焊接相邻部位。

⑦间断的塞焊会在金属表面产生一层氧化物薄膜，从而形成气泡。如果发生这种情况，可用钢丝刷清除氧化物薄膜。

⑧在进行一个孔的塞焊时要求一次完成，避免两次焊接。

(3) 点焊

点焊的操作方法如图6－10所示。

图6-10　点焊

①当对厚度不同的金属板进行点焊时，应将较薄的金属板焊接到较厚的金属板上。

②对点焊工艺参数进行调整时，最好借助于金属样品。

③当送丝定时脉冲被触发时，将电弧引入被焊的两块金属板，使两块金属板局部熔合在一起。

④每完成一次点焊，都应断开触发器，然后将触发器合上，以便进行下一次点焊。

⑤为了检验点焊的质量，可将焊接在一起的两个样品拉开。高质量的焊接接头会在底层的试样上裂开一个小孔。如果焊接接头很容易被拉开，则应延长焊接时间或提

高焊接温度。

2. 检验焊接质量

下面是车身修理中常用的搭接焊、对接焊和塞焊焊接质量的检验标准，试验板件的厚度均为 1 mm。

（1）搭接焊和对接焊焊疤的外观检测

①工件正面：焊疤长度应为 25 ~ 38 mm，宽度应为 5 ~ 10 mm。

②工件背面：焊疤宽度应为 0 ~ 5 mm。

③对接焊工件的夹缝宽度应是工件厚度的 2 ~ 3 倍。

（2）塞焊焊疤的外观检测

①工件正面：焊疤的直径应为 10 ~ 13 mm。

②工件背面：焊疤的直径应为 0 ~ 10 mm。

③焊疤不允许有孔洞或焊渣等缺陷。

（3）焊件焊疤高度的检测标准

焊件正面焊疤的最大高度应不超过 3 mm，焊件背面焊疤的最大高度应不超过 1.5 mm。

（4）对接焊和搭接焊焊疤的破坏性试验检测

①对接焊撕裂破坏后工件上必须有与焊疤长度相等的豁口。

②搭接焊撕裂破坏后工件上必须有直径不小于焊疤直径的孔。

3. 板件连接练习

（1）板件固定

①将需要焊接的两块板件的接缝处处理平整，处理掉油污、铁锈等杂质。

②调整两块对接板件的间隙为板件厚度的 2 ~ 3 倍，并用大力钳固定好。同时要保证板件与焊接平台连接牢固，防止板件在焊接过程中移动。

（2）板件对接

①如果焊缝较长，最好先在金属板的若干处进行定位焊（连续点焊），以防止金属板变形。两个定位焊点之间的距离不应超过 20 mm，金属板的厚度越小，焊缝的长度应越短。

②焊接时要分段进行，待某一段的对接焊自然冷却后，再进行下一段的焊接，如图 6 – 11 所示。

③从工件的中心处开始焊接，并经常改变焊接的位置，以使热量均匀地扩散到板件金属中去，如图 6 – 11（a）所示。如果从金属的边缘处或靠近边缘的地方开始焊接，即使采用分段焊，金属板仍会弯曲变形，如图 6 – 11（b）所示。

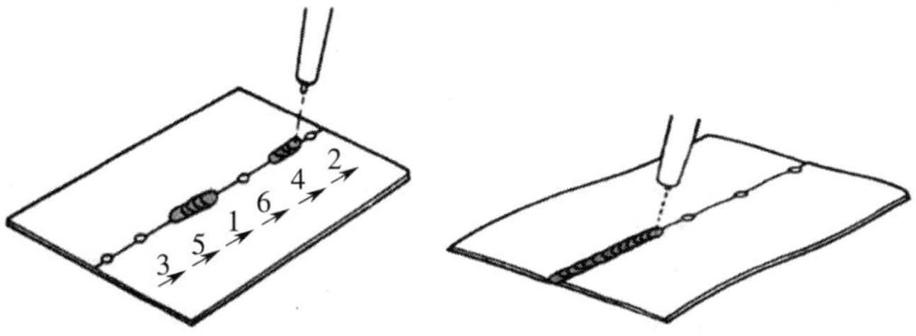

图6-11　间歇焊防止金属板变形

(a) 正确的焊接方式　(b) 错误的焊接方式

④在距离焊缝的终点很近的地方产生电弧，然后立刻将焊枪移动到焊缝的起点处。

⑤焊接时要密切注意金属板的熔化、焊丝和焊缝的连续性，还要注意焊丝的端部不可偏离金属板间的对接处。

⑥保证焊接完的焊缝宽度和高度保持一定。

(3) 车身板件对接的具体操作

①用虎钳将需要焊接的板件固定在一起，在无法夹紧的地方，用锤子或金属螺钉将两块金属板固定在一起，如图6-12所示。

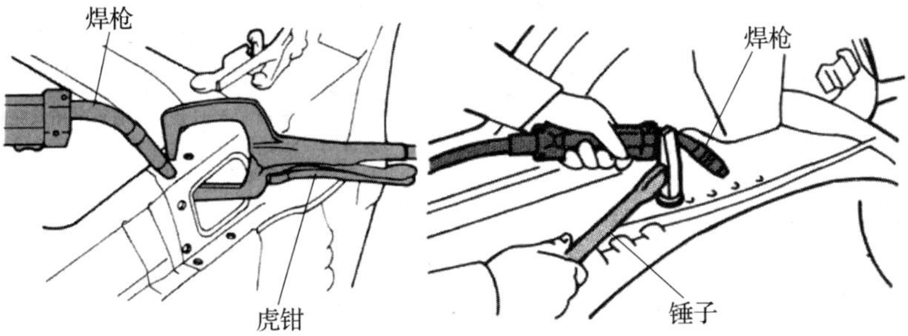

图6-12　焊接前的夹钳定位

②在进行永久性焊接前，用很小的临时点焊对需要焊接的工件进行初步固定，如图6-13所示。

③用一字螺丝刀调整板件表面的高度差，在适当的位置继续进行定位焊，如图6-14所示。

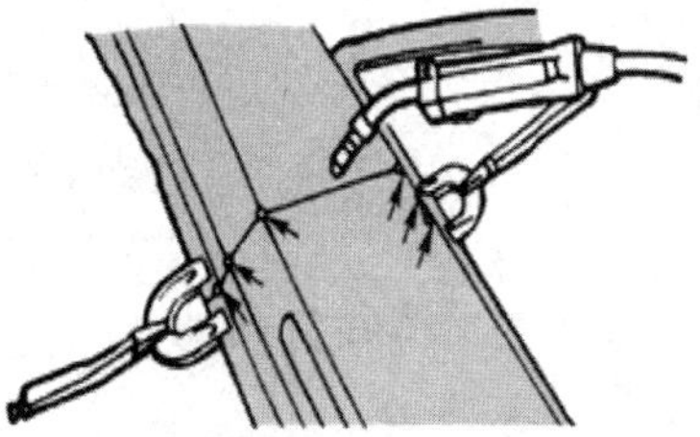

图6-13　初步固定

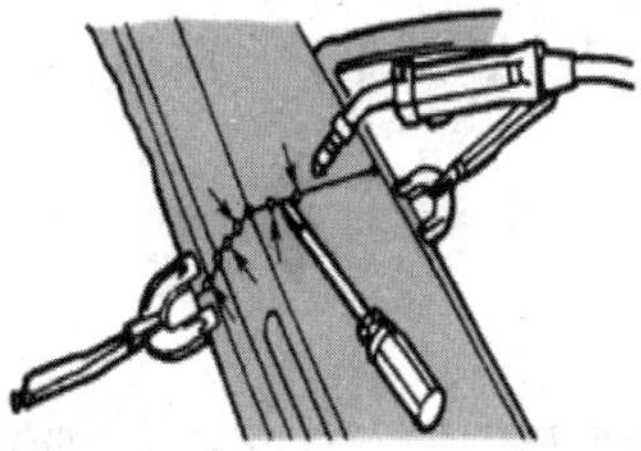

图6-14　调整高度差，继续进行定位焊

④用螺丝刀撬动板件，调整位置，如图 6－15 所示，准备进行分段连续焊接。

⑤按照定位焊点的间距，分段、间歇地将板件焊接在一起，如图 6－16 所示。

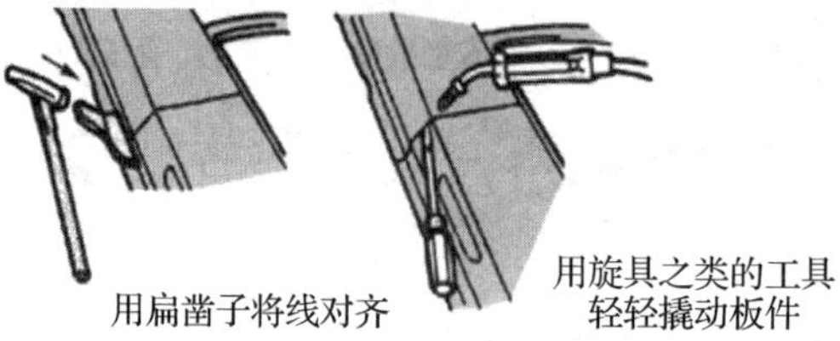

图 6－15　调整位置

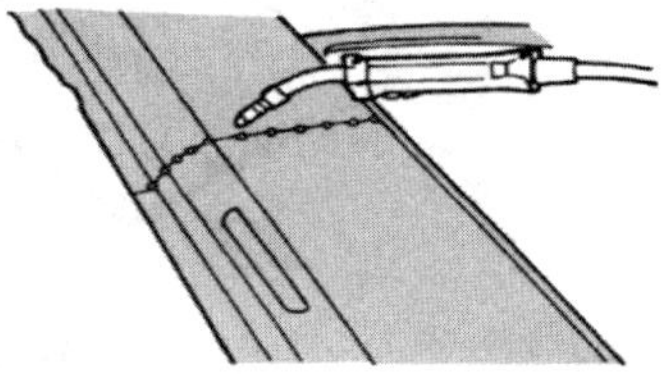

图 6－16　分段、间歇焊接

任务总结

本任务学习了焊接工艺的分类和常用焊接方法。通过实训使同学们在学习理论的基础上，熟练掌握对车身薄钢板进行 CO_2气体保护焊的方法，熟练掌握对 CO_2气体保护焊的焊接质量进行检验的方法。

任务考核

表 6-3　任务工单

<table>
<tr><td rowspan="3">工作任务：CO_2 气体保护焊</td><td>班级</td><td colspan="3"></td></tr>
<tr><td>姓名</td><td></td><td>学号</td><td></td></tr>
<tr><td>日期</td><td></td><td>评分</td><td></td></tr>
<tr><td colspan="5">
1. 基本信息
（1）车辆基本信息
车型：　　　　VIN：　　　　生产年份：
（2）车辆损坏情况

（3）损伤构件定损情况

2. CO_2 气体保护焊
（1）设备、工具、材料准备

（2）劳动防护

（3）维修步骤

（4）操作注意事项

3. 反思
收获：
不足：
建议：
①小组讨论分析实施过程中产生的问题，给出改进方案；
②小组准备汇报材料，每组派一人进行汇报；
③整理相关资料，列表说明项目资料及资料来源，注明存档情况。
</td></tr>
</table>

习题与思考

1. 选择题

（1）【单选题】CO_2 气体保护焊的保护气体是在车身焊接中使用最多的保护气体，混合气中含（　　）。

A. 25% 的 Ar、75% 的 CO_2

B. 75% 的 Ar、25% 的 CO（一氧化碳）

C. 75% 的 Ar、25% 的 CO_2

D. 75% 的 N_2、25% 的 CO_2

（2）【单选题】在焊接金属薄板时，如果板件的厚度小于 0.8 mm，必须采用（　　），以防止烧穿。

A. 塞焊　　B. 连续焊　　C. 连续点焊　　D. 立焊

（3）【单选题】使用 CO_2 和 O_2 的混合气体保护电弧焊时，CO_2、O_2 的比例分别是（　　）。

A. 75%、25%　　B. 25%、75%　　C. 80%、20%

（4）【单选题】用 CO_2 气体保护焊进行焊接时，随着电流增大，（　　）。

A. 焊缝变宽，熔深加大

B. 焊缝变宽，熔深减小

C. 焊缝变窄，熔深加大

（5）【单选题】在气体保护焊焊接后不能用水降温的原因是（　　）。

A. 会使焊缝变脆　　B. 会使焊缝生锈　　C. 会使焊缝变软

2. 简述题

（1）惰性气体保护焊产生气孔和凹坑的原因是什么？

（2）惰性气体保护焊的特点有哪些？

任务9　电阻点焊

学习目标

【知识目标】

了解电阻点焊的优点；

掌握电阻点焊机的构成与调整。

【能力目标】

熟练掌握对车身进行电阻点焊的方法；

熟练掌握对电阻点焊进行质量检验的方法。

【素养目标】

培养学生的团队协作意识；

培养学生精益求精、严谨细致的规范操作意识；

提高学生的职业素养。

任务描述

一辆轿车在行驶过程中与一辆侧向行驶的车辆发生严重碰撞，轿车的B柱出现了严重损伤（图6-17)，需要进行部分切割更换。对于这种损伤需要更换部分车身覆盖件，该怎样修复呢？

图6-17　B柱受损

任务解析

轿车的B柱一般与车身顶部和底部是整体式结构，在受损无法修复需要更换时，首先要进行切割。从车身安全的角度考虑，B柱需要很高的结构强度，更换新的钢板时，为了达到和原车相近的强度，最好采用汽车制造厂的焊接工艺。根据掌握的焊接相关知识，可以知道承载式车身结构件中有90%~95%的原厂焊接采用的是点焊，所以选择电阻电焊对这辆事故车进行修理是比较合适的。

知识学习

1. 电阻点焊工艺概述

电阻点焊是汽车制造中最重要的焊接工艺。电阻点焊在组装线上用于完成承载式车身的许多原厂焊接工作。承载式车身结构件中有 90%～95% 的原厂焊接采用的是点焊。在美国的汽车售后市场中，这种焊接方式也大量应用于天窗的安装和车辆的改装。

电阻点焊的优点如下：

①降低了焊接成本；

②不消耗焊丝、焊条和气体；

③洁净，不产生烟或烟雾；

④可透过导电的锌底层恢复修理部位的防腐蚀保护层；

⑤外观质量与汽车制造厂的焊接完全相同；

⑥不需要对焊缝进行研磨；

⑦焊接速度快，焊接高强度钢、高强度低合金钢或低碳钢只需很短的时间，而且焊接强度高，受热范围小，金属不易变形。

2. 电阻点焊的工作原理

电阻点焊是利用电流通过接触点加热，并在外加压力作用下使接触点附近的金属熔化，经冷凝后形成焊点的一种焊接方法。典型的挤压式电阻点焊机如图 6－18 所示，图中左端有两个电极，通过上面的加压手柄即可获得所需的压力。将两块金属板夹持在电极之间，通电，加压一段时间，即可形成电阻焊点。现就压力、电流和加压时间三个要素的影响分述如下。

图 6－18　典型的挤压式电阻点焊机

(1) 压力

电阻点焊的焊接强度与电极施加在金属板上的压力有直接的关系。压力太小，会产生焊接溅出物；压力太大，会使焊点过小，降低焊接强度（图 6－19）。具体操作时应遵守设备使用规程中规定的压力范围。

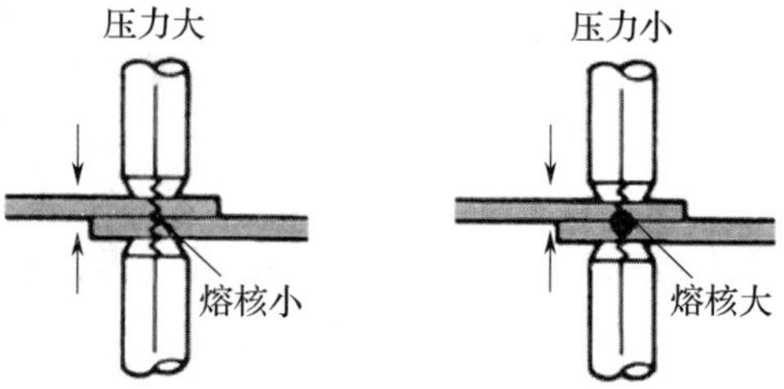

图6－19　电极施加的压力

（2）电流

给金属板加压后，通电，一股很强的电流流经两块金属板的接触区，利用电阻作用发热，使温度上升，从而使金属熔化并且熔合在一起（图6－20）。如果电流太大，将会产生内部溅出物；减小电流，可以使焊接溅出物减少到最低限度，形成良好的焊点。电阻点焊时电流与压力之间是相互关联的，必须同时调节，焊接质量才能得以保证。

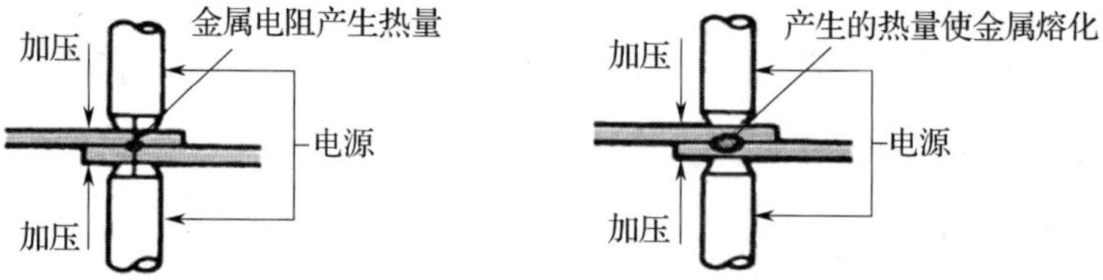

图6－20　焊接

（3）加压时间

加压时间是影响电阻点焊的极为重要的因素。在加压时间内，金属通过电流熔化和熔合在一起。加压完毕，电流停止，熔化部位开始冷却凝固成圆且平的焊点（图6－21）。加压时间不可短于使用说明书中的规定值。

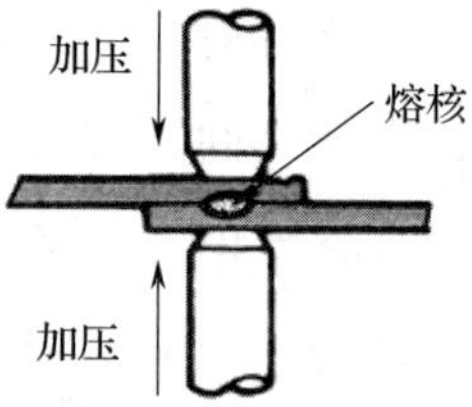

图6－21　形成焊点

3．电阻点焊机的构成与调整

（1）电阻点焊机的构成

电阻点焊机主要由变压器、控制器和电极三部分构成，如图6－22所示。

1）变压器

变压器将240 V的车间线路电流转变成高电流、低电压（2～5 V）的焊接电流，避免了电击的危险。电阻点焊机的变压器既可安装在焊枪上，也可安装在远处通过电缆和焊枪连接。

安装在焊枪上的变压器用电效率更高，这是因为在这种情况下，变压器和焊枪之间的焊接电流损失很小，或没有损失。安装在远处的变压器必须较大，而且使用较大的车间线路电流，以弥补连接变压器和焊枪的长电缆所造成的电力损失。

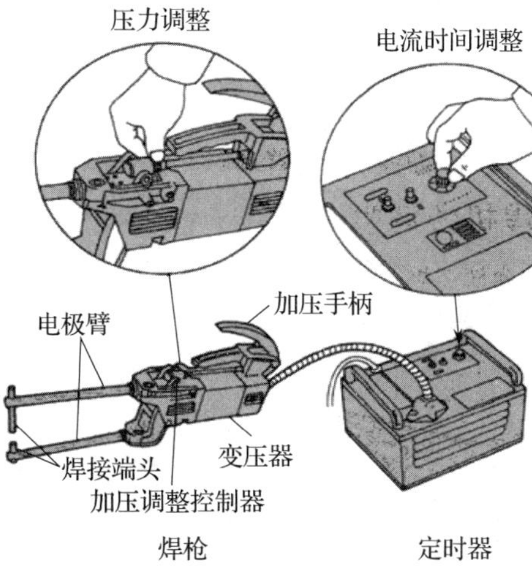

图6-22　电阻点焊机的构成

2）控制器

电阻点焊机的控制器既可调节变压器输出的焊接电流，又可精确调节焊接时间。在焊接时间内，焊接电流被接通并流过被焊接的金属，然后电流被切断。

电阻点焊机的控制器应能够进行全范围的焊接电流调整。焊接电流的大小由待焊接金属板的厚度和需要到达被焊接部位的电极臂的长度及间距决定。当使用缩短型电极臂时，应减小焊接电流；而当使用伸长型或宽间距的电极臂时，应增大焊接电流。

某些用于承载式车身修理的电阻点焊机还带有另外的控制装置，用于处理金属表面产生的轻微锈蚀。这种装置可供维修人员在焊接环境恶劣时选用。

3）电极

电极利用电极臂向被焊金属施加挤压力，焊接电流流过电极。大多数电阻点焊机带有一个增力机构，可以产生很大的电极压力来稳定焊接质量。挤压式电阻点焊机一般无增力机构，完全由操作者控制压力的大小，在整体式车身修理中使用较少。

用于整体式车身修理的电阻点焊机带有一套可更换的电极臂装置。各种类型的电极臂如图6-23所示。对于较难焊接的部位，可视具体条件选用合适的电极臂进行焊接。

图6-23　各种类型的电极臂

(2) 电阻点焊机的调整

为使点焊部位有足够的强度，在操作前需要按下列步骤对挤压式电阻点焊机进行检查和调整。

1）选择电极臂

应根据需要焊接的部位来选择电极臂。

2）调整电极臂

为了获得更大的焊接压力，焊枪的电极臂应尽量缩短。要将焊枪电极臂和电极头完全上紧，如图 6 – 24 所示，以免它们在工作过程中松开。

3）将两个电极头对齐

如图 6 – 25 所示，应将上下两个电极头在同一条轴线上对齐，电极头对不齐将引起加压不充分，这会造成电流过小，并降低焊接部位的强度。

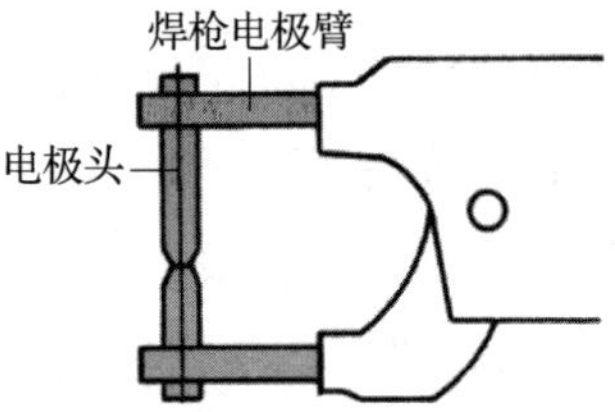

图 6 – 24　调整电极臂

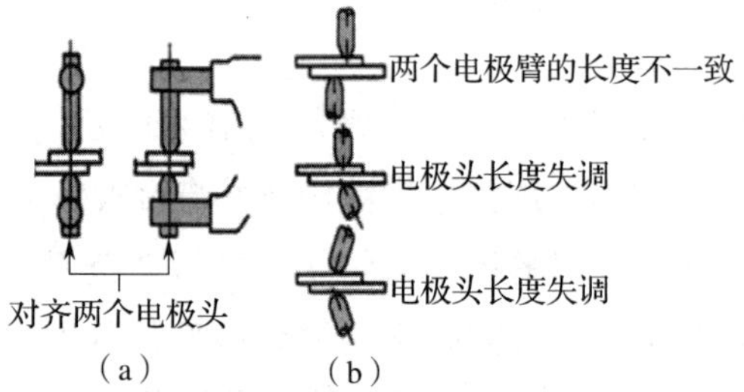

图 6 – 25　电极头对齐

（a）正确　（b）错误

4）电极头的直径

电极头的直径增大，焊点的直径将减小。但是如果电极头的直径太小，焊点的直径将不再增大。必须适当控制电极头的直径，以获得理想的焊接强度。在开始操作前，要先弄清电极头的直径是否合适，然后用锉刀将它锉光，以清除掉电极头表面的燃烧生成物和杂质。随着电极头端部杂质的增加，该处的电阻增大，这将会减小流入母材的电流并减小焊接熔深，从而导致焊接质量下降。经过长时间的连续使用之后，电极头端部将由于不能正常地散热而过热。这将使电极头端部过早地损坏而电阻增大，并引起焊接电流急剧下降。如有必要，每进行 5 ~ 6 次焊接后，让电极头端部冷却。如果电极头端部已损坏，要用电极头端部清理工具进行整形。

5）电流流过的时间

电流流过的时间和点焊的形式有关。当电流流过的时间延长时，所产生的热量增加，焊点的直径和焊接熔深随之增大。焊接部位散发出的热量随着通电时间的延长而增加。经过一定的时间后，焊接温度将不会再升高，即使通电时间超过了这一时间，焊点的直径也不会再增大了，但有可能产生焊丝端部的压痕和热变形。

许多点焊机都无法调整施加的压力和焊接电流，所以其焊接强度可能降低，可通过延长通电时间来保证焊接强度。

4. 电阻点焊机的操作要领和点焊质量的检验

(1) 挤压式电阻点焊机的操作要领

开始焊接时，维修人员拿起焊枪并使电阻点焊机的电极臂与车身上需要焊接的部位相接触；然后操纵挤压机构，将焊接压力施加到需要焊接的金属的两边。一旦给金属施加并保持了一个压力，施力机构便向电阻点焊机的控制器发送一个电信号，焊接电流被接通一段预定的时间后又被切断。由于焊接时间通常短于 1 s，整个过程进行得很快。

电阻点焊机的调整

使用挤压式电阻点焊机时，有下列问题需要考虑。

1) 两个焊接表面的间隙

两个焊接表面之间的任何间隙都会影响电流的通过。虽然不消除这些间隙也可进行焊接，但焊接部位将会变小而降低焊接的强度。因此，焊接前要将两个焊接表面整平，以消除间隙，还要用一个夹紧装置将二者夹紧。

2) 需要焊接的金属表面

需要焊接的金属表面上的油漆层、锈斑、灰尘或其他任何污染物都会减小电流而使焊接质量降低。要将这些外来物质从需要焊接的金属表面上清除掉。

3) 防锈处理

在需要焊接的金属表面上涂一层电导率较高的防锈剂。必须将防锈剂均匀地涂在金属板上（包括金属板的断面上）。

4) 点焊的操作要点

在进行点焊操作时，一定要做到以下几点：第一，采用直接焊接的方法，对于无法直接焊接的部位，可采用塞焊法；第二，电极和金属板之间的夹角应为直角，如果不是直角，电流便会减小，从而降低焊接的强度；第三，当三层或更多层金属重叠在一起时，应进行两次点焊。

5) 点焊的焊点数量

汽车修理厂的点焊机功率一般小于汽车制造厂的点焊机功率。因此，与汽车制造厂的点焊相比，汽车修理厂在进行点焊时应将焊点数量增加 30%。

6) 最小焊接间距

每一次点焊的强度取决于焊点的间距和边缘距离。两层金属板之间的结合力随着焊接间距的缩小而增大。但是当焊接间距缩小到一定值时，结合力达到最大值。如果进一步缩小焊接间距，结合力将不再增大，这是因为电流将要流向已被焊接过的焊点。随着焊点数量的增加，这种往复的换向电流增大，但是换向电流并不使焊接处的温度升高。

焊接间距必须大于往复的换向电流的作用范围，一般可按表 6－4 来选取这一数值。

表 6－4　焊接间距的选择　　单位：mm

板厚	焊接间距 s	边缘距离 p	
0.4	≥11.0	≥5.0	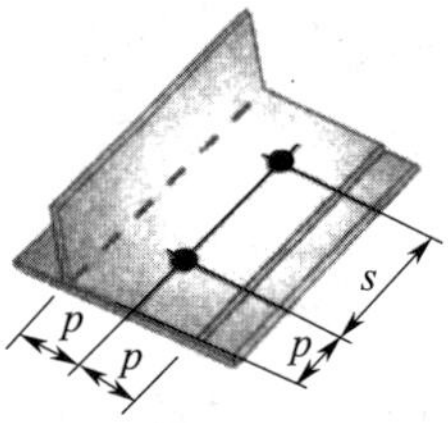
0.8	≥14.0	≥5.0	
0.8～1.2	≥18.0	≥6.5	
1.2	≥22.0	≥7.0	
1.6	≥29.0	≥8.0	

7）焊点到金属板边缘

焊点到金属板边缘的距离是由电极头的位置决定的。即使点焊的效果正常，如果焊点到金属板边缘的距离不够大，也会降低焊接的强度。

8）点焊的顺序

不要只沿着一个方向连续进行点焊，这种方法会使电流分流而降低焊接质量。当电极头发热并改变颜色时，应停止焊接使其冷却。

9）对边角的焊接

不要对边角的圆弧部位进行焊接，对这个部位进行焊接将产生应力集中而导致开裂。例如，焊接下列部位时，需要特别注意：

①前柱和中柱的上角；

②后围板的前上部分；

③前后车窗的角部。

（2）点焊质量的检验

点焊质量的检验可采用外观检验（目测）、破坏性试验和无损检验。破坏性试验和无损检验用于检验焊接的强度，而外观检验则用来判断外观的质量。

1）外观检验

通过眼看手摸来检验焊接的完成情况。需要检验的项目如下。

①焊点位置。焊点应在凸缘的中心，不得产生电极头孔，不可超过边缘。应避免在原有的焊点位置焊接。

②焊点数量。修理时的焊点数量应大于或等于汽车制造厂规定的焊点数量的 1.3 倍。

③焊接间距。修理时的焊接间距应略小于汽车制造厂规定的焊接间距，焊点应均匀分布。最小焊接间距以不产生往复的换向电流为原则。

④压痕。压痕即电极头压痕，焊接表面的压痕深度不得超过金属板厚度的一半。

⑤气孔。不得有肉眼可以看见的气孔。

⑥溅出物。手套在焊接表面擦过时，不应被绊住。

2）破坏性试验（图6－26）

①采用与工件材料和厚度相同的试件，将其焊接在一起。

②沿箭头方向施力，以断开点焊处，检查断裂件的状态。

如果板件上出现通孔，则该焊接质量应被判为合格。

3）无损检验（图6－27）

①焊接后将检验楔子插入固体小块（焊接部位）的旁边。

②如果固体小块的直径大于3 mm，则该焊接应被判定为合格。

③检验完成后，应修复由检验楔子引起的变形。

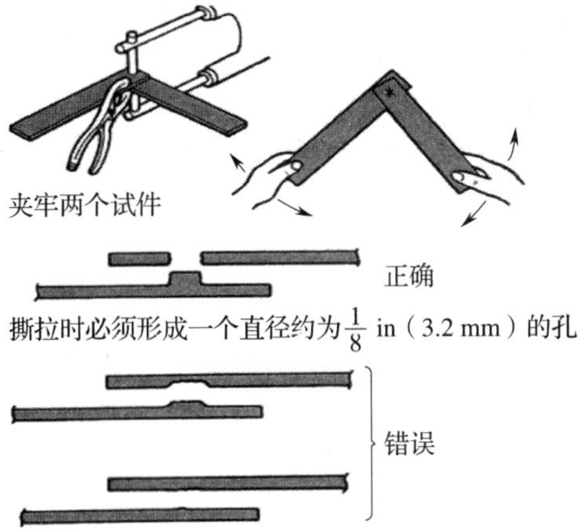

图6－26　破坏性试验

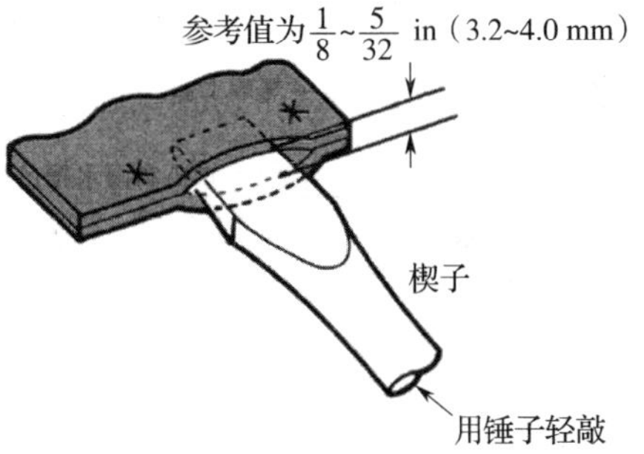

图6－27　无损检验

任务实施

使用电阻点焊机进行焊接练习，具体操作步骤如下。

①用风动锯切割掉原焊点。

②用钻削或磨削的方法将原焊点清除并使焊件剥离，借助撬板等工具将残留部分从车身上拆下。

③整理车身上的接口部分。用手提砂轮机磨去原来的焊痕，用锤子和垫铁将端口变形校正，位置有误差时也应进行校正。

④将焊接面两边的油漆除净并于焊接面上涂敷防锈剂。

⑤将新板件牢牢地夹紧在指定位置后，用测量设备进行检测，保证位置准确。

⑥保证两片（或两片以上）嵌板或凸缘之间的接合面紧密。

⑦以厚度较小的嵌板或凸缘作为决定电流大小的主要因素。

⑧调整电极臂的接触压力。

⑨调整焊接电流的大小。

⑩选择点焊顺序。

⑪开始焊接。

说明：连续焊接应以 12～20 mm 的小段交错进行。

任务总结

通过本任务了解汽车生产制造过程中最常用的焊接工艺——电阻点焊工艺的优点，学习电阻点焊机的构成以及如何调整电阻点焊机的各个参数。通过实训使同学们熟练掌握对车身进行电阻点焊的方法以及对电阻点焊进行质量检验的方法。

任务考核

表6-5　任务工单

工作任务：电阻点焊	班级			
	姓名		学号	
	日期		评分	

1. 基本信息

（1）车辆基本信息

车型：　　　　VIN：　　　　生产年份：

（2）车辆损坏情况

（3）损伤构件定损情况

2. 使用电阻点焊机进行焊接练习

（1）设备、工具、材料准备

（2）劳动防护

（3）维修步骤

（4）操作注意事项

3. 反思

收获：

不足：

建议：

①小组讨论分析实施过程中产生的问题，给出改进方案；

②小组准备汇报材料，每组派一人进行汇报；

③整理相关资料，列表说明项目资料及资料来源，注明存档情况。

习题与思考

1. 选择题

（1）与汽车制造厂的点焊相比，在修理中进行点焊时应将焊点数量增加（　　）。

A. 20%　　B. 30%　　C. 40%　　D. 50%

（2）下列焊接方法中（　　）可以代替铆接、螺钉连接。

A. 定位焊　　B. 连续焊　　C. 塞焊　　D. 点焊

（3）对 1 mm 厚的钢板进行电阻点焊时，两个焊点之间的最小间距是（　　）mm。

A. 16　　B. 17　　C. 18

（4）用电阻点焊机进行焊接时，防腐工作是在什么时候进行的？（　　）

A. 焊接后全车身一起进行防腐。

B. 焊接后马上进行焊接部位的防腐。

C. 在焊接之前进行。

（5）进行电阻点焊时两个焊点间距过小造成焊接强度降低的原因是（　　）。

A. 焊接电流被分流　　B. 焊接时间缩短　　C. 两个焊点的热影响

2. 判断题

（1）电阻点焊如果电流过小，会产生内部溅出物。（　　）

（2）有过渡圆角的板件采用电阻点焊时，一般不应在圆弧过渡区施焊。（　　）

（3）当电阻点焊的焊接电流达不到要求的标准时，可通过延长焊接时间来调整。（　　）

（4）进行电阻点焊时焊接接缝一定要干净并且缝隙要小。（　　）

（5）进行电阻点焊时两个焊点的间距要适当地增大。（　　）

3. 简述题

（1）电阻点焊包括哪些操作步骤？

（2）电阻点焊的三要素是什么？

任务10 钎焊

学习目标

【知识目标】

掌握钎焊的工作原理；

掌握钎焊的基本特性。

【能力目标】

熟练掌握钎焊的操作要领；

了解钎焊的注意事项。

【素养目标】

培养学生的团队协作意识；

培养学生精益求精、严谨细致的规范操作意识；

提高学生的职业素养。

任务描述

一辆轿车水箱漏水，需要进行焊接修复，用哪种焊接方法进行修复更加合理呢？

任务解析

钎焊法在焊接过程中只熔化熔点低于母材的有色金属，而不熔化母材。因为钎焊可以使母材在很低的温度下结合在一起，而且能够结合两种不相容的金属，所以经常使用钎焊法对油箱、水箱等密闭机构进行焊接修复。在本任务中可以选择钎焊法对这辆轿车的水箱进行修理。

知识学习

1. 钎焊的工作原理

钎焊类似于用黏结剂将两个物体粘在一起。在钎焊过程中，熔化的黄铜充分扩散到两层母材之间，形成牢固的熔合区。钎焊焊接处的强度与钎料的强度相等，小于板件的强度。因此，只能对汽车制造厂已经进行过钎焊的部位进行钎焊，其他地方不可使用钎焊焊接。

钎焊有软钎焊（以锡为钎料，通常在190～450 ℃下进行）和硬钎焊（以黄铜或镍为钎料，通常在450～900 ℃下进行）两种类型，“钎焊”这个词通常用来指硬钎焊。钎焊有下列基本特性。

①两层母材在很低的温度下结合在一起。在这个过程中，母材不熔化。因此，母材产生变形和应力的风险较小。

②由于母材不熔化，所以有可能将不相容的两种金属结合在一起。

③黄铜有优异的流动性，能够顺利地进入狭窄的间隙中，所以很容易填满车上各焊缝的间隙。

④由于母材没有被焊透，只是在金属的表面相结合，所以焊接处承受反复作用的载荷或碰撞的强度很低。

⑤钎焊技术很容易掌握。

在车身修理厂，钎焊的设备通常与氧乙炔焊的设备相同。进行钎焊时，需要氧乙炔焊炬、焊条、焊接护目镜、手套和焊枪点燃器。尽管氧乙炔焊炬可用来进行软钎焊，但最好还是用专门的设备进行软钎焊。

为了保证钎料的质量，例如流动性、熔化温度、与母材的相容性和强度等，钎料都采用两种或两种以上金属的合金。车身所用的焊条的主要成分为铜和锌。

2. 钎焊的操作要领

钎焊的操作要领如下。

1）清洁母材表面

如果母材的表面上粘有氧化物、油、油漆或灰尘，就应在钎焊前清洁表面。如果让这些污染物留在金属表面上，将导致钎焊失败。尽管已使用焊剂来清除氧化层和大部分污染物，但还不足以清除掉所有的污染物，所以要用钢丝刷对表面进行机械清洁。

2）施加焊剂

母材被彻底清洁以后，在焊接表面均匀地加上焊剂，如果使用的是带焊剂的焊条，就不需要进行该项操作。

3）加热母材（图6－28）

将母材的接合处均匀地加热到能够接受钎料的温度。调节焊炬气体的火焰，使它稍微呈现出碳化焰的状态。根据焊剂熔化的状态，推断出钎料的适当温度。

4）对母材进行钎焊（图6－29）

当母材达到适当的温度时，将钎料熔化到母材上，并让其自然流动。当钎料流入母材的所有缝隙时，停止对母材接合处的加热。

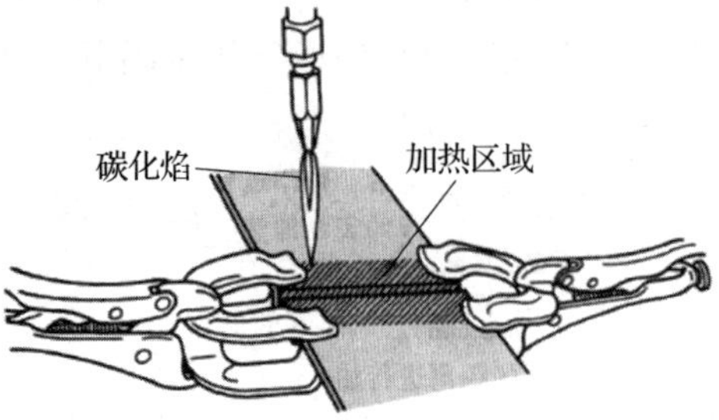

图6-28 用碳化焰加热母材

图6-29 对母材进行钎焊

5）钎焊后的处理

钎焊部位充分冷却以后，用水冲洗掉剩余的焊剂残渣，并用硬的钢丝刷刷净金属表面。烧干并发黑的焊剂可用砂轮或尖锐的工具清除。如果没有完全清除掉剩余的焊剂残渣，油漆就不能很好地黏附，而且接头处还可能产生腐蚀和裂纹。

3. 钎焊实训过程注意事项

①由于钎料容易流过被加热的表面，必须将整个接合区加热到同样的温度。

②不能让钎料在母材被加热前熔化，否则钎料不和母材相黏结。

③如果母材的表面温度太高，焊剂将不能够清洁母材，这将使钎焊的黏结力减小、结合强度降低。

④硬钎焊的温度必须比黄铜的熔点高出 30 ~ 60 ℃。

⑤焊枪喷嘴的尺寸应略大于金属板的厚度。

⑥预热金属板，这样才能更有效地熔敷钎料。

⑦固定金属板，预防母材移动和钎焊部位开裂。

⑧均匀地加热焊接部位，不可使母材熔化。

⑨需要调整热量时，可使焊枪和金属表面更平行，或移开火焰，使钎焊部位短暂地冷却。

⑩尽量缩短钎焊的时间（以免降低钎焊的强度）。

⑪避免在同一部位再次钎焊。

任务总结

本任务学习了钎焊的特点、定义、应用及操作流程。我们知道钎焊法在焊接过程中只熔化熔点低于母材的有色金属，而不熔化母材。因为钎焊可以使母材在很低的温度下结合在一起，而且能够结合两种不相容的金属，所以经常使用钎焊法对油箱、水箱等密闭机构进行焊接修复。

任务考核

表6-6　任务工单

<table>
<tr><td rowspan="3">工作任务：钎焊</td><td>班级</td><td colspan="3"></td></tr>
<tr><td>姓名</td><td></td><td>学号</td><td></td></tr>
<tr><td>日期</td><td></td><td>评分</td><td></td></tr>
<tr><td colspan="5">

1. 基本信息

（1）车辆基本信息

车型：　　　　VIN：　　　　　生产年份：

（2）车辆损坏情况

（3）损伤构件定损情况

2. 钎焊练习

（1）设备、工具、材料准备

（2）劳动防护

（3）维修步骤

（4）操作注意事项

3. 反思

收获：

不足：

建议：

①小组讨论分析实施过程中产生的问题，给出改进方案；

②小组准备汇报材料，每组派一人进行汇报；

③整理相关资料，列表说明项目资料及资料来源，注明存档情况。

</td></tr>
</table>

习题与思考

1. 选择题

(1)【单选题】钎料的温度低于（　　）℃是软钎焊。

A. 350　　B. 450　　C. 550

(2)【单选题】在钎焊中，焊剂的作用是（　　）。

A. 清除金属表面的氧化层　　B. 使钎料容易熔化

C. 提高钎焊的结合强度　　D. 预防板件表面进一步氧化

(3)【单选题】硬钎焊时的温度必须比黄铜的熔点高出（　　）℃。

A. 40~50　　B. 50~80　　C. 30~60

(4)【单选题】进行正常软钎焊时，钎焊部位呈（　　）色。

A. 银灰　　B. 浅蓝　　C. 淡黄

2. 简述题

(1) 钎焊的基本特性有哪些？

(2) 影响钎焊焊接质量的因素有哪些？

任务 11　等离子弧切割

学习目标

【知识目标】

掌握等离子弧切割的工作原理。

【能力目标】

熟练掌握等离子弧切割机的操作方法。

【素养目标】

培养学生的团队协作意识；

培养学生精益求精、严谨细致的规范操作意识；

提高学生的职业素养。

任务描述

一辆事故轿车需要对后车身进行切割更换，用何种切割方式更加合理呢？

任务解析

目前等离子弧切割（简称等离子切割）逐渐取代氧乙炔切割，成为当今汽车行业金属切割最先进的方法。它能够迅速、有效地切割损坏的金属而不改变母材的性能，这一特点对汽车行业有重要的意义，因为现在很多采用整体式车身的轿车上都装有高强度钢或高强度合金钢零部件，而原有的火焰切割法不适用于这两种钢材。等离子弧切割具有产生热量多、运行速度快和输入热量少等特点，再加上它可以轻易地切割生锈的、带有油漆或覆盖层的金属，因此它在车身修理领域是一种理想的切割方法。在本任务中可以选择等离子弧切割对事故车进行切割作业。

知识学习

1. 等离子弧切割的工作原理

等离子弧切割实质上是在极小的范围内产生一股很强的热气流，这股热气流使金属熔化并将其带走。采用这种方法可以很整齐地切割金属。此外，由于热量非常集中，即使切割薄金属板，也不会使金属板弯曲。

进行等离子弧切割时，用压缩空气作为屏蔽气体，将割炬喷嘴的外部屏蔽起来，并对该区域进行冷却，使割炬不会过热。空气还用作切割气体。空气在流向喷嘴口的过程中，围绕着电极产生涡流。当设备接通时，在喷嘴和内部电极之间形成一个等离子弧。切割气体到达这里以后，达到过热状态。这时气体的温度很高，发生电离，所以能够传递电流（被电离的气体就是等离子体）。狭小的喷嘴口使膨胀的等离子体加速流向工件。当等离子体离工件足够近时，电弧穿过这一间隙，同时等离子体将电流传递到这里，这就是切割电弧。

实际上，普通的空气不导电。但当电压很高时，空气电离后成为导电体。这时空气达到过热状态并形成一条通道，使电流能够通过极高的温度和切割电弧的共同作用在金属上熔化出一条狭窄的通道，使金属扩散到空气中并形成微粒。等离子体的作用力将所有金属微粒吹走，形成一条整齐的切口。

2. 等离子弧切割机的操作方法

①将切割机连接到一个清洁、干燥的压缩空气源上。

②将等离子割炬和夹紧装置的电线连接到切割机上。将切割机电源插头插到符合要求的电源上，然后将地线夹连接到工件的一个清洁表面上，连接处应尽量靠近切割部位。

③在等离子弧被触发以前，应使切割喷嘴与工件上一个导电的部分相接触。一旦等离子弧被触发，即使表面涂有油漆，切割机也很容易切入。

④拿起等离子割炬，使切割喷嘴与工件表面垂直。向下推动等离子割炬，使切割喷嘴向下移动，直到与电极相接触，这时等离子弧被触发。立刻停止推动等离子割炬，让切割喷嘴返回原来的位置。等离子弧被触发后，切割喷嘴与工件可以不保持接触，不过二者保持接触会使切割更容易进行。当切割喷嘴与工件保持接触时，施加在等离子割炬上的向下的力（如果有的话）非常小，只需要将切割喷嘴轻轻地拉到工件的表面上。

⑤在金属需要切割的部位上移动等离子割炬，切割的速度由金属的厚度决定。如果割炬移动得太快，它将不切割工件。如果割炬移动得太慢，将会有太多的热量传入工件，而且可能熄灭等离子弧。

任务实施

使用空气等离子弧切割机对车身板件进行切割的操作方法如下。

（1）安全防护

穿好工作服、安全鞋，戴好工作帽、手套。进行切割操作时还需戴好防紫外线眼镜、呼吸保护器。

（2）设备检查

首先切断主机电源，然后旋下切割喷嘴，检查喷嘴和电极的损耗情况。如发现喷嘴孔变形过大或电极烧损变短，必须更换，更换时应保证型号一致，按顺序将新配件装好，用力拧紧后把喷嘴及电极依次准确地安装到位。

喷嘴表面如果附着了飞溅物，将会影响喷嘴的冷却效果，应及时并且经常清除割炬头部的灰尘及飞溅物，以保持良好的散热效果。

检查切割机的电源接入是否正常，检查切割机的接地线是否接好（很重要），检查搭铁是否能可靠地夹紧工件。

检查压缩空气是否接入，气压是否在规定范围（0.3～0.5 MPa）内。

(3) 场地和车身附件清理

清理切割场地的可燃物，清理车身板件背面的车身附件，防止切割可能引起的火灾。切割场地应配备灭火器。

(4) 检气

打开压缩空气阀门，然后把切割机的电源开关拨至“开”的位置，随即电源指示灯亮，再把检气开关拨至“检气”位置，这时有压缩空气从割炬中喷出，此刻通过切割机后面板上的减压阀调至所需压力，再把检气开关拨至中间的“停止”位置。

注意事项：使用的压缩空气必须干燥、清洁，因水汽、油污易导电。如电极上产生螺旋形黑条纹，说明水汽、油污过多，使电极、喷嘴内腔拉弧短路，极易损坏割炬，导致切割机无法正常工作。

(5) 确定切割起点

对厚度≤5 mm的板件，可从任何位置开始切割。

对厚度>5 mm的板件，应从板件的边缘开始切割。如果一定要从板件的中间开始切割，可在切割的起始点用手电钻钻一个小通孔（$\phi3\sim\phi5$），以该孔为起始点进行切割。如强行从盲孔或无孔的位置开始切割，将造成“翻浆”烧毁割炬。

(6) 试弧

在准备切割时，手持割炬接近工件（距离工件表面约1 mm），按下割炬开关，如果有等离子弧从喷嘴孔内喷出，说明电极、喷嘴等安装正确。如果没有等离子弧从喷嘴孔内喷出或只有微弱的等离子弧从喷嘴孔内喷出，说明电极、喷嘴安装不正确，需关机后重新安装。

(7) 开始切割

切割开始时，喷嘴孔的外边缘对准工件的边缘，距离工件表面约1 mm，按下割炬开关即可起弧。若未引燃电弧，要松开割炬开关，并再次按下割炬开关起弧（应注意避免不必要的反复开关割炬开关，这样做有可能引起电源故障或缩短电极使用寿命）。

起弧成功后，将喷嘴拉离工件表面，距离保持在6～8 mm。匀速移动割炬进行正常切割，移动速度根据板材的厚度而改变，可根据切割火焰判断切割速度是否合适。

注意事项如下。

①在切割过程中若有切速明显变慢、电弧中出现绿色光焰、起弧困难、切口偏斜或切口变宽等现象发生，应及时更换电极、喷嘴，否则就会在喷嘴内产生强烈的电弧，击穿电极、喷嘴，甚至烧毁割炬。

②如在正常使用过程中突然听见“噗”的响声，同时弧光发红，同时弧渣上窜，应立即停止使用。此时电极、喷嘴已损坏，如继续使用会损坏割炬，必须更换电极、喷嘴后方可使用。

③更换时电极必须完全冷却（用压缩空气吹），否则电极基座受热膨胀，导致电极不易旋松；旋松时不能用力过猛，否则易损坏电极基座。电极、喷嘴更换后均需查看内腔是否干净，必须清除杂质后才能使用。

④切割时电缆线应尽量保持平直，如空间不允许，也不要形成死弯；同时不要用脚踩或挤压电缆线，以免造成气流受阻，气流过小，烧毁割炬。电缆线应避免与利器接触，以免造成破损，影响正常使用。

⑤割炬的电极、喷嘴在使用过程中不能松动，电极须用专用扳手旋紧，每次使用前必须查看，见有松动随时用专用扳手旋紧，不能使用活动扳手之类的工具。

（8）完成切割

当工件将要切断时，切割速度应放慢，以防止工件变形引起工件与喷嘴相碰造成短路。松开割炬开关即完成切割。

注意事项：禁止用割炬头作为敲击工具来敲击切口上的残渣。

（9）割炬的保养

每次使用后清理一次割炬，按下列步骤进行。

①切断主机电源。

②卸下喷嘴罩、喷嘴、电极。

③重新打开电源开关，打开检气开关，这时有气体从割炬的喷气管内喷出，保持约 15 s，以达到清理喷气管内脏物的目的。在清理过程中不能按下割炬开关，以免损坏割炬。

④检查喷嘴和电极的损耗情况，需要更换的按要求更换。

任务总结

本任务学习了等离子弧切割的工作原理。通过实训让同学们熟练掌握等离子弧切割机的操作方法以及操作注意事项。

任务考核

表6-7　任务工单

<table>
<tr><td rowspan="3">工作任务：等离子弧切割</td><td>班级</td><td colspan="3"></td></tr>
<tr><td>姓名</td><td></td><td>学号</td><td></td></tr>
<tr><td>日期</td><td></td><td>评分</td><td></td></tr>
<tr><td colspan="5">

1．基本信息

（1）车辆基本信息

车型：　　　　VIN：　　　　生产年份：

（2）车辆损坏情况

（3）损伤构件定损情况

2．等离子弧切割练习

（1）设备、工具、材料准备

（2）劳动防护

（3）维修步骤

（4）操作注意事项

3．反思

收获：

不足：

建议：

①小组讨论分析实施过程中产生的问题，给出改进方案；

②小组准备汇报材料，每组派一人进行汇报；

③整理相关资料，列表说明项目资料及资料来源，注明存档情况。

</td></tr>
</table>

习题与思考

简述题

(1) 等离子弧切割的工作原理是什么?

(2) 等离子弧切割机在安装和调整时有哪些注意事项?

(3) 使用等离子弧切割机切割车身钢板时有哪些注意事项?

项目七
车身钢板损伤修复

项目描述

钢板受到外力后会出现撕裂、折损、隆起和凹陷等损伤，修复前应根据钢板的损伤程度、部位等制定合理的维修方案。能否采用合理的修复工艺直接关系到车身钢板修复质量的好坏。对于损坏比较严重的钢板，首先必须展开折损，释放钢板因外力导致的内应力；收缩延展的金属和对收缩区域进行拉伸，使损伤的钢板尽可能恢复到原来的形状和轮廓，对剩余的轻微凹陷再进行精细修整。车身钢板受到外力时也会出现一些轻微损伤，如冰雹砸伤、与尖锐物撞击的损伤。很多损伤看似面积不大，但加工硬化现象严重，加之部位特殊，不宜采用整形工艺进行修复。因此，在钢板修复前应根据损伤部位、程度和范围选择合理的作业方式，制定相应的流程，提高工作效率和维修质量。

钢板损伤修复的方法主要有三种：钣金修整、填料填平、微钣金。其中，钣金修整也称整形，包括钣金锤与垫铁配合整形、整形修复机整形及热收缩整形等。填料填平包括原子灰填充和铅料填充。微钣金主要包括从内部顶撬和从外部黏结拉拔两种方式。本项目主要讲解钣金修整方法。

项目实施

钣金修整通过使用手工工具或整形修复机使变形损伤的钢板恢复到原来的形状。钣金锤与垫铁配合作业适合车身单层或内侧可触及的钣金件的修复，整形修复机作业适合内侧不可触及的钣金件的修复。钣金锤与垫铁配合作业和整形修复机作业的适用损伤部位如表 7－1 所示。

表7-1　钣金件损伤修复方式

维修作业方式	钣金锤与垫铁配合作业	整形修复机作业
适用损伤部位	内侧可触及的部位	内侧不可触及的部位
损伤部位举例	车门中间部位 前翼子板 后翼子板后部 后围板 车顶中部 发动机罩和行李舱盖	前、后车门的边缘部位 前柱、中柱、后柱、后翼子板轮毂部位 门槛板、车顶边缘部位 发动机罩和行李舱盖的夹层

任务12　手工工具修复

学习目标

【知识目标】

掌握车身修复常用工具、设备的类型及使用方法；

掌握手工工具使用的注意事项。

【能力目标】

能够正确使用各种手工工具。

【素养目标】

培养学生的团队协作意识；

培养学生精益求精、严谨细致的规范操作意识；

提高学生的职业素养。

任务描述

汽车在行驶过程中发生了撞击，导致车身前翼子板出现了如图7-1所示的凹陷损伤，经定损需进行维修。

图7-1　前翼子板损伤

任务解析

前翼子板是车身的覆盖件，由单层钢板制成，多通过螺栓等安装在车架上。汽车发生碰撞时，前翼子板会出现凹陷、褶皱等损伤。汽车钣金修复人员根据损伤情况确定前翼子板是维修还是更换，如维修，可选择手工工具进行修复；如更换，直接换成新的翼子板。本任务中对前翼子板的损伤定为维修，汽车钣金修复人员可以选择不同类型的手工工具进行作业，完成前翼子板损伤的修复。

知识学习

车身钢板修复设备及工具种类繁多，能否正确选用将直接关系到最终加工质量的好坏。

1. 手工工具

(1) 钣金锤

1) 球头锤

球头锤（图 7－2）用于校正弯曲的基础结构，修平厚度较大的钢板部件，用于在车身锤和手顶铁作业之前粗成形车身部件。一般球头锤的质量为 250～500 g，在车身修理中大量使用这种锤。

2) 橡胶锤、木槌

橡胶锤（图 7－3）、木槌用于柔和地锤击薄钢板，这样不会损坏喷漆表面。它们经常与吸杯配合，用于大面积凹陷的修复。当用吸杯将凹陷拉上来时，用橡胶锤围绕着高起的点轻打。

带有橡胶端部的钢锤也是一种在车身修理中使用的锤子。此种锤兼有硬面和可更换橡胶头的软面，有时称为软面锤。它用于镀铬钢板件的修理或其他精密部件的作业，不会影响其表面粗糙度。

3) 轻铁锤

轻铁锤（图 7－4）是修复损坏的钣金件第一阶段所必需的工具，它的质量是 1 000～2 000 g，并有一个短把柄，因此能在狭小的地方使用。在修理时用轻铁锤敲打损坏的金属板使其大致恢复原形，在更换金属板时则用它清理损坏的金属板。

图 7－2　球头锤

图 7－3　橡胶锤

图 7－4　轻铁锤

4）车身锤

车身锤是连续敲打钣金件以恢复其形状的基本工具。它有许多不同的设计，有方头、单头、圆头以及尖头的，每种形式都是为不同的用途而设计的。

镐锤（图 7－5）能修理许多小凹陷。其尖顶端用于将凹陷从内部锤出，对中心进行柔和的敲打。其平顶端与手顶铁配合作业可以去除高点和波纹。镐锤有多种形状和尺寸，有些有锐利的锥形尖，有些则具有钝的锥形尖。使用镐锤时要小心，假如敲击力量过大，尖顶端可能戳穿汽车上的薄钢板。只能在修复小的凹陷时用镐锤。

大的凹陷需要使用冲击锤（包括轻头锤、圆头锤，如图 7－6、图 7－7 所示）修复。冲击锤的顶角有圆的、方的，顶面的表面近似平的。这种锤顶面大，打击力散布在较大的面积上，用于凹陷板面的初始校正，或加工内部板和加强部位的板件，这些操作需要较大的力量而不要求光洁的表面。

修复变形大的凹陷表面，如后顶盖侧板上的反向曲面，变形的车头灯座、门等，需要使用轻冲击锤。这种锤的锤面一面是拱形的，另一面则是平的。拱形锤面使下凹的金属受冲击而不延伸。拱形锤面的面积必须小于金属板凹陷的面积，以避免使金属板延伸。

在用冲击锤去除凹陷之后，用精修锤（图 7－8）加工以得到最后的外形。精修锤的锤面较冲击锤的锤面小，表面是拱形的，以使力量集中在高点或波峰的顶端。收缩锤是有锯齿面或交错缝槽面的精修锤，这种锤用来收缩那些被过度锤打而延伸的部位。

图7－5 镐锤

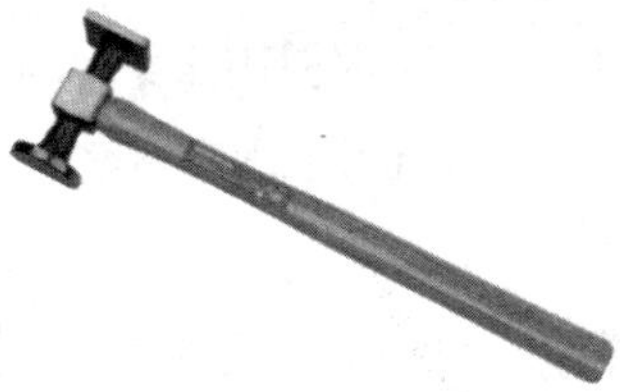

图7－6 轻头锤

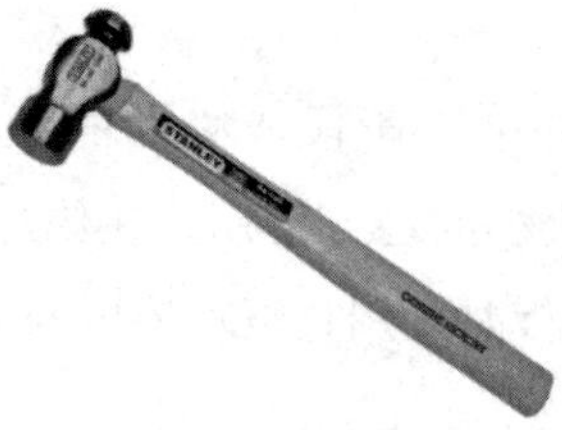

图7－7 圆头锤

图7－8 精修锤

（2）垫铁

垫铁（图 7－9）的作用像一个铁砧，它通常顶在被锤敲击的金属板的背面，用锤和垫铁一起作业可使拱起的部位下降，或使凹陷的部位上升。

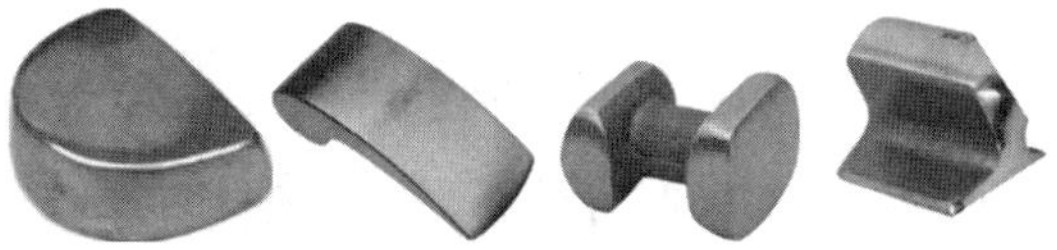

图7-9　垫铁

垫铁有高拱形、低拱形、凸缘等多种不同的形状，每种形状用于特定的凹陷形式和车身面板外形。垫铁与面板外形的配合非常重要，假如在高拱形的面板上使用平面或低拱形的垫铁，将会增加凹陷。轨形垫铁是一种常用的垫铁，它也有许多种形状，如足尖式和足跟式垫铁用于在狭窄的部位进行敲击，而其平面直角边则用以校正凸缘。

（3）匙形铁

匙形铁（图7－10）是另一类车身修理工具，当作锤或垫铁使用。它有许多种形状和尺寸，可与不同的面板形状匹配。平直表面的匙形铁把敲打力分布在宽的接触面上，在褶皱和拱形部位特别有用。当面板背面空间有限时，匙形铁可当作垫铁用。匙形铁与锤一起作业可降低拱形。内边匙形铁可撬起低凹处，或与锤一起敲击来拉起凹陷处。冲击锉匙形铁则有锯齿状的表面，用来拍打拱形或里边的褶皱，使金属板恢复原来的形状。

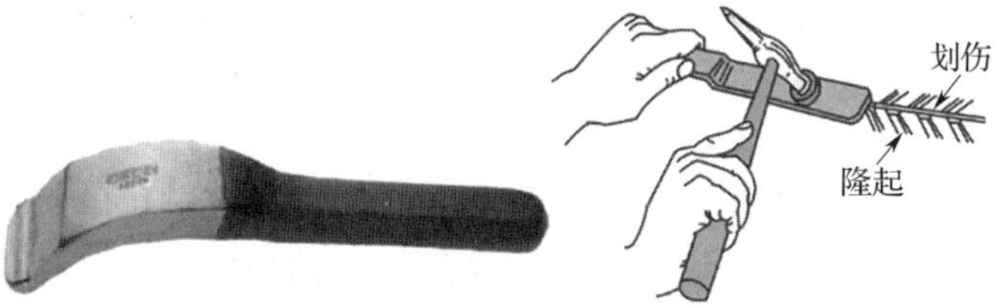

图7－10　匙形铁

（4）撬镐

撬镐（图7－11）有不同的长度和形状，大多数有U形末端把手。撬镐可以用来顶起门板或其他密闭的车身部件上的凹点。撬镐通常比惯性锤和拉杆好用，因为它不需要在钣金件上钻孔或焊接，不会损伤漆面。

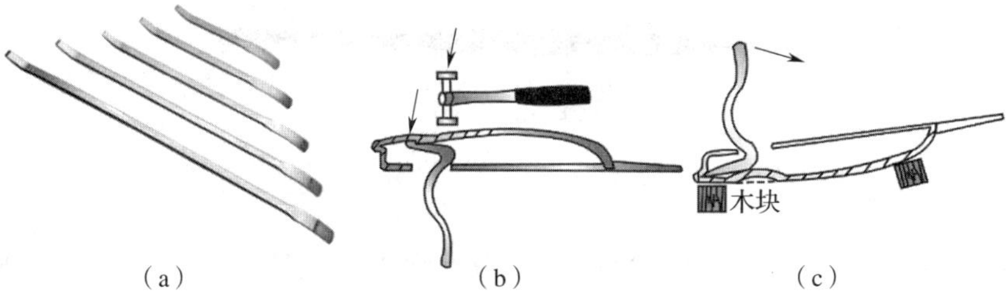

图7－11　撬镐

（a）外形　（b）作撬板用　（c）直接顶起

(5) 冲头

在修理时经常要用到冲头（图7－12）和錾子。中心冲用于部件拆卸之前对它们的位置做标记，作为钻孔冲击标点（标点可保持钻头不偏移）。铆钉冲的冲头为锥形的，顶端是平的，用来顶出较小的铆钉、销钉和螺栓。销钉冲和铆钉冲相似，但是冲头不是锥形的，这样可以冲击出更小的铆钉或螺栓。长中心冲有一个长锥形冲头，用来在焊接车身面板或其他车身部件时打定位孔。

(6) 錾子

錾子（图7－13）是有硬化刀口的钢棒，用于切断钢材，錾子有多种尺寸。冷錾用于分离咬死的螺母，切断生锈的螺栓和焊接点，以及分离车身和车架部件。

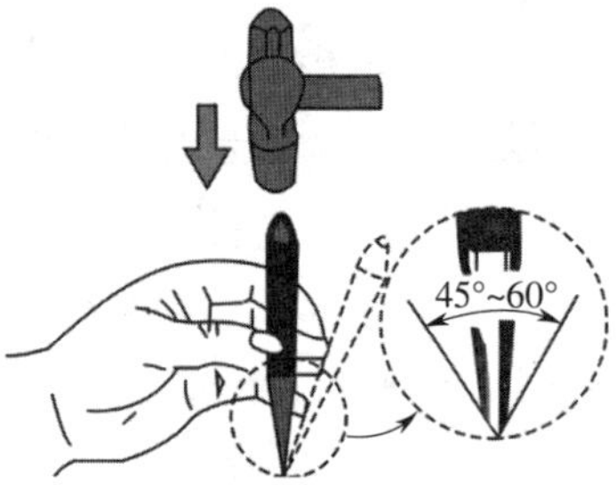

图7－12 冲头

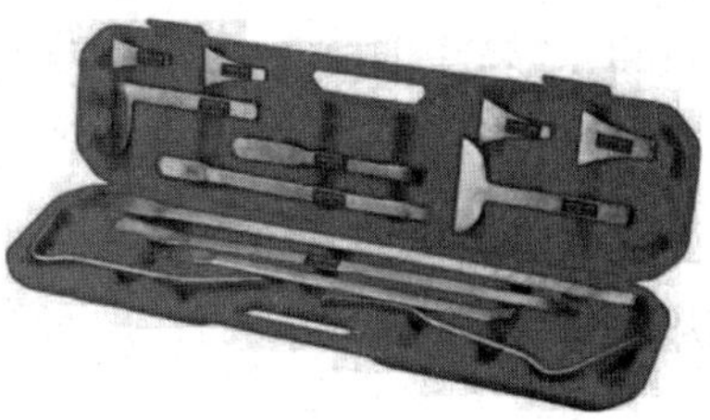

图7－13 錾子

(7) 划针

划针（图7－14）看起来像一个锥子，但其钢柄较重，用来在金属板上划出要切割、钻孔或紧固的标志，可以用锤轻敲划针穿过较厚的金属板。当对孔的尺寸没有要求时，可以用划针在金属板上戳一个孔。划针需要保持锐利，才能在各项作业中有效而安全地使用。

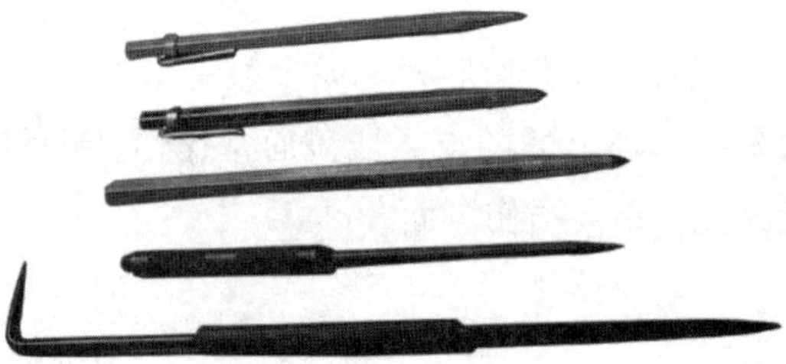

图7－14 划针

(8) 金属剪切工具

金属剪切工具（图7－15）用来修整面板。常用的几种金属剪切工具如下。铁皮剪，是最通用的金属剪切工具，可剪切出钢板的直线或曲线形状。金属切割剪，用来切开硬金属，如不锈钢。这种剪的爪窄小，可使其在所切金属之间移动。爪是锯齿形的，用来剪切坚韧的金属。面板切割剪，是一种特殊的铁皮剪刀，用来切断车身钣金件。这种切割剪常在板上做直线或曲线的切割，切除腐蚀或损坏的部位。它的切口清洁、准直，容易焊接。

图7－15　金属剪切工具

(9) 车身锉

车身锉（图7－16）用于锉平大的表面。在对损伤部位进行修整后，用车身锉可以锉去高点而显露出需要再加以敲击的低点。操作时要注意，不要大力使用车身锉，否则可能会锉穿薄金属板。

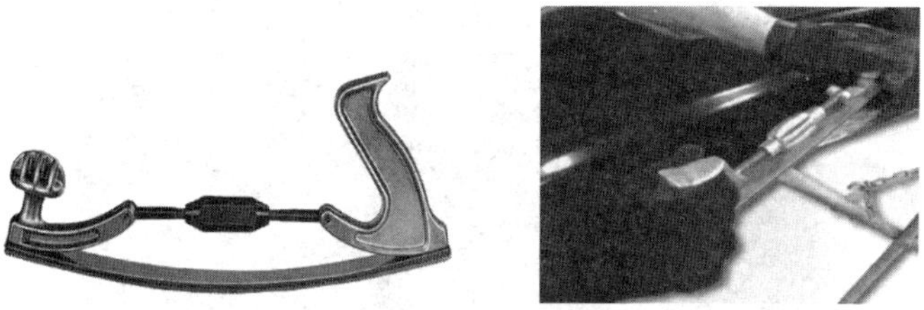

图7－16　车身锉

车身锉的锉片安装在把柄上。把柄是一种带转动拉紧套筒的挠性把柄，转动拉紧套筒可以调整锉片的弯曲程度。挠性把柄可让锉的形状更好地配合金属板的外形。固定式锉刀把柄适用于锉平面或轻度凸圆形状。

(10) 凹陷拉出器和拉杆

修理板件时，如凹陷损伤在密封结构段，从内部使用最长的匙形铁也够不到，可以用如图7－17所示的凹陷拉出器或拉杆。

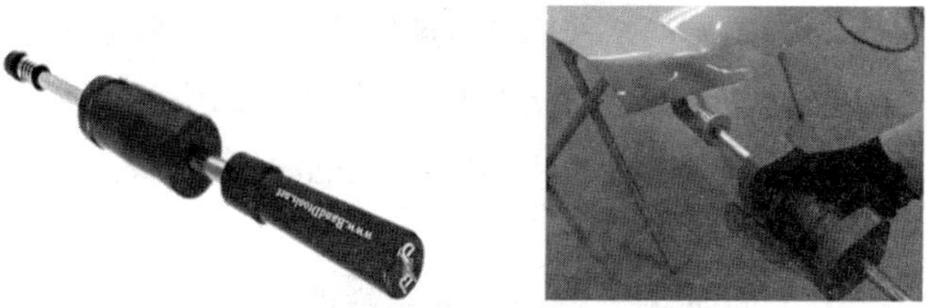

图7－17　凹陷拉出器和拉杆

以前在进行拉出操作时，都要在褶皱部位钻或冲几个孔，安装好螺柱，拉出器钩住螺柱后用冲击锤在凹陷拉出器的金属杆上滑动并冲击把手。冲击锤轻打把手，慢慢拉起凹点。使用螺柱拉伸时在面板上产生的孔要用气焊或锡焊封起来，用车身填料简单地修补这些孔不能提供足够的锈蚀防护。现在这种方法已经不再使用。

现在的凹陷拉出器和拉杆一般都配合整形修复机来使用，在车身的凹陷部位焊接一个焊钉或垫圈，然后用拉杆钩住焊钉或垫圈拉出凹陷。小的凹坑或褶皱可以用一根拉杆拉平，大的凹坑可以同时使用三个或四个拉杆拉平。车身锤与拉杆同时使用，在将凹坑的低点拉上来的同时，其拱形部分可以用锤敲打下去，同时敲打和拉引使面板恢复原形，可以减少金属延伸。

（11）车身快速维修组合工具

车身快速维修组合工具由高性能的整形修复机、强力拉拔组合工具（图 7－18）、棱线拉拔组合工具及省力拉拔组合工具等组成。使用车身快速维修组合工具对车身外板进行维修，可以有效地提高维修质量和维修效率。

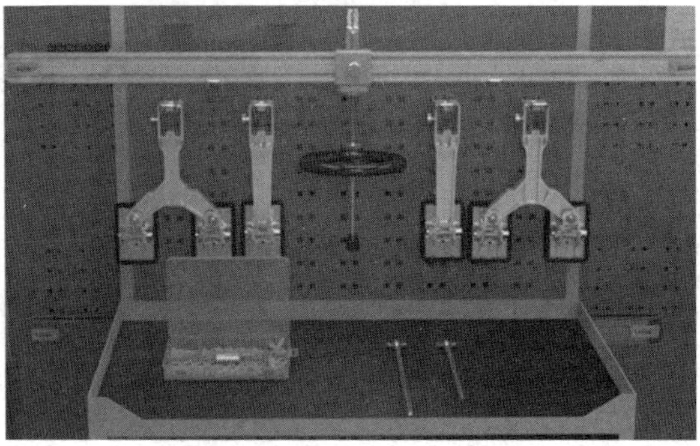

图 7－18 强力拉拔组合工具

2. 电（气）动工具与设备

（1）铆钉枪

在车身修理中经常用到铆钉枪（图 7－19），先在两片金属片上打孔，把铆钉插入孔中，然后用铆钉工具拉出，把金属板锁定在一起。对于各种钣金件的更换，使用铆钉连接是最简易、费用最低的方法。车身上不同材料之间、铝合金或不能焊接的部位（如油箱附近），都要使用铆钉连接。最通用的铆钉是 3 mm 和 6 mm 的，其他规格的铆钉适用于特种作业。

图 7－19 铆钉枪

重型铆钉枪用来铆接难以铆接的地方和较厚的机械装配件，如风窗玻璃升降器。它包含长手柄、长锥头以及整套的铆钉。

(2) 微钣金工具

如果金属板件的损伤较小，可以使用不损伤漆面的修复方法，不但可以节省时间和劳动，而且可以避免重新喷漆带来的配色问题。常用的微钣金工具有两种：黏结拉拔工具（图 7－20）和内部顶撬修复工具（图 7－21）。

图 7－20　黏结拉拔工具

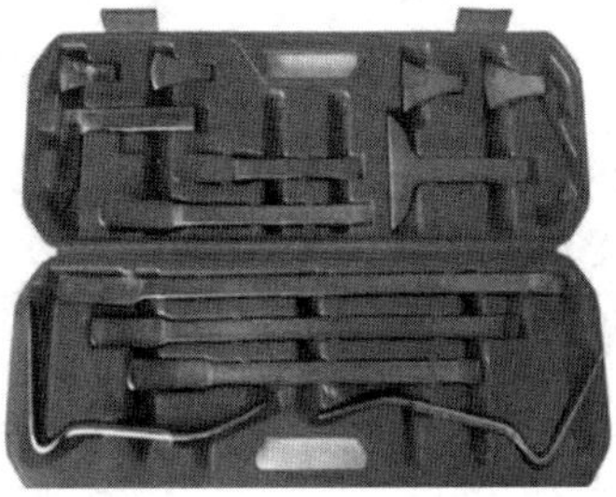

图 7－21　内部顶撬修复工具

(3) 气焊设备

气焊设备如图 7－22 所示。

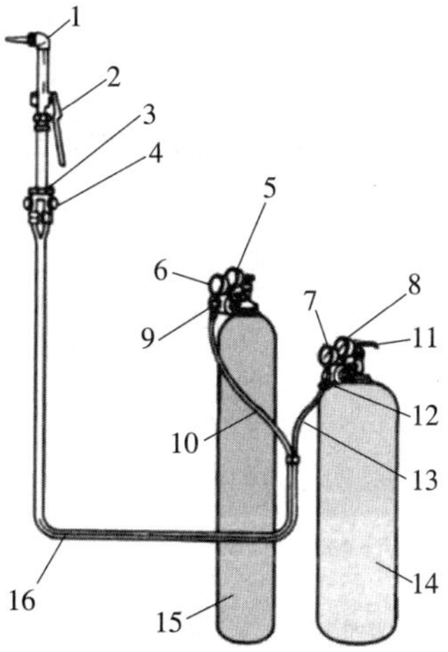

1—喷嘴；2—焊炬；3—乙炔软管接头；4—氧气软管接头；5、8—气瓶压力表；6、7—工作压力表；9—氧气调节器；10—氧气软管；11—乙炔阀门扳手；12—乙炔调节器；13—乙炔软管；14—乙炔气瓶；15—氧气瓶；16—双软管

图 7－22　气焊设备

1）焊炬

从气瓶内流出的氧气和乙炔在焊炬内以适当的比例混合并产生火焰。焊炬有射吸式和等压式两种，常用的是射吸式。

2）乙炔气瓶

乙炔气瓶是存储溶解乙炔的钢瓶，外壳漆成白色，用红漆标明“乙炔”字样和“火不可近”字样。瓶上配备减压器和回火防止器。

3）氧气瓶

氧气瓶是存储氧气的高压钢瓶，外壳漆成天蓝色，用黑漆标明“氧气”字样。瓶上也配有减压器。

4）氧乙炔火焰

氧乙炔火焰由焰心、内焰、外焰组成，两种气体的比例不同，产生不同的火焰，有着不同的用途。火焰有中性焰、碳化焰和氧化焰三种形式，如图 7－23 所示。

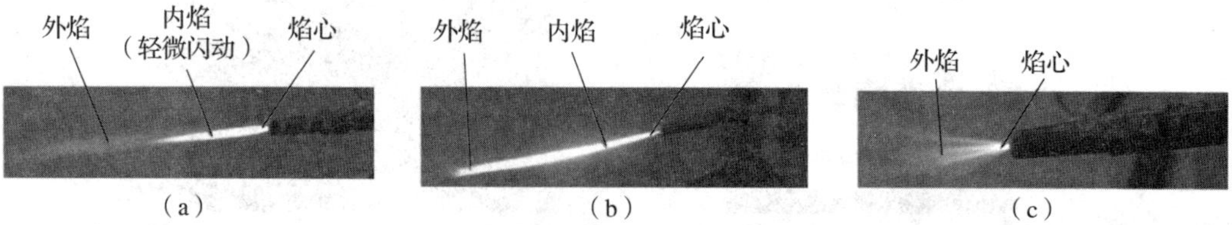

图 7－23 火焰类型

（a）中性焰 （b）碳化焰 （c）氧化焰

①中性焰（也称标准火），氧气和乙炔的体积比为 1∶1。焰心呈尖锥形，色白而明亮，轮廓清楚。焰心温度较低，一般为 800～1 200 ℃。内焰呈蓝白色，在焰心前 2～4 mm，燃烧最激烈，温度最高，可达 3 000～3 200 ℃，这个范围最适合焊接。外焰在内焰的外部，与内焰没有明显的界线，颜色从淡紫色逐渐向橙黄色变化，温度只有 1 200～2 500 ℃。

中性焰在燃烧时生成的一氧化碳及氢气能与金属中的氧作用，将熔池中的氧化铁还原，适合收缩加热。当用于焊接时，能够获得较高质量的焊缝。

②碳化焰（也称还原焰），氧气和乙炔的体积比小于 1∶1。焰心较长，呈蓝白色。内焰呈淡蓝色，它的长度与碳化焰内乙炔的含量有关。外焰带有橘红色。碳化焰的三层火焰之间没有明显的轮廓。碳化焰的最高温度为 2 700～3 000 ℃。火焰中过剩的乙炔可分解为氢和碳，氢使钢产生白点，碳则熔化到金属中使焊件的含碳量提高。碳化焰不能用于焊接低碳钢及低合金钢，可用于焊接高碳钢、中高合金钢、铸铁、铝和铝合金等材料。

③氧化焰，氧气和乙炔的体积比大于 1∶1，整个火焰具有氧化性。焰心短而尖，内焰很短，几乎看不到，外焰呈蓝色，火焰挺直，燃烧时发出急剧的“嘶嘶”声。氧化焰的长度取决于氧气的压力和火焰中氧气所占的比例，氧气所占的比例越大，则整个火焰就越短，噪声也就越大。氧化焰的最高温度可达 3 100～3 400 ℃。

过多的氧气和铁发生作用生成氧化铁，使钢的性能变差，熔池的沸腾现象也比较严重。一般材料的焊接绝不能采用氧化焰。氧化焰可用于焊接黄铜和锡青铜。气割时也通常使用氧化焰。

任务实施

1. 劳动安全与卫生

在进行板件整形时，必须注意以下安全与卫生事项：

①操作前必须穿好工作服；

②进行敲打操作时，要戴好耳塞等保护用品；

③锤头不要砸到手上；

④经常关注锤头是否松动；

⑤使用焊接设备、车身整形修复机等，一定要按设备使用说明书的要求进行操作。

钣金锤与垫铁配合整形是一项传统的手工工艺，需要一定的经验和技巧，不是一朝一夕能够全部掌握的。作业时需要一只手持锤，另一只手握持垫铁或其他工具配合进行敲击，主要用于变形曲面整形和线形校正等。

2. 整形方法

（1）钣金锤的敲击方法

在车身修理中，经常用钣金锤敲打金属板，促使金属板表面回弹。钣金锤的使用方法和钉铁钉所用的铁锤的使用方法是不同的。如果像钉铁钉那样使用钣金锤，会给金属板造成更多的损坏。校正金属板件的关键是知道在什么部位、在什么时间、用多大的力敲打多少次。应该按图 7－24 所示的方法握住钣金锤，以下面的两个手指为支点，其他的手指（包括拇指）将钣金锤向下推做垂直敲打。当锤子从金属板表面弹回时，可以绕着支点做轻微的旋转，用手发力（不是用手臂发力）使锤子做环状运动。每两个敲击点的间距为 9 ~ 12 mm，直到损坏处得到修复。在用钣金锤敲打金属板时，锤子的平面应该与金属板的平面一致，否则会对金属板造成损坏。

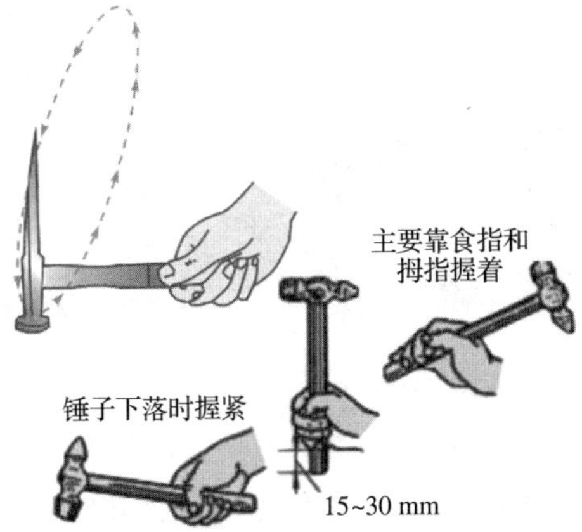

图 7－24　钣金锤的敲击方法

钣金锤的工作面必须与金属板的形状相配合，具有平坦锤面的铁锤适用于平坦或低拱形的金属板表面，具有凸形工作面的钣金锤适于敲打内侧的弧形金属面。重的钣金锤可用来进行大致的修整，但要保证敲击不能加重损坏的程度。

精修锤用于最后的精细修复，精修锤比敲击锤轻，而且通常带有锤头。精细修复时敲击的要领是快速轻敲，敲击时锤子应和金属表面垂直。用钣金锤敲打金属表面的棱边将会加重金属的变形。

在敲击金属板以前，一定要清除掉金属板内外表面上的柏油、泥土、内涂层等，确保修理工具能够直接与金属接触。

锤击法是车身面板常用的修复手段，根据作业方式可分为虚敲、实敲和弹性敲击。

①虚敲。虚敲如图 7 – 25 所示，也称偏托法、错位法。作业时将垫铁顶在钢板内侧较低的部位，使用钣金锤敲击凹陷周围较高的部位。由于锤击力的作用，高的部位被敲低，而低处则因为锤击的反作用力被提高。虚敲适用于面板损伤的初步校正，建议使用木槌或橡胶锤，尽量使垫铁和钣金锤的距离近一些，钣金锤离垫铁越远，效果越不明显。作业时保持锤击力与垫铁贴紧力之间的平衡非常重要。

②实敲。实敲如图 7 – 26 所示，也称正托法、正位法。作业时将垫铁顶在凸起部位的内侧，然后使用钣金锤敲击凸起的部位。由于钣金锤的冲击作用会使垫铁发生轻微的回弹，在钣金锤敲击的同时，垫铁也会击打板材，垫铁靠得越紧，凸起部位的修平效果越明显。通过虚敲修整较大的凹陷后，可以用实敲作业对轻微的凹凸部位进行精细修整。实敲作业容易造成金属延展，作业时尽量选择木槌与垫铁配合。

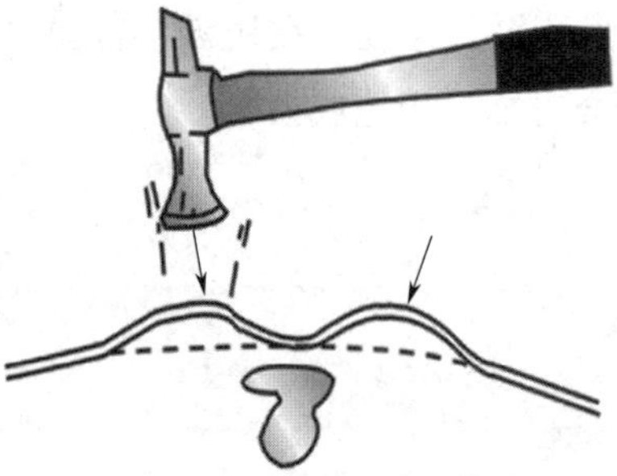

图 7 – 25　虚敲

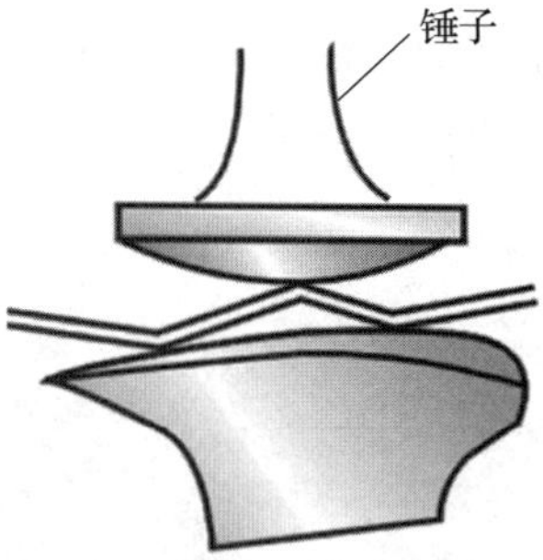

图 7 – 26　实敲

③弹性敲击。弹性敲击俗称“震一震”，是通过钣金锤敲击隆起的部位，内部不使用垫铁配合，以释放应力为目的的一种敲击方式，在多数情况下需要与拉伸同时进行。钢板变形导致金属内部晶粒结构改变，弹性敲击就是利用钣金锤敲击产生的震动及拉力的影响，使金属晶粒重新排序，达到释放应力的目的。作业时锤击力不可过重，要适可而止，不可将锤击力着实地施加于钢板。锤击时尽量选择木槌、橡胶锤，或垫上

木块，避免进一步造成钢板损坏。

（2）垫铁的使用方法

垫铁的作用相当于铁砧，也可以被看作小型的工作台，通常由平面、弧面和棱角组成，形状各异，可以满足不同部位的需求。其常用材料是工具钢。垫铁需要与钣金锤紧密配合。通常它在钢板内侧的作用是支撑和垫平，有时也可以作为敲击工具向外击打较低的凹陷部位。垫铁的使用方法可分为断贴法和紧贴法两种。

①断贴法。如图 7－27 所示，锤子的落点与垫铁的顶贴点不一定重合，钢板内侧的垫铁不但起到铁砧的支撑作用，而且可以当作敲击工具，挥动以产生冲击力，击打钢板较低的部位使之上升，所以垫铁与锤子的击打时间不一定同步。此种方法适合凹陷较深部位的修理。作业时，将垫铁紧压在塑性变形的内侧，并向外施加一个推力，锤击隆起部位，也可使用垫铁从内侧击打凹陷部位。击打时，外侧的钣金锤可以顶住隆起部位，起到类似于垫铁的支撑作用，钣金锤也可以同时击打隆起部位。

②紧贴法。如图 7－28 所示，锤子的落点与垫铁的顶贴点一定重合，垫铁跟踪及时，确保锤子的落点与垫铁的顶贴点一一对应。垫铁始终紧贴在钢板内侧，防止打空而破坏面板的平面度。此种方法适合凸起部位的精加工作业，作业时注意钣金锤与垫铁的配合，确保垫铁跟踪及时，锤面落点准确。

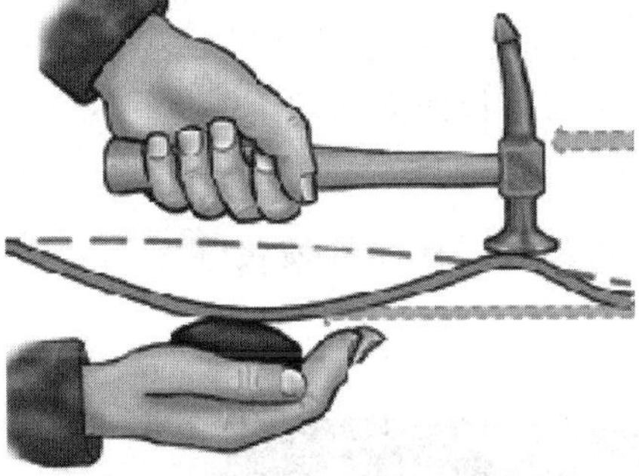

图 7－27　断贴法

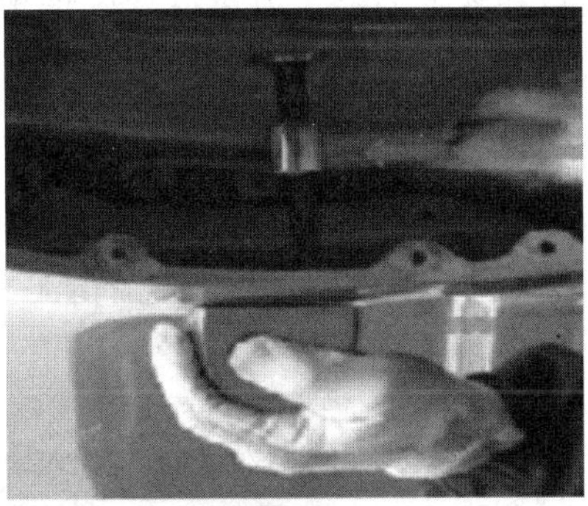

图 7－28　紧贴法

（3）钣金锤、垫铁配合作业的要领

①在面板修复前，应检查锤面、垫铁及修平刀表面是否光滑，对有瑕疵的部位应进行修理。使用有伤痕的钣金锤或垫铁，将导致面板表面出现击痕。根据被修复面板的形状与曲面，正确选择钣金锤、垫铁的形状与弧度（图 7－29），不恰当的工具将造成钢板损坏加大。

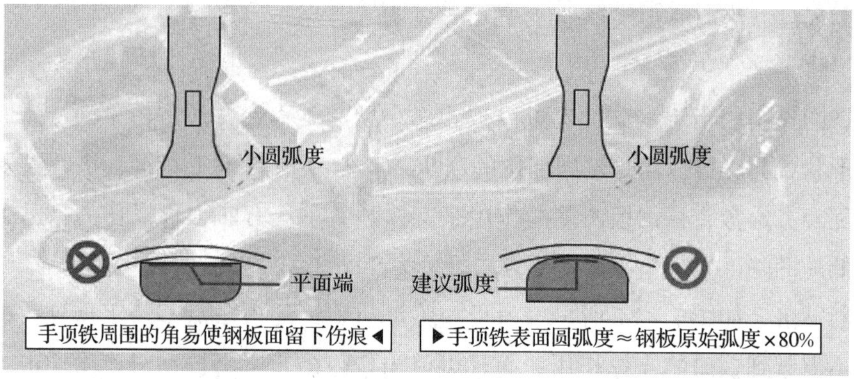

图7－29　正确选择工具

②使用钣金锤时，应轻轻握住锤柄的后部，以下面两个手指为支点，用其他手指将钣金锤向下推，采用腕挥的敲击手法，并充分利用钣金锤敲击后产生的回弹，借力再次敲击下去，以降低劳动强度。握持垫铁时，可采用半包围的握法，用拇指和小指撑住，其他三个手指紧紧握住垫铁，防止垫铁脱落，这样便于和钢板贴紧，并且能充分运用腕力向外侧顶住钢板。

③锤击时，锤子的平面应均匀地与钢板接触，如果锤击面的边缘接触钢板，则会在钢板上留下月牙形的凹痕。锤击落点要准，精细修整时应快速轻敲，过多的敲击次数和较大的锤击力量将造成钢板延展，为减少延展，可采用木槌、橡胶锤进行敲击作业。对车身冲压线的变形，可以在外部使用车身拉出器向外拉出，同时在内侧使用钝錾子向外敲击，不可用垫铁的棱角部位对面板曲面和冲压线进行实敲作业。

④钢板内侧不易触及时，可使用修平刀替代垫铁（图7－30）。修平刀的作用广泛，例如可以将修平刀当作锤击工具，也可以利用杠杆原理使用修平刀进行面板修整。

图7－30　钣金锤与修平刀配合作业

任务总结

本任务学习钣金锤、垫铁等手工工具修复车身钢板损伤的工艺流程。

车身修复手工工具主要包括钣金锤、垫铁、匙形铁、撬镐、冲头、錾子、划针、金属剪切工具及车身锉等。在车身修复作业中，钣金修复人员需要根据车身损伤情况选择合适的手工工具，做好安全防护，通过钣金锤和垫铁敲击配合，完成车身钣金损伤的修复。

任务考核

表7-2　任务工单

<table>
<tr><td rowspan="3">工作任务：前翼子板的损伤修复</td><td>班级</td><td colspan="3"></td></tr>
<tr><td>姓名</td><td></td><td>学号</td><td></td></tr>
<tr><td>日期</td><td></td><td>评分</td><td></td></tr>
<tr><td colspan="5">
1. 基本信息
（1）车辆基本信息
车型：　　　VIN：　　　　生产年份：
（2）车辆损坏情况

（3）损伤构件定损情况

2. 钣金件修复
（1）工具准备

注意：
①钣金锤弧度越大，接触面积越小，钢板表面有锤痕，易延展；钣金锤弧度越小，接触面积越大，钢板表面平整。
②切不可将手顶铁的平面置于钢板的修整面上。
（2）劳动防护

（3）维修步骤

（4）维修注意事项

3. 反思
收获：
不足：
建议：
①小组讨论分析实施过程中产生的问题，给出改进方案；
②小组准备汇报材料，每组派一人进行汇报；
③整理相关资料，列表说明项目资料及资料来源，注明存档情况。
</td></tr>
</table>

习题与思考

1．选择题

（1）【单选题】下列关于铁锤在垫铁上敲击法和铁锤不在垫铁上敲击法的说法中正确的是（　　）。

A．前者拉伸金属，后者整平金属

B．前者整平金属，后者拉伸金属

C．二者都拉伸金属

D．二者都整平金属

（2）【多选题】铁锤在垫铁上敲击法可以修理（　　）损伤。

A．小的凹陷　　B．大的凹陷　　C．板件上的拉伸区　　D．比较大的凹陷

（3）【多选题】拱起的损伤应该先从（　　）进行修理。

A．最低点　　B．最高点　　C．中间　　D．两侧

（4）【多选题】锤击法是车身面板常用的修复手段，根据作业方式可分为（　　）。

A．虚敲　　B．实敲　　C．弹性敲击

2．判断题

（1）在钣金修复过程中虚敲和实敲交替进行，完成受损钣金件的修复。（　　）

（2）在面板修复前，可直接使用钣金锤对有瑕疵的部位进行修理。（　　）

（3）在敲击过程中，不能使用垫铁的平面正对钢板的曲面进行敲击。（　　）

（4）紧贴法要求锤子的落点与垫铁的顶贴点一定重合，垫铁跟踪及时，确保锤子的落点与垫铁的顶贴点一一对应。（　　）

（5）不要大力使用车身锉，否则可能会锉穿薄金属板。（　　）

3．简述题

钣金锤和垫铁配合作业的注意事项有哪些？

任务13　整形修复机修复

学习目标

【知识目标】

掌握整形修复机的使用方法及注意事项；

掌握外形修复的规范工艺流程；

掌握热收缩整形的要点；

了解微钣金整形的相关知识。

【能力目标】

能够正确使用整形修复机；

能够完成板件损伤的外形修复；

能够完成板件的缩火作业。

【素养目标】

培养学生的团队协作意识；

培养学生精益求精、严谨细致的规范操作意识；

提高学生的职业素养。

任务描述

汽车在行驶过程中与路缘石发生了碰撞，导致车门外板出现了损伤（图7－31），经定损需进行维修。

图7－31　车门外板损伤

任务解析

车门一般由双层钢板组成，内含防撞钢梁及加强筋等。当车门外板出现损伤时，垫铁和钣金锤配合修复作业难度较大，通常情况下使用整形修复机拉伸修复损伤，修复效果好，作业效率高。

知识学习

在车身板件上使用手工工具不容易进行操作时，最好使用具有电流调整功能的整形修复机（图 7－32），它可以很轻松地把板件上的凹陷拉出来。整形修复机可以对焊接垫圈、焊钉、螺柱、星形焊片等进行拉伸操作，还可以使用铜触头和碳棒进行收缩操作。

图 7－32　整形修复机

整形修复机通过内部的变压器将 220 V 的交流电转换成 10 V 左右的直流电。主机上有两条输出电缆，一条为焊枪电缆，另一条为搭铁电缆，在工作时两条电缆形成一个回路。把搭铁电缆连接到工件上，焊枪通过垫圈等介子把电流导通到金属板的某一部分上，由于电流达到 3 500 A 左右，垫圈接触金属板的部位产生巨大的电阻热，能够熔化钢铁，熔化的垫圈就焊接到面板上了。

整形修复机也称为整形机、介子机，属于电阻焊接设备，其工作原理是利用电极头上夹持的各种附件与钢板接触，通过大电流使接触部位产生电阻热，以获取与需求相对应的各种功能。整形修复机的常用功能包括垫片焊接、蛇形线焊接、与滑动锤安装在一起的焊接极头焊接及收缩作业等。市场上的整形修复机种类较多，功能不一，采用整形修复机进行修复前，应仔细阅读使用说明书，严格按照流程规范进行钢板修复作业。

整形修复机焊接后向外拉拔的原理等同于钣金锤与垫铁配合作业时的虚敲作业。虚敲作业是将垫铁放置在钢板凹陷较深的内侧部位，整形修复机修复是将介子焊接在钢板凹陷较深的外侧部位，向外拉出，以取代从内侧向外压出的垫铁（图 7－33）。

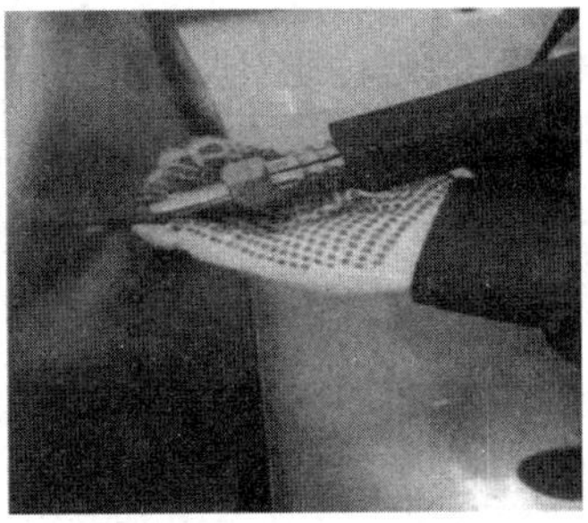
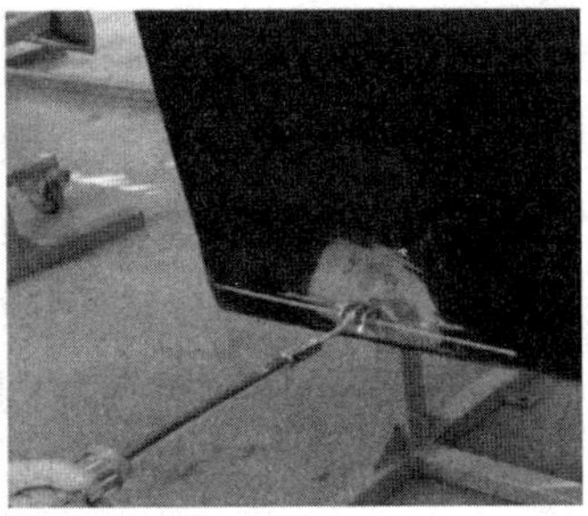

图7－33　整形修复机修复

任务实施

1. 用整形修复机整形

1）定损伤范围

车身面板损伤部位及程度的判定以目测、手感、钢板尺与尺规样板检测等几种方法为主。损伤部位确定后应进行标注，以确认损伤区域。

2）磨除旧漆膜

磨除旧漆膜前应佩戴好防护用品，如手套、口罩、护目镜、耳塞等。对单作用研磨机加注润滑油，将P60砂纸正确安装至研磨机上，根据经验调整合适的转速，将研磨机倾斜一定的角度，轻轻放于钢板的损伤部位或预固定搭铁极头的部位，开启开关将旧漆膜磨除（图7－34）。褶痕较深无法触及时应先消除应力，逐渐展开后再去除油漆。不易到达或凹陷较深的部位也可使用皮带式打磨机，手持砂纸或尖锐的工具轻轻去除油漆层。研磨后应确保旧漆膜及油污清理干净，避免在焊接的瞬间出现火花伤及钢板。

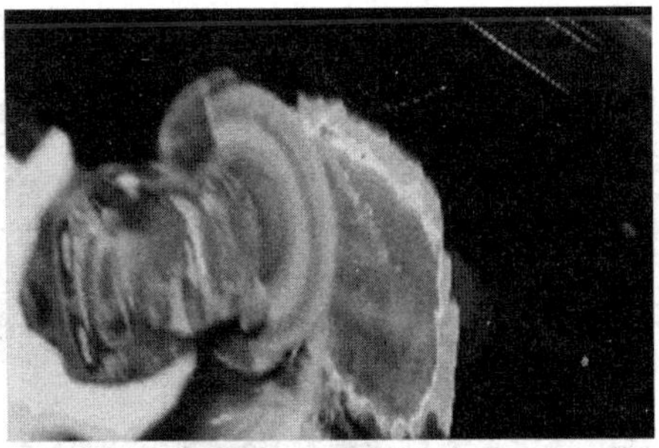

图7－34　磨除旧漆膜

通常损伤部位修复后的面积由于周围弹性损伤的恢复而小于判定的损伤范围，即漆膜磨除面积小于损伤判定范围，但有时弹性部位的漆膜会由于钢板变形出现轻微开裂现象，所以有的厂家要求漆膜磨除面积应大于损伤判定范围。

3）试焊

试焊是在不熟悉设备的情况下必须进行的一项工作（图7－35），其目的是通过调节整形修复机的电流与时间间隔参数，获得最佳焊接效果。在同等条件下，电流、时间间隔过大，将会造成过度焊接，对钢板产生热影响，钢板的背面出现过烧现象，拉拔后钢板的表面将会出现凹坑，影响钢板表面精度；反之，则焊接不牢，无法进行拉拔作业。试焊时，应从较小的电流与时间间隔开始逐渐加大进行调试，并将二者尽量控制在较小的范围内。在对某一品牌的整形修复机的使用较为熟悉的情况下，每次焊接前只在某一范围内进行简单的微调即可。对于较重的损伤，电流与时间间隔参数并不是一成不变的，通常在对棱线、转角部位、门槛板等有足够强度的地方进行粗拉拔时二者略大，在修平作业时二者则较小，随着损伤的恢复，二者呈逐步递减的趋势。

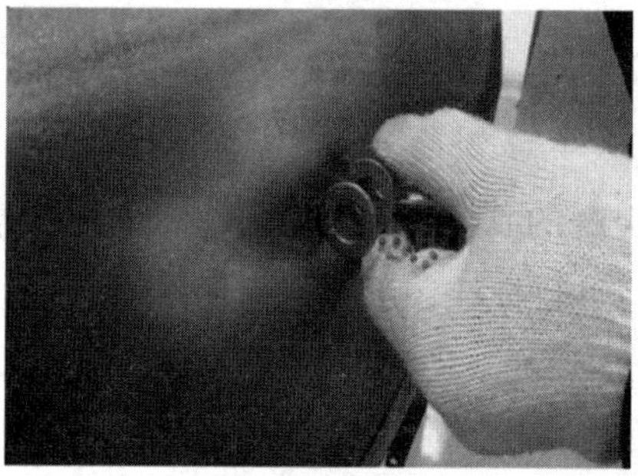

图7－35 试焊

4）焊接

焊接时，应将搭铁极头和焊接极头置于同一钣金件上。搭铁极头可通过专用工具、夹钳固定在损伤部位的周围或边缘部位（图7－36）。将焊接极头上的熔化物及时清理干净，无法使用时应进行更换，以免影响焊接质量。焊接时，焊接垫片应与钢板轻轻接触，成90°角进行焊接，焊接加强筋部位时应按照与预拉拔相同的角度进行焊接。损伤程度、面积及部位决定着焊接垫片的数量及距离，损伤部位的原有强度越高，损伤越重，焊接垫片越多，距离越近。

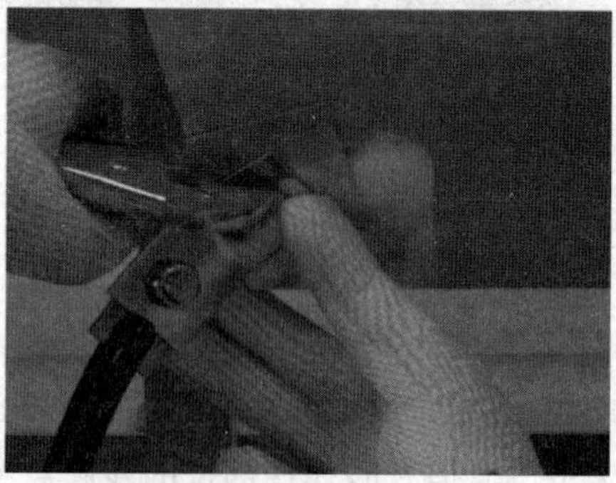

图7－36 固定搭铁极头

5）拉拔

拉拔时，应注意根据损伤程度控制力量的大小。力量太小，起不到应有的作用；力量太大，往往会造成凸起点较高，给后期的修平带来一定的难度，强行拉拔甚至会使钢板出现孔洞。拉拔效果不明显时，应考虑改变力的方向、焊接部位及拉拔方法。垫片整体式拉出时，可选用较粗的铁丝，围成圈后将两头焊接起来，以便将拉杆从此工具中穿过进行拉拔（图7－37）。中间的拉杆应根据经验确保达到强度要求，否则拉杆在拉力的影响下会发生弯曲，非常容易变形，导致周围的垫片脱落。

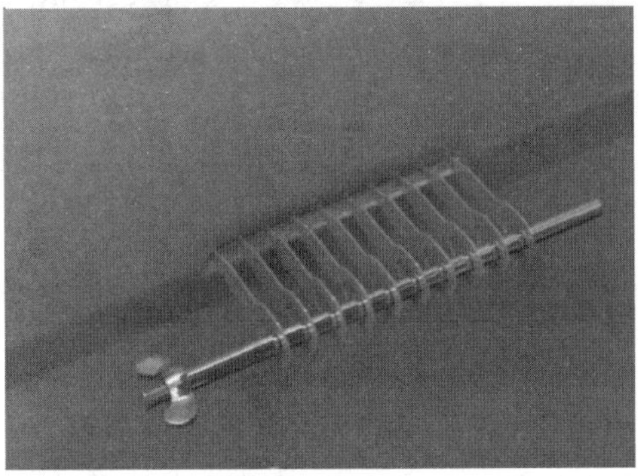

图7－37　拉杆拉拔

6）拆卸垫片

使用一根拉杆穿过垫片孔或者使用手钳，通过扭转将垫片从钢板上取下，如图7－38所示。不要采取在两边晃动的方法，否则钢板将会出现孔洞。

7）磨除焊接痕迹与防腐

将P80砂纸安装于研磨机上，磨除焊接留下的痕迹，如图7－39所示，对钢板内侧进行防腐处理，完工。

图7－38　拆卸垫片

图7－39　磨除焊接痕迹

2. 用强力拉拔组合工具整形

在实际钣金维修工作中，经常碰到像门槛板等高强度构件受损（图 7－40）的情况，损坏变形区域强度较高，使用传统的整形修复机拉拔修复很困难，经常使用气体保护焊焊接铁片等，借助大梁校正仪等拉拔，会对车身造成很严重的损坏，强力拉拔组合工具可以很好地解决这方面的问题。

图 7－40　门槛板等高强度构件受损

①对损坏的门槛板进行分析，找出损伤区域凹陷最深的位置，使用打磨机局部打磨掉最深区域的漆膜。

②将整形修复机调整到焊接模式，然后调整整形修复机的参数（图 7－41）。电流一般调整到数字显示 50 左右，根据焊接情况可在 40～60 的范围内调整，电流太大容易烧穿板件，形成孔洞；电流太小，垫片焊接不牢固，在拉伸中垫片容易脱落。焊接时间一般调整到数字显示 3～5。

③把搭铁固定在板件上，把垫片放入焊接电极中，轻轻按压在焊接部位，按下焊枪开关，把垫片焊接在板件上。依次在需要的位置焊接垫片（图 7－42），垫片间隔距离约为 10 mm，成排的焊片在焊接时要注意拉孔成一条直线，以方便拉杆插入。

图 7－41　调整整形修复机的参数

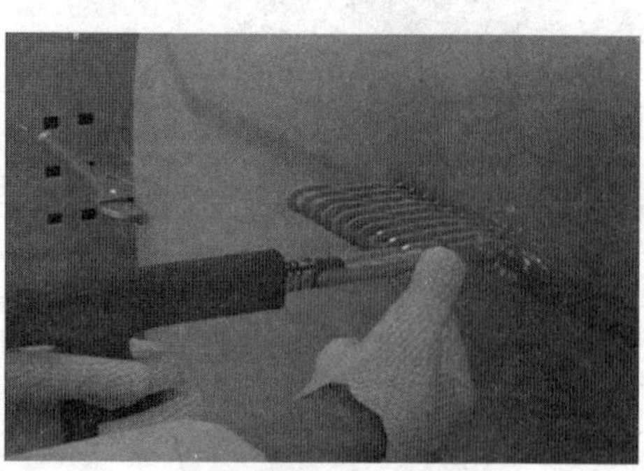

图 7－42　焊接垫片

④焊接完毕后，选择长度合适的拉杆（图 7－43）插入垫片的拉孔中。

⑤从工具车上取下长度最短的强力拉拔组合工具，根据门槛板的位置选择适当高度的支腿，把支腿安装上去，调整螺杆的长度到合适的拉伸位置（图 7－44），把螺杆前面的拉钩安装在强力拉杆凹陷最深的位置，调整好支腿后向内慢慢拉动把手，可反复拉伸几次。

⑥拉钩拉动拉杆把凹陷的板件逐步拉出（图 7－45），注意每次拉出的高度不要超过 5 mm。当把手合拢后，强力拉拔工具处于锁止状态，这时要用钣金锤不断轻敲周边的板件，释放板件变形位置的应力。

⑦松开把手，调整螺杆，使螺杆长度变短，然后再次向内拉动把手，再次将板件拉出，把手合拢后，再次使用钣金锤轻敲板件释放应力（图 7－46）。一般一个深度超过 10 mm 的板件凹陷变形需要三次以上的重复动作才能修复完毕。不能一次拉伸太多，否则会导致板件应力太大，造成拉伸困难或板件破裂。

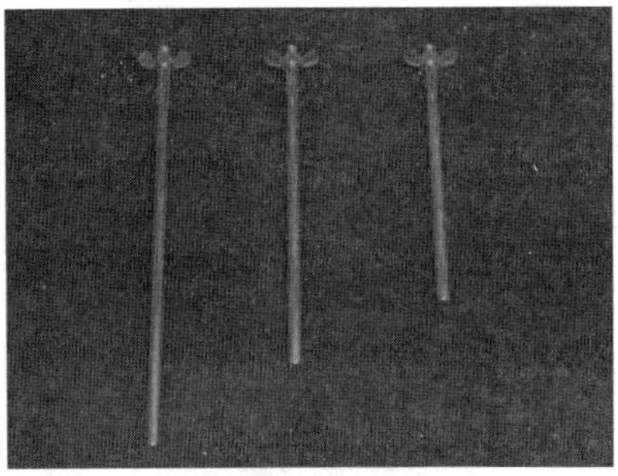

图 7－43　选择拉杆

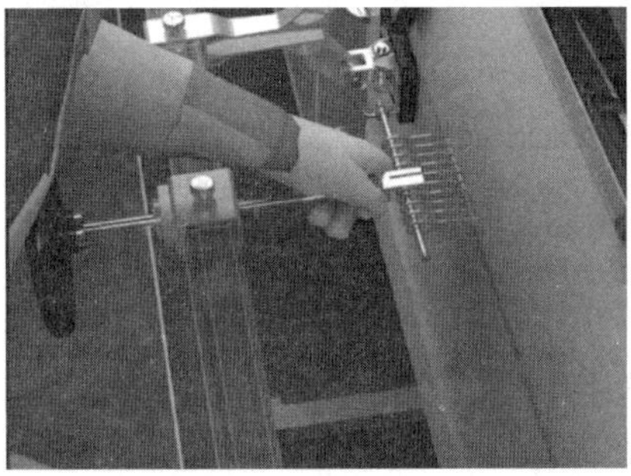

图 7－44　调整拉伸工具

图 7－45　拉出凹陷

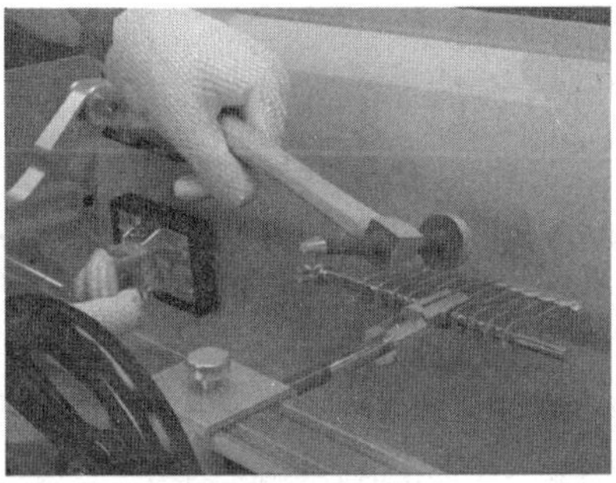

图 7－46　释放应力

任务总结

整形修复机适合修复内部不容易触及的钣金件，主要包括车门的边缘部位，前、中、后柱，后翼子板及门槛板等边缘部分。在修复过程中，低电压、高强度的电流通过介子和车身钢板，在电阻热的作用下，介子和钢板接触熔合，通过焊枪的挤压力把介子熔植到车身钢板上，拉拔介子，从而拉伸出凹陷的车身钢板，因此整形修复作业也叫作熔植拉拔作业。

注意：一些不易触及的内部损伤由于变形量较大、凹陷较深，使用整形修复机作业根本无法修平，只能采取在内侧钻孔，剥开咬合的双层边缘，或从内侧的工艺孔伸进修平刀（撬板），通过与钣金锤配合将损伤修平的方式，甚至有时还需将内层整体或局部取下，待损伤部位修平后再安装或焊接到原来的位置。所以，在面板修复前应根据损伤部位、程度及范围选择合理的作业方式，制定相应的流程，能否正确选择修复方式直接关系到工作效率和维修质量的高低。

手工工具修复和整形修复机修复这两种作业方式各有优缺点（表7－3），在维修过程中不是相互排斥，而是相辅相成，优势互补，必要时可同时或交替使用。如车辆前翼子板变形严重，可以使用钣金锤与垫铁配合进行粗校正，消除应力后再使用整形修复机对小的凹坑进行精细修整。

表7－3　手工工具修复和整形修复机修复的优缺点

维修作业方式	优点	缺点
钣金锤与垫铁配合作业	（1）操作方法简单、实用，对设备的依赖程度较小； （2）适合各种损伤程度面板的修复； （3）在敲击的同时可有效消除应力	（1）实敲作业时容易造成钢板延展； （2）控点不准； （3）损伤部位内侧需要较大的维修空间
整形修复机作业	（1）适合内部不可触及部位的修复； （2）可以不用或减少拆卸内侧相关零部件，减少工作量，降低劳动强度； （3）控点较准，对于较小的凹陷部位也能准确地拉出	（1）损伤较重的凹陷容易拉出孔洞； （2）对钢板有热影响； （3）不适合修复损伤严重的钢板

任务考核

表7-4　任务工单

工作任务：车门的损伤修复	班级			
	姓名		学号	
	日期		评分	

1. 基本信息

（1）车辆基本信息

车型：　　　VIN：　　　　生产年份：

（2）车辆损坏情况

（3）损伤构件定损情况

2. 钣金件修复

（1）工具准备

注意：

①介子选择：圆形介子适合修复面的损伤，三角形介子适合修复点的损伤，OT型介子适合修复车身经线损伤。

②焊接电流太小，介子焊接不牢固；焊接电流太大，容易烧穿车身钢板。

（2）劳动防护

（3）焊接步骤

（4）焊接修复注意事项

3. 反思

收获：

不足：

建议：

①小组讨论分析实施过程中产生的问题，给出改进方案；

②小组准备汇报材料，每组派一人进行汇报；

③整理相关资料，列表说明项目资料及资料来源，注明存档情况。

习题与思考

1. 填空题

(1) 在对损伤部位进行整形修复前，需要在钢板的边缘位置进行________。

(2) 修复完成后，板件与直尺间要有________的间隙，以便进行喷涂。

(3) 整形修复机利用________电压________电流，产生高的________，使得介子熔植到车身钣金件的损伤部位。

(4) 整形修复分为单点拉拔和多点拉拔，适用于损伤面积较大板件的修复的是________，适合损伤面积较小板件的修复的是________。

2. 选择题

(1)【单选题】在整形修复机操作过程中发现漏电，应该（　　）。

A. 戴上手套再作业　　B. 另换一台

C. 请专业维修人员检查设备　　D. 自行拆开检查

(2)【单选题】用整形修复机修复面板时，焊点过多易造成(　　)。

A. 钢板硬化　　B. 钢板过度延伸

C. 钢板内应力分布不均　　D. 钢板变薄

(3)【单选题】焊接介子时，介子之间至少保持（　　）mm 的间隔。

A. 5　　B. 8　　C. 10　　D. 15

(4)【单选题】在整形修复机整形作业中，焊接电流过大，（　　）；焊接电流过小，(　　)。

A. 钢板不受影响　　B. 介子焊接不牢，无法拉伸

C. 钢板出现烧穿现象

3. 简述题

整形修复机修复作业的注意事项有哪些？

项目八
车身结构件损伤修复

项目描述

在车身修理作业中，经常会遇到部分车身结构件损坏严重的情况，对于这种情况首先要进行电子测量，再进行拉伸校正，使车身整体形状、尺寸恢复，然后维修受损的相关板件。本项目针对车身损坏非常严重，无法进行维修，只能更换的情况，从车身板件的更换要求、分割用到的工具与设备、结构性板件的拆卸方法与注意事项入手进行理论学习，并对后围板、前纵梁、门槛板、前柱、中柱以及铝合金结构件的更换进行分组实训。

项目实施

车身结构件包括前纵梁、后纵梁、A 柱、B 柱、C 柱、门槛板等构件，这些构件多由高强度钢和超高强度钢等多层钢板通过焊接等方式组成。当汽车发生严重碰撞时，车身结构件发生变形吸收碰撞能量。由于结构件强度大，结构复杂，因此在维修过程中需要对受损部分进行拉伸校正，对受损部件进行切割，并通过焊接等方式完成新件的更换。

任务 14　车身结构件维修

学习目标

【知识目标】

掌握车身外部板件的更换要求；

掌握各类车身板件分割工具的用途。

【能力目标】

能够熟练掌握车身结构性板件的拆卸方法；

能够熟练掌握车身结构性板件的维修方式。

【素养目标】

培养学生的团队协作意识；

培养学生精益求精、严谨细致的规范操作意识；

提高学生的职业素养。

任务描述

当汽车在行驶过程中发生严重碰撞时，车身结构件会受到损伤，如 B 柱弯曲、纵梁弯曲等，对这种高强度结构件的严重损伤，通常选择直接更换结构件的方法进行修复。

任务解析

结构件是车身碰撞吸能的主要构件，多由高强度钢或超高强度钢通过焊接的方式组合在一起。结构件内部多有加强件，可以进一步提高结构件的强度。因此，当结构件出现损伤需要更换时，需要借助专用的设备，按照规范的拆装工艺进行拆装，以保证结构件的更换质量。

知识学习

1. 车身外部板件的更换要求

车身上一些外覆盖件损坏，可以对其进行钣金加工处理来消除金属板上的凸起、凹坑和褶皱。对于一些损坏严重、锈蚀严重的板件，无法进行修复，只能进行更换。当板件发生以下损坏时就需要进行更换。

①碰撞损坏的门和后顶盖侧板。碰撞造成翘曲，在边缘和车身外表有严重的加工硬化现象，如图 8－1 所示。

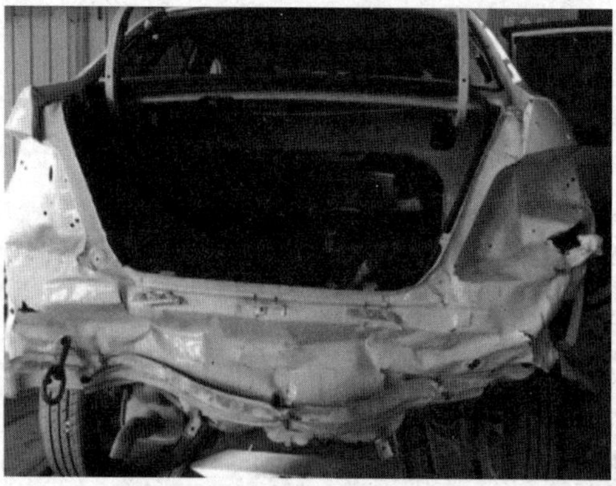

图8－1　车身碰撞损坏严重的板件

②后围板处碰撞损坏严重，如图 8－2 所示，需要进行局部切割除去损坏部件。

③车身侧围板经常发生损坏，需要切割后更换新的板件。图 8－3 显示了车身侧围板损坏后可以切割的部位。

④对于严重的腐蚀损坏，更换板件通常是唯一的补救方法。将生锈的金属板切割下来，在原来的位置焊接上新的板件。对于经常受到锈蚀的部位，局部更换板件是常用的方法。

⑤一些板件已经破损，无法修复，需要进行局部更换。

图 8－2　后围板损坏严重

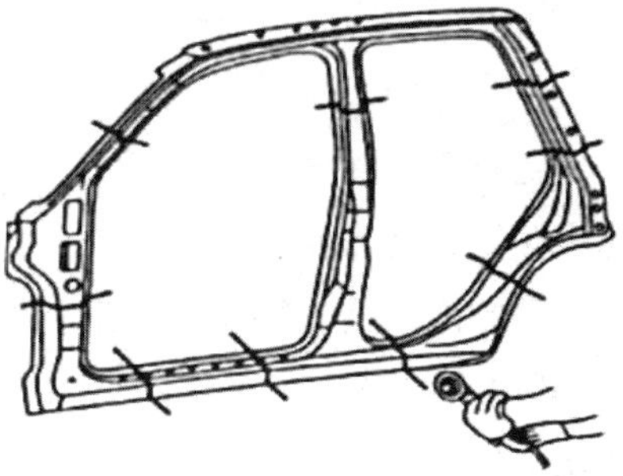

图 8－3　侧围板损坏后可以切割的部位

车身是用机械紧固和焊接两种方法将车身板件连接在一起的。装饰性的板件，例如翼子板、后顶盖侧板和发动机罩，用螺栓或铰链、铆钉等与车身相连。保险杠等部件通常是用螺栓连接到框架上的。更换这些板件时，只要拆卸紧固件即可。

2. 车身结构性板件的更换要求

在整体式车身结构（图 8－4）中，所有的结构性板件（从散热器支架到后端板）都焊接在一起，构成一个整体框架。结构性板件包括散热器支架、挡泥板、地板、门槛板、发动机舱的纵梁、上部加强件、后纵梁、内部的护板槽、行李舱底板等。

图 8－4　整体式车身结构

结构性板件是车身零部件和外部板件的安装基础。因此，结构性板件更换后定位的精确性决定了所有外形配合和悬架装置的准确性。焊接以前的新结构性板件不能草率地用垫片进行调整，必须精确地定位后才能进行焊接操作。

在修理结构性板件时，如果需要切割或分割板件，应完全遵照汽车制造厂的建议。有些汽车制造厂不允许反复分割结构性板件，有些汽车制造厂只有在遵循它们的正确工艺规程时才同意分割。所有汽车制造厂都强调：不要割断可能降低乘客安全性的吸能区域、降低汽车性能的区域或者影响关键尺寸的地方。

高强度钢板，例如保险杠加强件和车门防撞梁，受损后必须更换。在任何条件下，都不能用加热来校正高强度钢板。

3. 常用车身板件分割工具

修理厂大量应用气动工具进行车身板件的分割，这是因为：电动工具质量、体积大，应用比较少；而气动工具质量、体积小，可减轻工人劳动强度。气动工具一般采用调速机控制，更为安全。

①气动磨削工具。气动磨削工具如图 8 -5 所示，主要用于磨削、切割金属，去除油漆层，研磨原子灰等工作。

②气动切割锯。在车身维修中常用的是气动切割锯，如图 8 -6 所示，它用于金属结构件（钢板、铝板）、外部面板的分割。

图8-5 气动磨削工具

图8-6 气动切割锯

③气动錾子。气动錾子如图 8 -7 所示，用于快速进行粗切割作业，可节省大量时间；还能破开咬死的减振器螺母，去除焊接溅出物和破碎焊点。

④焊点钻。焊点钻如图 8 -8 所示，可以对车身上的电阻点焊焊点进行去除分离。它有进度限位装置，在分离板件时不会损伤下层板。

图8-7 气动錾子

图8-8 焊点钻

在板件中钻掉许多焊点是很慢的，使用具有夹紧装置的焊点钻进行操作就容易些，手的压力迫使特殊的圆形钻头进入焊点，钻头有行程限制，在钻透第一层板后不会损伤下面的板件。

⑤打孔器。打孔器有气动和手动之分，如图 8－9 所示，用于车身板件塞焊时在新板件上打孔的操作。

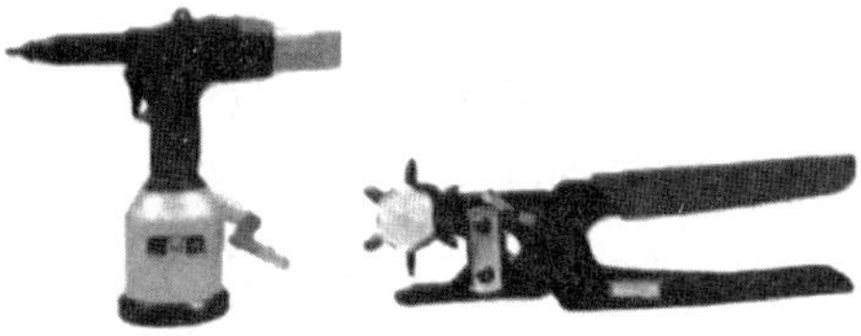

图8－9　气动和手动打孔器

⑥折边机。折边机用于车身板件搭接接缝的折边或车门内外板的折边成形，如图 8－10 所示。

⑦气动剪。气动剪如图 8－11 所示，用于切断、修整和剪切外形，或剪切塑料、白铁皮、铝和其他金属板（包括各种规格的轧制钢板）。

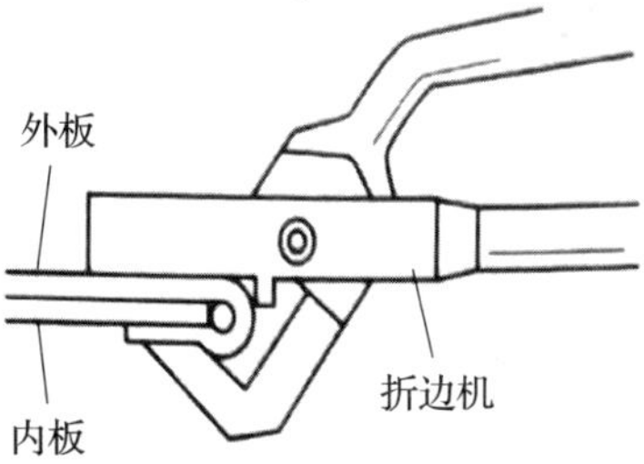

图8－10　手动折边机操作方法

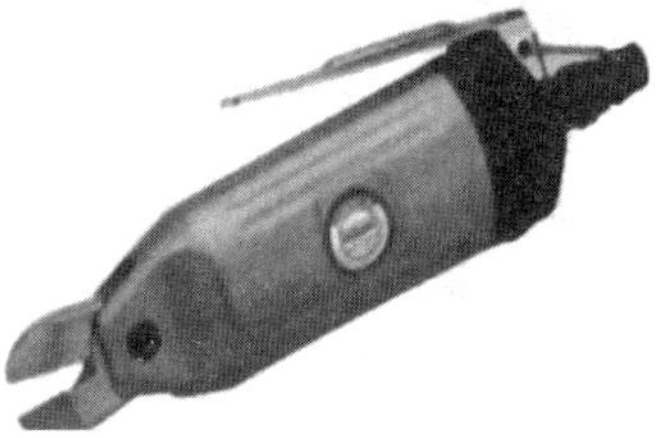

图8－11　气动剪

⑧气动除锈器。气动除锈器如图 8－12 所示，用于清除金属板上的锈迹。

⑨气动锉。气动锉如图 8－13 所示，用于快速清理车身板件上尖锐的毛刺等。

图8－12　气动除锈器

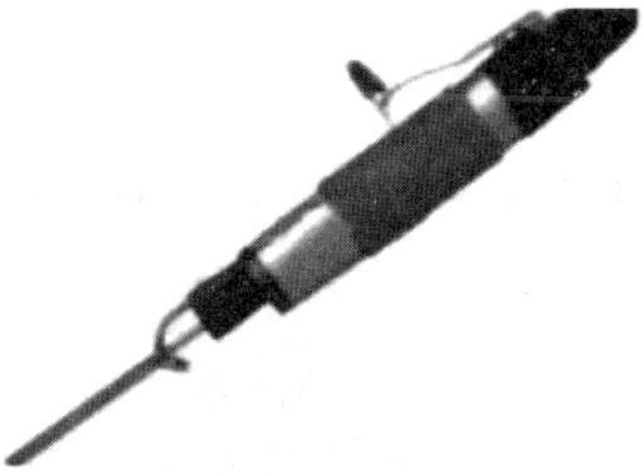

图8－13　气动锉

⑩等离子切割机。在现代汽车中，大量应用高强度钢和超高强度钢，这类钢材的硬度、强度非常大，用切割锯切割效率不高，而使用氧乙炔切割会产生大量的热，从而破坏金属内部的结构。

等离子切割机是用等离子弧来切割金属的。等离子弧是一种压缩电弧，是通过磁收缩方式获得的，弧柱电流产生的磁场对弧柱有压缩作用（磁收缩效应）。电流密度越大，磁收缩作用越强。由于弧柱断面被压缩得很小，因而能量集中（能量密度可达 $10^5 \sim 10^6$ W/cm²），温度高（弧柱中心温度为 20 000 ~ 30 000 ℃），焰流速度大（可达到 300 m/s 以上）。

等离子切割机不会使金属板过热，它借助内部或外部的高速气流吹走熔化的材料，直到等离子气流束穿透金属板而形成切割口。由于等离子弧切割不是通过氧化反应而是通过熔化来切割材料的，所以等离子弧切割的使用范围比氧切割大得多，能够切割绝大部分金属和非金属材料。

等离子切割机主要由主机、搭铁线和切割枪组成，如图 8 – 14、图 8 – 15 所示。

1—主机；2—搭铁；3—切割枪

图 8 – 14　等离子切割机

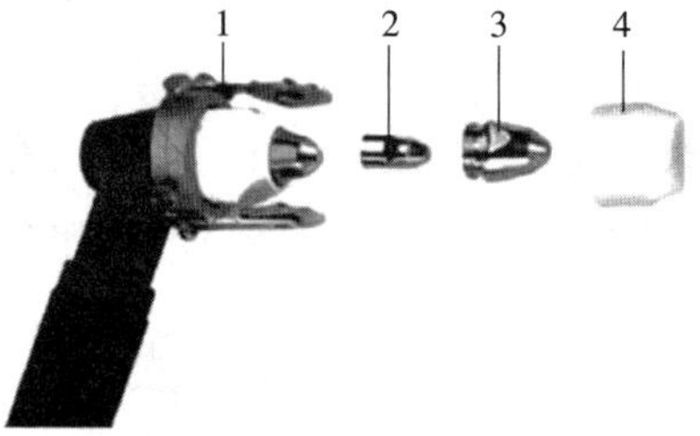

1—旋帽；2—电极；3—导电嘴；4—护套

图 8 – 15　等离子切割枪

任务实施

1. 结构性板件的拆卸方法

(1) 分离车身点焊焊点

车身结构性板件在汽车制造厂通过点焊连接在一起，拆卸板件主要是把电阻点焊的焊点分离，可以用焊点钻等工具钻去焊点，用等离子焊枪切除焊点、錾去焊点或用高速磨削砂轮磨去焊点。拆卸电阻点焊板件的方法由焊点的数目、配合的排列以及焊接的操作方法来决定。当点焊区域有若干层金属薄板时，拆卸的工具由焊接的位置和板件的布置来决定。

1）确定电阻点焊焊点的位置

为了找到电阻点焊焊点的位置，通常要去除涂层、保护层或其他覆盖物。可用氧乙炔或氧丙烷焰烧焦涂层，并用钢丝刷将它刷掉（氧丙烷火焰的温度比氧乙炔火焰的温度低些，金属所受的热应力也小些）。最好用粗钢丝砂轮、砂轮机或刷子来磨掉涂层。

在清除涂层以后，焊点的位置仍看不清的区域，用錾子錾开两块板件，如图 8 – 16 所示，这样可使焊点的轮廓线显现。

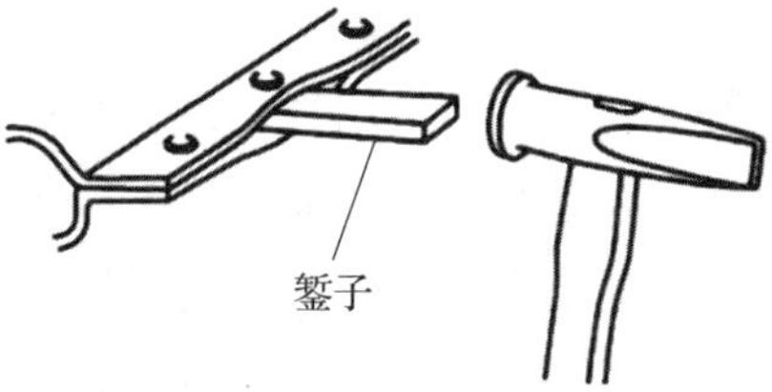

图8－16　用錾子确定焊点位置

2）分离电阻点焊焊点的方式

①钻头分离。确定焊点的位置以后，使用钻头、点焊切割器等工具来钻掉焊点。可以使用两种形式的切割器：一种是钻入式的，如图8－17(a) 所示；另一种是孔锯式的，如图8－17(b) 所示。无论用哪一种形式的切割器，在切割时都不要切割下面的板件，并且一定要准确地切掉焊点，以避免产生过大的孔。

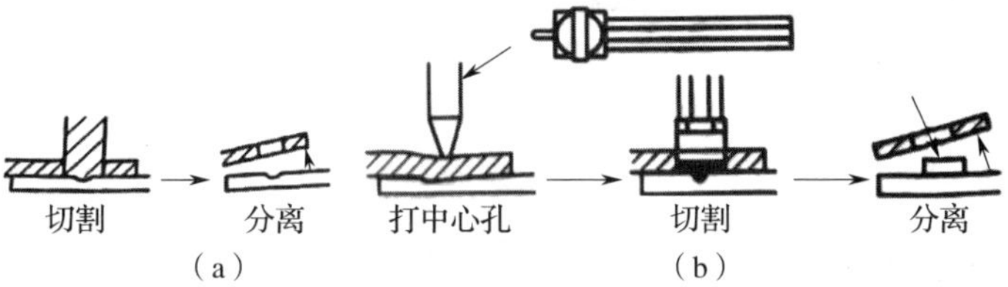

图8－17　用切割器分离焊点

(a) 钻入式切割器钻除焊点　(b) 孔锯式切割器钻除焊点

②等离子切割分离。等离子切割机可以很快地除去焊点。使用等离子切割机可以在各种厚度的金属板中吹洞来清除焊点，但是不能保证下层板件的完整性。

③磨削分离。用高速砂轮机也可分离点焊的板件，如图8－18所示。用钻头不能钻除的焊点，可以采用这种方法。操作时只需要磨削掉上层板，而不要破坏下层板。高速砂轮机磨削的效果如图8－19所示。

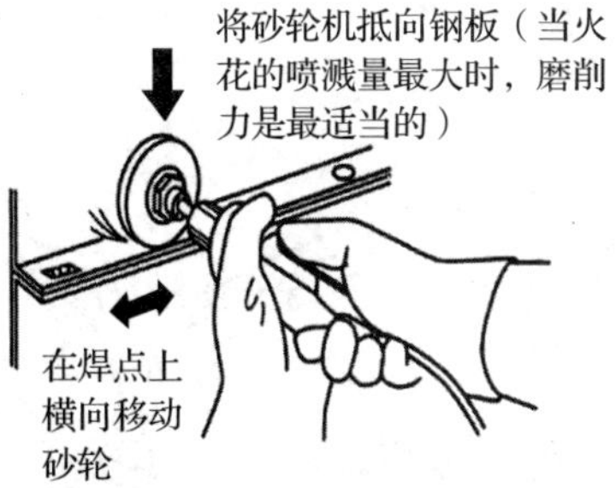

图8－18　高速砂轮机磨削清除焊点

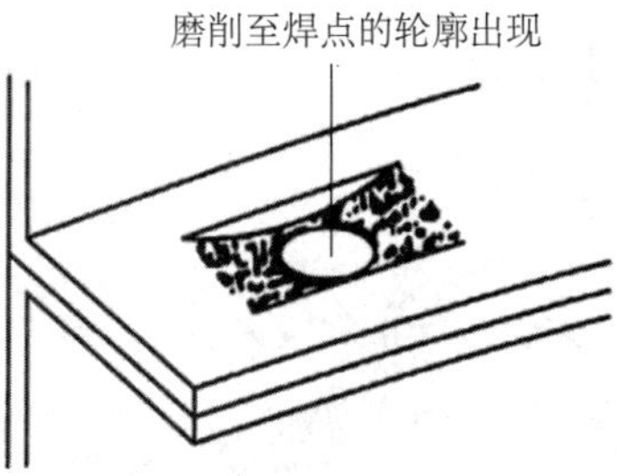

图8－19　高速砂轮机磨削的效果

钻除、等离子吹除或磨掉焊点以后，在两块板件之间打入錾子就可以分离它们，但不要切伤或弄弯未受损伤的板件。

（2）分离连续焊缝

在一些汽车的局部板件连接中，板件是用惰性气体保护焊连续焊接的。由于焊缝长，因此要用砂轮或高速砂轮机来分离焊缝，如图 8－20 所示。要割透焊缝而不割进或割透板件。握紧砂轮以 45°角进入搭接焊缝，磨透焊缝以后，用锤子和錾子来分离板件。

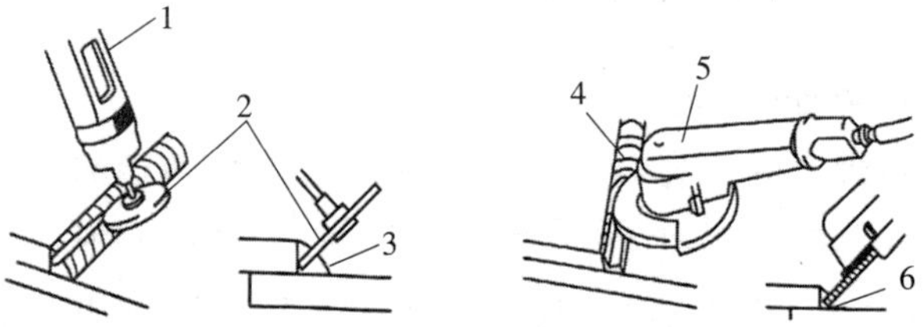

1—滚轮式砂轮机；2—切割研磨片；3、6—焊缝；4—连续焊缝；5—圆盘式砂轮机

图 8－20　砂轮机分离焊缝

（3）分离钎焊区域

钎焊用于外覆盖板边缘处或车顶与车身立柱的连接处。通常用氧乙炔焊枪或氧丙烷焊枪熔化钎焊金属来分离钎焊区域。在用电弧钎焊的区域，钎焊金属熔化的温度比普通钎焊的高些，而熔化钎焊金属会导致下面的板件损坏，因此通常采用磨削分离电弧钎焊的方法。普通钎焊和电弧钎焊可以通过钎焊金属的颜色来识别，普通钎焊区域是黄铜色的，而电弧钎焊区域是淡紫铜色的。

①用氧乙炔焊枪使油漆软化，用钢丝刷或刮刀将油漆除掉，然后加热钎料，直到它开始熔化呈糊状，再快速地将它刷掉，如图 8－21 所示。注意不要使周围的金属薄板过热。

②用一字螺丝刀或錾子錾入两块板件之间，将板件分离（图 8－22）。保持板件的分离状态，直到钎焊金属冷却并硬化。在所有其他焊接部分分离以后，分离钎焊区域是比较容易的。

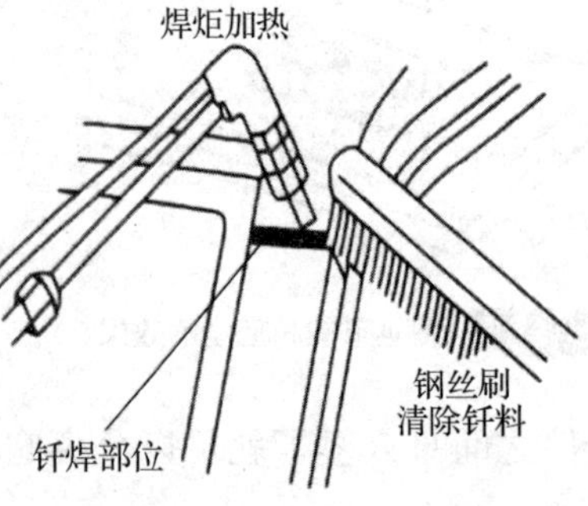

图 8－21　用钢丝刷清除钎料

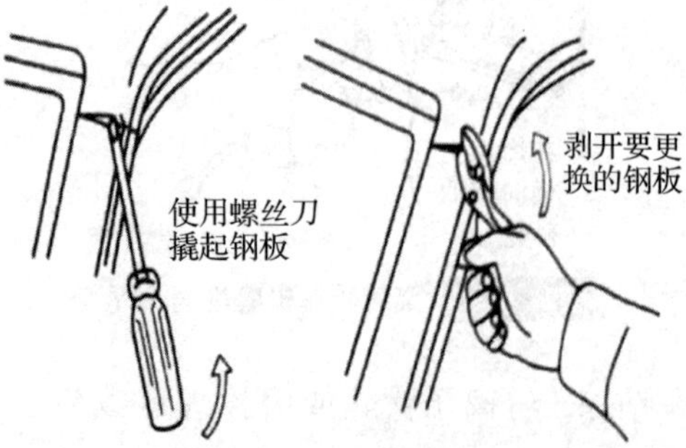

图 8－22　撬起、分离钎焊的钢板

③如果除去油漆以后确定是电弧钎焊，可采用高速砂轮机切除钎焊。如果更换上面的板件，不要切透它下面的板件。磨透钎焊接头以后，用錾子和锤子分离板件。

2. 结构性板件的维修方式

整体式车身部件一般在接缝处进行更换。但当有许多必须分离的接缝在车辆未受损伤的区域时，全部更换费用太高，就需要进行局部切割更换。如对梁、立柱和门槛板进行部分更换，可降低修理费用。分割结构件时要保持防撞吸能区的完整，使修理区域的强度像撞击以前一样，再遭碰撞时还具有吸收碰撞能量的能力。

在分割时要考虑车辆的特殊设计，例如防撞吸能区、内部的加强件、制造时的接缝位置以及理想的分割区域。当分割高强度钢和超高强度钢时，只有确认了分割将不危害车辆结构的完整性后才能实施。

经常需要分割和更换的结构性板件主要包括门槛板、后顶盖侧板、乘客舱地板、前纵梁、后纵梁、行李舱底板、B 柱以及 A 柱，如图 8－23 所示。

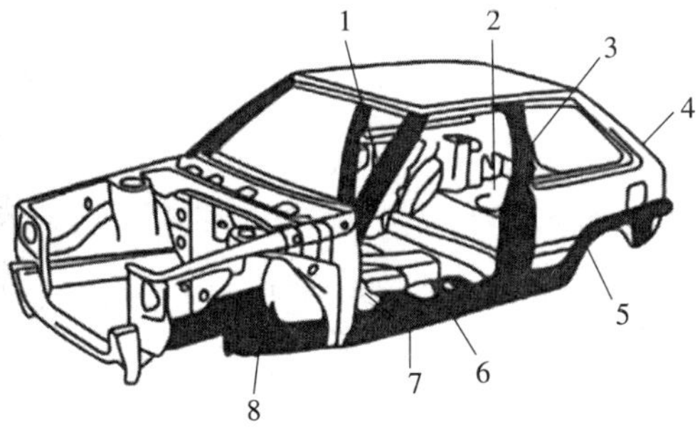

1—A 柱；2—行李舱底板；3—B 柱；4—后围板；5—后纵梁；
6—乘客舱地板；7—门槛板；8—前纵梁

图 8－23 经常需要分割和更换的结构性板件

承载式车身结构件有两种基本类型（图 8－24）：一种是封闭截面构件，例如门槛板、立柱和车身梁；另一种是开式截面构件或单层搭接连接的组合部件，例如乘客舱地板和行李舱底板。封闭截面构件是要求最高的构件，因为它们在车身结构中承载主要的载荷，而且截面强度比其他部件大得多。

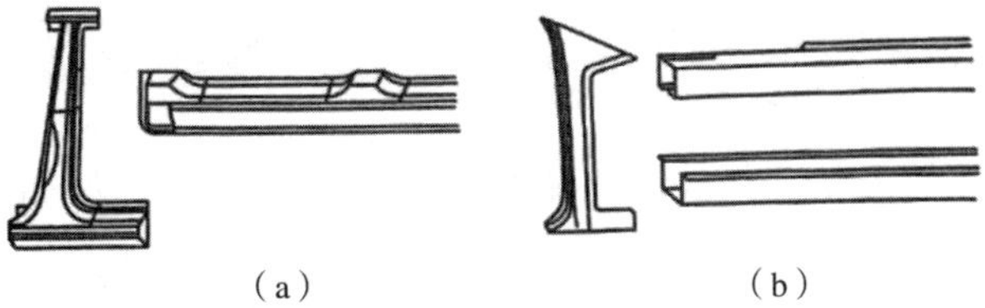

图 8－24 承载式车身结构件的类型

(a) 封闭截面 (b) 开式截面

结构性板件有三种基本连接方式：有插入件的连接、没有插入件的连接及搭接。

（1）有插入件的连接方式

有插入件的连接方式（图 8－25）主要用于封闭截面构件，例如门槛板、A 柱以及车身梁。插入件使这些构件容易装配和正确地对中连接，并且使焊接过程比较容易。

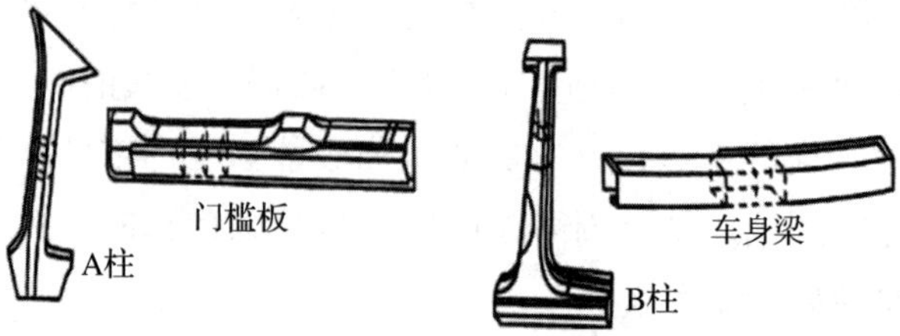

图 8－25　有插入件的连接方式

（2）没有插入件的连接方式

没有插入件的连接方式通常又称为偏置对接方式（图 8－26）。这种类型的连接用于 A 柱、B 柱及前纵梁。

（3）搭接方式

搭接方式（图 8－27）用于后纵梁、乘客舱地板、行李舱底板及 B 柱。

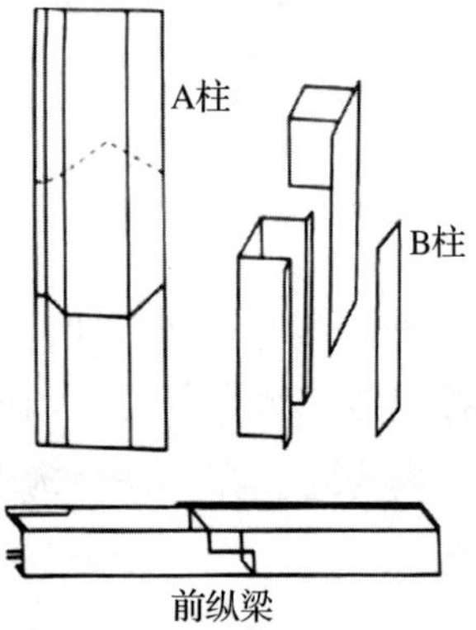

图 8－26　没有插入件的连接方式

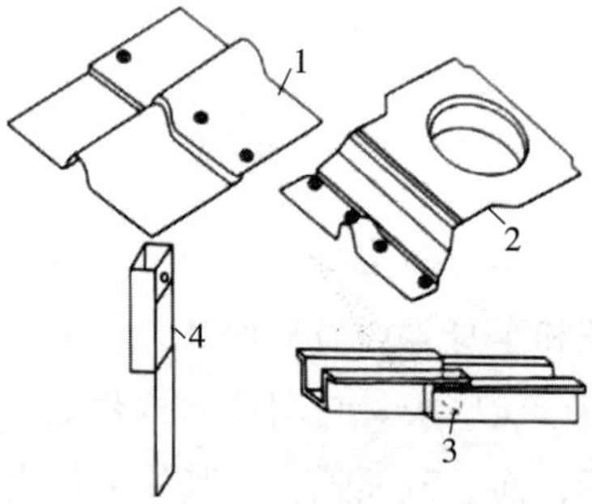

1—乘客舱地板；2—行李舱底板；3—后纵梁；4—B柱

图 8－27　搭接方式

根据被分割构件的形状和结构，可采用组合的连接类型。例如，分割立柱，可能要求在外件上用偏置对接方式连接，而在内件上用搭接方式连接。

3. 结构性板件分割注意事项

①分割时要避开有些部位，如构件中的一些孔。

②不要切穿任何内部加强件，如金属的双层构件。如果不小心切穿了内部加强件的封闭截面，则不可能使该部位恢复到事故发生前的强度。

③应避开支撑点，如悬架支撑点、座椅安全带在地板上的固定点以及肩带 D 环的固定点。例如，当切割 B 柱时，应环绕着 D 环面做偏心切割，以免影响固定点的加固。

④有些结构件设计有防撞吸能区或褶皱点，这是为了在撞击时吸收冲击能量。所有的前梁和后梁都有防撞吸能区，通过外观可辨认出。有些呈回旋状或波状的表面形式，有些呈凹痕或陷窝的形式，另外一些呈孔或缝的形式。这是有意设计的，梁发生碰撞时首先这些部位变形。防撞挤压区设在前悬架的前面和后悬架的后面。

在维修中需要对前纵梁进行切割时，一定要避开前纵梁的防撞挤压区，要按照维修手册中指定的位置进行切割，否则就会改变设计的安全目的。如果一根梁遭受到较大的损坏，这根梁的防撞挤压区通常被压弯。因此，其位置通常是容易确定的。在中等损坏的场合，冲击能量不可能把整个防撞挤压区压缩，因此要注意观察可能出现损伤的其他区域。图 8－28 所示为前纵梁设计的切割参考孔示例。

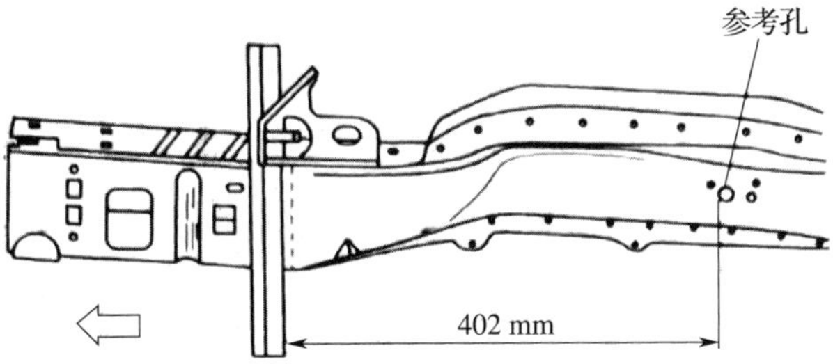

图 8－28　前纵梁设计的切割参考孔示例

任务总结

通过本任务学习了车身板件的更换要求，学习了气动切割工具的使用，学习了针对不同板件的连接方式选择合适的拆卸方式进行切割，学习了车身结构件的维修方法，为后围板、前纵梁、门槛板、前柱、中柱、乘客舱地板等结构件的更换奠定了基础。

任务考核

表8-1　任务工单

<table>
<tr><td rowspan="3">工作任务：车身结构件维修</td><td>班级</td><td colspan="3"></td></tr>
<tr><td>姓名</td><td></td><td>学号</td><td></td></tr>
<tr><td>日期</td><td></td><td>评分</td><td></td></tr>
<tr><td colspan="5">1. 基本信息
（1）车辆基本信息
车型：　　　　VIN：　　　　生产年份：
（2）车辆损坏情况

（3）损伤构件定损情况

2. 车身结构件的更换练习
（1）设备、工具、材料准备

（2）劳动防护

（3）维修步骤

（4）操作注意事项

3. 反思
收获：
不足：
建议：
①小组讨论分析实施过程中发生的问题，给出改进方案；
②小组准备汇报材料，每组派一人进行汇报；
③整理相关资料，列表说明项目资料及资料来源，注明存档情况。</td></tr>
</table>

习题与思考

简述题

（1）车身板件的更换要求有哪些？

（2）简述前纵梁的更换步骤。

任务15　车身结构件更换

学习目标

【知识目标】

掌握车身结构件的更换方法；

掌握钢制车身结构件的插入件对接、偏置对接方式。

【能力目标】

能够使用专用设备规范完成车身结构件的更换。

【素养目标】

培养学生的团队协作意识；

培养学生精益求精、严谨细致的规范操作意识；

提高学生的职业素养。

任务描述

如图8－29所示的事故车辆中部车身损坏严重，车身中柱下部以及和门槛板连接部位的板件损坏非常严重，这种情况的车辆该如何进行整形修复呢？

图8－29　严重撞伤的车身

任务解析

通过碰撞分析发现，该车中部车身损坏严重，车身中柱下部以及和门槛板连接部位的板件损坏非常严重，无法进行整形修复，只能采取更换的方法进行维修。需要先拉伸校正，使车身整体形状、尺寸恢复，然后维修受损的相关板件。

需要注意的是，确认要更换的板件不可以在拉伸校正结束之前拆下，否则会影响拉伸校正工作的进行。

知识学习

1. 后围板的更换

①焊点的清除。使用焊点钻来清除焊点，如图 8－30 所示。注意针对不同的部位选择合适的钻头直径。

②C 柱的切割。如图 8－31 所示，用样板规在 C 柱外板上画出切割线，沿着切割线进行切割。对钎焊部位加热，分离钎焊区。

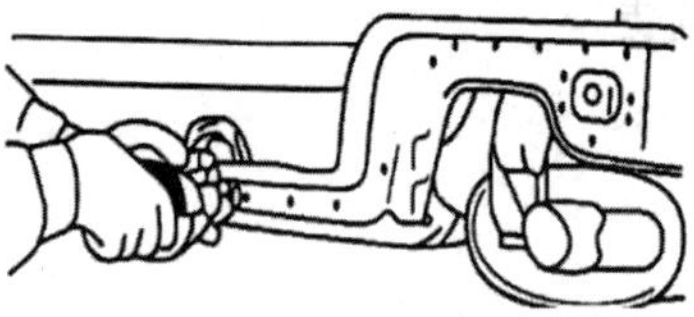

图 8－30　焊点的清除

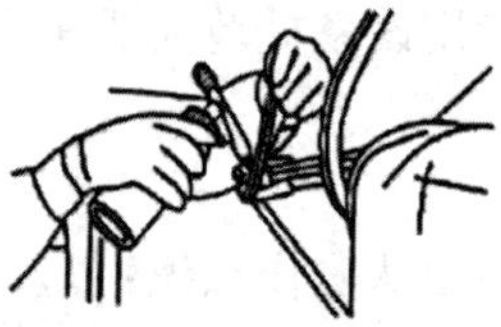

图 8－31　钎焊的切割与分离

③车身结合部位的整理。用研磨机磨去焊点部位的多余金属，使金属平整。用钢丝刷去除黏着物，如图 8－32 所示。对焊接面板件进行整修，涂抹点焊防锈底漆。

④新板件的切割准备。用塑胶样板规画切割线，使用气动锯沿着切割线进行切割，如图 8－33 所示。注意防止钢板变形。

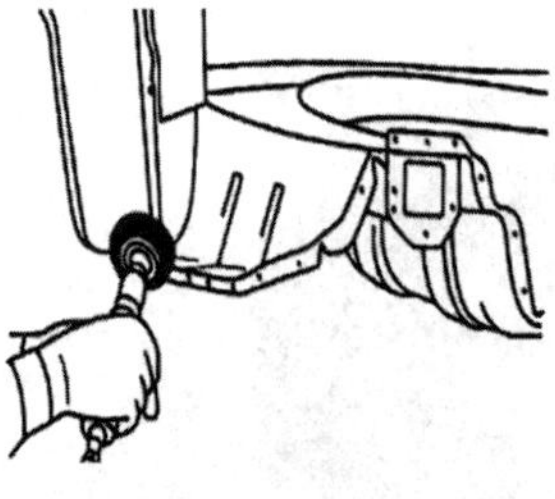

图 8－32　用钢丝刷清洁

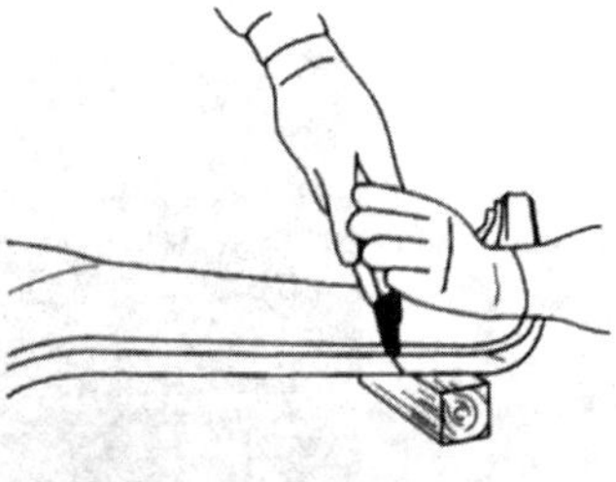

图 8－33　切割新板件的多余部分

⑤暂时安装后围板。用大力钳夹在若干点将后围板固定，要保证板件的末端和边缘匹配。

⑥仔细调节后围板与周围板件的配合（图 8－34）。调节板件，以便与车门和车身轮廓匹配，然后将行李舱盖安装在正确位置上，并调节间隙和水平差。进一步确定后窗孔的对角尺寸，若有差别，适当地进行校正，使后窗玻璃与后窗孔相吻合。

⑦将新板件装配到车身上以后，可以钻些小孔，用自攻丝螺钉将它临时固定（图 8－35）。注意：如果用虎钳夹固定，将不能检验配合的正确性。

图8-34　后围板间隙的调整

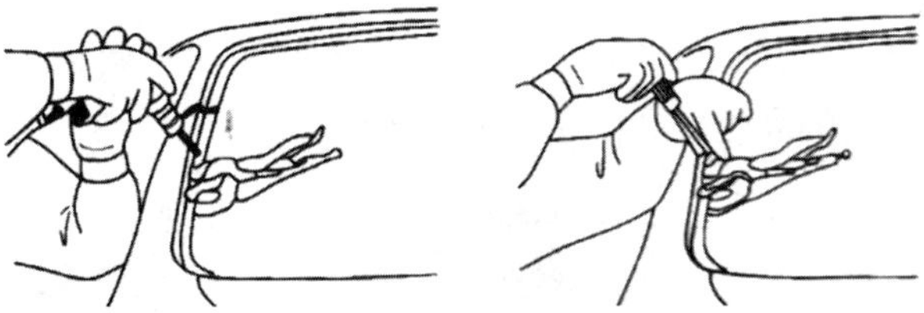

图8-35　临时固定新板件

调整车身轮廓线和板件的搭接处，使其与后围板及后部窗口框架相匹配。安装尾部组合灯，并使板件与灯组件配合。当每个部分的间隙、车身轮廓线和水平偏差都调整好时，用肉眼检查整体的扭曲和弯曲。

⑧切割搭接的板件。板件正确定位以后，在分割区域切割新板件的搭接部分，如图8－36所示。切割时要精确，如果切割后出现间隙或板件搭接，将会给下一步的焊接造成困难。

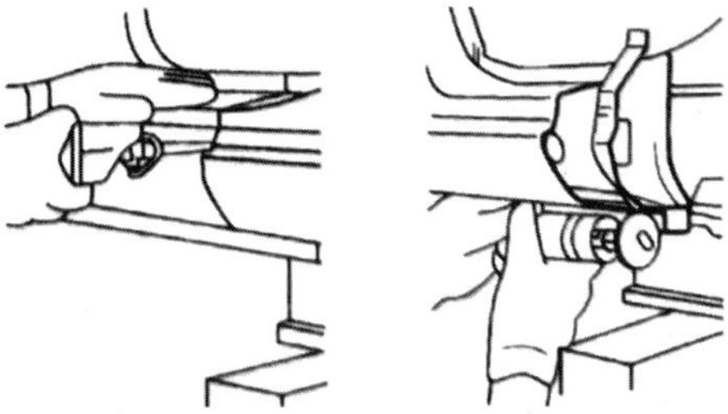

图8-36　切割新板件的搭接部分

可以用以下的基本方法完成切割搭接部分：如果搭接区域大，两块板件可以同时进行切割；如果搭接区域小，可以用画线笔在搭接板件的端部画一条直线，沿着所画的直线用手动锯或砂轮切去位于连接区域的搭接部分。此时板件应整齐地配合在一起，只能有小的间隙或者没有间隙。

在切割好搭接部分以后、进一步加工以前，要将更换的板件移开，清除里面板件上所有的碎屑和异物。

围绕后围板的内周边涂上密封剂，并且再次用自攻丝螺钉安装板件和其他零件。再一次检查配合情况。

⑨焊接前的准备。在新零件上用不同记号来区别是要进行塞焊还是点焊，先将实施点焊部位的底漆磨除，对塞焊部位根据板件厚度选择钻头来钻取塞焊所需要的塞孔。确保新板件与车身的结合面吻合得很好，在焊接处涂抹点焊防锈底漆。

⑩焊接新板件。一旦新板件的尺寸和位置确定以后，就将它焊接就位，如图 8－37 所示。要采用分段焊接，以防止热变形，减小热应力。

⑪焊接接头的处理。对表面的焊缝进行研磨，直到平滑。在没有底漆的部位实施清洁及去脂工作，喷涂底层漆。

⑫调整装配间隙。先调整行李舱盖的前后方向间隙，再调整行李舱盖的左右方向间隙，最后调整行李舱的高度，如图 8－38 所示。

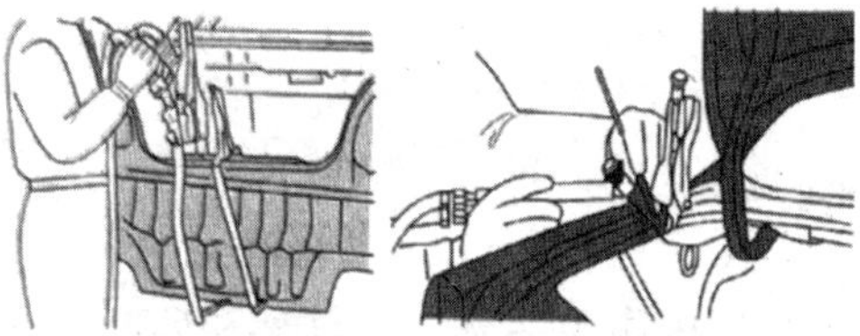

图 8－37　新板件电阻点焊和钎焊

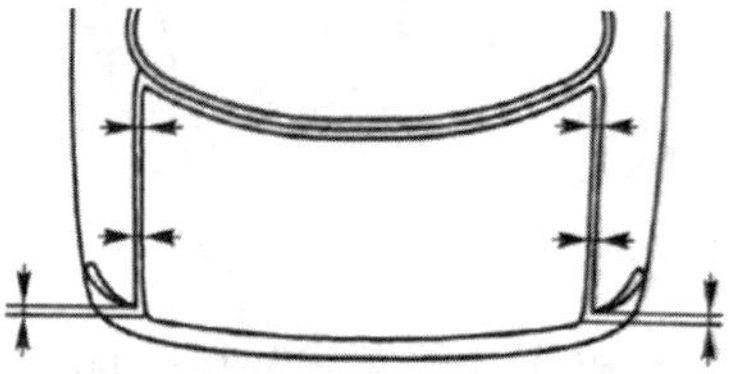

图 8－38　调整装配间隙

2. 前纵梁的更换

①拆除旧的板件。使用点焊钻钻除所有焊点，如图 8－39 所示，然后用錾子检查所有焊点的钻除情况，但不能施力于錾子上，以免钢板裂开。

②车身准备。要磨平、钻除焊点时或剥离钢板时产生的毛刺，如图 8－40 所示，注意不要把钢板磨薄。把要进行焊接的部位清理干净，露出新的金属，如图 8－41 所示。

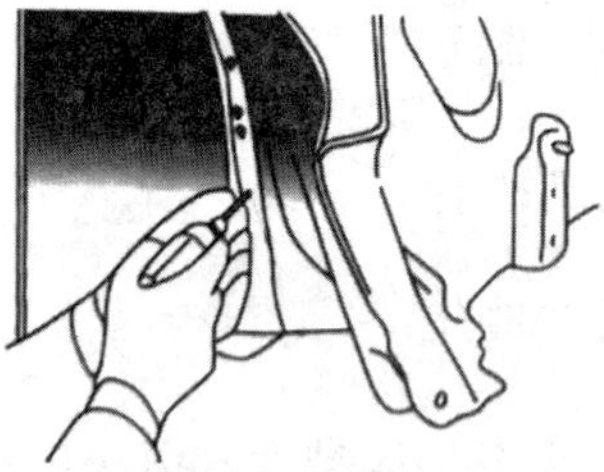

图 8－39　钻除焊点

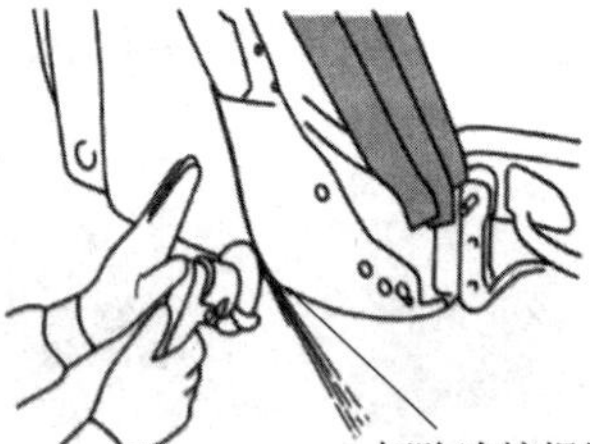

图 8－40　焊点连接部位清理毛刺

③清洁车身结合面。用钢丝刷去除钢板焊接部位周围的车身密封胶及底层漆。在清洁和去蜡后，在钢板焊接的结合面涂抹点焊防锈底漆，如图 8－42 所示。

④新钢板焊点定位。在点焊的位置做上不同的记号，如图 8－43 所示，以便于辨认，并在新的钢板上做记号（点焊焊点数要比原焊点数多出 30%，先决定两端的位置，再分配其余的焊点）。如果用塞焊则要先在新板件上钻孔，如图 8－44 所示，钻孔的大小可参考维修手册，如果没有要求，结构性板件上钻直径 8 mm 的孔，外板件可钻直径

5 mm 的孔，塞焊焊点数可以和原焊点数一样。

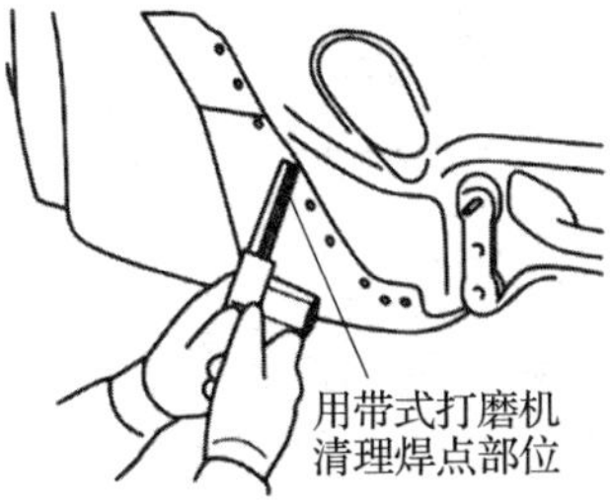

图 8-41　清洁电阻点焊部位露出新金属

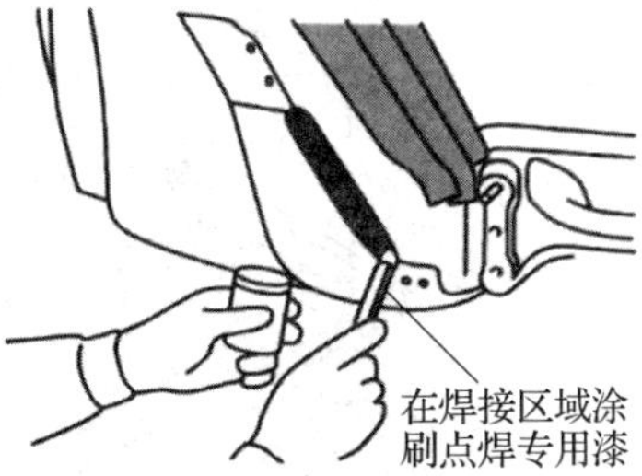

图 8-42　涂抹点焊防锈底漆

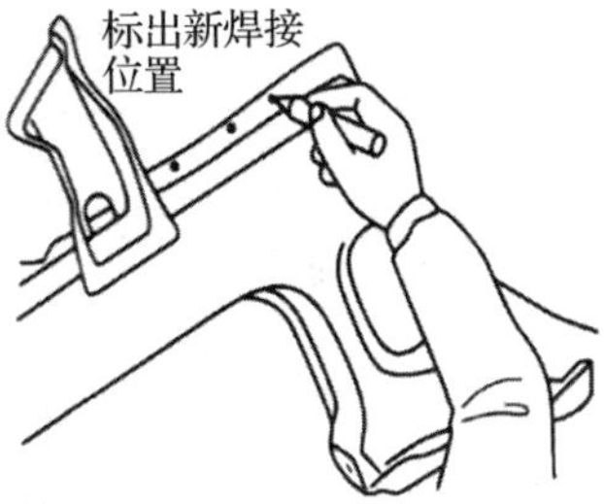

图 8-43　标出电阻点焊位置

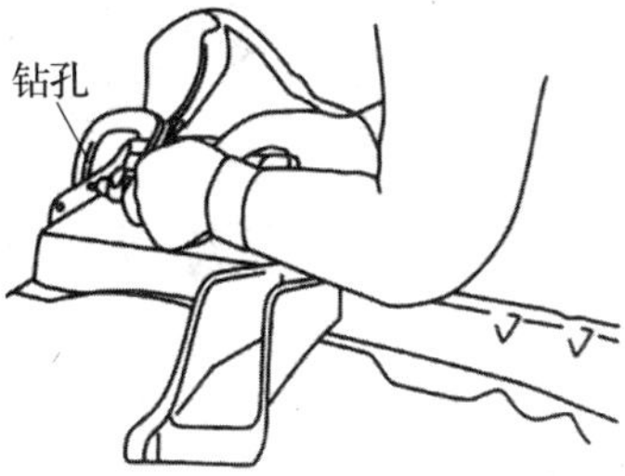

图 8-44　塞焊操作要提前钻孔

⑤磨除实施点焊部位的底漆，在磨除底漆后的表面上涂抹点焊专用底漆。

⑥将前挡泥板和纵梁的装配标记对准，并用虎钳将它们夹紧。没有参考标记的零件，新板件应安装在旧板件的相同位置上，如图 8－45 所示。

⑦暂时安装车身前横梁。用锤子和木块依次轻轻地敲击板件，使它按需要的方向移动，直至彼此相配，同时用测量工具来确定安装部件的位置。

⑧假如测量尺寸与参考值相符，通过 CO_2 气体保护焊点焊几个点，将板件暂时固定。

⑨依照标准孔或旧零件的装配痕迹来暂时固定安装散热器支架，如图 8－46 所示。

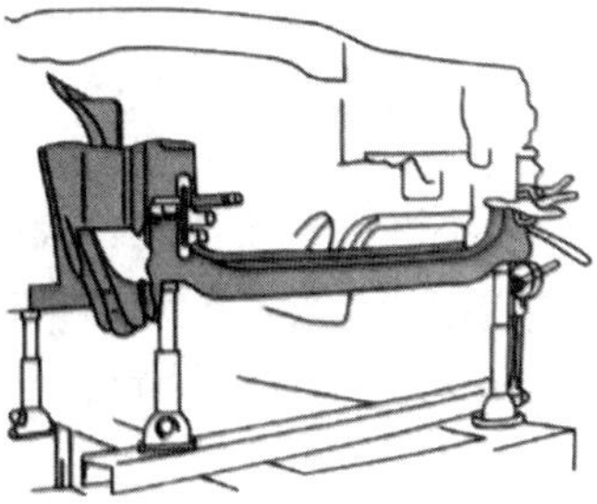

图 8-45　新板件安装在旧板件的相同位置上

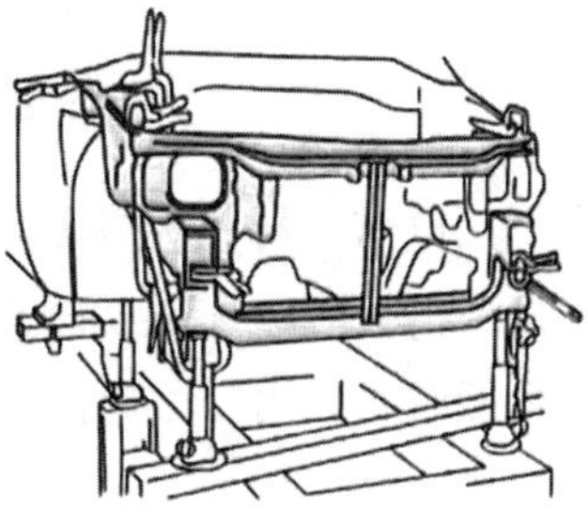

图 8-46　安装散热器支架

⑩调整尺寸。首先进行测量，确定悬架上支座及前翼子板隔板前后端安装点的定位情况，检查零件与前照灯左右尺寸的差异，按照汽车维修手册给出的车身标准尺寸图（图 8－47）确定各尺寸是否符合要求，视需要调整到符合标准要求。

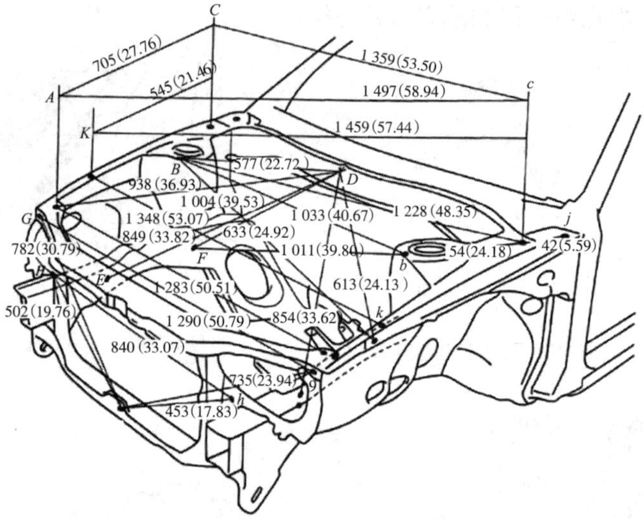

图 8－47　车身标准尺寸图（单位：mm（in））

检查左右翼子板隔板上端的高度，通过测量调整到允许的误差范围内。

组装车身覆盖件并检查装配间隙，如图 8－48 所示，判定装配间隙是否调整到标准范围内。

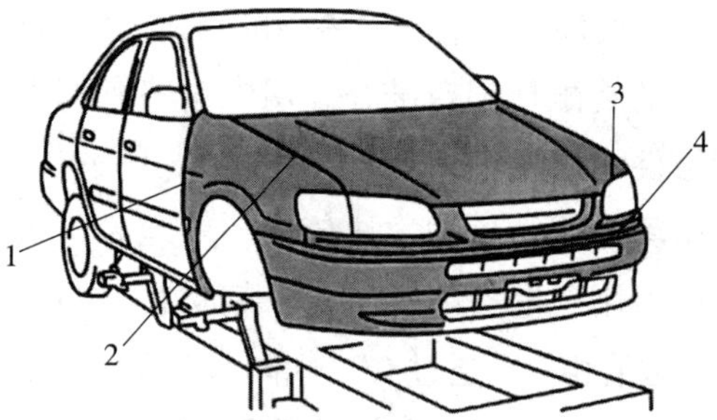

1—车门与翼子板的间隙；2—翼子板与发动机罩的间隙；
3—发动机罩与前照灯的间隙；4—翼子板、前照灯与保险杠的间隙

图 8－48　检查外覆盖件的装配间隙

⑪在焊接以前，再一次核实所有的尺寸，尺寸不准确就不能进行焊接操作。

⑫焊接新钢板时应从强度较高的部位开始焊接，焊接的两个板件要结合良好，没有缝隙，焊接时要采用分段焊接，以减小焊接应力与变形。焊接后拆除焊接夹钳，并重新测量。

⑬在有些部位能明显看到的焊点必须研磨至与板件平齐，而要喷涂底层漆的部位只要稍微研磨修饰即可。钢板清洁及去脂后在焊接部位或裸钢板上喷涂防锈底漆。

⑭在完成涂装后进行车身部件装配。先调整发动机罩的前后方向，再调整发动机罩和翼子板的间隙，然后调整发动机罩的高度，最后调整车门与翼子板的车身线高度和曲率。

3. 门槛板的更换

整体式车身的门槛板设计有两层板或三层板。不管是哪一种，门槛板都可能有加强件。加强件可以是间断的，也可以是连续的。根据损坏的情况，门槛板可以和中柱一起更换，或者单独更换。

切割或修理门槛板时，有两种处理方式：一种是纵向切割，用插入件对接；另一种是切割门槛板的外板，用搭接的方式装上修理件。当安装一个重复使用的带有中柱的门槛板时，应采用插入件对接方式，如图 8－49 所示。

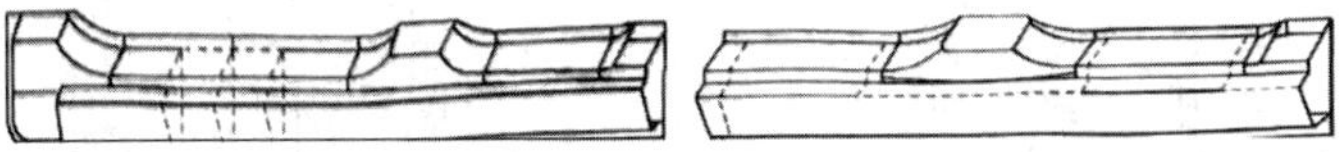

图 8－49　采用插入件对接方式修理门槛板

从修理件的多余部分或损坏件的端部切割下来一块或多块材料制作插入件，长度为 15～30 mm。用塞焊将插入件固定在适当的位置，如图 8－50 所示。

只有在安装门槛板或其一部分时，才采用搭接工艺。切割时，为了避免切割到中柱下面的任何加强件，应避开中柱的基础 50 mm 以上，如图 8－51 所示。

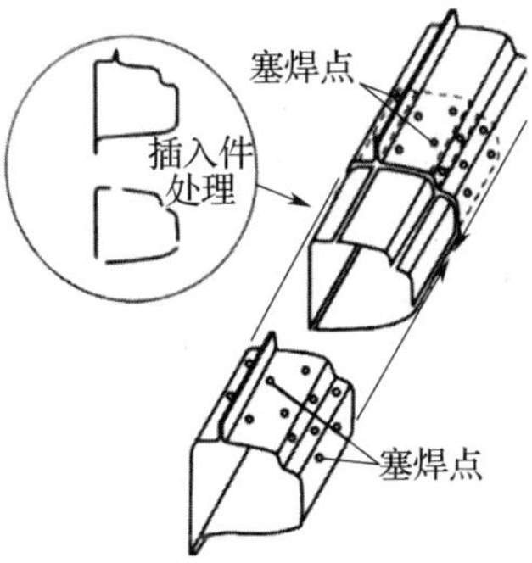

图 8－50　插入件的固定方式

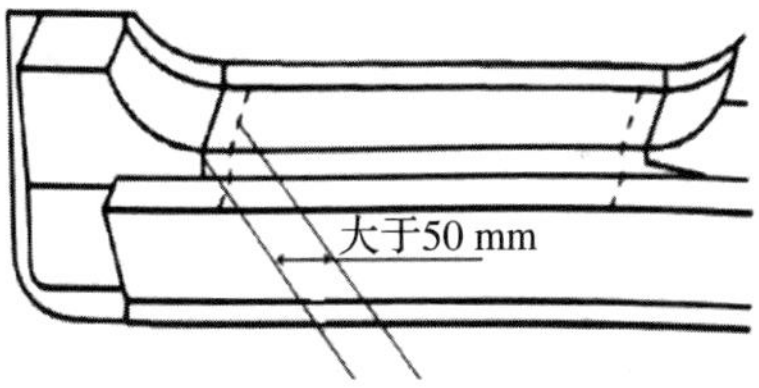

图 8－51　不要切割中柱下面的加强件

门槛板的切割与焊接操作过程如下。

①环绕中柱和后柱的基础切割，在每一个立柱的周围留下搭接区域。

②切好新的门槛外板，将其搭接在立柱基础的周围，同时门槛外板的原件仍然固定在汽车上。

③在夹紧的凸缘上，采用塞焊代替出厂的电阻点焊进行连接。

④采用与电阻点焊近似的等间距，围绕中柱和后柱进行塞焊连接。

⑤在搭接段中间部分实施断续的缝焊，每边缝焊总长度约占总长的 30%，即搭接边的每 40 mm 长度大约有 12 mm 焊缝。

⑥在门开口的搭接区域进行塞焊焊接，并环绕边缘搭接实施缝焊。

4. 前柱的更换

前柱由两件或三件板组成，如图 8－52 所示，在上端、下端或上下两端都有加固件。因此前柱应在中间区域切割，避免割掉任何加固件。

对于前柱的切割，可用插入件对接，或者用没有插入件的偏置对接。用插入件对接时，如图 8－53 所示，插入件的长度应为 100～150 mm。

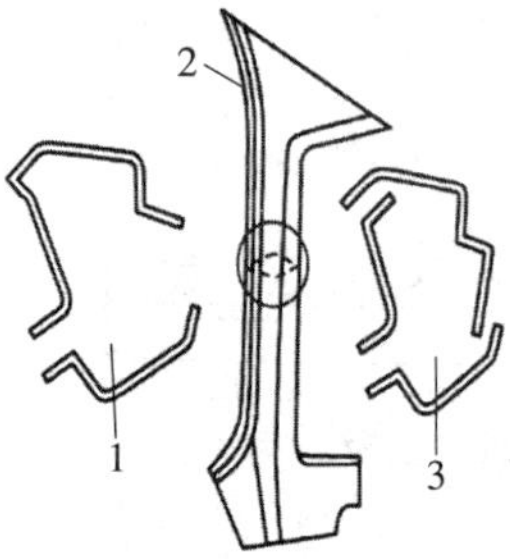

1—由两件板组成；2—前柱；3—由三件板组成

图 8－52 前柱的结构

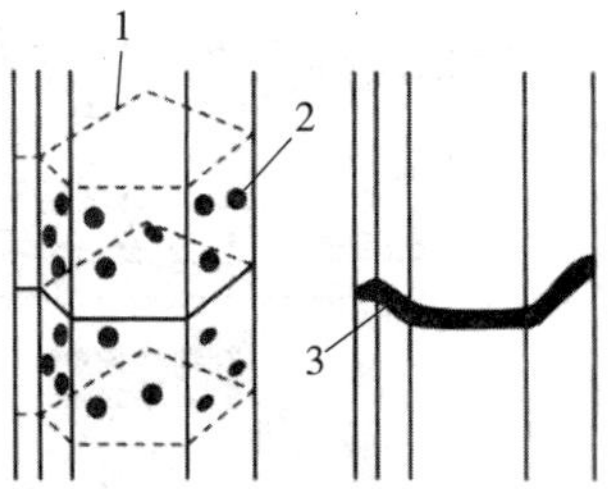

1—插入件；2—塞焊点；3—对接焊缝

图 8－53 前柱的插入件对接

进行偏置对接时，如图 8－54 所示，内件的切割位置与外件不同，形成偏置。内外件两条切割线的间距不得小于 50 mm。将截面对接在一起并将它们的四周连续焊接。

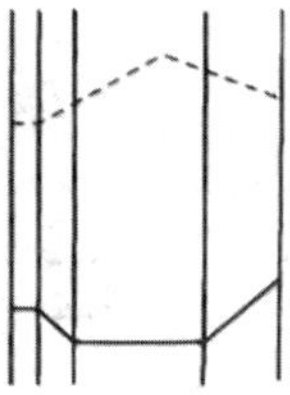

图 8－54 前柱的偏置对接

5. 中柱的更换

对于中柱的切割，可以采用两种对接方式：插入件对接（图 8－55）、偏置对接（图 8－56）。大部分中柱都有加强件。对中柱，仅在它的外件使用槽形插入件。D 环固定点加强件是焊到内件上的，因此无法使用插入件。

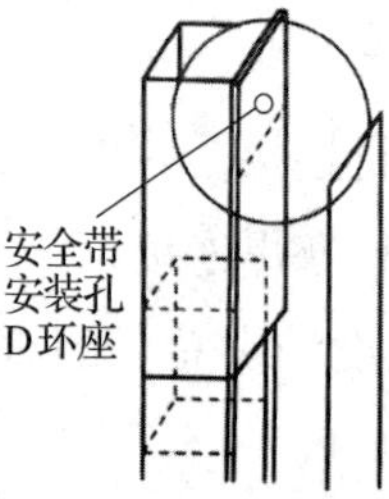

图 8－55 中柱的插入件连接

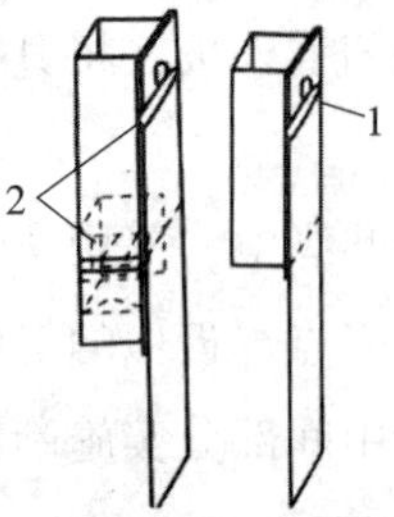

1—内板搭接焊；2—外板对接焊和塞焊

图 8－56 中柱的偏置对接

采用偏置对接时，首先在原有的内板上搭接新的内板，而不要将它们对接在一起，并且焊好搭接边缘。然后用点焊把插入件焊接就位，并且用连续对接焊环绕外板进行封闭连接。

安装新件或者加工分离的内件和外件时，经常采用偏置连接和搭接的组合，如图 8－57 所示。操作步骤如下：

①在外件上，在 D 环固定点加强件之上进行对接切割；

②在内件上，在 D 环固定点加强件之下进行重叠切割；

③安装内件，将新的板件搭接在原有板件上；

④焊接搭接边缘；

⑤将外件安放就位，在边缘上进行塞焊，并且在对接处用连续焊缝封闭截面，如图 8－58 所示。

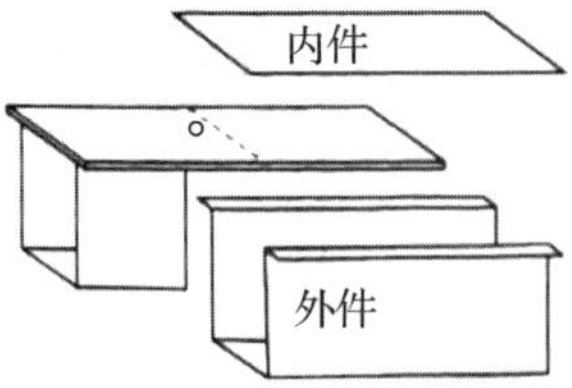

图 8－57　偏置连接和搭接的组合结构

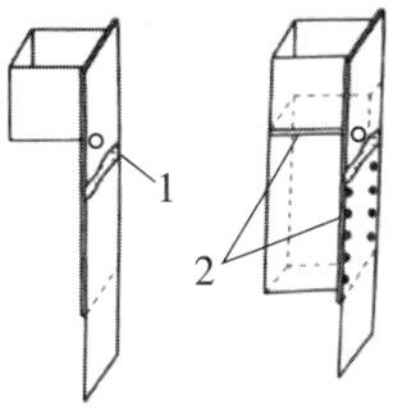

1—内板搭接焊；2—外板对接焊和塞焊

图 8－58　偏置连接和搭接的组合更换

6．地板的更换

切割地板时，不要切穿任何加强件，例如座椅安全带的固定装置。要注意使后部地板搭接在前板上，使下部地板的边缘总是指向后方。这样从前向后运动的道路飞溅物会从底部边缘流出而不会迎面撞击，如图 8－59 所示。地板搭接板件的分割、连接要注意以下几点。

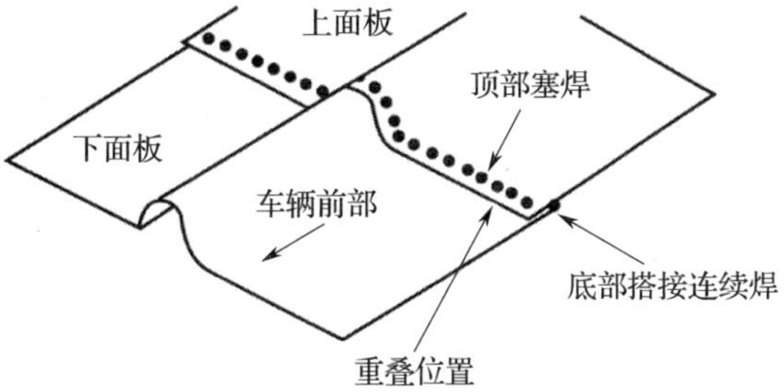

图 8－59　地板的搭接边缘不要迎风

①用搭接焊连接所有的地板。

②在搭接部位进行塞焊连接（图 8－60）。

③用弹性捻缝材料堵塞上边和向前的边。

④在下边用搭接焊焊接重叠的边。

⑤用底漆、薄层保护层以及外涂层覆盖搭接焊缝，如图 8－61 所示。

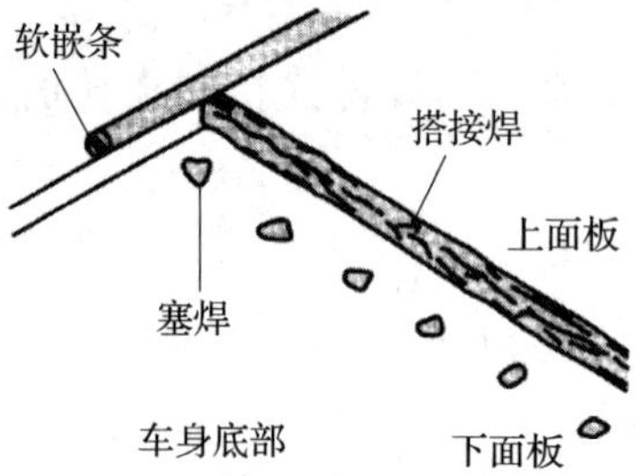

图 8-60　塞焊连接

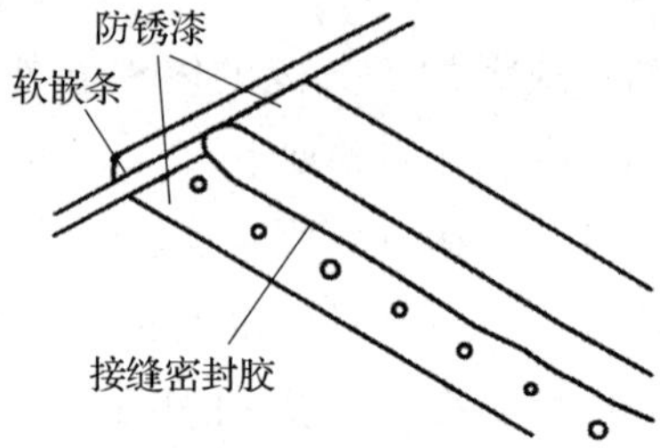

图 8-61　焊缝的密封

任务总结

本任务学习了车身结构件的更换方法，钢制车身结构件的插入件对接、偏置对接方式。通过学习和实训使同学们能够使用专用设备规范完成车身结构件的更换。

任务考核

表 8-2　任务工单

<table>
<tr><td rowspan="3">工作任务：车身结构件更换</td><td>班级</td><td colspan="3"></td></tr>
<tr><td>姓名</td><td></td><td>学号</td><td></td></tr>
<tr><td>日期</td><td></td><td>评分</td><td></td></tr>
<tr><td colspan="5">1. 基本信息
（1）车辆基本信息
车型：　　VIN：　　生产年份：
（2）车辆损坏情况

（3）损伤构件定损情况

2. 车身结构件的更换练习
（1）设备、工具、材料准备

（2）劳动防护

（3）维修步骤

（4）操作注意事项

3. 反思
收获：
不足：
建议：
①小组讨论分析实施过程中产生的问题，给出改进方案；
②小组准备汇报材料，每组派一人进行汇报；
③整理相关资料，列表说明项目资料及资料来源，注明存档情况。</td></tr>
</table>

习题与思考

1. 选择题

(1)【多选题】切割更换时，(　　) 可以采用搭接的方式进行连接。

A. 行李舱底板　　B. 前纵梁　　C. 门槛外板　　D. 前后地板

(2)【单选题】门槛板内的插入件要用（　　）的方法固定。

A. 点焊　　B. 定位焊　　C. 塞焊

(3)【多选题】等离子切割枪上最重要的部件是（　　）。

A. 电极　　B. 密封圈　　C. 开关　　D. 喷嘴

(4)【单选题】由三层板组成的门槛板，在更换时使用（　　）的方式连接。

A. 插入件对接　　B. 无插入件搭接　　C. 无插入件对接

(5)【单选题】车身前柱切割后，可用（　　）的方式连接。

A. 搭接　　B. 无插入件对接　　C. 有插入件对接

(6)【多选题】更换车身板件时，可以用（　　）进行分离。

A. 等离子切割机　　B. 气动切割锯　　C. 焊点钻　　D. 打孔器

2. 判断题

(1) 切割时要避开车身板件上的任何孔和加强件。（　　）

(2) 在使用氧乙炔焊切割车身结构件时，可以在距离准确切割位置 5 mm 以上的地方进行切割。（　　）

(3) 对前柱可采用纵向切割，然后用插入件对接，也可采用没有插入件的偏置对接。（　　）

(4) 车身上的防撞吸能区在修复中尽量不要进行切割分离。（　　）

(5) 烧焦车身板件上的油漆层时，加热到钢板微微变色即可。（　　）

(6) 在分离车身板件时，要注意不要破坏未受损伤的部件。（　　）

(7) 等离子切割机可以很快地除去焊点，但不能保证下层板件的完整。（　　）

(8) 在更换车身板件时可以反复分割结构板件。（　　）

3. 简述题

(1) 车身板件的更换要求有哪些？

(2) 简述中柱的更换步骤。

项目九
车身其他类型构件损伤修复

项目描述

车身常用材料有金属材料和非金属材料两种，并以薄板或型材为主。金属材料是基本的车身材料，非金属材料（如塑料、橡胶、玻璃等）也是车身不可缺少的材料。熟练掌握这些材料构件的维修方法，对车身修复人员来说是十分必要的。

项目实施

车身有 700 多个塑料件，车身塑料件包括热塑性塑料件和热固性塑料件。对于塑料件小损伤，热塑性塑料件常用焊接或者黏结的方式进行修复，热固性塑料件常用黏结的方式进行修复；对于塑料件大损伤，可以直接进行更换。除了塑料件外，近几年铝合金制件也在车身上得到了广泛的应用。对于铝合金制件小损伤，可以使用铝介子焊进行修复；对于铝合金制件大损伤，可以直接进行更换。

任务 16　塑料件损伤修复

学习目标

【知识目标】

了解塑料的种类、特点及在汽车上的应用；
掌握塑料部件的维修原则。

【能力目标】

能够辨别塑料的种类；
能够正确选择塑料件的维修方式；
能够使用黏结的方法修理塑料件；
能够使用焊接的方法修理塑料件。

【素养目标】

培养学生的团队协作意识；

培养学生精益求精、严谨细致的规范操作意识；

提高学生的职业素养。

任务描述

一辆轿车在行驶过程中被后方车辆追尾，发生了严重追尾事故，轿车后保险杠出现了裂纹（图 9－1）。对于这种塑料保险杠的损伤，该怎样修复呢？

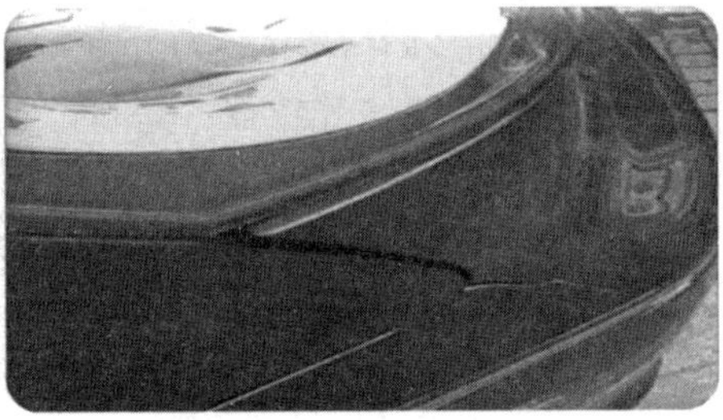

图 9－1　事故车辆后部受损

任务解析

为了满足节能减排的要求，大量的塑料件被应用在车辆上以减轻车身重量。车身上的塑料件包括保险杠、车灯罩、翼子板喇叭口、保险杠左右弧形接板、翼子板、挡泥板、进气格栅开口板、防飞石护板、仪表板、装饰板、燃油管、车门面板、后围板和发动机部件等。塑料件使用范围的扩大对碰撞修理提出了新的要求，需要探讨塑料件维修的新方法。塑料件的维修比更换更经济、快捷，甚至可以在不拆卸部件的情况下对擦伤、裂缝、凹槽、撕裂和刺穿等损伤进行维修；一些塑料件在变形之后可以重新修整回原来的形状，省去了采购新零部件的时间，使车辆更快修复，维修企业也可获得更高的工作效率和经济效益。

塑料件常用的维修方法有热塑成形、焊接和黏结等，在本任务中将详细讲述这几种维修方法以及各维修方法的适用条件。通过学习相关知识，可选择最合适的方法对这辆事故车进行修理。

知识学习

1. 常用工程塑料

工程塑料主要指综合性能（包括力学性能、耐热性、耐寒性、耐蚀性和绝缘性能等）良好的各种塑料。它们是制造工程结构用零部件、工业容器和设备等的一类新型结构材料。由于工程塑料具有高强度、高弹性模量和良好的耐热性，其有很好的经济效益。因此，工程塑料的发展相当快，在工业上的应用也十分广泛。

常用的工程塑料分为热塑性工程塑料和热固性工程塑料两类。

（1）热塑性工程塑料

热塑性工程塑料在成形前即处于高分子状态。加热时材料会软化并熔融，可塑造成形，冷却后即成形并保持既得形状，而且这个过程具有重复性。这类塑料的优点是加工成形简单，具有较好的力学性能，缺点是耐热性和刚性比较差。

工业生产中常用的热塑性工程塑料有以下几种。

①聚乙烯（PE）、聚丙烯（PP）。它们均属于聚烯烃塑料，具有相对密度小、耐溶剂性和耐水性好、介电常数小、电绝缘性好等特点，是目前最重要的通用塑料，其产量历年来居世界塑料工业之首位。

②聚氯乙烯（PVC）。该塑料有硬质和软质之分。前者强度、硬度高，耐蚀、耐油、耐水性好，阻燃性好，常用于制造塑料管、塑料板；后者强度、硬度低，耐蚀性较差，易老化，但气密性好，多用于制造薄膜、软管等。

③聚四氟乙烯（PTFE）。该塑料属于氟塑料，被誉为“塑料王”，具有非常优良的耐高低温性能，可长期在 180～240 ℃的范围内使用，并具有极好的耐蚀性，任何强酸、强碱、强氧化剂都对它不起作用。其摩擦因数极低，是优良的减摩、自润滑材料。这种材料常用于制造各种机械的减摩密封圈、化工耐蚀零件、活塞环、轴承及医疗代用血管、人工心脏等。

④聚甲基丙烯酸甲酯（PMMA）。该塑料俗称有机玻璃，分为透明、半透明或有色、无色等品种。有机玻璃的强度、韧性与硬质聚氯乙烯差不多，透光率可达 92%，可耐稀酸、碱，不易老化，但表面硬度低，易擦伤，较脆。有机玻璃广泛用于航空、汽车、仪表、光学等工业中，多用于制造有一定透明度要求的零件，如可用来制作风窗玻璃、舷窗、透明管道、仪器仪表护罩、外壳等。

⑤丙烯腈－苯乙烯－丁二烯共聚物（ABS）。该塑料具有良好的耐热、耐蚀性，一定的表面硬度，较高的刚性，良好的加工工艺性能和着色性。在塑料中 ABS 的品种、牌号最多，可分为一般用品种、耐热品种、电镀用品种和透明品种等。与其他塑料相比，ABS 具有良好的综合力学性能，刚性好，耐寒性强，加工性能好，表面光洁，制品表面还可以电镀。因此，ABS 的用途很广，可用来制造轴承、齿轮、叶片、叶轮、设备外壳、管道、容器和仪器仪表零件等，在汽车上发挥着其他材料不可替代的作用。

此外，还有聚苯乙烯（PS）、聚酰胺（PA，尼龙）、聚甲醛（POM）、聚碳酸酯（PC）等工程塑料。近年开发的氟塑料、聚砜（PSF）塑料等的性能明显提高，如具有优良的耐蚀性、耐热性、绝缘性和耐磨性等，是性能较好的高级工程塑料。

常用热塑性工程塑料在汽车上的应用见表9－1。

表9－1　常用热塑性工程塑料在汽车上的应用

塑料种类	在汽车上的应用
聚丙烯（PP）	保险杠、车轮罩盖板、侧饰板
聚乙烯（PE）	燃油箱、清洗液储液罐
聚氯乙烯（PVC）	底部防腐层、车内饰板

热塑性工程塑料可以黏结或热整形，因此理论上可进行维修。但是实际上不是所有热塑性工程塑料都能进行维修。例如，不允许维修由聚乙烯（PE）制成的塑料容器，但是由聚丙烯（PP）制成的保险杠和门槛饰板可以进行维修。另外，热塑性工程塑料因加热后易熔化，理论上可以进行焊接修理。

（2）热固性工程塑料

热固性工程塑料是把相对分子质量在1 000以下的一次性树脂加热熔化，浇入模中加热，使一次性树脂连接成高分子树脂的成形品。其特点是初加热时软化，可塑造成形，但固化后再加热将不再软化，也不溶于溶剂。热固性工程塑料具有耐热性好、受压不易变形等优点，缺点是力学性能不好，但可加入填料来提高其强度。常用的热固性工程塑料有以下几种。

①酚醛塑料。酚醛塑料是由酚类和醛类材料在酸或碱催化剂的作用下经合成反应制成酚醛树脂，再根据不同性能要求加入各种添加剂而制得的塑料。常用的酚醛树脂以苯酚和甲醛为原料制成，根据制备工艺的不同，有热塑性和热固性两类。热固性酚醛塑料通常以压塑粉（俗称胶木粉）为填料制成，经压制而成的电器开关、插座、灯头等不仅绝缘性好，而且有较好的耐热性，较高的硬度、刚性和一定的强度；以纸片、棉布、玻璃布等为填料制成的层压酚醛塑料具有强度高、耐冲击性好以及耐磨性优良等特点，常用以制造受力要求较高的机械零件，如仪表齿轮、轴承、汽车制动片、内燃机曲轴带轮等。

②氨基塑料。氨基塑料是由氨基化合物（如尿素或三聚氰胺）与甲醛经缩聚反应制成氨基树脂，然后加入添加剂而制成的塑料，其中最常用的是脲醛塑料。用脲醛塑料压塑粉压制的各种制品有较高的表面硬度，颜色鲜艳且有光泽，又有良好的绝缘性，俗称电玉。常见的制品有仪表外壳、电话机外壳、开关、插座等。

③环氧塑料。环氧塑料是由环氧树脂加入固化剂（如乙二胺、顺丁烯二酸酐）后形成的热固性塑料，一般以铸型的方式成形。它的强度高、韧性好，并具有良好的化学稳定性、绝缘性及耐热耐寒性，长期使用温度为80～150 ℃，成形工艺性好，但具有毒性。环氧塑料可制作塑料模具、船体、电子零部件等。

④片状模塑料（SMC）。SMC是一种具有二维玻璃纤维增强结构的扁平状反应性树

脂。SMC 部件的耐热温度达到 200 ℃，因此能够进行上线前喷漆。SMC 由聚酯树脂和 30% 的玻璃纤维构成。

常用热固性工程塑料在汽车上的应用见表 9－2。

表 9－2 常用热固性工程塑料在汽车上的应用

塑料种类	在汽车上的应用
酚醛塑料	齿轮、轴承、制动片
氨基塑料	仪表盘、电气开关
环氧塑料	电子零部件
片状模塑料（SMC）	行李舱盖、侧围、折叠式车顶盖

热固性工程塑料只能进行黏结修复。

2. 黏合剂

黏合剂也称胶黏剂，又称黏结剂，它是将两种材料黏结在一起，或填补零件的裂纹、空洞等缺陷的材料。黏合剂具有较高的黏结强度和良好的耐水、耐油、耐腐蚀、电绝缘等性能，用它来修复零件具有工艺简单、连接可靠、成本低、不会引起零件变形和内部组织发生变化等优点，因此在汽车维修中得到广泛应用。准确认知黏合剂的性质和作用，才能有效地进行相关修复工作。

汽车修理用的黏合剂主要有以下几种。

（1）环氧树脂黏合剂

环氧树脂黏合剂是一种有机黏合剂，它的用途很广，适合黏结各种金属材料和非金属材料。环氧树脂黏合剂以环氧树脂及固化剂为主，加入增韧剂、稀释剂、填料和促进剂等配制而成。环氧树脂黏合剂通常装于塑料管内。

（2）酚醛树脂黏合剂

酚醛树脂黏合剂也是一种有机黏合剂，它的基本成分是酚醛树脂。酚醛树脂黏合剂具有较高的黏结强度，耐热性好，可在 200 ℃以下长期工作，但其脆性大，不耐冲击。

酚醛树脂黏合剂可以单独使用，也可以与其他树脂或橡胶混合使用。它与环氧树脂混合使用时，其用量为环氧树脂的 30%～40%，且要加增韧剂和填料。为了加速固化，可加入 5%～6% 的乙二胺，这样既改善了耐热性，又提高了韧性。

（3）氧化铜黏合剂

氧化铜黏合剂是一种无机黏合剂，它具有良好的耐热性（在 600 ℃的高温下不软化）和耐油、耐酸性，固化前溶于水而固化后不溶于水，但其脆性大，不耐冲击，且耐碱性差。

氧化铜黏合剂由氧化铜、无水磷酸和氢氧化铝调和而成，其中氢氧化铝用于进行无水处理，氧化铜与无水磷酸反应生成磷酸铜，磷酸铜吸水后形成结晶水化物而固化，而且磷酸铜与钢铁表面接触黏结时，铁元素与铜元素会发生置换反应，从而提高氧化铜黏合剂的黏结强度。

氧化铜黏合剂在固化后体积略有膨胀，因此它特别适合管件套接或槽接，也可用于填补裂缝、堵漏和黏合零件，如粘补发动机气缸上平面、气阀室附近的裂纹以及黏结硬质合金刀头等。

氧化铜黏合剂在行业内常被称为无机胶，使用时需将氧化铜和磷酸铜均匀混合后使用。

（4）502 胶水

现代汽车修复常用 502 胶水。502 胶水是以 α－氰基丙烯酸乙酯为主，加入增黏剂、稳定剂、增韧剂、阻聚剂等，通过先进生产工艺合成的单组分瞬间固化黏合剂。

502 胶水多用于多孔性及吸收性材质之间的黏结，用于钢铁、有色金属、橡胶、皮革、塑料、陶瓷、木材、玻璃及橡胶制品等自身或相互间的黏合，但对聚乙烯、聚丙烯、聚四氟乙烯等难以黏结的材料，表面需经过特殊处理方能黏结。502 胶水通常装于塑料小瓶内。

4. 塑料件维修原则

虽然可以对大量损坏的塑料件进行维修，但通常应更换这些部件，这是因为每次维修的方法和成本常常不可预见。但是，无论对事故车辆维修还是二手车修复来说，塑料件维修都是成本较低的备选方案。塑料件的损坏通常分为三种类型：轻度损坏、中度损坏和严重损坏。

轻度和中度损坏通常仅指表面损伤，包括车身面板刮痕、裂缝、穿孔，但位于其后的结构部件未损坏，鉴定损伤情况时通常无须拆卸部件。严重损坏时，在大多数情况下不仅部件表面损坏，而且位于其后的变形元件（聚苯乙烯泡沫塑料、铝合金托架）可能已损坏，确定损伤范围时需要拆卸相关部件。严重变形或变形元件损坏时建议不要进行维修，而应更换部件。也就是说，只有轻度和中度损坏时才维修塑料件。

此外，还要考虑维修成本与维修时间。不包括喷漆的维修费用不超过新部件成本的 50% 时，可以进行维修（无法提供或短期内无法提供新部件的情形除外）。

5. 塑料件损伤常用的维修方法

（1）热塑成形

这种方法仅适用于热塑性塑料，用于维修凹痕。裂缝、穿孔或刮痕无法用这种方法进行维修。这种方法迅速、简单、干净且成本低廉，因此通常优先采用。

使用这种方法时，通过加热使塑料软化，然后使有凹痕的塑料件通过按压等方式恢复原来的形状。

(2) 焊接

塑料件焊接问题较大，并非所有类型的塑料都能进行焊接，因此需要识别塑料种类，但不一定都能识别出来。此外，穿孔用焊接方法维修的难度也很大。因此，很少采用这种方法。

塑料焊接主要采用热空气焊接法。焊接时一般用热空气塑料焊枪（图9－2），热空气塑料焊枪采用一个陶瓷或不锈钢电热元件来产生热风，热风的温度为230～340 ℃，热风通过喷嘴吹到焊件及焊条上，加热塑料接缝，使其软化，同时将加热的塑料棒压入接缝即可。在焊接过程中塑料的焊接收缩量较金属大，所以在焊接下料时应多留焊接余量。

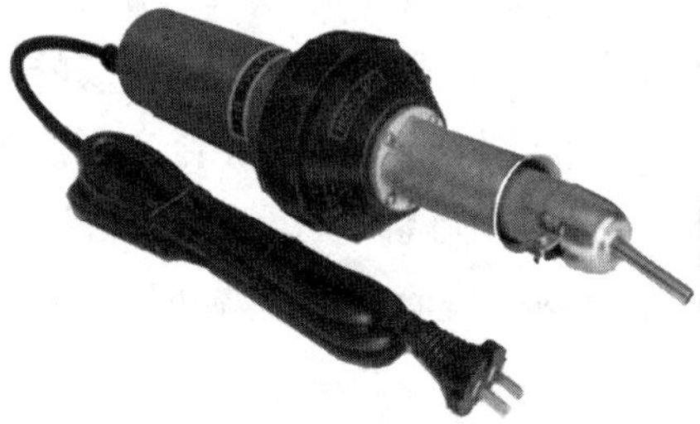

图9－2 典型的热空气塑料焊枪

热空气塑料焊枪配有不同种类的焊嘴，对应不同的应用范围。定位焊焊嘴用于断裂板件的定位焊，这种焊嘴在必要时容易拉开，以便重新定位；圆形焊嘴用于充填小的孔眼或形成短焊缝，还可用于难以靠近部位的焊接和尖角部位的焊接；快速焊焊嘴用于直而长接缝的焊接，这种焊嘴可以夹持焊条，可以对焊条预热，并将焊条喂到焊道处，因而可进行快速焊接。

(3) 黏结

这种方法最适于作为维修解决方案。带有底漆的黏合剂适用于所有塑料件。因此无须识别塑料种类。黏结方法也适用于修理穿孔、刮痕和裂缝。黏结因强度较高而很受欢迎，且具有很好的喷漆附着性。

黏结塑料件时，需使用塑料件维修套装。塑料件维修套装包括以下产品：塑料黏合剂、塑料底漆、清洁剂和稀释剂、涂敷枪、网状加强织物和加固条。此外，维修塑料件时还需要一个红外线灯。可借助这个红外线灯对维修部位加热15 min，为后续处理（喷漆）做好准备。

①塑料黏合剂。塑料黏合剂以双组分聚氨酯为基础制成。其优点是适用于车辆上的所有塑料类型，因此无须花时间识别塑料类型。这种黏合剂具有很好的研磨特性，

能够附着在所有车漆上。

②塑料底漆。塑料底漆以合成树脂为基础制成。它适用于车辆上的所有塑料和车漆类型。这种底漆的风干时间非常短，大约 10 min。通过喷嘴进行操作可达到最佳处理效果。塑料底漆为填料和喷漆提供了附着基础。

③清洁剂和稀释剂。清洁剂和稀释剂的风干时间非常短，而且具有突出的清洁作用。

④涂敷枪。涂敷枪用于涂敷塑料黏合剂。

⑤网状加强织物和加固条。网状加强织物用于维修穿孔和裂缝，可加固维修部位。除网状加强织物外，在裂缝端部还使用加固条，这样可以最佳方式固定维修部位并提高所维修塑料件的扭转刚度。加固条已经过电镀锌处理，因此不会造成腐蚀。

塑料件损伤修复

任务实施

1. 常用塑料的鉴别

（1）劳动安全与卫生

①工作时不能吃东西、喝水或吸烟。

②避免黏合剂接触到眼睛和皮肤，因为黏合剂对眼睛、呼吸器官和皮肤有刺激作用。对异氰酸酯过敏的人应避免接触这类产品。如果黏合剂接触到眼睛、皮肤，应立即用流水冲洗。

③只有在通风不足的情况下才需要呼吸防护装置。

④黏合剂弄脏衣服时，应脱去衣服，必要时去看皮肤科医生。

（2）塑料种类的鉴别方法

1）查找塑料件的标识

在正规的塑料件制造厂生产的塑料件上（一般在背面），用 ISO 国际鉴别符号标示了塑料件的品种。

2）手册查找法

无 ISO 标识时，可查阅汽车维修手册，手册中列出了专用塑料的品种。

3）焊接确认法

一般塑料焊条有 6 种，每种焊条均有塑料品种标识。用试焊法确认，能与塑料件相焊接的那种焊条的塑料品种，就是该塑料件的塑料品种。

4）浮力试验法

在塑料件的背面切一片塑料，确认该塑料件上没有油漆、脱模剂或任何其他涂料。将这一小片塑料放进一杯水中，沉入水底的多为硬质或重塑料，漂浮在水面上的多为软质或轻塑料。

5）燃烧试验法

在允许明火燃烧处，从塑料件上取下一小块，确认该塑料件上没有油漆、脱模剂或任何其他涂料，用镊子夹住它在火上燃烧，通过观察燃烧情况和嗅闻气味可确定塑料品种。例如：PVC 塑料受热易熔，火焰呈绿色或青绿色，有盐酸气味；聚烯烃塑料燃烧时没有明显的烟雾，且有蜡样气味；醋酸纤维塑料燃烧后有醋酸气味；ABS 燃烧时产生黑色烟雾。但是用复合材料制造的塑料件不能用此法确定。

6）特殊简易鉴别法

①用手敲击保险杠内侧，PU 塑料发出较微弱的声音，PP 塑料则发出较清脆的声音。

②用白粉笔在塑料件内侧写字，PU 塑料上的字迹 30 s 后不掉色，PP 塑料上的字迹 30 s 后可擦掉。

③用砂纸打磨塑料件内侧，PU 塑料没有粉末，PP 塑料有粉末。

2. 塑料件的黏结修理

①清洁损坏部件。用高压清洗器清除大面积污物，随后用大量清水冲洗塑料件并进行干燥处理。最后用清洁剂和稀释剂对塑料件进行彻底处理，必须保证 5 min 的风干时间。

②对塑料件进行预处理。用一个砂带研磨机将维修部位边缘正面磨削成楔形，如图 9－3 所示。用粒度为 P120 的砂纸可达到最佳效果。如果损坏部件有一个裂缝，那么必须在裂缝端部钻孔，最好钻直径大约为 6 mm 的孔，这样可以避免裂缝继续扩大。这个孔也应磨削成楔形。

③处理待维修部位的两侧。背面与正面同样要进行打磨处理，如图 9－4 所示。此外，还要清除研磨粉尘。

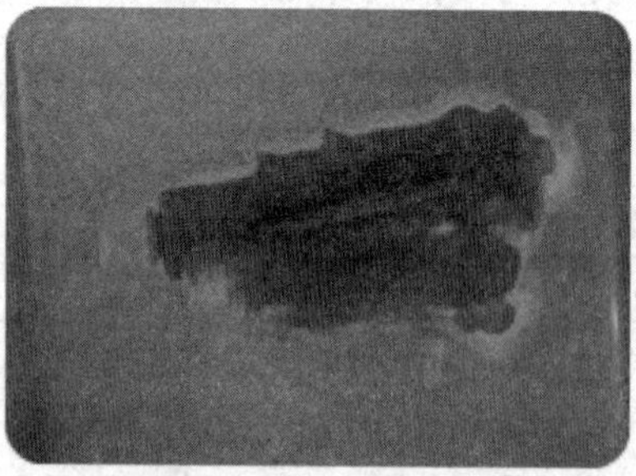

图9－3　楔形磨削面

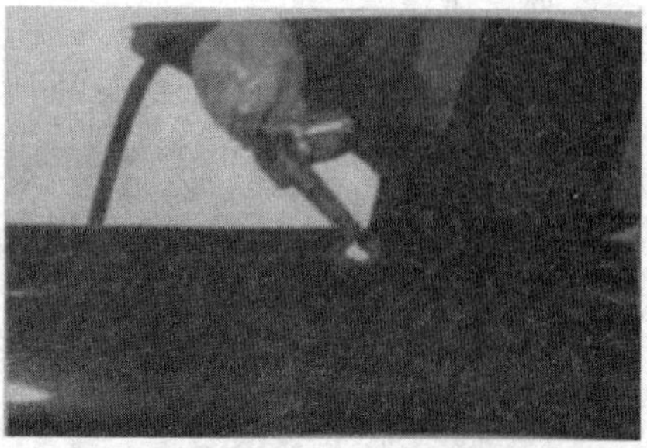

图9－4　磨削维修部位

④喷涂底漆。在涂敷底漆之前，必须用清洁剂和稀释剂对维修部位两侧进行处理，此时也必须保证 5 min 的风干时间。之后才能在两侧喷涂一层底漆，如图 9－5 所示。在室温条件下，底漆的风干时间大约为 10 min。

⑤黏结。底漆风干后，就可以开始进行黏结处理了。在裂缝端部黏结加固条，这样可明显加固薄弱部位，在损伤部位背面涂敷黏合剂，如图 9－6 所示。大约 10 min后可对黏合剂进行处理。

建议固定前在所黏结的加固条上放一层聚乙烯膜，以免粘住或弄脏夹紧钳。此外，还应使加固条弯曲，以使更多黏合剂进入加固条和塑料件之间，从而进一步加固裂缝部位。随后根据损伤部位大小裁剪一块网状加强织物，将其放入黏合剂中，使黏合剂完全渗入整块织物，如图 9－7 所示。用一把塑料刮刀或刷子将黏合剂涂敷在网状加强织物上。必须用黏合剂完全覆盖住维修部位。

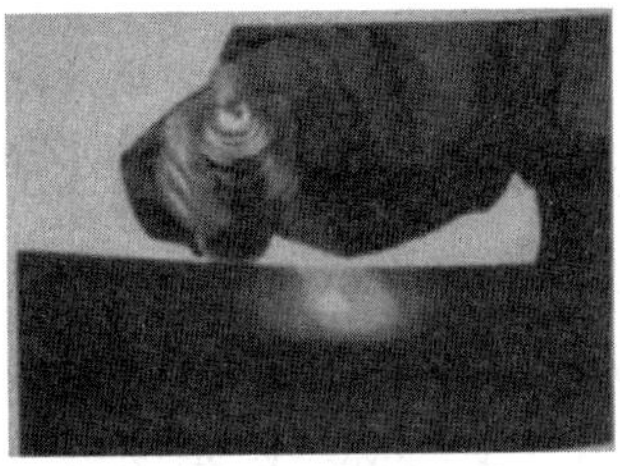

图9－5　喷涂底漆

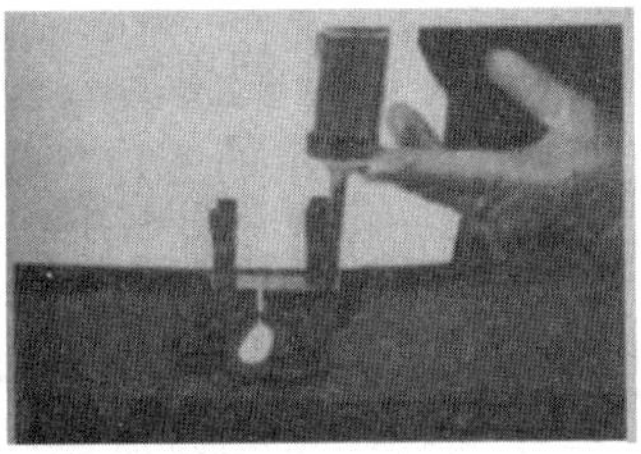

图9－6　黏合剂、加固条处理

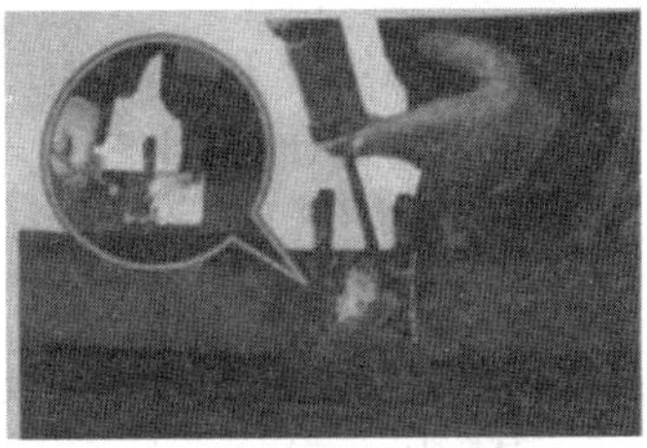

图9－7　黏结网状加强织物

⑥烘干。开始对维修部位正面进行黏结之前，必须等经过处理的背面硬化。可使用一个红外线灯，以 60～70 ℃的温度照射维修部位大约 15 min。

⑦在维修部位的正面涂敷黏合剂。将黏合剂涂敷在维修部位正面时尽量不要渗入空气，用刮刀从维修部位中部向外刮平，如图 9－8 所示。在此过程中，应始终涂敷过量的黏合剂，以确保研磨时能够使塑料件恢复原来的形状。此外，涂敷时还要确保喷嘴尖始终在黏合剂内。

随后使黏合剂硬化，再次用红外线灯以 60～70 ℃的温度对维修部位进行约 15 min的干燥处理，然后使其在室温条件下冷却下来。

⑧磨掉过量的黏合剂（正面），如图 9－9 所示。要确保磨削出维修部件的原有形状。开始操作时使用 P120 砂纸，随后使用粒度越来越小的砂纸。用 P240 砂纸精磨后，用清洗液仔细清洁维修部件。

在维修部件上喷漆之前，必须在维修部位上喷涂薄薄的一层底漆。风干大约 10 min后，可涂敷用于车身涂装的底漆，如图 9－10 所示。

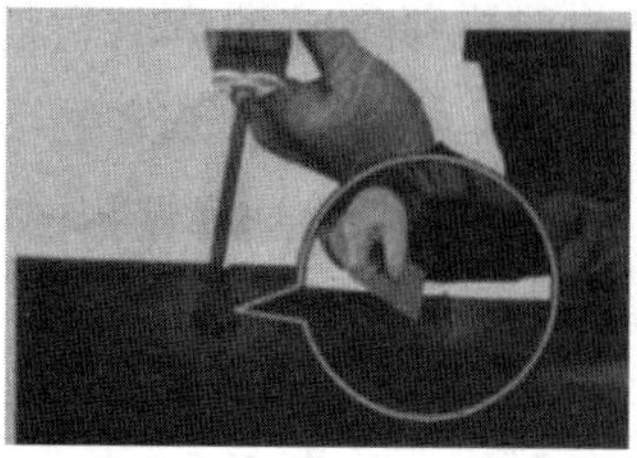

图9-8 涂敷黏合剂（正面）

图9-9 磨掉黏合剂

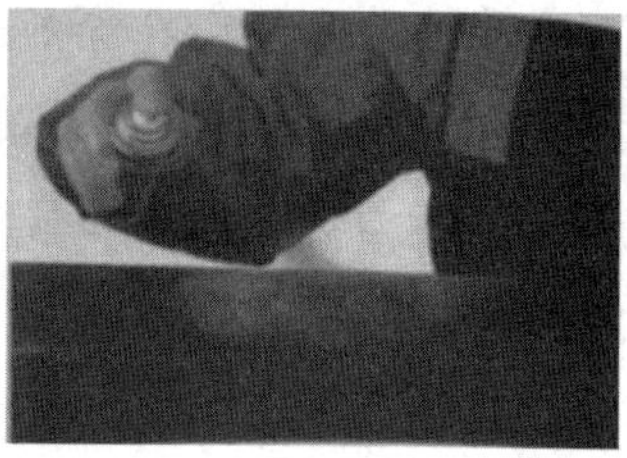

图9-10 在维修部位上涂敷底漆

3. 塑料件的焊接修理

(1) 热空气焊机的准备

①逆时针拧松控制手柄，将调压阀关闭，以免因压力突然升高而损坏压力表。

②将调压阀接到压缩空气或惰性气体的供气路上，使用压缩空气时应把调压阀调到管线的标准压强为1.4 MPa左右，如果用的是惰性气体，则需要使用减压阀。

③接通气源，其初始压强取决于加热元件的功率。

④将焊机接到指定的交流电源上，在指定的工作气压下预热焊炬。必须保持从预热升温到冷却降温的整个过程焊枪中都有气流通过，以免加热零件烧坏和焊炬受损。

⑤选用适当的喷嘴，并用钳子把它插接到焊炬上，以免手触到发烫的套筒。

⑥喷嘴装好后，将因背压的作用而使温度稍有升高，经过2~3 min，喷嘴即可达到所需的工作温度。

⑦用温度计检测距喷嘴热风出口6 mm处的温度，对于热塑性塑料，该处温度应为230~340 ℃。焊机说明书中一般都配有焊接温度选择图表。

如果上述部位的温度对于焊接材料来说太高，则可把压缩空气的压强稍稍调高，直到温度下降；如果温度对具体的应用来说太低，则可稍稍降低压缩空气的压强，直到温度升高。在调整压缩空气的压强时，应保持1~3 min，使温度在新的设定条件下达到稳定状态。

压缩空气的压强过高不会损坏焊炬及其加热元件，但压强过低则加热元件会过热。因此，在调低压缩空气的压强时不要将把手处的套筒固定螺母调到热到烫手的程度。固定螺母烫手，则说明出现了过热。

气路内滤网堵塞或电压不稳也能引起过冷或过热，应加以注意。

如果套筒端部的螺纹太紧，应当用优质、耐高温的油脂清理，以免螺纹卡死。

焊完后应先切断电源，待几分钟之后或套筒冷却到可以触摸之后再切断气源。

(2) 接缝的定位焊

①用夹钳或铝质车身胶带对焊口进行定位固定。

②用焊枪喷嘴将断口两侧熔化而在断口底部形成定位焊点。

③喷嘴要压紧，确保喷嘴接触到焊口的两边，而且要匀速、稳定地移动。

④在进行定位焊时不要用焊条。用喷嘴头在断口底部将两板同时熔化很窄的一条，熔化后两板即焊接到一起。

⑤必要时还可断开进行定位调整，然后再焊上。

（3）V形坡口焊接

①开完坡口后，将焊条端部切成60°角左右的切口。

②在操作过程中，焊嘴距离焊缝12～13 mm，焊炬倾角为30°，焊条垂直于塑料板。塑料焊接时的平均速度应保持在150～200 mm/min。在整个焊接过程中，焊条上的压力应保持一致。

③焊条与塑料板同时被加热到发光并具有黏性，则焊条便会粘住塑料板，此时必须维持焊条与塑料的适当温度，切不可过高。若温度过高会引起焊缝褶皱，变为棕色，从而降低焊接强度。

④为保证焊条与塑料板适当的焊接温度，焊炬的操作可按图9－11所示的方法上下垂直运动，以便塑料板焊缝处得到更多的热量，并均匀受热。

图9－11　焊炬在焊缝上垂直运动

⑤待焊条与塑料板边缘受热熔化，都略带亮光，对焊条略施压力，它就会伸入焊缝。

⑥继续加热，焊条与焊缝材料熔结为一体。

⑦如果焊条落入焊缝后堆成一团，或焊条在焊接过程中被拉断，则焊缝强度必然降低。因此，焊接速度和焊条的熔化应配合协调。

⑧当需要另接一根焊条时，在焊条尚未太短而不够把持之前即停止焊接。随后在焊条和塑料板的接触点处快速切断。新焊条也切成60°，保持接合处平滑过渡。

⑨结束焊接时，宜迅速加热焊条和塑料板的接触区域，停止移动焊条，拿开焊炬，并继续保持对焊条的压力直到焊缝冷却后切断焊条。

⑩焊缝处理。焊缝可用砂纸打平，大面积焊缝可使用砂轮机磨平。

（a）在打磨之前，应先用刀子把多余的塑料刮掉。

（b）打磨时应注意不要引起过热，以免塑料变形。为了加快打磨速度而又不致损坏焊缝，可以定时加水进行冷却。

（c）粗磨后应目测检查焊缝是否有缺陷，焊缝不应有气眼和裂纹，再次弯曲也不应产生任何裂纹。

（d）粗磨后应进行精磨，先用 P240 砂纸，再用 P320 砂纸对焊缝进行精磨，可以用带式或回转式研磨机，必要时再手工打磨。

（e）如果需要重新进行表面处理，则应按塑料的表面处理方法进行。

5. 快速焊接

高速塑料焊炬的握持方法与匕首的握法相似，软管在手腕的外侧。

焊接开始时，焊炬喷嘴应在起点上方距焊件 80 mm 远，以免热风影响焊件。

将焊条截成 60°角的偏口后插进焊炬的焊条预热管内，然后立即将加压掌压到焊件上的起焊部位，并使焊炬与焊件表面垂直，再将焊条插到底，使之在焊缝起点顶住母材。必要时可将焊炬略微抬起而使焊条压到加压掌下。用左手轻压焊条，加压掌处的压力只能是焊炬本身的重力，别再施加压力。慢慢向身边移动焊炬，开始焊接。

在焊接初始的 30 ~ 50 mm，需轻轻向下推压焊条进入预热管。焊接开始后，应将焊炬倾角调至 45°，这时焊条就能自动滑入而无须推压。移动焊炬时应随时注意观察焊缝的质量。

由于高速焊炬的预热孔位于加压掌的前方，所以焊炬倾角决定了预热孔距焊件表面的距离以及焊件的预热量，从而决定了焊接速度。

焊接结束时，如果焊条尚未用完，则应将焊炬调整到垂直位置，然后用加压掌将焊条切断，也可以将焊炬拉起来离开剩余的焊条。用加压掌切断焊条后，应将剩下的焊条立即从预热管内取出。否则焊条会被烧焦、熔化，堵塞预热管，必须用插入新焊条的办法来清理预热管。

任务总结

本任务学习了塑料的种类，了解了常用工程塑料的特点及其在汽车上的应用。通过实训能够了解如何辨别塑料的种类，正确选择塑料件的维修方式，使用黏结和焊接的方法修理塑料件。

任务考核

表9-4　任务工单

工作任务：塑料件焊接	班级			
	姓名		学号	
	日期		评分	

1. 基本信息

（1）车辆基本信息

车型：　　　　　VIN：　　　　　生产年份：

（2）车辆损坏情况

（3）损伤构件定损情况

2. 塑料件焊接练习

（1）设备、工具、材料准备

（2）劳动防护

（3）维修步骤

（4）操作注意事项

3. 反思

收获：

不足：

建议：

①小组讨论分析实施过程中产生的问题，给出改进方案；

②小组准备汇报材料，每组派一人进行汇报；

③整理相关资料，列表说明项目资料及资料来源，注明存档情况。

习题与思考

1. 选择题

(1)【单选题】(　　) 塑料在燃烧时会有熔滴产生。
A. 热固性　B. 热塑性　C. 热固性和热塑性

(2)【单选题】(　　) 塑料的弹性好。
A. 热塑性　B. 热固性　C. 热固性和热塑性

(3)【单选题】对塑料进行焊接前，一般要在塑料件 (　　) 进行焊接测试。
A. 表面　B. 侧面　C. 背面

(4)【单选题】塑料件正式焊接前要进行临时点焊，(　　) 的做法是错误的。
A. 使用圆形焊头　B. 临时点焊时不使用焊条　C. 焊接前先固定好位置

(5)【单选题】加强型塑料件维修用的工具主要是 (　　)。
A. 黏合剂枪和搅拌配料器
B. 电热工具
C. 超声波焊枪

(6)【单选题】在车身上切割塑料件时，切割深度限制在 (　　) mm 内。
A. 3　B. 6　C. 10

(7)【单选题】更换加强型塑料件时，关于车身上原位置的黏合剂，下列说法中正确的是 (　　)。
A. 清洁干净后方可继续使用
B. 把黏附不牢的清除掉
C. 全部清除

(8)【单选题】调和黏合剂时，不适合 (　　)。
A. 戴护目镜　B. 穿长袖工作服　C. 戴防尘口罩

(9)【单选题】玻璃纤维加强型复合塑料件是用 (　　) 固定在车身骨架上的。
A. 黏结方式　B. 螺栓　C. 铆钉

(10)【单选题】根据 (　　) 更换损坏的塑料件。
A. 损坏的面积　B. 定损人员的决定　C. 价格的高低

(11)【单选题】塑料焊接的第一个步骤是 (　　)。
A. 塑料件定位　B. 表面预处理　C. 打磨

(12)【单选题】熔流塑料焊接是无空气焊接方法中最常用的，它一般用在 (　　) 中。
A. 单面维修　B. 双面维修　C. 单面维修和双面维修

2. 简述题

(1) 塑料焊接的原理和特点是什么？
(2) 塑料焊接的一般程序是什么？

任务17　铝合金制件损伤修复

学习目标

【知识目标】

了解铝合金的特点及其在车身上的应用；

了解铝合金板和钢板在维修时的区别。

【能力目标】

能够正确使用铝合金板的专用维修设备；

能够采用正确的方法校正变形的铝合金板件。

【素养目标】

培养学生的团队协作意识；

培养学生精益求精、严谨细致的规范操作意识；

提高学生的职业素养。

任务描述

一辆奥迪 A8L 轿车前翼子板发生碰撞撕裂损伤，需要进行钣金修复，同学们思考一下，我们用钢车身的修复方法对损伤进行修复，可不可以？

任务解析

铝合金可用来制造汽车上的各种板件，例如车门板、翼子板、发动机罩等。铝合金制件在行业中又称为铝件，故以下叙述中用铝件表示铝合金制件，铝板表示铝合金板。

在维修铝板的时候是否可以采用钢板的维修工具呢？与钢板相比，铝板的修理更需要小心。铝合金比钢软得多，而且当铝合金受到损坏后由于加工硬化的影响，更难以修复；它的熔点也较低，加热时容易变形；铝合金制的车身及车架构件的厚度通常是钢件的1~2倍。在修理铝板时，应该考虑到铝合金的这些特性。

对铝板进行钣金操作时，由于铝板的强度比较低，不能使用常规钢板的整形工具。一般使用橡胶锤、木槌或木垫铁（图9－12）维修表面，可以防止在校正中对铝板敲击过重产生过度拉伸。

图9-12 维修铝板的工具

知识学习

1. 铝合金在车身上的应用

以前铝合金仅用在汽车的发动机、轮毂等部位，现在一些新型的车身上开始应用铝合金。最初铝合金只应用于车身外部装饰件，现在车身结构件也可以全部用铝合金来制造。例如奥迪 A6、别克 GL8、标致 307 和欧宝维特 C 等的发动机罩是用铝合金制造的；雷诺 Laguna Ⅱ的发动机罩、车顶和车门板都用铝合金制造；奥迪 A2、A8，捷豹的 XJ，以及宝马 5 系列用铝合金来制造车身结构件和外部板件。

铝合金材料主要分为硅铝合金（6 系铝合金）和铝镁合金（5 系铝合金）。5 系铝合金无法通过热处理工艺硬化；6 系铝合金在按规定进行热处理时其强度几乎能增加一倍，在设计部件时可以利用这个特性，但是需要额外使用热处理炉且成本明显提高。在成形过程中的某些应力状态下 5 系铝合金有形成滑移带的趋势，这一点妨碍了其在外部面板部件中使用。6 系铝合金没有这个缺点。

2. 车身铝件的类型

车身铝件按生产工艺不同可分为铸造件、压铸件、冲压件。车身板件大部分使用压铸件。

(1) 压铸件

压铸件用来制造能够承载大载荷的部件，可明显减小质量，同时具有高的强度。这些板件外形呈复杂的几何形状，通常用真空压铸的方式生产，具有高强度。此外，压铸件还具有高的延展性、良好的焊接性、较高的塑性，保证其在碰撞时有很高的安全性。这些压铸件的铝合金类型是铝硅、铝镁系列铝合金，合金中主要合金元素是镁、硅，有的加入铜等。

铝合金部件一般用在碰撞吸能区域。除了能够承载正常的载荷外，在碰撞变形中还可以吸收大量的能量，保护后面的部件完整、不会变形。一般用来制造横梁、保险杠及其支撑件等。

（2）冲压件

冲压件有非常高的强度，能够加强车身的强度和刚性，使车身在剧烈的碰撞中能够保持结构的完整性。在车身铝合金件上一般都标有铝合金的类型标识。

3. 铝合金板件焊接的原理

（1）铝合金焊接的特点

由于铝合金具有独特的物理化学性能，在焊接过程中会产生一系列的困难和问题，具体表现有以下几点。

1）超强的氧化能力

铝与氧的亲和力很大，在空气中极易与氧结合生成致密结实的 Al_2O_3 薄膜，厚度约为 0.1 nm。Al_2O_3 的熔点高达 2 050 ℃，远远超过铝合金的熔点，而且密度大，约为铝的 1.4 倍。在焊接过程中，氧化铝薄膜会阻碍金属之间的良好结合，易造成夹渣，而且氧化膜会吸附水分，焊接时会促使焊缝生成气孔。因此，为保证焊接质量，焊前必须严格清理焊件表面的氧化物，并防止在焊接过程中再氧化。需要对熔化金属和处于高温下的金属进行有效的保护，这是铝及铝合金焊接的一个重要特点。

2）较大的导热系数和比热容

铝和铝合金的导热系数、比热容等都很大（比钢大 1 倍多），在焊接过程中大量的热能被迅速传导到基本金属内部，因此焊接铝及铝合金要比焊接钢消耗更多的热量。为获得高质量的焊接接头，必须采用能量集中、功率大的热源，有时需采用预热等工艺措施。

3）热裂纹倾向性大

铝及铝合金的线膨胀系数约为钢的 2 倍，凝固时的体积收缩率达 6.5% 左右，因此，焊接某些铝合金时，往往由于过大的内应力而在脆性温度区间内产生热裂纹，这是铝合金尤其是高强铝合金焊接时最常见的严重缺陷之一。生产中常采用调整焊丝成分的方法防止裂纹的产生，如焊丝 SAlSi－5。采用合理的焊接工艺对于防止热裂纹的产生也是必要的。

4）容易形成气孔

焊接接头中的气孔是铝及铝合金焊接时易产生的另一个常见的缺陷，氢是熔焊时产生气孔的主要原因。铝及铝合金的液体熔池很容易吸收气体，高温下溶入的大量气体在焊后冷却凝固过程中来不及析出，而聚集在焊缝中形成气孔。弧柱气氛中的水分和焊接材料及母材表面氧化膜吸附的水分都是焊缝气体中氢的主要来源，因此焊接前必须严格清理，并合理选择焊接工艺以防止气孔的产生。

5）焊接热对基体金属有影响

焊接铝合金时，由于焊接热的影响，基体金属近缝区某些部位的力学性能变差，对于冷作硬化的合金也是如此，导致接头性能弱化，并且焊接热输入越大，性能降低的程度越严重。

6）无色泽变化

铝及铝合金从固态变成液态时，无明显的颜色变化，这在焊接过程中给操作者带来不少困难。

(2) 熔化极惰性气体保护焊的基本原理

熔化极惰性气体（Metal Intertia Gas，MIG）保护焊（简称 MIG 焊）是以连续送进的焊丝作为熔化电极，采用惰性气体作为保护气体的电弧焊方法。在汽车钣金焊接维修作业中，熔化极惰性气体保护焊是最常用的方法之一，它主要用于一些活性较强的金属（如不锈钢、耐热合金、铜合金及铝合金等）的焊接。

MIG 焊采用可熔化的焊丝与焊件之间的电弧作为热源来熔化焊丝与母材金属，并向焊接区输送保护气体（惰性气体），使电弧、熔化的焊丝、熔池及附近的母材金属免受周围空气的有害作用。连续送进的焊丝金属不断熔化并过渡到熔池，与熔化的母材金属熔合形成焊缝金属，从而使工件相互连接起来。

(3) 熔化极惰性气体保护焊的焊接设备、工具与材料

1）焊接设备与工具

MIG 焊的焊接设备与工具主要包括电源、控制系统、送丝系统、焊枪及行走系统（自动焊）、供气系统、水冷系统等。市场上所售的大多数焊机是在 CO_2 气体保护焊机的基础上，将保护气体从 CO_2 变为 Ar，并且大多数送丝方式采用双主动轮送丝，焊丝变为铝丝，所以设备及工具的使用可参考本书“CO_2 气体保护焊”部分的内容。用于铝板焊接的焊机在进行任何改装之前，请向焊接设备供应商咨询，并参考焊机操作手册。

2）焊接材料

Ⅰ. 氩气

氩气是一种无色、无味的惰性气体，相对分子质量为 39.938，元素符号为 Ar，在标准状态下，其密度为 1.784 kg/m³（约为空气的 1.4 倍），空气中含有 0.932% 的氩气。氩气的沸点为 -185.7 ℃，介于氧气、氮气之间，是分馏液体空气制取氧气时的副产品。氩气都是瓶装供应的，涂有灰色漆以示标记，并写有“氩气”字样。

氩气的密度比空气大，因而焊接时不易飘浮散失，在平焊和横向角焊缝位置施焊时，能有效地排除焊接区域的空气。氩气是一种惰性气体，在焊接过程中不与液态和固态金属发生化学冶金反应，因而使焊接冶金反应变得简单和容易控制，为获得高质量焊缝提供了良好的条件，因此特别适用于活泼金属的焊接。但是氩气不像还原性气体或氧化性气体那样有脱氧或去氢作用，所以对焊前的除油、去锈、去水等准备工作要求严格，否则会影响焊缝质量。

氩气的另一个特点是导热系数很小，加上是单原子气体，不消耗分解热，所以在氩气中燃烧的电弧热量损失较少。氩弧焊时，电弧一旦引燃，燃烧就很稳定，因此氩气是各种保护气体中稳定性最好的一个，即使在低电压时也十分稳定，一般电弧电压仅为 8 ~ 15 V。

Ⅱ．氦气

同氩气一样，氦气也是一种惰性气体。氦气很轻，其密度约为空气的 1/7。它是从天然气中分离得到的。它以液态或压缩气体的形式供应。氦气的电离能很高，所以焊接时引弧性能较差。和氩气相比，由于氦气的电离能高，导热系数大，所以在相同的焊接电流和电弧长度下，氦气保护时的电弧电压比氩气要高得多。因此，氦气保护时的电弧温度和能量密度高，母材的热输入量较大，熔池的流动性较强，焊接效率较高，适用于大厚度和高导热性金属材料的焊接。

氦气比空气轻，为了维持适当的保护效果，必须采用大的气体流量。在平焊位置焊接时，其气体流量是氩气的 2 ~ 3 倍。氦气很适用于仰焊位置，因为氦气上浮能保持良好的保护效果，但纯氦气价格昂贵，单独采用氦气保护成本较高，因此应用很少。

Ⅲ．氩气和氦气混合气体

氩气和氦气按一定的比例混合，可获得兼有二者优点的混合气体。其优点是电弧燃烧稳定，温度高，焊丝金属熔化速度快，熔滴易产生较稳定的轴向喷射过渡，熔池金属的流动性得到改善，焊缝成形好，焊缝的致密性高。这些优点对于焊接铝及其合金、铜及其合金等热敏感性强的高导热材料尤为重要。

Ⅳ．焊丝

铝及铝合金焊丝用作铝合金惰性气体保护焊和气焊时的填充金属。

4．铝合金制车身修复应具备的条件

1）维修人员应接受专门的培训

铝合金制车身的修复与传统钢制车身的修复有很大的区别。维修人员不仅要对铝材的特性非常了解，还要对铝合金制车身的修复工艺、连接方式与接口形式、黏合剂与铆接工具等了如指掌。在实际操作过程中，维修人员要时刻牢记安全注意事项。

2）需要独立的维修空间和防爆吸尘系统

铝合金板材在打磨过程中会产生很多铝粉，不但吸入后对人体有害，而且在空气中易燃易爆，所以在维修铝合金制车身时要设置独立的维修空间和防爆吸尘系统，以保证车身修复操作更加安全。

3）需要带有定位夹具的大梁校正设备

车辆发生碰撞后，损伤部件经检查确认无法修复或修复后无法达到原有性能时，就必须更换该部件。更换铝合金部件时，其连接方式与钢制车身有很大区别。钢制车

身的接缝处一般采用焊接方式，而铝合金制车身的连接处多采用黏结或黏结与铆接共用的连接方式。由于黏合剂固化时间长，如果不对更换部件进行定位，修复后的车身就很难恢复原尺寸。当校正架没有专用定位夹具时，使用辅助夹具或通用夹具固定是一种比较有效的方法。

修复铝合金制车身时，具备带有定位夹具的校正架是远远不够的，还要有专用的气体保护焊机、铝合金整形修复机（简称铝整形机）、强力铆钉枪、铆钉取出器等设备和工具。在修复过程中，一定注意工具要单独摆放，不能与修复钢制车身的工具放在一起。修复钢制车身的工具残留有钢铁碎屑，如用其修复铝合金制车身，钢铁碎屑会对铝造成腐蚀。

任务实施

1. 铝板的整形

(1) 劳动安全与卫生

①铝板修复时，打磨飘起的铝粉会对人体造成伤害，作业应在独立的车间内完成，并正确穿戴防护用具。

②铝板焊接前，应确认铝合金中没有金属元素镁或确保其含量在安全范围内，因为镁遇热会燃烧，一旦燃烧用常规的方法无法扑灭。

③修复钢板、铝板的工具应分别摆放，不能混用。

(2) 用钣金锤与垫铁整形

作业时选用铝制钣金锤和垫铁，或采用木槌与垫铁作业，铝锤与木槌较软，敲击时不会造成柔软的铝板表面损伤。传统的钣金锤与垫铁，特别是表面不平或断裂产生的碎屑，将造成铝板表面损伤和腐蚀。

用钣金锤和垫铁配合进行铝板变形的平整作业操作与对钢板进行的操作相似，但因为铝合金材料的特殊性，操作时应注意以下几点。

①铝板的抗凹性较好，韧性较差。使用匙形铁从内部翘起铝板的某一点，受力点的周围会出现大面积的隆起，只有随着力量的增大并达到一定程度后，受力点外侧才会出现鼓包，这与钢板的特性有着较大的区别，钢板稍微用力，受力点外侧将会出现鼓包。基于此，铝板修复应进行加热。

②铝板的熔点较低，加热时没有明显的颜色变化，氧乙炔焊设备很难控制加热温度，可采用较为安全、有效的热风枪（图 9 - 13）进行加热。

③使用热风枪加热时，应通过调节钮调整加热温度，并使用在 120 ~ 160 ℃的范围内改变颜色的热敏纸和热敏笔控制铝板受热温度，也可以使用测温仪直接测量温度（图 9 - 14）。使用时，将上述热敏材料按照使用说明涂敷或贴在损伤部位边缘以外约 25 mm 的周围，对损伤部位均匀加热，当加热到热敏材料改变颜色时，停止加热，迅

速进行校正作业。此时损伤中心部位的温度一般在200~400 ℃，离铝板的熔点还有较大的安全距离，也便于校正作业。

图9-13　热风枪

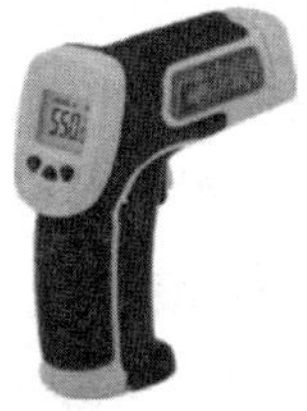

图9-14　测温仪

④加热位置、面积应与变形位置、面积相同，不能随意更改，也不能过大或过小。

⑤敲平作业一般选择碾锤错位法。铝板的延展性较差，正位敲击法的修平效果不明显，不像钢板那样容易“流动”，还会造成铝板表面的精度降低。

⑥敲击时避免重敲，应多次轻敲。在垫铁不易触及内部损伤的情况下，可以采取两人合作的方式，一人使用匙形铁从内侧撬住或顶住凹陷部位，另一人开始加热，达到预定温度后，匙形铁从内部开始加力，同时从外侧敲击隆起部位，这样便于消除应力及修平。匙形铁与铝板的接触面积不应过小。无法确定匙形铁是否与凹陷内部正确接触时，可以从外侧使用铝锤轻轻敲击凹陷部位，同时从内部移动匙形铁的位置，通过发出的声音进行判断，位置正确时，声音较为清脆，反之则发闷。

（3）用铝整形机整形

与钢板修复流程相同，铝板修复前也应进行损伤判断，以确定具体部位及损伤程度，主要通过眼睛观察、触摸时的手感、钢板尺或样板等方法进行判断。

用铝整形机修复的步骤如下。

1）磨除油漆层

建议使用专用风动钢丝刷，将油漆层特别是较深的凹坑内不易触及的底漆层处理干净。使用研磨机研磨时，应调低转速，并采取间歇性打磨，防止高速旋转的砂轮烧穿铝板及热量过度累积造成铝板变形，切勿使用打磨过钢板的钢丝刷或打磨盘。彻底地清除油漆层及油污非常重要，否则下一步焊接铝质螺纹焊钉（简称铝焊钉）时，由于接触不良出现打火现象，造成铝板击穿或表面出现凹坑。打磨时，只可以将油漆层和底漆层磨除，不可磨伤金属表层。如果修复工作中停滞的时间较长，裸露的铝板表面会迅速形成一层较薄的氧化膜，再次焊接时需要清除。

2）试焊

当铝板损伤从内部无法触及时，需要专用铝整形机（图9-15）。相对于钢板修复，铝板修复前的试焊工作尤为重

图9-15　专用铝整形机

要，不正确的焊接参数将导致焊接强度低、铝板击穿或表面出现凹坑。试焊时，需要在同样材质及厚度的铝板上进行，根据铝整形机使用说明书推荐的参数，对电压、电流、焊接时间等进行微调，直到获得良好的焊接效果为止。

铝板的电阻为钢板的1/5～1/4，焊接铝板时的电流是焊接钢板时的4～5倍，但很难提供这么大的电流。铝整形机内部没有线圈变压器，只有十几个大容量的电容，通过所有电容瞬间放电来焊接。

3）焊接

试焊工作完成后，焊接工作随即可以进行。

①首先将铝焊钉（图9－16）推进转换器，铝焊钉头部与转换器保持1～2 mm的距离，然后安装到焊枪上并进行紧固。不要使用工具将铝焊钉用力砸进转换器，铝焊钉头部的尖头不能损坏，这个尖头与板件接触，接触面积小，电阻大，产生的电阻热大，容易焊接。如果铝焊钉没有尖头就不能用了，因为对于这么大的接触面积正常的焊接电流不能够焊接。所以铝焊钉是一次性的，不能重复使用。铝修复用的专用铝焊钉如图9－17所示。

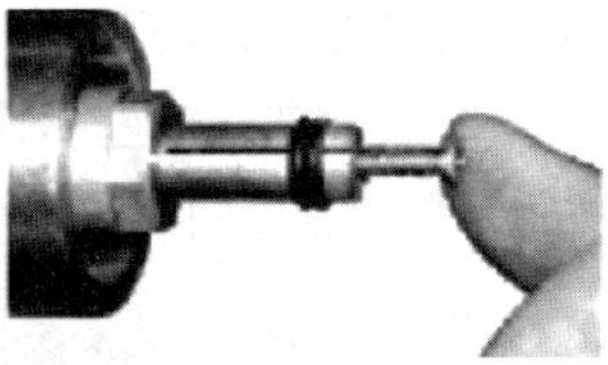

图9－16　把铝焊钉安装在焊枪上

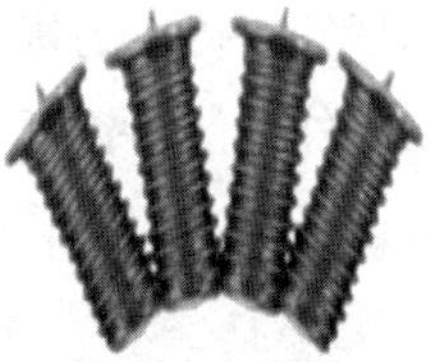

图9－17　铝修复专用的铝焊钉

②根据损伤面积、程度合理选择下一步要进行拉拔的方式，在此基础上正确选择铝焊钉的焊接位置及数量。

③将焊枪垂直于铝板进行焊接（图9－18），然后将焊枪从铝焊钉上垂直拔出，铝焊钉将牢固地焊接在铝板上（图9－19）。

图9－18　焊接铝焊钉

图9－19　焊接后的铝焊钉

4）拉拔

在进行拉拔前，要注意以下事项。

①由于铝板材质软、韧性差，拉拔时不能采用冲击力，而应施加缓和的校正力，即

使采用缓和的校正力，也不宜过大，否则焊接部位将被拉出孔洞或发生表面撕裂。所以铝板修复不能利用撞锤冲击拉拔，铝整形机也不具备带有焊接极头的拉拔锤焊接功能。

②在钢板修复过程中，可以在拉拔凹陷的同时敲击周围隆起的部位，以消除应力。此方法用于铝板修复应当小心谨慎，仅限于面积较小、程度较轻的损伤，并且力量要轻。

③修复较重的损伤时，可以先对整个损伤部位大面积进行加热，达到温度后，使用铝锤或木槌弹性敲击隆起部位，迫使凹陷部位升高，隆起部位下沉，借此达到消除应力的目的，随后再进行余下损伤的修复。

Ⅰ. 单点拉拔

①准备好铝板拉拔时需要使用的专用拉力器（图9－20）及配套的附件。

②将拉拔环安装在铝焊钉上，拉拔环与拉拔器连接好后即可以实施拉拔，如图9－21所示。

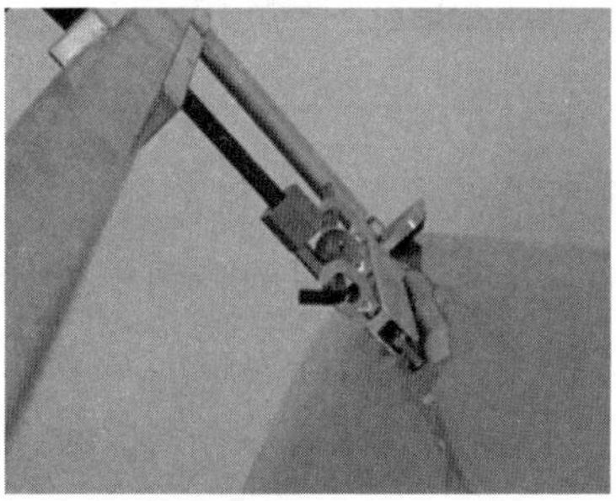

图9－20　专用拉力器

图9－21　单点拉拔

Ⅱ. 拉拔环穿轴拉拔

①将拉拔环安装到铝焊钉上（图9－22）。

②在拉拔环中间穿上钢棒轴，将拉拔器的锚钩与钢棒轴挂好，如图9－23所示。

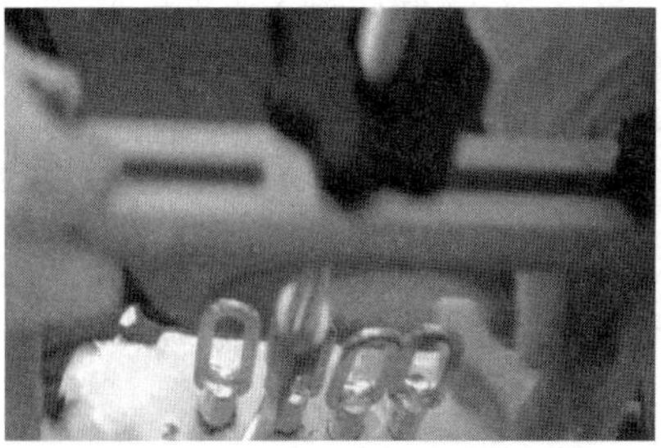

图9－22　将拉拔环安装到铝焊钉上

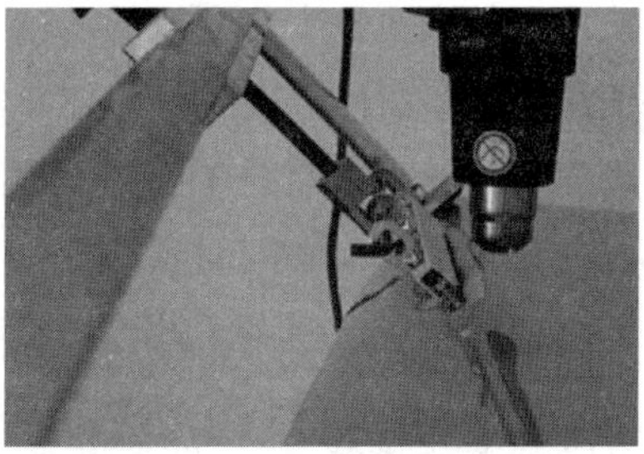

图9－23　将拉拔器的锚钩与钢棒轴挂好

③调整拉拔器的支座位置。支点尽量放在外板的边缘、车身线或有足够强度的高隆起部位，必要时可在支点的下部放置胶垫或木块，以增大受力面积，防止铝板变形。

④准备就绪后进行加热，当热敏材料改变颜色时，停止加热。

⑤将拉力器的把手向上抬起，利用杠杆原理进行拉拔，拉拔力应该垂直，不能使铝焊钉倾斜。根据损伤程度，适当控制拉拔力的大小，并通过铝锤或木槌轻轻敲击拉拔点的周围以消除应力。

5）去除铝焊钉

拉伸工作结束后，使用单边偏口钳将铝焊钉剪下（图 9－24），通过柔性锉或研磨机将铝焊钉剩余的部分修平（图 9－25），注意不能损伤到铝板。

图 9－24　清除铝焊钉

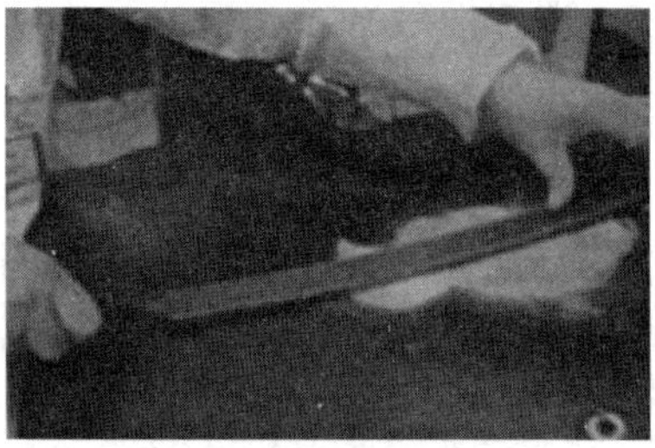

图 9－25　打磨修平焊接部位

（4）收缩作业

使用碳棒对铝板的收缩效果较为明显，这需要钢板整形修复机配合完成，氧乙炔焰由于热量过于集中不建议使用。收缩时，将电流和焊接时间调整到尽量低的数值，避免铝板被击穿或表面出现凹坑。收缩时应避免收缩过度，因为铝的延展性非常差，一旦收缩过度，下一步的延展将很难有效进行。具体操作方法请参考钢板的收缩方法。

（5）填料填平

相对于钢板，铝板的修平效果要差一些，在很多情况下，较小的凹坑需要使用填料进行填平。普通的原子灰很难保证使用寿命，铅性原子灰还会造成铝板防腐性能降低。铝粉作为金属元素，具有较高的强度及韧性，其与专用胶水的混合物非常适合对铝板凹坑进行填平。

①使用钢丝刷使整个待刮涂的区域变得粗糙，以增大填料的附着力。

②使用除油布清洁。

③将铝粉与胶水按照约 3∶1 的比例混合搅拌均匀，刮涂于凹陷部位，一次无法成形时，可分几次刮涂，中间间隔约 15 min。

④待填料固化后，使用柔性锉初步修平，再使用研磨机进行精细研磨。

2. 铝板的焊接修复

（1）准备工作

1）劳动安全与卫生

①铝板修复时，打磨飘起的铝粉会对人体造成伤害，作业应在独立的车间内完成，并正确穿戴防护用具。

②铝板焊接前，应确认铝合金中没有金属元素镁或确保其含量在安全范围内，因为镁遇热会燃烧，一旦燃烧用常规的方法无法扑灭。

③修复钢板、铝板的工具应分别摆放，不能混用。

④铝板采用 MIG 焊时弧光较强，所以焊接时必须戴面罩，穿厚帆布工作服和戴焊工用皮手套，如图 9－26 所示。面罩上的护目镜片根据焊接电流来选择。

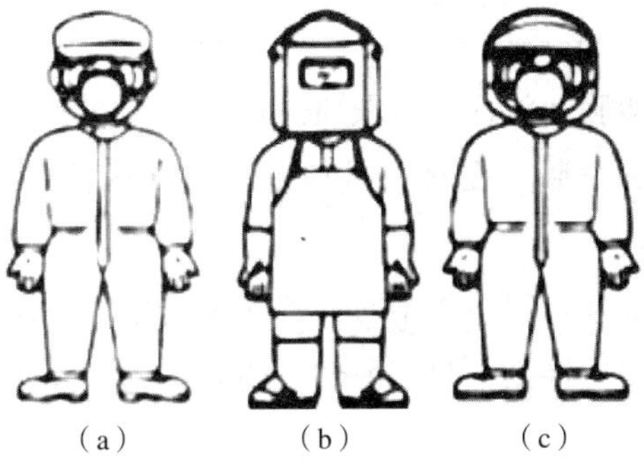

图 9－26　铝板焊接过程使用的防护用品

(a) 焊接前　(b) 焊接中　(c) 焊接后

⑤铝板 MIG 焊的紫外线极强，同时焊接过程中产生许多有害气体、金属粉尘和清洁剂的蒸气等有害物质。因此焊接作业处应当适当通风，但风速不得大于 0.5 m/s，以防破坏气体保护效果。

⑥焊接前要提醒周围的人员，防止弧光误伤他人，刚焊好的焊件不能直接用手接触，要待工件冷却后再接触，防止烫伤。

⑦焊接结束后要立即切断电源。

⑧焊接完成后，要及时清理场地。

2）其他准备工作

①设备和工具准备。焊接铝件需要准备的设备与工具见表 9－5。

表 9－5　焊接铝件需要准备的设备与工具

名称	用途说明
MIG 焊机	焊接的主要设备。电源控制箱承担着提供引弧电流的任务；送丝机构将焊丝以适当的预定速度送至焊区；供气系统将气瓶压力经调节器减压并恒定后送给焊枪
铝用研磨机	焊接前，研磨焊接接口部位的漆膜层；焊接后，用于焊接部位的修饰作业
焊接电缆	传导电流。选择截面面积为 50 mm^2 的电缆
通针	疏通堵塞的针嘴
砂纸（不含铁质）和细钢丝刷	清理焊缝表面和焊缝层间的氧化膜
丙酮或四氯化碳等有机溶剂	清理油污

（续）

名称	用途说明
夹具	用于板件的临时固定
空气枪	吹除打磨粉尘、灰尘等杂质
遮盖毯	遮盖非焊接区域，防止飞溅烫伤汽车漆膜
铅笔	用于画线或标记

②磨除焊接部位的漆膜和氧化膜等杂质。焊接坡口及其附近的表面可用装有 80 号砂纸的打磨机除去周围的漆膜。在打磨过程中，注意不要打磨过度，以磨除漆膜为目的，尽量不要打磨到铝板。

当去除漆膜后的铝板暴露于空气中时，很快就会生成一层氧化膜。氧化膜密度高、硬度大，会阻止底材金属焊接在一起；另外，还易导致铝板（特别是薄的铝板）变形，从而扩大修理范围。

③清除打磨粉尘及表面油污等。先用空气枪吹除粉尘等杂质，再用丙酮或四氯化碳等有机溶剂除去表面油污，两侧的清理范围不应小于 50 mm。清洁工具应定期进行脱脂处理。清理好的焊件和焊丝不得有水迹、碱渍等。

④遮护。对焊接部位附近不需要焊接的表面进行遮护处理，防止焊接飞溅损伤非焊接表面。

（2）焊接操作

1）焊接工艺参数的选择

若铝板厚度相同、接头形式不同，工艺参数应加以调整，采用搭接接头、T 形接头时的电压、电流可稍提高一些。以下数据为平焊时适用的工艺参数，立焊、仰焊、横焊时应适当调整。

根据焊接工件的材料牌号，选用相同材料牌号的焊丝进行焊接，可以获得优良的焊接质量。

1～2 mm 薄板的对接、搭接、角接及卷边接头等，可以采用短路过渡焊。采用带有拉丝式送丝装置的焊枪，焊丝直径为 0.8～1.0 mm。其他的工艺参数可参考 CO_2 气体保护焊。

2）安装焊丝盘

安装好焊丝盘，并装上各种接头。

3）焊接施工

铝及其合金的焊接通常使用惰性气体保护焊，因铝及其合金的特性，其施工要求有特殊性。在进行铝合金制车身修复前，应查看相关资料以确认板材的成分，并严格按照厂家的要求进行修复操作，不该焊接的部位绝不能进行焊接。

①引弧及试焊。MIG 焊一般采用接触短路法引弧。引弧时首先送进焊丝，并逐渐接近母材。一旦与母材接触，电源将提供较大的短路电流，产生电弧。如果开始焊接前焊丝端部黏附有焊接材料，则会导致电弧生成不良。应将焊丝端部切至一个合适的长度（通常是焊丝直径的 10 倍）。

以同样材质和厚度的试板进行试焊。进行钢制车身焊接时，电压和送丝速度调整到正常值，焊接部位会发出平稳、清脆的“吱吱”声，而铝材焊接时会发出平稳、沉闷的“嗡嗡”声。焊后观察焊缝的成形情况，再进行适当调整。

②板件定位。使用大力钳定位焊接板件。将工件接缝对准，对焊接板件实施定点焊接。实施定点焊接可使两片铝板先定位，并且可以减少主焊接产生的热变形。焊点间距是板厚的 15 ~ 30 倍。

③主焊接。操作步骤如下。

（a）焊枪与焊接部位应接近垂直，稳定地支撑焊枪，电弧对准目标中心点，将焊枪喷嘴末端靠近板件。

（b）使焊枪开关置于“ON”位置，将焊线末端接触板件以产生电弧。

（c）对准定点焊接的末端，重复地将开关置于“ON”和“OFF”位置。使用焊枪时间歇性地打开和关闭（间歇操作），是为了防止出现热蓄积，减小焊接烧穿表面的可能性。

（d）以稳定的姿势移动，防止焊枪晃动。焊枪向前移动，保持 10° ~ 15°角。这样做是为了避免空气与保护气体混合，从而获得稳定的电弧。

（e）最终以焊缝连接定位焊接的点。

④焊接结束后，关闭电源和气源。

4）焊接质量检查

以肉眼观察为主，观察焊缝的外观，评估焊接的完整性。有条件的也可以采用超声波探伤检验。超声波可以检验任何焊件材料、任何部位的缺陷，并且能较灵敏地发现缺陷位置，但对缺陷的性质、形状和大小较难确定，所以超声波探伤常与射线（如 X 射线）检验配合使用。

5）焊后处理

用研磨机研磨去除焊珠和焊珠周围的区域。注意不要过度研磨，否则可能降低铝板的强度。

任务总结

本任务通过学习使同学们了解了铝合金的特点及在车身上的应用，掌握铝合金板和钢板在维修时的区别。通过实训能够正确使用铝合金板的专用维修设备，能够采用正确的方法校正变形的铝板件。

任务考核

表9-6 任务工单

<table>
<tr><td rowspan="3">工作任务：铝合金制件损伤修复</td><td>班级</td><td colspan="3"></td></tr>
<tr><td>姓名</td><td></td><td>学号</td><td></td></tr>
<tr><td>日期</td><td></td><td>评分</td><td></td></tr>
<tr><td colspan="5">

1. 基本信息

（1）车辆基本信息

车型：　　　VIN：　　　　生产年份：

（2）车辆损坏情况

（3）损伤构件定损情况

2. 铝合金板件修复练习

（1）设备、工具、材料准备

（2）劳动防护

（3）维修步骤

（4）操作注意事项

3. 反思

收获：

不足：

建议：

①小组讨论分析实施过程中产生的问题，给出改进方案；

②小组准备汇报材料，每组派一人进行汇报；

③整理相关资料，列表说明项目资料及资料来源，注明存档情况。

</td></tr>
</table>

习题与思考

1. 选择题

(1)【多选题】对铝板进行外形修复时，可以使用（　　）。

A. 木垫铁　B. 橡胶锤　C. 收缩锤　D. 精修锤

(2)【单选题】铝合金外板件修复的适宜工作温度为（　　）℃。

A. 50～100　B. 100～150　C. 150～200　D. 200～250

(3)【单选题】（　　）不是铝合金制车身的优点。

A. 强度高　B. 质量轻　C. 防腐性能好　D. 环保

(4)【单选题】（　　）不是车身铝合金件。

A. 铸造件　B. 冲压件　C. 焊接件　D. 压铸件

(5)【单选题】铝外层氧化物的熔点可达到（　　）℃。

A. 2 050　B. 2 150　C. 2 100　D. 2 200

(6)【单选题】铝的密度大约是钢铁的（　　）。

A. 1/2　B. 1/3　C. 1/4　D. 1/5

(7)【单选题】在车身制造中，铝的应用可以使车辆的质量减小（　　）。

A. 10%～20%　B. 20%～30%　C. 30%～40%　D. 40%～50%

2. 简述题

简述车身铝板修复的步骤及注意事项。

项目十
汽车喷涂

项目描述

汽车是现代化交通工具，其外表面的90%以上是涂装面。涂层质量（涂层外观、鲜映性、光泽、颜色等）优劣是人们对汽车质量的直观评价，它直接影响汽车的市场竞争能力。车身涂装的作用是缓蚀、美化和提高车辆档次。用各种涂装材料覆盖车身的内外表面是维修作业中的最后一道程序，直接影响车身维修品质。涂装与车身维修的其他作业联系密切：一方面，涂装可以弥补其他作业遗留下来的缺陷；另一方面，如果焊接、钣金、维修等项作业的基础不好，会直接影响车身的涂装品质。此外，涂装也是提高汽车产品耐蚀性和延长汽车使用寿命的主要措施之一。

项目实施

车身维修中的涂装方法以空气喷涂为主，这种方法不仅可以获得厚薄均匀、光滑平整的气膜，而且对缝隙、小孔、倾斜和弯曲的复杂构件均可将涂料喷涂到位。喷涂法的适应性也强，绝大多数漆料都可用此法施工。本项目在实际工作中可以分为以下六个典型工作任务。

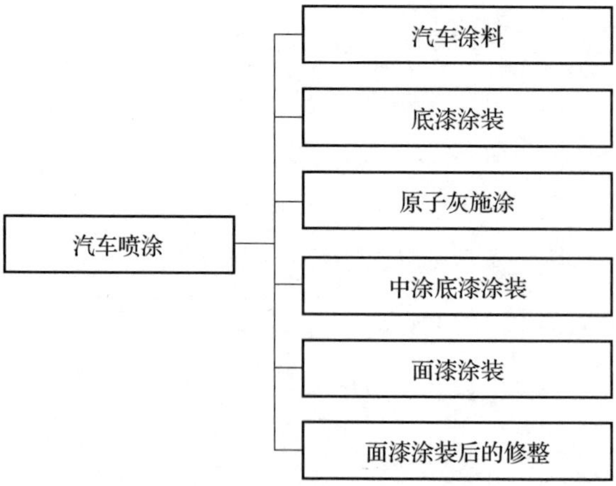

任务18　汽车涂料

学习目标

【知识目标】

掌握涂料的主要作用及组成；

掌握涂料的分类；

掌握涂料的命名规则。

【能力目标】

能够根据涂料的名称判断涂料的种类和组成。

【素养目标】

培养学生的规范操作意识；

培养学生的团队协作意识；

培养学生的安全操作意识。

任务描述

涂料涂装在汽车表面上（图10－1），结成较牢固的涂层，起防水、防腐、保护和装饰等作用。当汽车发生磕碰、事故和磨损，涂层受到损伤后，会在一定程度上破坏其保护和美化等作用。本任务主要了解涂料的基本知识，为后面喷涂知识的学习奠定基础。

图10－1　汽车喷涂

任务解析

汽车涂料是涂装于汽车表面以形成具有保护、装饰或特殊作用的固态涂层的液体或固体材料的总称。早期使用的喷涂材料主要是以植物油为原料制成的，又称油漆。现代汽车涂料的原料基本上被合成树脂所代替，其成分、性能及使用方法等与原来的油漆相比已发生了明显的变化。

知识学习

1. 涂料的主要作用

涂料的主要作用可以归纳为以下几个方面。

(1) 保护作用

涂料涂装在物体表面上，干燥后结成薄薄的涂层。这种涂层有很强的附着力，起着隔离水分和防止腐蚀物质（包括酸、碱、盐、有机溶剂等）侵蚀的作用，通过增强封闭性使物体表面受到保护。

涂料防腐在经济建设和人们生活中发挥着重要的作用。当今 70% 以上的钢铁暴露在易于腐蚀的环境中，如桥梁、交通工具、各种机械设备等长期受到风吹雨淋，以及酸、盐和一些微生物的腐蚀，导致性能下降，使用价值降低，甚至提前报废。据统计，世界上的钢材和设备每年因腐蚀造成的损失，可达钢铁总产量的 1/5 ~ 1/4。因此，涂料的防腐保护作用就显得尤为重要。

用涂料作为金属的防腐保护材料是目前应用最广泛的方法，涂料是国民经济、科学技术、人们生活中不可缺少的材料。随着化学工业的发展，各种具有高保护性、低污染性的新产品不断出现。为适应特殊环境的需求，一些专用涂料（如具有耐酸、耐碱、阻燃、绝缘等作用的涂料）不断问世，为金属防腐保护的发展提供了广阔的前景。

(2) 美化和装饰作用

涂料与美化、装饰联系紧密。涂料可赋予被涂物不同的色彩、光泽、丰满度和各种花纹等特性，给人以美的感受。生活需要色彩的装饰，产品也要用涂料来装饰，以提高其商品价值。

汽车作为一种交通工具，也需要美化和装饰。根据汽车的种类、用途、档次，选用不同性能和不同色彩的涂料，使其有光亮美丽的外观、协调或对比强烈的色调，并延长其使用寿命。

(3) 标志作用

涂料可以改变物体表面的颜色，不同的颜色对人们的视觉、精神、心理产生不同的影响。可利用涂料的不同颜色作为标记加以区别和刺激，例如在公路、铁路、机场等交通行业中标志应用广泛，常用涂料的不同颜色表示危险、警告、前进、停止等信号。

此外，化学工厂、仓库等场所用涂料的颜色表示易燃、有毒等标志；各种管道、容器、电器等涂上各种颜色作为标志，使操作人员容易识别；一些工程车、救护车、消防车等用涂料的不同颜色做标记，以引起人们的注意等。

（4）特殊作用

涂料经涂装后，在特定的环境条件下发挥着特殊作用。有特殊作用的涂料又称为专用涂料。例如：绝缘涂料涂在机电产品表面，起到绝缘作用；汽车上一些特殊部位的涂装起到防振、消声、隔热等作用；在国防建设中，抗辐射高温涂料应用在飞机、卫星等特种设备上；示温涂料可以指示被涂物表面的温度变化等。

2. 涂料的组成

（1）成膜物质（又称漆基、连接剂）

涂料用成膜物质主要有以下两类。

1）油脂类成膜物质

油脂类成膜物质包括植物油和动物脂肪，以植物油为主，如桐油、梓油、亚麻油、亚油、葵花油、蓖麻油和椰子油等。

2）树脂类成膜物质

树脂是许多高分子有机化合物互相熔合而成的混合物，呈透明或不透明的无定形黏稠液体或固体状态。树脂可溶于有机溶剂，有些经改性后可溶于水。涂料用树脂按来源可分为如下几类：

①天然树脂，来源于自然界的动植物，如虫胶、松香等；

②人造树脂，用天然高分子化合物加工制成，如棉花经硝酸硝化而得到硝化棉，各种松香衍生物（如改性松香、石灰松香、甘油松香等）；

③合成树脂，用各种化工原料经化学反应合成，如酚醛树脂、醇酸树脂、丙烯酸树脂等。

随着石油化工工业的发展，性能优良的合成树脂已基本取代涂料中常用的动植物油而成为主要的涂料成膜材料。

（2）颜料

1）着色颜料

着色颜料指在底漆或面漆中提供颜色的部分，可分为无机颜料和有机颜料。

无机颜料即矿物颜料，化学性质稳定，耐光、耐高温，不易变色、褪色和渗色，遮盖力强，填充性好，但色调少，色彩不鲜艳，用于制造调和漆、磁漆等实色漆。

有机颜料是一类有机色素，一般不溶解于水，但可以一定状态分散于水或其他介质中。涂料用有机颜料色彩鲜艳，色调丰富，着色力强，多用于透明色漆和对木质纤维进行着色，也可和无机颜料配合用于实色漆中。

2）体质颜料

体质颜料也称填充颜料，一般是源于矿物质的无机物。其作用是改进涂料的物理性能、力学性能及降低成本。常见的体质颜料有碳酸钙、滑石粉、高岭土等。

体质颜料一般有以下特点。

①具有良好的打磨性。体质颜料由于一般容易破碎，所以能提供涂料的打磨性。汽车修补涂料中的底漆及中涂底漆对打磨性要求较高。

②具有良好的填充性。由于体质颜料的成本比着色颜料低，因此体质颜料被广泛应用于涂料中。在汽车修补涂料中，底漆或中涂底漆对光泽及流平的要求没有面漆高，但对填充的效果（尤其是中涂底漆的填充效果）则要求很高。

③可提高涂料的黏度。当涂料中使用了密度非常大的颜料或要求涂料的黏度比较高时，在设计涂料配方时需要考虑选用吸油量大的体质颜料做调节。

3）防腐颜料

涂装是汽车防腐的重要手段。防腐颜料的使用可以避免或延缓底材的腐蚀，因此汽车修补涂装时常常使用具有防腐功能的底漆。常见的防腐颜料有磷酸锌、铬酸盐及红丹等。在汽车修补涂料中，磷化底漆或环氧底漆中常常含有磷酸锌或铬酸盐。

4）特殊效果颜料

目前，一些汽车制造厂使用了一些非常时尚的特殊效果颜料，如极闪银、“变色龙”等。

（3）溶剂（俗称稀料）

溶剂是指能将其他物质溶解而形成均一相溶液的物质。

溶剂对液态涂料的黏度、光泽、流平性、润湿性、附着力等性能有很大影响，用错溶剂或使用跟涂料不配套的溶剂会造成涂料混浊、沉淀、析出、失光、泛白，甚至报废。市售溶剂是由真溶剂、助溶剂和稀释剂按所需的溶解性能和挥发速度配制而成的混合物，在涂装和成膜过程中挥发，留下不挥发成分（树脂和颜料等）形成坚硬的漆膜。

在一个涂装配方中，往往选用多种溶剂，不同溶剂的作用是不同的，一般可以分为以下几种。

1）真溶剂

真溶剂是起溶解树脂作用的溶剂。

2）助溶剂

助溶剂是能促进真溶剂溶解作用的溶剂，例如将醇类溶剂加入硝基涂料中可以提高溶解效果。

3）稀释剂

稀释剂对于特定的树脂不会起溶剂的作用，但可以减少溶剂和产品的消耗，其作用为稀释树脂及分散颜料。

(4) 助剂

助剂又称添加剂，它不是成膜物质，在涂料中用量很少（一般在千分之几），然而却能显著地改善涂料的性能。助剂的作用概括起来可分以下几方面。

1）改善涂料制造工艺

这类助剂包括催干剂、增韧剂、抗结皮剂、消泡剂、分散剂、防霉剂等。例如，催干剂是能加速涂层干燥的物质，多用于醇酸树脂涂料中；催干剂能促进涂膜中树脂的氧化－聚合作用，大大缩短涂膜的干燥时间。

2）改善涂料贮存性能

这类助剂包括防结皮剂、防沉剂、防胶冻剂。

3）改善涂料施工性能

这类助剂包括流平剂、消泡剂、增稠剂、防流挂剂、防潮剂等。

①流平剂。流平剂能减小涂料的表面张力，防止缩孔的产生，增强涂膜的流平性能。在喷涂时被涂物表面清洁不彻底，残存有油脂、蜡渍等，或压缩空气中含有未过滤的油分，会由于该部分涂膜表面张力增大而产生缩孔现象（俗称鱼眼）。在发生此类现象时，在涂料中加入适量流平剂，会大大改善缩孔的现象。

②防潮剂。防潮剂也称化白剂、化白水，是由高沸点的酯类、酮类溶剂组成的。将它加入硝基漆等自然挥发型涂料中，能防止涂膜中的溶剂挥发时产生的泛白现象。此外，施工环境温度过低、空气湿度过高或喷涂用的压缩空气中含有过多的水分等，也会引起泛白。在涂料中加入适量的防潮剂后，由于高沸点溶剂增多，可减缓溶剂的挥发速度，减少水分凝结现象的发生。

4）改善涂膜使用性能

这类助剂包括紫外线吸收剂、抗氧化剂、防霉剂等。紫外线吸收剂、抗氧化剂可以提高涂层的耐光、耐候性，防霉剂可提高涂层的抗霉性能。紫外线吸收剂对阳光中的紫外线有较强的吸收能力，添加在涂料中可减少紫外线对涂膜的损害，防止涂膜粉化、老化和失光等。

3. 涂料的分类

原化工部颁布标准对我国涂料的分类方法做了统一规定，指明涂料产品的分类以涂料基料中的主要成膜物质为基础。若成膜物质中有两种以上的树脂，则以在漆膜中起主要作用的一种树脂为基础进行分类。

4. 涂料的命名规则

涂料的命名规则用下列公式表示：

涂料的名称 = 颜色或颜料名称 + 成膜物质名称 + 基本名称

例如铁红醇酸底漆、白丙烯酸磁漆等。

涂料中不含颜色和颜料的，称为清漆。某些具有专业用途和特殊性能的涂料，应在成膜物质名称和基本名称之间表明，如白醇酸画线磁漆、灰过氯乙烯机床磁漆。

基料中含两种或两种以上成膜物质时，选一种或两种成膜物质，主要成膜物质在前，次要成膜物质在后，如氨基醇酸烘干磁漆。成膜物质名称可适当简化，如聚氨基甲酯简称聚氨酯。

5. 涂料的型号

涂料的型号由三个部分组成：

涂料的型号 = 主要成膜物质代号 + 基本名称代号 + 序号

辅助材料的型号由两部分组成，即辅助材料种类代号 + 序号，例如稀释剂X－2。

涂料的基本名称根据用途、性能等用分类代号的方法加以区别（表 10－3），并规定用00～99 两位数字来表示基本名称。其中，00～13 表示涂料的基础品种；14～19 为美术漆；20～29 为轻工用漆；30～39 为绝缘漆；40～49 为船漆；50～59 为防腐漆；60～69 为特种漆；80～89 为其他备用漆；90～99 为专用漆。

表 10－1　涂料的基本名称（部分）

代号	基本名称	代号	基本名称	代号	基本名称	代号	基本名称
00	清油	17	皱纹漆	38	半导体漆	62	示湿漆
02	清漆	18	裂纹漆	40	防污漆、防蛆漆	63	涂布漆
03	调和漆	19	晶纹漆	41	水线漆、甲板漆	64	可剥漆
04	磁漆	20	铅笔漆	42	甲板防滑漆	66	感光漆
05	粉末涂料	22	木器漆	43	船壳漆	67	隔热漆
06	底漆	23	罐头漆	44	船底漆	80	地板漆
07	腻子	30	绝缘漆（浸漆）	50	耐酸漆	81	鱼网淋漆
09	大漆	31	绝缘漆（覆盖）	51	耐碱漆	82	锅炉漆
11	电泳漆	32	磁漆（覆盖）	52	防腐漆	83	烟囱漆
12	乳胶漆	33	绝缘黏合剂	53	防锈漆	84	黑板漆
13	其他不溶性漆	34	漆包线漆	54	耐油漆	85	调色漆
14	透明漆	35	硅钢片漆	55	耐水漆	86	标志漆、马路画线漆
15	斑纹漆	36	电容器漆	60	耐火漆	98	胶漆
16	锤纹漆	37	电阻漆、电位器漆	61	耐热漆	99	其他

任务总结

本任务主要学习了涂料的主要作用、组成、分类和命名规则。涂料的主要作用为保护作用、美化和装饰作用、标志作用以及特殊作用；涂料的组成主要包括成膜物质、颜料、溶剂和助剂；涂料的名称 = 颜色或颜料名称 + 成膜物质名称 + 基本名称；涂料的型号 = 主要成膜物质代号 + 基本名称代号 + 序号。

任务考核

表 10-2　任务工单

工作任务：汽车涂料基本知识	班级			
	姓名		学号	
	日期		评分	

（1）涂料的作用

（2）涂料的组成

（3）涂料的分类

（4）涂料的命名

（5）涂料的型号

（6）反思

收获：

不足：

建议：

①小组讨论分析实施过程中产生的问题，给出改进方案；

②小组准备汇报材料，每组派一人进行汇报；

③整理相关资料，列表说明项目资料及资料来源，注明存档情况。

习题与思考

1. 选择题

（1）【多选题】涂料的主要作用包括（　　）。

A. 保护作用　　B. 美化和装饰作用

C. 标志作用　　D. 其他特殊作用

（2）【多选题】涂料的组成包括（　　）。

A. 成膜物质　　B. 颜料　　C. 溶剂　　D. 助剂

2. 简述题

（1）简述涂料的命名规则。

（2）简述涂料的型号组成。

任务19　底漆涂装

学习目标

【知识目标】

掌握底漆的作用、种类、涂装方法和调制方法；

掌握各种车身遮盖方法。

【能力目标】

能够正确调制涂料；

能够正确进行车身涂装遮盖；

能够正确对板件表面除油除尘；

能够正确进行底漆的喷涂。

【素养目标】

培养学生的规范操作意识；

培养学生的团队协作意识；

培养学生的安全操作意识。

任务描述

汽车发生碰撞事故后，裸露出汽车的金属层（图10－2），在进行车身板件涂装前，需要先在车身板件表面施涂底漆，以提高金属表面的防氧化腐蚀能力，增大金属表面与原子灰（或中间涂层、面漆）、原子灰与面漆之间的附着力。

图10－2　碰撞导致金属层裸露

任务解析

底漆是直接涂覆于施工物体表面的涂料，它是工件表面的基础用料，既是腻子层中间的用料，又是底层涂料与面漆连接用料。底漆根据使用目的可分为头道底漆、头二道合用底漆、二道底漆、表面封闭底漆等。

知识学习

1. 底漆的作用

底漆特性

底漆即底涂层用漆，它一般直接涂覆于施工物体表面或涂于原子灰表面。它有两个作用：一是防止金属表面氧化腐蚀，二是增大金属表面与原子灰（或中间涂层、面漆）、原子灰与面漆之间的附着力。

合适的底漆是面漆耐久、美观的前提。如果底漆不好，面漆的外观就会受影响，甚至出现裂纹或剥落。

2. 底漆的种类

用于制造底漆的树脂种类比较多，现在汽车修补涂装中以环氧树脂底漆和侵蚀底漆最为多见。

1）环氧树脂底漆

环氧树脂底漆简称环氧底漆，是物理隔绝防腐底漆的代表。环氧树脂是线型高聚物，由环氧丙烷和二酚基丙烷缩聚而成。环氧底漆具有如下优点。

①附着力极强。对金属、木材、玻璃、塑料、陶瓷、纺织物等都有很好的附着力。

②漆膜韧性好，耐挠曲，且硬度比较高。

③耐化学品性优良，尤其是耐碱性更为突出。因为环氧树脂的分子结构内含有醚键，而醚键在化学上是稳定的，所以对水、溶剂、酸、碱和其他化学品都有良好的抵抗力。

④具有良好的电绝缘性、耐久性和耐热性。

环氧树脂类涂料也存在一定的缺点，比如表面粉化较快，这也是它主要用作底层涂料的原因之一。环氧底漆使用胺类作为固化剂，胺类对人体有一定的刺激性，因此在使用时要加以注意。

2）侵蚀底漆

侵蚀底漆是以化学防腐手段来达到防腐目的的，主要代表为磷化底漆。磷化底漆以聚乙烯醇缩丁醛树脂溶于有机溶剂中，并加入防锈颜料四盐锌铬黄等制成，使用时与分开包装的磷化液按一定比例调配后喷涂。品牌漆中的磷化底漆一般都已经制成成品，按一定的比例加入固化剂使用即可。

金属表面涂装磷化底漆后，磷化液（弱磷酸）与防锈颜料四盐锌铬黄反应生成与一般磷化处理相似的不溶性磷酸盐覆盖膜，同时生成的铬酸使金属表面钝化。由于聚乙烯醇缩丁醛树脂具有很多极性基团，它也参与了锌铬颜料与磷酸的反应，转变成不溶性铬合物膜层，与上述的磷酸盐覆盖膜一起起防腐蚀和增大涂层附着力的作用。

磷化底漆作为有色及黑色金属的防锈涂料，能够代替金属的磷化处理，在提高抗腐蚀性和绝缘性，增大涂层与金属表面的附着力等方面比磷化处理效果更好，而且工艺和设备要求比较简单。但磷化底漆漆膜很薄（8 ~ 15 μm），一般不单独作为底漆使用，在涂装磷化底漆后通常仍用一般底漆打底。

磷化底漆在使用时要注意的是，因其具有一定的侵蚀作用，所以不能用金属容器调配，喷枪罐也应使用塑料罐，在喷涂完毕后应马上清洗喷枪。磷化底漆施涂完毕后不要马上喷涂其他底漆，而应等待一段时间（20 ℃、2 h）再进行下一步操作。

环氧底漆与磷化底漆对底材都具有良好的防腐性，对其上的涂层也都具有良好的黏结能力，一般在汽车修补中常用环氧底漆打底，而对汽车制造中或大面积钣金操作后的裸金属进行磷化防腐处理时常采用磷化底漆。

在现代汽车修补涂装中，有时也使用聚氨酯底漆和硝基底漆，这两种底漆均属于物理隔绝性底漆，应用效果不如环氧底漆好，所以较少使用。

3．底漆的涂装方法

涂装质量是涂装三要素（即涂料、设备和涂装工艺）综合作用的结果，由此可见涂装工艺是影响涂装质量的一个重要方面。不同的涂装工艺适用于不同条件下的涂装，因此选择正确的涂装方法是非常重要的。到目前为止，涂装方法主要有浸涂、喷涂、刷涂、辊涂、电泳、刮涂、静电喷涂、搓涂等八种，目前在汽车维修行业中普遍采用喷涂方法涂装底漆。

底漆的喷涂方法

所谓喷涂是指用特制的喷涂设备（主要是喷枪）将涂料雾化，并涂布于被涂物表面的涂装方法。此种涂装方法出现较晚，但应用范围很广，大多数零部件都可以使用喷涂的方法进行涂装。喷涂相对节省涂料，涂装质量较好，漆膜质量容易控制，但是对操作人员的技术水平要求比较高，对喷涂设备的要求比较严格，对环境的影响比较大。

4．底漆的调制方法

为适应涂装要求，对于双组分涂料（2K 型），应加入固化剂，然后根据涂料使用说明书加入稀释剂进行稀释，以达到要求的施工黏度；对于单组分涂料（1K 型），则直接加入稀释剂进行稀释，不需要固化剂。

涂料的黏度直接影响施工质量：黏度过高，将会使表面粗糙不均，产生针孔和气孔等缺陷；黏度过低，则会造成流挂、失光、漆膜不丰满。不同的涂层对涂料的黏度要求也有所不同，所以在车身涂装作业中应根据技术要求调整黏度，并养成使用黏度计进行测量的习惯。

1）确定调漆比例

各成分的混合比例一定要按涂料技术说明确定，通常可在涂料罐的标签上查找。

2）确定调漆量

调漆量的确定主要依据涂料技术说明规定的技术数据。假设说明中可喷涂面积效率为 400 m^2/L 在 1 μm，即涂料喷涂 1 μm 膜厚时，每升底漆可喷涂 400 m^2。根据所要喷涂区域的估计面积及规定的总膜厚，即可估算出底漆的用量。

3）调制

①将比例尺放置于调漆杯内，用手扶正，如图 10－3 所示。

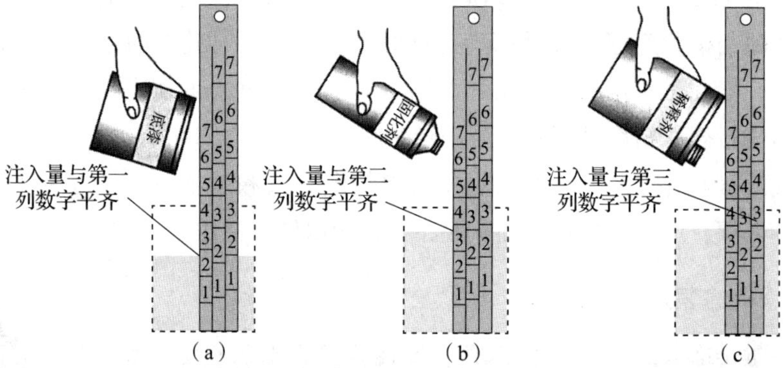

图 10－3　用比例尺调制涂料

（a）底漆　（b）固化剂　（c）稀释剂

②选择标有 4∶1∶1 的一面，假设底漆的用量为 3，把底漆倒进容器至左边第一列刻度 3，再将固化剂倒入至第二列刻度 3，其比例刚好是 4∶1。

③加入稀释剂至第三列刻度 3，则各成分的加入比例就是 4∶1∶1。

④各成分加入后，一定要搅拌均匀。

调配单组分涂料时，根据涂料的种类和施涂方式，与配套的稀释剂进行混合调配。先将底漆充分搅拌均匀，然后按工艺制定的黏度标准加稀释剂，搅拌均匀即可。

有些专用的调漆杯为透明的塑料杯，外表上有用于指示调漆的刻度，相当于比例尺，使用时加入各成分的量直接观察刻度即可。

4）黏度测试与调整

为使涂料的黏度符合要求，保证涂装质量，建议进行黏度测试。进行黏度测试时使用的黏度计不同，测试方法也不同。

①使用台式黏度计测试黏度时，可先利用黏度计台面下的四个螺栓使黏度计在工作台上调放平稳。用手指堵严黏度杯底部的流孔，然后将调配好的涂料倒满黏度杯。

用玻璃棒将液面刮平，松开堵孔的手指，并用秒表计时，待杯中的涂料流完，秒表上的数据即为涂料的黏度。一般需要测试 3 次，取其平均值。测试通常要求在室温（(25 ±1)℃）条件下进行。

②使用手提式黏度计测试黏度时，可在施工现场将黏度计直接浸入调好的漆料中，提起黏度计，待黏度计脱离液面时开始计时，漆料即将流完且出现断流时，秒表上的数据即为涂料的黏度。

测试结束后，根据测试的结果进行微调，即补加适量的底漆或稀释剂，并充分搅拌均匀。

任务实施

1. 劳动安全与卫生

①穿好工作服。

②进行除尘与除油操作时应戴橡胶手套。

③注意防火。

④注意施工场地卫生。

2. 遮盖

（1）基本遮盖法

胶带应选用质量好的，若质量差，使用后会出现黏合剂残留或其他问题，造成不必要的麻烦。聚氨酯涂料需加热干燥，应使用耐热胶带纸。基本遮盖法如图 10 – 4 所示。

（2）反向遮盖法

在对板件的局部进行修补涂装、对整板涂装的过渡区域及流线型边缘进行遮盖时，应该使用反向遮盖法，如图 10 – 5 所示，一般在喷涂中涂底漆和面漆时运用。采用反向遮盖法，可以在待喷涂区域的边缘形成楔形间隙，喷漆时由于楔形间隙的存在，会形成从边缘向外渐薄的漆膜，从而获得良好的过渡效果而不至于在边缘形成台阶。

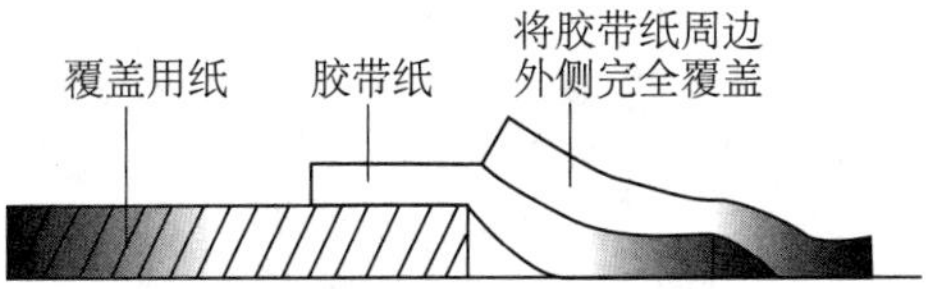

图 10-4　基本遮盖法

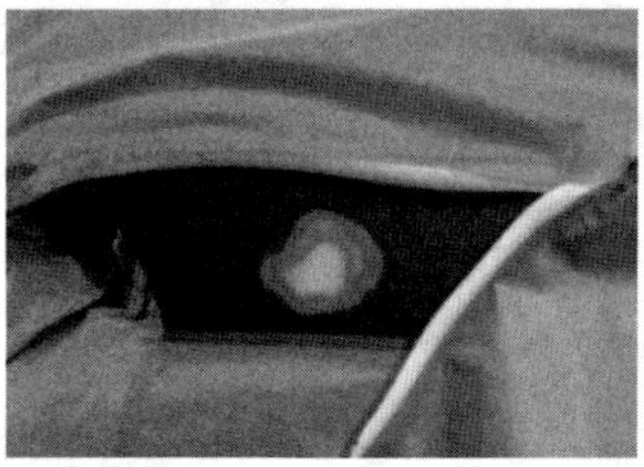

图 10-5　用胶带和遮盖纸进行反向遮盖

注意：进行反向遮盖时，应使用软的胶带，不能使用遮盖膜。

沿流线型边缘进行反向遮盖时可以采用预先粘贴好胶带的遮盖纸。首先把遮盖纸沿流线型板件边缘的最高端放置好，用胶带固定，使遮盖纸自然下垂。然后反向折叠遮盖纸，使反向折叠的弧线超过流线型边缘 12 ~ 20 mm。最后把遮盖纸的另一边固定到板件合适的位置上。如果必须沿一个曲面流线型边缘进行遮盖，必须使用遮盖胶带。首先把 19 mm 宽的胶带以正确的角度粘贴到流线型边缘上，每条胶带应有 10 ~ 13 mm 长，胶带与胶带之间应有足够的重叠量，整个胶带的粘贴边缘应形成一个与流线型边缘平行的曲线。然后把胶带条反折，应从最后一条胶带开始，并保证有一个正确的弧度，如图 10 - 6 所示。最后用一条胶带把所有反折过来的胶带端部粘贴固定。

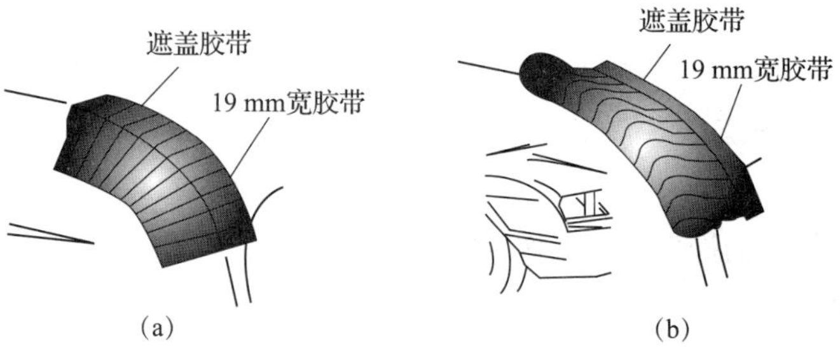

图 10 - 6　用胶带进行反向遮盖

(a) 正盖　(b) 反折

(3) 车身不同部位的遮盖方法

掌握上述基本遮盖法和反向遮盖法后，即可运用其中的一种或两种对车身需要遮盖的部位进行正确的遮盖。对车身进行遮盖的原则是：不需要喷涂的部位一定要遮盖严实，需要喷涂的部位一定要露出来。

(4) 喷涂两种颜色时的遮盖方法

当汽车被喷涂成两种不同的颜色时，应首先喷涂一种颜色。涂料干燥后，用 19 mm 宽胶带把这种颜色的周边遮盖。有些车身喷漆工喜欢选用细胶带，因为细胶带薄，可以精确地把两种颜色的漆面分开，留下的条纹少。然后把该颜色的漆层用合适尺寸、形状的遮盖纸遮好。遮盖纸上的胶带粘到已粘好的周边胶带上，多余的边折叠，粘贴牢固。然后根据需要，可以再用遮盖胶带沿遮盖纸的底部和边缘粘贴，清晰地标出另外一种颜色涂料的喷漆面。

3. 除尘与除油

(1) 除尘

①戴好橡胶手套。

②用擦拭纸（图 10 - 7）将整个待涂装表面擦拭一遍。

③手握粘尘布（图 10 - 8），按从上到下的顺序将待涂装表面擦拭干净。

图10－7　擦拭纸

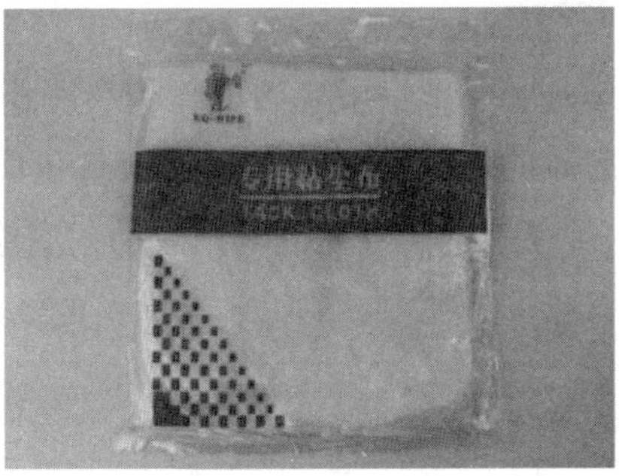

图10－8　粘尘布

（2）除油

1）擦拭法除油（图10－9）

①双手戴好橡胶手套。

②双手各持一块干净的除油擦布，其中一块浸有脱脂剂。

③用带脱脂剂的擦布擦拭待除油表面，一次最多一个来回。

④用干爽的擦布擦拭沾有脱脂剂的表面。

⑤重复步骤③和步骤④，直到待清理表面全部清理完毕。

注意及时浸脱脂剂和更换擦布，并且不要触碰已经除过油的表面。

图10－9　擦拭法除油

2）喷擦结合法除油

①将除油剂装入喷液壶内。

②反复按压喷液壶的操纵手柄，直到感觉有足够的反弹力。

③手持喷液壶，对准待除油表面，保持20 cm左右的距离，按压喷液开关，将除油剂均匀地喷到工件表面。

④手持一块干净的除油布，将喷淋的除油剂擦拭干净。

任务总结

本任务主要学习了底漆的作用、种类、涂装方法、调制方法以及车身板件除油的流程。底漆的作用是防止金属表面氧化腐蚀和增大金属表面与原子灰（或中间涂层、面漆）、原子灰与面漆之间的附着力；底漆有环氧树脂底漆和侵蚀底漆两种；底漆的涂装方法有浸涂、喷涂、刷涂、辊涂、电泳、刮涂、静电喷涂、搓涂等八种。

任务考核

表 10-3　任务工单

<table>
<tr><td rowspan="3">工作任务：底漆涂装</td><td>班级</td><td colspan="3"></td></tr>
<tr><td>姓名</td><td></td><td>学号</td><td></td></tr>
<tr><td>日期</td><td></td><td>评分</td><td></td></tr>
<tr><td colspan="5">1. 底漆基本知识
（1）底漆的作用

（2）底漆的种类

（3）底漆的涂装方法

（4）底漆的调制方法

2. 底漆涂装前的准备流程
（1）劳动防护

（2）底漆涂装前要做的准备工作

（3）底漆涂装注意事项

3. 反思
收获：
不足：
建议：
①小组讨论分析实施过程中产生的问题，给出改进方案；
②小组准备汇报材料，每组派一人进行汇报；
③整理相关资料，列表说明项目资料及资料来源，注明存档情况。</td></tr>
</table>

习题与思考

1. 选择题

（1）【单选题】底漆除了能起到良好的防氧化腐蚀作用外，还能起到（　　）作用。

A. 提升亮度　　B. 防水　　C. 提高附着力　　D. 填补缺陷

（2）【单选题】下列关于环氧底漆的特点，叙述有错误的是（　　）。

A. 附着力极强

B. 漆膜韧性好，耐挠曲，且硬度比较高

C. 耐化学品性优良，尤其是耐酸性更为突出

D. 具有良好的电绝缘性、耐久性和耐热性

2. 简述题

底漆的涂装方法有哪些？通常采用的涂装方法是什么？为什么？

任务 20　原子灰施涂

学习目标

【知识目标】

掌握常用原子灰的特点及应用；

掌握原子灰的施涂工艺流程。

【能力目标】

能够正确调配、刮涂和修整原子灰。

【素养目标】

培养学生的规范操作意识；

培养学生的团队协作意识；

培养学生的安全操作意识。

任务描述

汽车板件经过整形修复后，表面仍会存在凹穴（图 10－10），为了提高板件的表面平整度，在进行面漆喷涂前，需要使用原子灰对车身表面进行找平。

图 10－10　钣金整形后的汽车翼子板

任务解析

原子灰俗称腻子，它是一种膏状或厚浆状的涂料，容易干燥，干后坚硬。它具有灰质细腻、易刮涂、易填平、易打磨、干燥速度快、附着力强、硬度高、不易划伤、柔韧性好、耐热、不易开裂起泡、施工周期短等优点。原子灰有不同的类型，按需要填补凹陷的深度和所用的材料选用。通常用刮刀施涂厚涂层来填补凹穴，然后用打磨工具磨平。

原子灰多为双组分产品，需要加入固化剂方能干燥固化。加入固化剂的作用是提高硬度和缩短干燥时间。汽车用原子灰主要有聚酯树脂型和环氧树脂型两大类。聚酯树脂型原子灰多用过氧化物作为固化剂，环氧树脂型原子灰多用胺类作为固化剂。

知识学习

1. 原子灰的作用与组成

(1) 原子灰的作用

原子灰是一种加有添加剂的底层涂料，用于填充表面缺陷部位，提高表面质量。所谓填充就是把足够的填充材料堆积到一个表面上，当填充物干燥、收缩后，可以对多余的填充物进行打磨，从而减小整个表面的不平度，便于施涂面漆层。

为达到上述目的，要求原子灰中包含大量的固体成分，涂抹在板件表面上后，能够快速固结，形成有一定厚度的涂层。

原子灰一般使用刮具刮涂于底材的表面（也有使用大口径喷枪喷涂的浆状原子灰，称为喷涂原子灰），用来填平底材上的凹坑、缝隙、孔眼、焊疤、刮痕以及加工过程中造成的物面缺陷等，使底材表面平整、匀顺，使面漆的丰满度和光泽度等充分地显现。

(2) 原子灰的组成

严格地讲，原子灰与腻子是有区别的。腻子一般用油基漆作为黏合剂，加以熟石膏粉等填充料，并加入少量的颜料和稀释剂调和后用于填补。这种腻子干燥时间长，干燥后质地比较软，而且会出现不同程度的凹陷，对其上面的漆膜具有一定的吸收作用，不利于涂装修补和面漆的美观，现已很少使用。20 世纪 80 年代我国研制出了水性腻子，用水作为稀释剂调和后使用，这种腻子在一定程度上对油性腻子的性能有所改善，但仍存在塌陷、吸收、质软等缺点，现在也已很少用。而原子灰硬化时间短，在常温下 0.5 h 即可干燥硬化，可以进行打磨，经打磨后的原子灰表面细腻光洁，表面坚硬，基本无塌陷，对其上面的涂料很少吸收甚至不吸收，附着能力强，耐高温，正常使用时不出现开裂和脱落现象，因此现在被广泛应用于汽车的制造和修补工作中。

原子灰是涂料，所以也是由树脂、颜料、溶剂和填充材料等组成的。现在较为常用的原子灰有环氧树脂型和聚酯树脂型两大类。环氧树脂型原子灰具有良好的附着力、耐水性和防化学腐蚀性能，但涂层坚硬不易打磨，由于其附着力优良，可以刮涂得较厚而不开裂、脱落，多用于涂有底漆的金属或裸金属表面。聚酯树脂型原子灰也有着优良的附着力、耐水性和防化学腐蚀性能，而且干后漆膜软硬适中，容易打磨，经打磨后表面光滑圆润，适用于很多底材表面（不能用于经磷化处理的裸金属表面，否则会发生盐化反应造成接触面不能干燥而影响附着力），经多次刮涂后，膜厚可达20 mm以上而不开裂、脱落，所以是应用最为广泛的一种。

原子灰中的颜料以体质颜料为主要物质，配以少量的着色颜料。填充材料主要使用滑石粉、碳酸钙、沉淀硫酸钡等，起填充作用并提高原子灰的弹性、抗裂性、硬度以及施工性能等。着色颜料以黄、白两色为主，主要是为了降低彩度，提高面层的遮盖能力。

2. 原子灰的种类

原子灰的种类很多，经常使用的有普通原子灰、合金原子灰、纤维原子灰、塑料原子灰和幼滑原子灰等。

（1）普通原子灰

普通原子灰多为聚酯树脂型，膏体细腻，操作方便，填充能力强，适用于大多数底材，例如良好的旧漆层、裸钢板表面等。其因具有良好的附着力和弹性，也可用于车用塑料保险杠和玻璃钢件，但刮涂不宜过厚。普通原子灰不适用于镀锌板、不锈钢板和铝板等以及经磷化处理的裸金属表面，否则易造成附着能力不够而开裂。但在这些金属表面喷涂一层隔绝底漆（通常为环氧基）后即可正常使用。

（2）合金原子灰

合金原子灰也称金属原子灰，其比普通原子灰性能更好，除可用于普通原子灰所用的一切场合外，还可直接用于镀锌板、不锈钢板和铝板等裸金属而不必首先施涂隔绝底漆，但不适用于经磷化处理的裸金属表面。合金原子灰因性能卓越，使用方便，应用很广泛，但价格高于普通原子灰。

（3）纤维原子灰

纤维原子灰的填充材料中含有纤维物质，干燥后质轻但附着力强，硬度很高，因此能够一次刮涂得很厚。纤维原子灰可以直接填充直径小于50 mm的孔洞而无须钣金修复，对孔洞的隔绝防腐能力也很强。它还可用于有比较深的金属凹陷的部位，填补效果非常好，但表面呈现多孔状，需要用普通原子灰来填平。

（4）塑料原子灰

塑料原子灰专用于柔软的塑料制品的填补工作。其调和后呈膏状，可以刮涂也可以揩涂，干燥后像软塑料一样，与底材附着良好。虽然干后质地柔软，但打磨性很好，可以用机器干磨也可以用水磨，常用于塑料件的修复。

（5）幼滑原子灰

幼滑原子灰也称填眼灰，有双组分的也有单组分的，以单组分产品较为常见。填眼灰膏体极其细腻，一般在打磨完中涂层后，喷涂面漆之前使用，主要用途是填补极其微小的小坑、小眼等，提高面漆的装饰性。其因填补能力比较差，且不耐溶剂，易被面漆中的溶剂咬起，所以不能用于大面积刮涂。但它干燥时间很短（几分钟），干后较软易于打磨，用于填补小坑非常合适，可以提高生产效率并能保证质量，所以也是涂装必备的。

3. 原子灰的施工方法

原子灰可以采用刷涂、喷涂等方法施工，但所选用的原子灰必须能够适应相应的施工方法。施工时，具体的操作请参阅涂料的技术说明。

刮原子灰又称打原子灰，是一项手工作业。常用工具有原子灰调拌盒、原子灰托板、原子灰铲刀、原子灰刮刀（又分牛角刮刀、橡胶刮刀、钢刮刀）等，如图 10－11 所示。

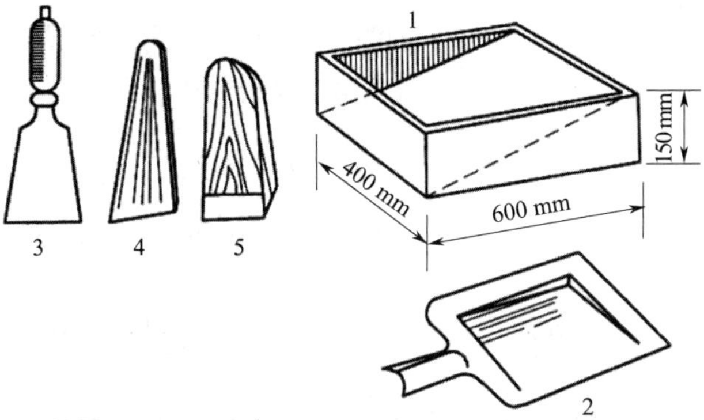

1—原子灰调拌盒；2—钢制原子灰托板；3—原子灰铲刀；4—牛角刮刀；5—橡胶刮刀

图 10－11　刮原子灰常用工具

钢刮刀由木柄和刀板构成。木柄可用松木、桦木等制作，刀板用弹性较好的钢板制作，要求刃口平直。

橡胶刮刀采用耐油、耐溶剂的橡胶板制成，尺寸和形状根据需要确定。新制的橡胶刮刀用 P100 砂纸将刃口磨齐磨薄，不得有凹凸。

橡胶刮刀有很好的弹性，非常适用于刮涂形状复杂的面，尤其是圆角、沟槽等处。可根据工件的形状将刃口做成相应的形状。用后擦净保管。

原子灰调拌盒采用 1.0～1.5 mm 厚的低碳钢板制成，用于调配原子灰或盛装原子灰。

原子灰托板用钢板或木板等制成，在刮涂时放少量原子灰以方便施工，也可用较厚的大钢刮刀代用。

在汽车涂装施工过程中，原子灰打磨操作通常采用手工打磨和机械打磨两种方法。手工打磨法适用于对小面积原子灰的粗磨、大面积原子灰的细磨以及需精工细磨部位（车身板材型线、曲面、转角、圆弧和弯曲等部位）的修整。手工打磨法是用磨块上包砂布（纸）的方法进行打磨的。手工打磨法又分为手工干磨法和手工湿磨法两种。手工湿磨法也称水磨法，操作时无粉尘飞扬，生产效率高，打磨质量好，但水磨后的涂层上有水分，需经烘干后方可进行下一道工序的施工，故生产周期长，而且会因水分清理不彻底而形成后续施工的缺陷，故几乎所有的涂料生产商均建议采用手工干磨法。

4. 打磨指导材料

为了使原子灰打磨平整，有时需要施涂打磨指导层，用于指导原子灰的打磨。

打磨指导材料有打磨指导炭粉和打磨指导涂料两种。

图 10-12 打磨指导炭粉

打磨指导炭粉如图 10 - 12 所示，由粉扑和粉盒两部分组成。粉扑用于将黑色的炭粉施涂于待打磨表面，粉盒内盛装炭粉。

打磨指导涂料也称为指导层漆，使用时应在打磨前将指导层漆喷涂于待打磨表面。

5. 原子灰的施涂工艺流程

常用的原子灰施涂工艺流程如图 10 - 13 所示。

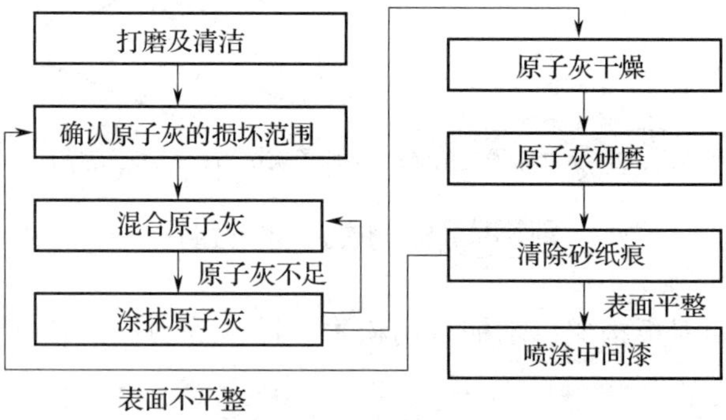

图 10-13 原子灰施涂工艺流程

任务实施

1. 劳动安全与卫生

操作前必须牢记以下劳动安全事项。

①必须穿好工作服。

②报废的砂纸不要随地乱扔，应丢弃在废物箱内。

③戴好棉手套。

④打磨原子灰时必须佩戴防尘口罩。

⑤用打磨机打磨原子灰时，须佩戴护目镜。

2. 准备工作

（1）板件（车身）的准备

清除掉损伤或老化的旧漆膜，修整好与完好的旧漆膜边缘的交接部位之后，对于需刮涂原子灰的表面，必须用压缩空气彻底清除粉尘；对于裸露的金属表面，要用除油剂进行脱脂处理。

在雨天和湿度高的季节，金属表面往往比较潮湿，应该用红外线灯或热风加热器加热，以提高金属表面的温度，除去湿气。在寒冷的季节也可采用相同的办法处理。这样既可以提高原子灰的附着力，又可以避免面漆涂装后出现开裂等质量事故，同时原子灰层的干燥速度也随之提高。

（2）原子灰的准备

1）原子灰的选择

在实际汽车修补涂装工作中，选择原子灰时重点考虑的因素是被涂物面材料，因为不同类型的原子灰与板材之间的适用性是不同的。

各涂料生产商均为自己生产的汽车修补涂料开发设计了多个修补涂装系统，在各系统中均对采用的处理工艺、各类涂料的选用及涂装要求等做了详细的规定。在实际运用中，首先根据修补损伤的具体情况选择合适的涂装系统，然后根据系统的建议选择各种需用的涂料。

2）原子灰用量的确定

①检查需刮涂原子灰的表面的面积及凹凸不平度。

②确认原子灰的刮涂范围。原则上原子灰只刮涂在裸金属表面及其羽状边范围内，单组分旧漆膜及热塑型旧漆膜表面不允许刮涂原子灰（双组分），否则容易因附着力不足而发生开裂。

③根据以上检查最终确定应拌和多少原子灰，这个数据通常需要凭经验确定。

3）取原子灰

原子灰通常装于铁制的罐内，固化剂装在软体的管子内，如图 10－14 所示。

图 10－14　固化剂

注意：原子灰罐每次用后必须盖好，以防溶剂蒸发；如果溶剂蒸发了，要向罐中倒入专用的溶剂。

原子灰装在罐中的时候，其各种成分（如溶剂、树脂及颜料）会分离。由于原子灰不可以以这种分离的形态使用，故使用前必须将罐盖打开并充分搅拌。用专用工具撬开原子灰罐盖，可使用长柄原子灰刮刀或搅拌棒之类的工具将原子灰充分搅拌均匀，装在管中的固化剂也应充分挤压胶管，使管中的固化剂在使用前充分混合。

将适量的原子灰基料放在混合板上，然后按规定的混合比例添加一定量的固化剂，如图 10－15（a）所示。基料与固化剂的混合比例一般为（100∶2）~（100∶3），具体数据应以涂料技术说明为准。

注意：若固化剂过多，干燥后就会开裂；如果固化剂过少，就难以固化干燥。近来有一种方法将主剂和固化剂采用不同的颜色相区别，通过混合后的颜色来判断混合比。原子灰主剂与固化剂拌和时，固化剂的容许量有一定范围，可以随气温的变化适当调整，具体数值应以产品说明书为准。

一次不要取出太多的原子灰调和，因为调和后的原子灰会很快固化，如果还没刮涂到规定部位即固化，则调和的原子灰便不能再用，造成浪费。

4）拌和原子灰

①用刮刀的尖端铲起固化剂，将其均匀散布在原子灰基料的整个表面上（图 10－15（b））。

②抓住刮刀，轻轻提起其端头，再将它滑入原子灰下面，然后将它向混合板的左侧提起。

③在刮起大约 1/3 原子灰以后，以刮刀右边为支点，将刮刀翻转（图 10－15（c））。

④使刮刀基本上与混合板持平，并将它向下压（图 10－15（d））。一定要将刮刀在混合板上刮削，不要让原子灰留在刮刀上。

⑤拿住刮刀，稍稍提起其端头，将上述在混合板上混合的原子灰全部舀起。

⑥将原子灰翻转，翻转的方向与第⑤步中的相反（图 10－15（e））。

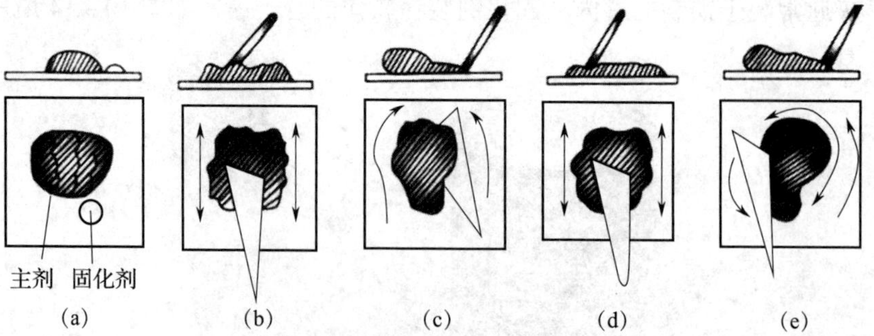

图 10－15　原子灰的拌和方法

（a）添加固化剂　（b）均匀刮开　（c）翻转刮刀　（d）下压刮刀　（e）反向翻转刮刀

⑦与第④步相同，使刮刀基本上与混合板持平，并将它向下压，从第②步开始重复。

⑧在进行第②步到第⑦步时，原子灰往往向上朝混合板的顶部移动。在原子灰延展至混合板的边缘时，舀起全部原子灰，并且将它向混合板的底部翻转。重复第②步到第⑦步，直到原子灰充分混合。

注意：原子灰有可用时间的限制。所谓可用时间是指主剂和固化剂混合后，保持不硬化，能进行刮涂的时间。通常在 20 ℃条件下，可以保持 5 min 左右。因此，应根据拌和所需时间和刮涂所需时间决定一次拌和的量。如果总是拌和不好，反复长时间拌和，超过可用时间（或留给涂抹的时间过短），就会使其固化而不能使用，因此拌和的关键是速度要快，动作要熟练。

是否拌和良好，可通过混合物的颜色是否均匀来判定。如拌和不良，就会引起固化不良和附着不良等问题。有的原子灰随季节不同，固化剂的配合要变化，应根据产品说明书的要求去做。

3. 刮原子灰

(1) 刮刀的握法

刮原子灰时，左手握原子灰托板，右手拿刮刀。刮刀有以下几种握法。

①直握法。如图 10－16 所示，直握时食指压紧刀板，拇指和另外四指提住刀柄。这种握法适用于小型钢刮刀。

②横握法。如图 10－17 所示，横握时拇指和食指夹持住刮刀接近刀柄的部分或中部，另外三指压在刀板上。

③其他握法。如图 10－18 所示。

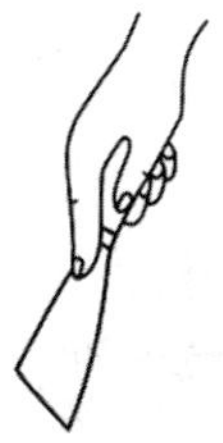

图 10－16　刮刀的直握法

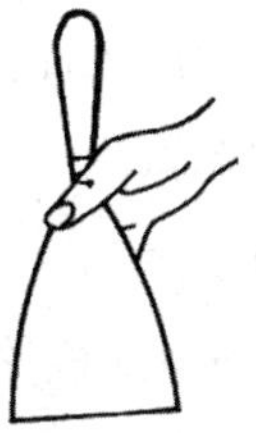

图 10－17　刮刀的横握法

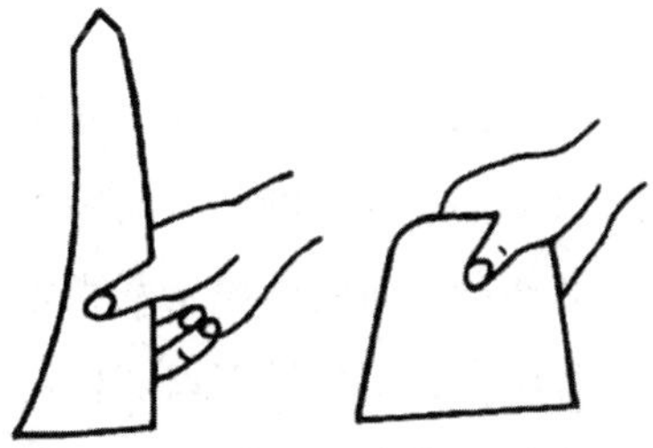

图 10－18　刮刀的其他握法

(2) 刮原子灰的手法

1) 往返刮涂法

往返刮涂法是先把原子灰敷在平面的边缘成一条线，刮刀尖以 30°～40°角向外推向前方，将原子灰刮涂于低陷处，多余的原子灰挤压在刮刀口的右面成一条线。这种方法适用于刮涂平面物体。

2）一边倒刮涂法

一边倒刮涂法就是刮刀只向一面刮涂。车身刮涂原子灰的顺序是从上往下或从外向里。手持刮刀的方法有两种。一种是用拇指与中指握住刮刀，食指压在刮刀的一面，原子灰打在托板上，刮刀将原子灰刮涂于物面，即从上往下刮涂，依此进行，最后将多余的原子灰刮回到托板上。另一种是用拇指与食指握住刮刀，原子灰黏附在刮刀口内面，从外向里刮涂，依此进行。这种方法适用于刮涂翼子板、发动机罩等。

刮涂原子灰时应将刮刀轻度向下按压，并沿长轴方向运刮，如图 10－19（a）所示。每次刮涂原子灰的量要适度，避免造成蜂窝和针孔。对于区域性填补，应按图 10－19（b）所示的方向运刮。

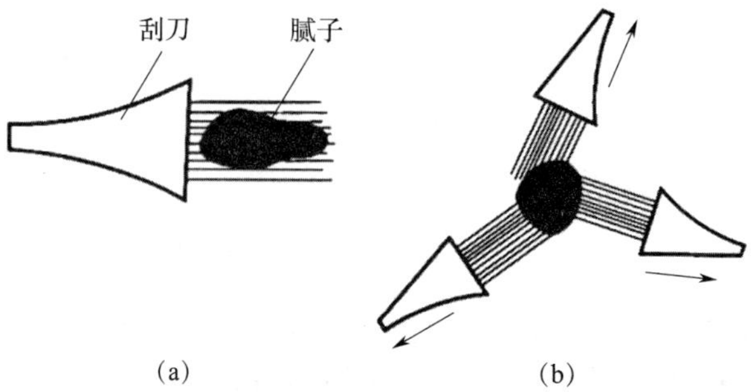

图 10－19 刮刀的运刮方向

（a）沿长轴方向运刮 （b）沿各个方向运刮

刮涂原子灰的方式主要有满刮和软硬交替刮两种，其中满刮又分为填刮和靠刮，软硬交替刮又分为“先上后刮”“带上带刮”。另外，刮涂原子灰的方式还有“软上硬收”“硬上硬收”和“软上软收”等。

①填刮：用较稠的原子灰分若干次将构件表面的凹陷填平，填刮时主要用硬刮刀借刀口上部有弹力的部位与手劲配合进行操作。

②靠刮：所用的原子灰稠度稍低，用于最后一两次的刮涂，适用于平滑的表面，刮涂时用硬刮刀借助刀口的作用将原子灰刮涂到板件表面，使原子灰刮得薄，刮得亮。

③先上后刮：先将原子灰逐一填满或刮平，然后用硬刮具将其收刮平整，适合较大面积的刮涂。

④带上带刮：将边上的原子灰收刮平整，适用于面积较小或形状较复杂部位的刮涂。

⑤软上硬收：先用软刮刀在垂直平面上刮涂原子灰，然后用硬刮刀将原子灰收刮平整，这样原子灰不容易掉落。

⑥硬上硬收：上原子灰和收原子灰都用硬刮具，以利于刮涂面平整，适合刮涂有平面又有曲面的构件。

⑦软上软收：上原子灰和收原子灰时均采用软刮具，以利于按构件表面的图形刮出圆弧形来，适合刮涂单纯曲面构件。

（3）不同表面刮原子灰的操作

刮涂原子灰的关键在于要仔细地刮出平面，同时尽量避免出现气孔。

平面局部修补原子灰时，一般采用填刮的刮涂方法，如图 10－20 所示。第一步将原子灰往金属表面上薄薄地抹一层，刮刀上要加一定的力，以提高原子灰与金属表面的附着力。第二步逐渐用原子灰填满凹坑，刮涂时刮刀的倾斜角度随作业者的习惯而存在差异，通常以 35°～45°为宜。要注意原子灰中不要混入空气，否则会产生气孔和开裂。第三步用刮刀轻轻刮平修补表面。如果是曲面，第一步和第二步可采用填刮，第三步应换用橡胶刮刀进行刮涂，以刮出正确的曲面形状。

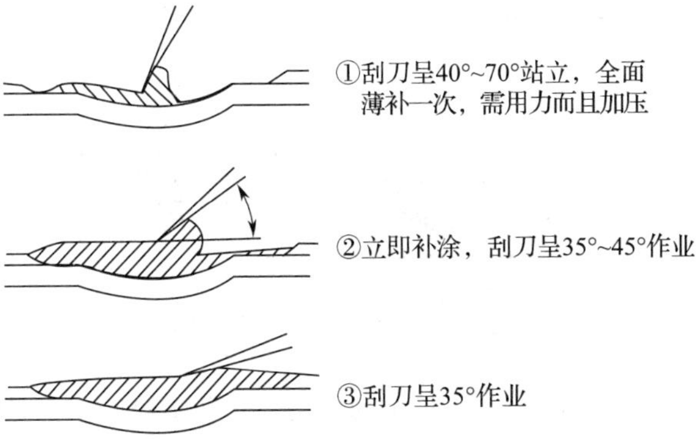

图 10－20　局部修补原子灰刮涂法

大面积刮原子灰时，使用宽刮刀比较方便。比如车顶、发动机罩、行李舱盖、车门等，使用宽的刮刀可以提高刮涂速度。

曲面刮涂应使用橡胶刮刀。如图 10－21 和图 10－22 所示，根据刮涂面的形状选用弹性不同的刮刀，可以促使作业合理化。

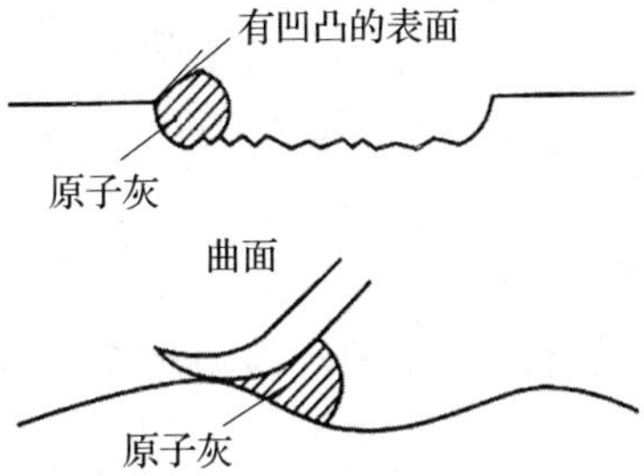

图 10－21　根据刮涂面的形状选用弹性不同的刮刀

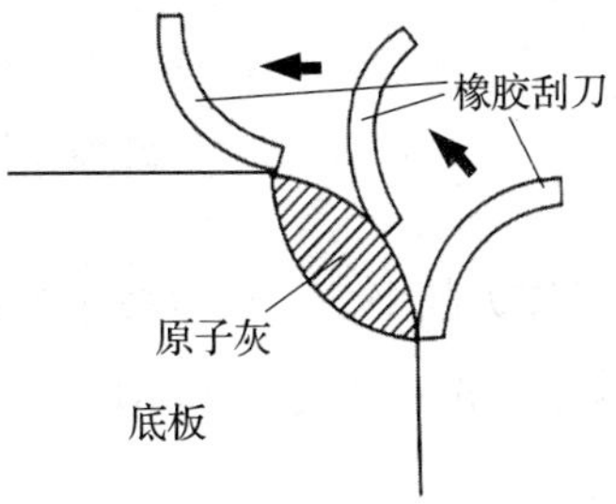

图 10－22　带曲面的刮刀的使用方法

对于冲压形成的以一定角度交接的两个面，沿着交接线贴上胶带纸遮盖住一侧，刮好另一侧的原子灰；稍隔片刻（约 5 min），待原子灰干了揭下胶带纸，再在已刮好的一侧贴上胶带纸遮盖，接着刮涂余下的一侧，如图 10－23 所示。如此进行，可很好地恢复冲压棱线的线形。

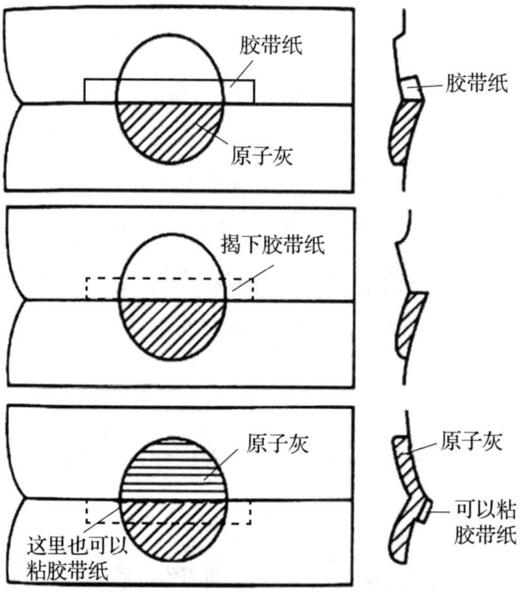

图 10－23　冲压线部位的原子灰修补

冲压线部位的原子灰需刮涂厚实，或原来的旧漆膜较厚，一次刮涂填不满时，可以如图 10－24 所示那样，分成 2～3 次刮涂。在这种情况下，可以在原子灰前一层处于半干的状态下刮上新的一层。一次刮涂过厚，会产生气孔等问题。

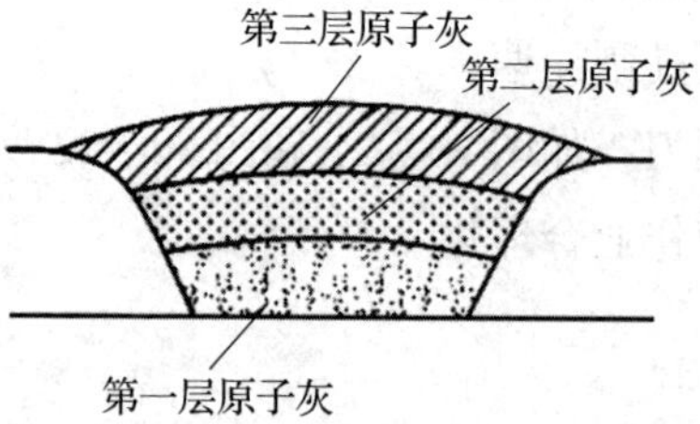

图 10－24　填补较厚时的原子灰刮涂

对于较大的平面，可以按下述步骤进行原子灰的刮涂。

①如图 10－25（a）所示，施涂第一层原子灰时，将原子灰薄薄地施涂在整个表面上。

②为了最大限度地减少在后续打磨工序中所需要的工作量，施涂第二层原子灰时，

边缘不要厚。如果刮刀处于图 10－25（b）所示的位置，用食指向刮刀的顶部施力，以便在顶部涂一薄层。

③在施涂下一层原子灰时，如图 10－25（c）所示，要与上一层刮涂的部分稍有重叠。为了在这一层开始时涂一薄层，要用一点力，将刮刀抵压在工件表面上，然后释放压力，同时滑动刮刀。此外，在施涂结束时，要向刮刀施加一点力，以便涂一薄层。

④重复第③步。如图 10－25（d）所示，直到在整个表面上施涂的原子灰达到要求。

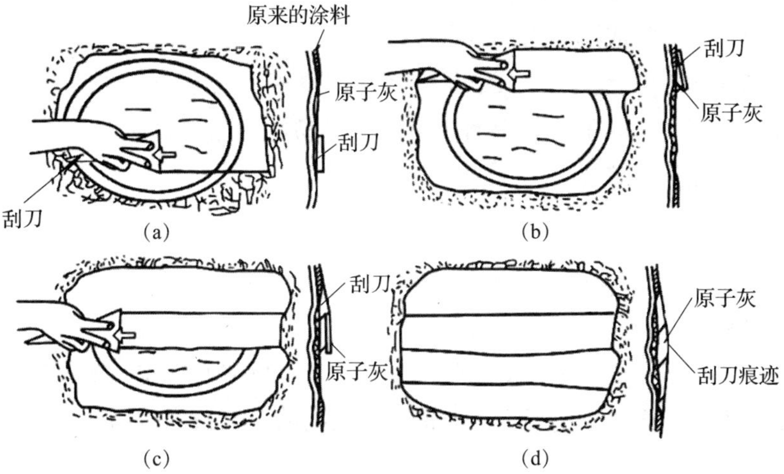

图 10－25　平面施涂原子灰的步骤

（a）薄薄施涂　（b）向刮刀顶部施力　（c）与上一层刮涂部分稍有重叠　（d）施涂达到要求

较大平面的刮涂也可采用图 10－26 所示的方法，首先将原子灰施涂于待刮涂区域中间，然后用刮刀向四周摊开。

在进行刮涂操作时，一定要注意各次运刮应有一定的重叠（约 1/3），如图 10－27 所示，以防止出现“刮棱”而影响表面平整度及打磨。

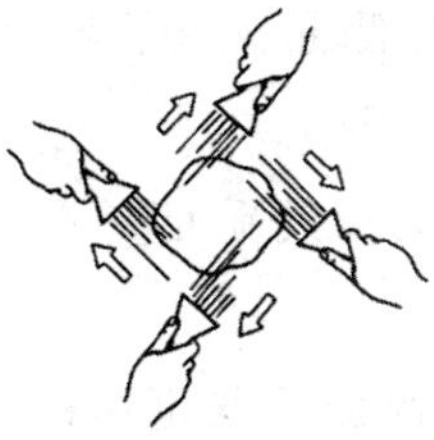

图 10－26　较大平面的刮涂

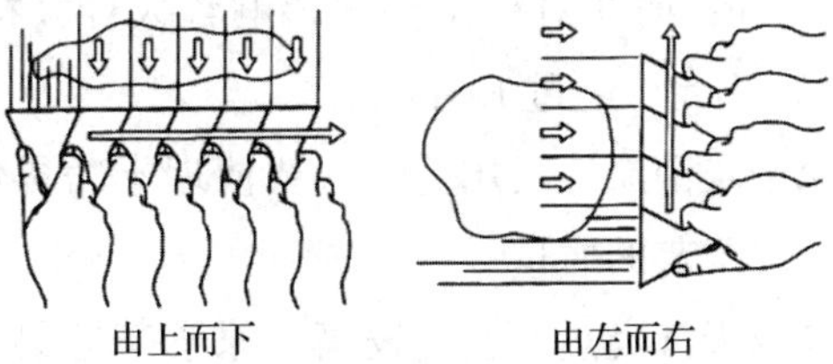

图 10－27　各次运刮的重叠

无论是大平面，还是局部刮涂原子灰，最后完工后，原子灰的表面一定要比周边的旧漆膜高，以便在后续的打磨后获得与旧漆膜等高的表面。

在向平面施涂原子灰时，要注意以下事项。

①如果刮刀在各道施涂中仅向一个方向移动，原子灰高点就有所移动。这种情况很难打磨，所以刮刀在最后一道施涂中必须反向移动，以便将原子灰高点移回中心部位。

②原子灰的表面必须比原来的表面高，但是最好只略微高一点，如果太高了，在打磨过程中就要花许多时间和力气来清除多余的原子灰。

③原子灰施涂在工件表面上的范围，必须以在打磨边缘过程中留下的打磨划痕为限。如果没有打磨划痕，原子灰就粘不牢，日后可能剥落。

④涂原子灰要快，必须在混合后 3 min 以内施涂完毕。如果花费的时间太长，原子灰就可能在该道施涂完成前固化，影响施涂。

⑤原子灰在固化中会产生热。如果遗留在混合板上的原子灰在原子灰施涂工作以后立即放在垃圾桶里，原子灰产生的热可能引燃易燃物品。因此，一定要确认原子灰已经凉透了，才能将之弃置。

(4) 刮原子灰时应注意的事项

①刮涂前被涂装表面必须干透，以防产生气泡或龟裂。若被涂装表面过于光滑，可先用砂纸打磨，以使原子灰与底面结合良好。

②应在一两个来回中刮平，手法要快要稳，且不可来回拖拉。拖拉刮涂次数太多，原子灰易于拖毛，表面不平不亮，还会将原子灰里的溶剂挤到表面，造成表干内不干，影响性能。

③洞眼、缝隙之处要用刮刀尖将原子灰挤压填满，但一次不宜刮涂太多、太厚，防止干不透。

④四周的残余原子灰要及时收刮干净，否则表面留下残余的原子灰块，干燥后会增加打磨的工作量。

⑤如果需刮涂的原子灰层较厚，要多层刮涂时，每刮一道都要充分干燥，每道原子灰不宜过厚，一般要控制在 0.5 ~ 1.0 mm，否则容易收缩开裂或干不透。

⑥在板件连接处或对整车外观影响较小处，原子灰的总刮涂厚度（打磨后）不允许超过 3 mm；而在对整车外观影响较大处，特别是车身侧面，原子灰的总刮涂厚度（打磨后）不允许超过 1 mm。

⑦原子灰刮涂工具用完后，要清理干净再保存。刮刀口及平面应平整无缺口，以保障刮涂原子灰的质量。

⑧夏季天气炎热，温度较高，原子灰容易干燥，成品原子灰可用稀料盖在上面，自配的石膏原子灰可用湿布或湿纸盖住。冬季应将原子灰放在暖和之处，以防结冻，用时可加些清漆和溶剂，但不宜久放。

⑨原子灰不能长期存放于敞口的容器中，以免黏合剂变质，溶剂挥发，造成粘挂不住，出现脱落或不易涂刮等问题。

4. 原子灰的干燥

一般新施涂的原子灰会由于其自身的反应热而变热，从而加速固化反应。20～30 min 后即可打磨。如果气温低或湿度高，原子灰的内部反应速度降低，则要较长的时间来使原子灰固化。为了加快固化，可以用红外线灯加热。加热时间的控制请查阅涂料的技术说明。

注意：在使用红外线灯或干燥机来加热和干燥原子灰时，一定要使原子灰的表面温度控制在 50 ℃以下，以防止原子灰分离或龟裂。如果表面热得不能触摸，则说明温度太高了。

涂层薄的地方的温度往往比涂层厚的地方低。较低的温度会延缓涂层薄的地方的固化反应。因此，一定要检查涂层薄的部分，以确保原子灰的固化状况。

检查原子灰是否完全干燥通常用刮刀在原子灰表面轻划，有轻微的划痕即可。注意检查原子灰的周边区域，如图 10－28 所示，因为边缘区域干燥慢（反应热少）。

图 10－28　检查原子灰干燥的区域

5. 手工干打磨原子灰

（1）准备工作

①选择合适的磨料，采用氧化铝磨料的砂纸比较适合干打磨，粒度为 P60。

②准备好气枪，将气枪连接到压缩空气管道上。

③戴好手套和防尘口罩。

④裁好砂纸。

（2）粗打磨

打磨时砂纸的递进程序如下。

①用 P80 砂纸打磨。只打磨原子灰中部较高的表面，直到整个原子灰表面略高于旧漆层为止。打磨时不能始终按一个方向打磨，应经常改变打磨方向，以“米”字形交叉打磨可获得较为平滑的表面。

②换用 P150 砂纸打磨。此次打磨应扩展到整个涂了原子灰的区域。

③检查原子灰表面。如果原子灰表面有明显的凹陷等缺陷或整体/局部表面高度不够（低于旧漆膜），则应再次补涂原子灰→干燥→粗打磨，直到确认原子灰表面平整，高度符合要求（比旧漆膜高）。再次补涂原子灰前需清洁表面，因为原子灰表面多孔，

容易有水或灰尘残留在孔中。因此打磨以后需要用压缩空气吹去灰尘，才可以再次刮涂原子灰。

（3）细打磨

1）施涂打磨指导层

将粉扑按压在粉盒上面，上下摇晃粉盒使粉扑蘸上炭粉，然后用粉扑将炭粉涂抹在原子灰表面，如图 10－29 所示。

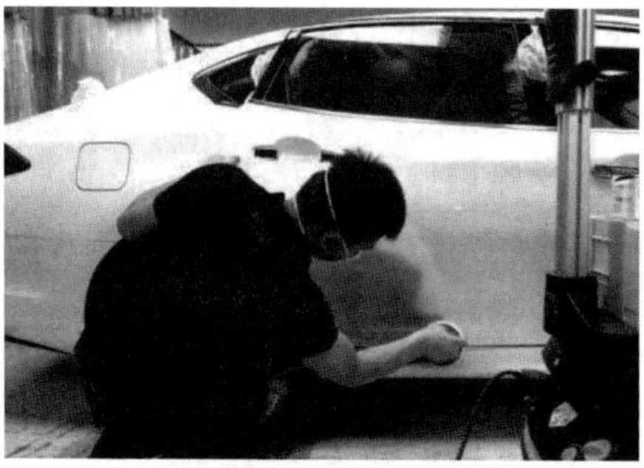

图 10－29　涂抹炭粉

如果采用自喷罐式指导层漆，只需将自喷罐充分摇匀后在原子灰表面薄喷 1～2 层，待其闪干约 5 min 后即可打磨。

如果采用喷涂式指导层漆，则需将其与稀释剂以 1∶9 的体积比配比并搅拌均匀后，选用高空气流量低压力（HVLP）喷枪（口径 1.7～1.9 mm，喷涂气压 2.0～3.0 bar（0.2～0.3 MPa））或兼容喷枪（口径 1.2～1.4 mm，喷涂气压 2.0 bar（0.2 MPa）），以雾状薄喷一层或刷涂一层，待其闪干后即可进行打磨。

2）用 P240 砂纸整体打磨，区域限制在底处理留下的羽状边以内

此时应重点关注原子灰与旧漆膜的交接处，因为此处往往有较深的砂纸磨痕，必须仔细打磨，如图 10－30 所示。

图 10－30　交接处的砂纸磨痕

3）换用 P400（或 P320）砂纸整体打磨

打磨的区域应扩展到旧漆膜上准备喷涂中涂底漆的范围，如图 10－31 所示。此时还需重点关注原子灰与旧漆膜的交接处，如果此处不打磨平滑，则会在后续喷涂中涂底漆时，由于砂纸痕内易存留溶剂而产生起泡现象，如图 10－32 所示。

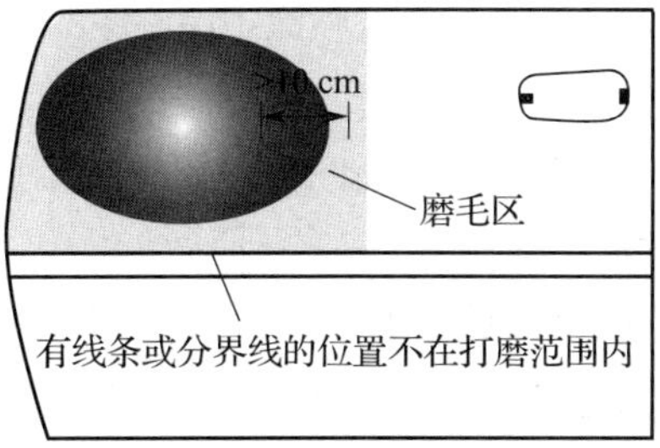

图 10-31　打磨范围

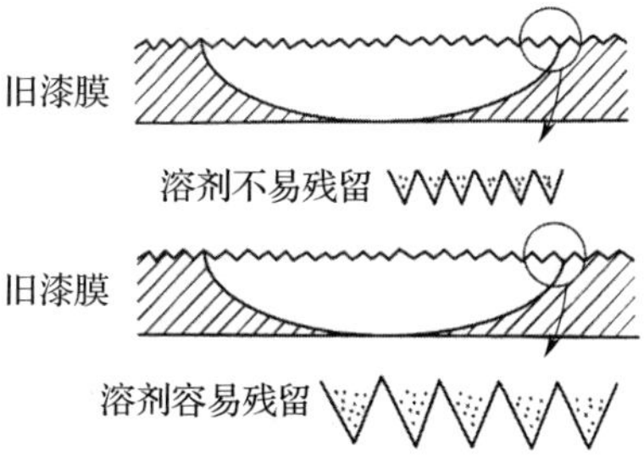

图 10-32　砂纸磨痕残留后的影响

4）清洁表面

用吸尘器吸净表面的灰尘（或用压缩空气吹净）。

6. 用打磨机打磨原子灰

（1）干磨系统

干磨系统砂纸的递进程序与手工打磨相同。

打磨机最好选用直行式或往复式，用双作用式也可。

无论什么打磨机，选择好打磨头是提高作业效率的关键，包括砂纸的装卸应简单容易，安装砂纸的表面应平整，能与漆膜良好接触，硬度适宜等。

另外，在原子灰的技术说明中也有关于选择打磨机的建议，尽量按建议选择。

（2）打磨

握紧打磨机，将打磨机轻压在原子灰表面，打开开关进行打磨。

打磨时应注意，打磨头的工作面应保持与原子灰表面平行，如图 10－33 所示。打磨时不能施力过大，应将打磨机轻轻压住，依靠旋转力进行打磨。若施力过大，就不能形成平整的表面。打磨机的移动方向应采用“米”字形。

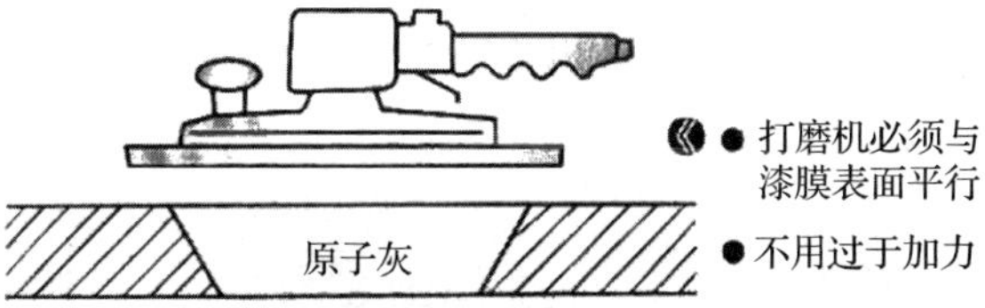

图 10-33　打磨机的使用方法

用打磨机打磨原子灰的操作程序与手工干打磨相似，一般包括以下操作步骤。

①用 P80 砂纸打磨。只打磨原子灰区域中部的较厚处，到整个原子灰表面略高于旧漆层为止。

②换用 P150 砂纸打磨。此次打磨扩展到接口区域，即底处理留下的羽状边区域。

③根据需要补涂原子灰，待原子灰干燥后用 P150 砂纸手工打磨原子灰表面及羽状边区域。

④施涂打磨指导层。

⑤换用 P240 砂纸打磨。此次打磨应扩展至旧漆膜，区域不要太大，按 P150 打磨区域向外扩 3～5 cm，重点关注原子灰与旧漆膜的交接处。

⑥换用P400砂纸打磨。此次打磨扩展至旧漆膜，区域为需要喷涂中涂底漆的整个表面。

注意：

（a）无论是手工打磨还是用打磨机打磨，原子灰最终打磨完成后，如果下一道工序为喷中涂底漆，则原子灰表面应与周边的旧漆膜等高。

（b）因打磨机的打磨效果不是很好，而且对边角区域打磨困难，故在用打磨机打磨时常配合手工干打磨，彻底清除细小的凹凸不平。通常从第一级砂纸打磨开始至最后一级砂纸打磨，更换每一级砂纸前均要用同型号的砂纸对打磨机打磨不到的地方进行手工打磨。

⑦清洁车身。最好使用压缩空气吹净打磨灰尘，必要时可配合除尘布除尘。

任务总结

本任务主要学习了原子灰的作用与组成、种类、施工方法、打磨方法以及具体的施工流程。原子灰的作用为改善车身表面的不平度，便于施涂面漆层。原子灰是由树脂、颜料、溶剂和填充材料等组成的，常用的原子灰有普通原子灰、合金原子灰、纤维原子灰、塑料原子灰和幼滑原子灰，可以采用刷涂、喷涂等方法施工。为了方便判断原子灰打磨情况，在打磨前应施涂打磨指导层。

任务考核

表10-4　任务工单

<table>
<tr><td rowspan="3">工作任务：原子灰施涂</td><td>班级</td><td colspan="3"></td></tr>
<tr><td>姓名</td><td></td><td>学号</td><td></td></tr>
<tr><td>日期</td><td></td><td>评分</td><td></td></tr>
<tr><td colspan="5">1. 原子灰施涂基本知识
（1）原子灰的作用与组成

（2）原子灰的种类

（3）原子灰的施工方法

（4）原子灰的打磨方法

2. 原子灰施涂
（1）工具准备

（2）劳动防护

（3）原子灰施涂步骤

（4）原子灰施涂注意事项

3. 反思
收获：
不足：
建议：
①小组讨论分析实施过程中产生的问题，给出改进方案；
②小组准备汇报材料，每组派一人进行汇报；
③整理相关资料，列表说明项目资料及资料来源，注明存档情况。</td></tr>
</table>

习题与思考

1. 选择题

（1）【单选题】下列关于原子灰的作用，叙述有误的是（　　）。

A. 提高涂层的丰满度　　B. 填补较深的凹陷

C. 填补性能好　　D. 一般涂在底漆上

（2）【单选题】固化剂使用过少会导致原子灰的干燥速度（　　）。

A. 快　　B. 慢　　C. 不变

2. 判断题

（1）目前所用的原子灰一般由聚酯树脂制成。（　　）

（2）刮涂第二层原子灰以填平为主要作用，不求光滑。（　　）

（3）使用炭粉的目的是显示未打磨区域及砂眼。（　　）

3. 简述题

（1）简述原子灰施涂的工作要领。

（2）简述原子灰打磨的施工工艺。

任务21　中涂底漆涂装

学习目标

【知识目标】

掌握中涂底漆的作用和选择方法。

【能力目标】

能够正确地喷涂中涂底漆；

能够正确地修整和打磨中涂底漆。

【素养目标】

培养学生的规范操作意识；

培养学生的团队协作意识；

培养学生的安全操作意识。

任务描述

原子灰表面打磨完成后，通常需要喷涂中涂底漆，以填平原子灰表面的缺陷，为面漆喷涂提供良好的表面。但如果在原子灰的表面整体施涂了细原子灰，经打磨平整后检查，表面符合喷涂面漆的需要，可不喷涂中涂底漆。

任务解析

对于施涂了底漆的表面，如果无须施涂原子灰，可在其表面直接喷涂中涂底漆，以封闭底层缺陷，并快速建立涂层厚度。

对旧漆膜起细微皱纹的部位，喷涂中涂底漆，填平凹陷部位，然后经打磨平整后即可喷涂面漆。

当中涂底漆干燥后，即可进行打磨。

知识学习

1. 中涂底漆的作用

原子灰层表面的气孔用填眼灰填平后，由于填眼灰干燥后的收缩，表面会产生凹凸不平点，如图10－34所示。尽管经过手工精打磨操作，但也不能满足喷涂面漆的需要。另外，原子灰表面打磨后，仍会留下细小的划痕，也不适合直接喷涂面漆，因此一般需要喷涂中涂底漆。

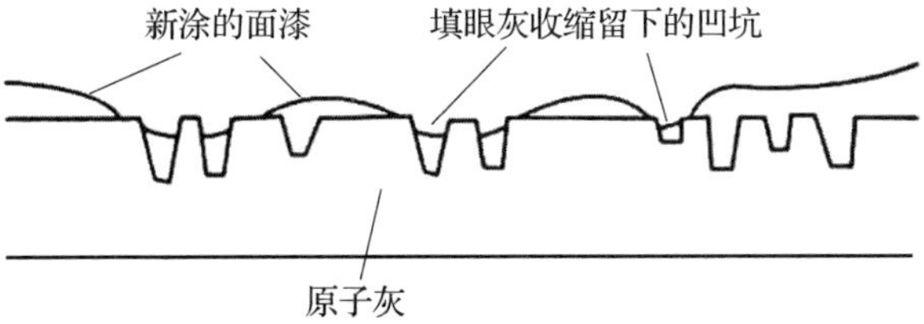

图 10-34　填眼灰收缩时的情形

中涂底漆主要有两个作用：一是填补平整表面，二是防锈保护。在汽车修理涂装中，更偏重于前者，而且一直是以作业性为中心来选择使用的。因此，对于中涂底漆，一直受到重视的是如何提高其厚涂性、干燥性、打磨性、防渗透能力等施工性能，对涂层自身的质量性能要求却居于其次。

但是近年来，随着合成纤维素丙烯酸硝基涂料和丙烯酸聚氨酯、聚氨酯等各种面漆涂料的使用，出现了更加强调漆膜质量的倾向。因此，要求使用打磨性、耐水性优良的原子灰，厚涂性好、不吸水的中涂底漆与之相匹配。

当各涂层耐水性不均衡时，水分（溶剂）就会集中到耐水性差的部位使漆膜膨胀起泡。在图 10－35 中，中涂底漆层被夹在耐水性能较好的原子灰层和水难以透过的面漆层之间，因此水分将会聚集在耐水性差的中涂底漆层。

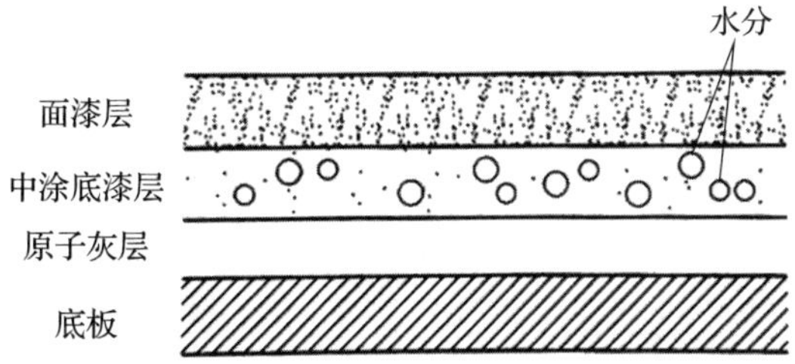

图 10-35　各涂层性能不均衡产生的起泡问题

由此可见，随着对漆膜质量要求的提高，中涂底漆层的耐水性和附着性显得更为重要，尤其是当面漆涂料使用丙烯酸聚氨酯这一类漆膜性能和表面质量好的涂料时，应使用耐水性好和附着力强的中涂底漆。

此外，中涂底漆还有覆盖作用。有皱纹的旧漆膜如果直接喷涂面漆，会使旧漆膜溶解，打磨痕会渗到表面，或引起开裂、气孔等质量问题。先喷涂中涂底漆，形成漆膜层，可以抑制面漆的溶剂向旧漆膜渗透，防止质量事故的出现。另外，如果待中涂底漆漆膜硬化后再喷面漆，防止溶剂渗透的效果会更好。

由于上述原因，在国外汽车修理业，双组分的聚氨酯类中涂底漆很受欢迎。

2. 中涂底漆的选择

目前使用的中涂底漆有硝基中涂底漆（1K 型）、丙烯酸中涂底漆（1K 型）和聚氨酯中涂底漆（2K 型）。常用中涂底漆的特点对比见表 10－7。

表 10-5　常用中涂底漆的特点对比

性能	丙烯酸中涂底漆（1K 型）	聚氨酯中涂底漆（2K 型）	硝基中涂底漆（1K 型）
附着力	●	○	×
填充性	●	○	#
隔离性	●	○	×
耐水性	#	○	×
干燥性	●	#	○
打磨性	○	●	○
防吸收性	#	○	×
配合面漆颜色	#	○	×

○：优越　●：良好　#：一般　×：不良

面漆种类不同，与之配套使用的中涂底漆也应不同。中涂底漆的合理选用，是避免涂装出现质量问题的关键。

当旧漆膜是烤漆涂料或丙烯酸聚氨酯涂料时，选用硝基中涂底漆问题不大，但要注意其质量、层间附着力和耐水性一定要满足要求。

当旧漆膜是改性丙烯酸或合成纤维素丙烯酸硝基漆时，以采用聚氨酯中涂底漆为宜。这种中涂底漆漆膜性能好，覆盖效果好，即使旧漆膜有轻微缺陷，也不易出现质量问题。但应注意，这种中涂底漆不适宜用于局部修补，因为局部喷涂了聚氨酯中涂底漆后再喷涂面漆，往往会在补修原子灰与旧漆膜的边缘交接处出现起皱现象，故这种中涂底漆只适合对旧漆膜或原子灰的整块覆盖。

厚涂型合成树脂中涂底漆的漆膜性能比不上聚氨酯中涂底漆，但由于其使用的溶剂溶解力较弱，不会侵蚀底漆，干燥速度也比较快，因而常常被采用。对这种中涂底漆，应重点检查其层间附着力和耐起泡性。

硝基和丙烯酸中涂底漆，通常若耐起泡性和层间附着力好，则覆盖效果差；反之，若覆盖效果好，则前两种性能差。因此，有必要检查其溶剂挥发性能、覆盖效果、耐水性、丰满度、施工性能等。在全涂装、原子灰涂装面积大的场合以及当旧漆膜起皱时，使用聚氨酯中涂底漆效果最好。除此之外，从作业性方面考虑，厚涂型合成树脂中涂底漆也很方便。这些中涂底漆的使用方法有时随厂家不同而有若干差异，故应注意不要弄错。若需对中涂底漆进行稀释，应使用指定的专用稀释剂，否则会影响性能。

3．中涂底漆的涂装程序

中涂底漆的涂装程序如图 10－36 所示。

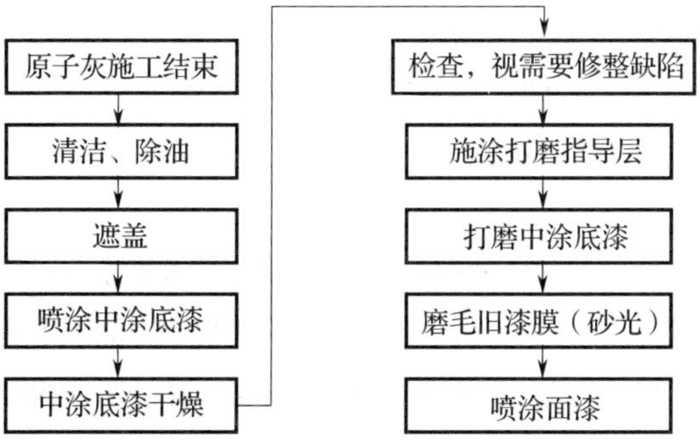

图 10-36　中涂底漆的涂装程序

任务实施

1. 劳动安全与卫生

中涂底漆施工的劳动安全与卫生注意事项与底漆施工相同。

2. 准备工作

①用压缩空气清除表面粉尘。

②若进行过湿打磨，应进行去湿处理，使被喷涂表面干燥。

③对于不需要喷涂的部位，可按图 10－37 所示的方式进行覆盖，重点应注意喷涂时可能产生飞溅的部位。

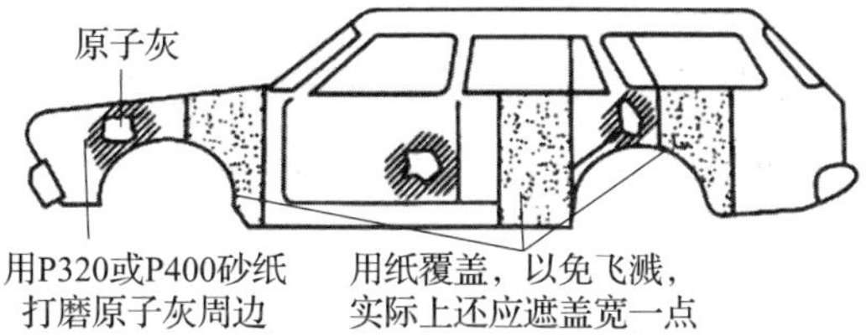

图 10－37　喷涂中涂底漆前的遮盖与打磨

注意：对于局部遮盖，一定要使用反向遮盖法，以使喷涂的中涂底漆有渐进的过渡，如图 10－38 所示。

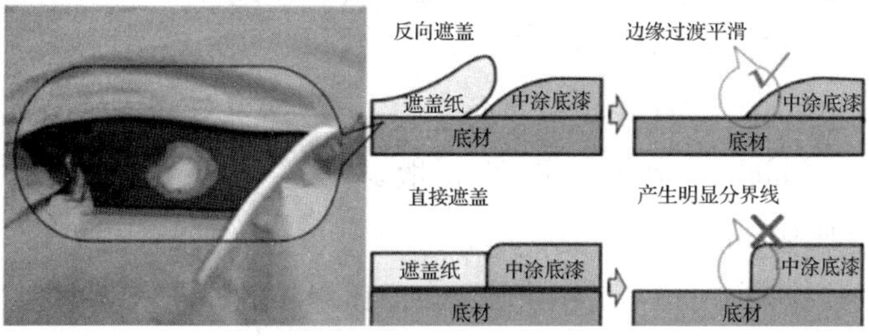

图 10－38　反向遮盖法的应用

④除尘与除油。

(a) 用除尘布对需喷涂表面进行一次细致的除尘。

(b) 用脱脂剂进行脱脂处理。

⑤调制中涂底漆。

(a) 确定中涂底漆用量。根据涂料技术说明的参考数据来确定。

(b) 根据涂料说明书建议的各成分（主剂、固化剂和稀释剂）比例，利用调漆比例尺进行涂料的调制，视需要进行黏度测试。中涂底漆的喷涂黏度随厂家而异。采用4号福特杯时硝基中涂底漆的黏度宜为16～20 s，丙烯酸中涂底漆的黏度宜为13～15 s。聚氨酯中涂底漆适宜喷涂的黏度一般为16～18 s，但随厂家不同有所差异，应注意使用说明书的要求。

⑥选择合适的喷枪。硝基和丙烯酸中涂底漆（1K型）选用的喷枪口径一般在1.3～1.8 mm，采用虹吸式和重力式都可以。聚氨酯中涂底漆所用喷枪若是重力式，喷孔直径为1～3 mm，若是虹吸式则为1.5～1.8 mm。具体要求还需查阅涂料的产品说明书。

⑦将调好黏度的中涂底漆充分搅拌后通过漏斗过滤后装入喷枪涂料杯内。

3. 中涂底漆的喷涂

中涂底漆种类不同，其作业方式也有一定的差异。同一种中涂底漆也可以有两种施工工艺。

(1) 调整喷枪

①根据涂料的产品说明书调整喷枪的气压。用HVLP喷枪时，气压为2.0～3.0 bar（0.2～0.3 MPa）；用兼容喷枪时，气压为2.0 bar（0.2 MPa）。

②根据喷涂面积调整喷幅。

③调整漆流量（最好做喷幅测试）。

喷枪的使用方法

(2) 喷涂

①按正确的喷涂要领（喷涂距离、走枪速度、扳机控制、各走枪行程重叠比例等），先在原子灰与旧漆膜边缘交接部位薄薄地喷涂，使旧漆膜与原子灰的交接面融合，如图10－39所示。

②待其稍干之后，给整个原子灰表面薄喷一层，喷涂后形成的表面应平整光滑。

③取适当的时间间隔，分几次薄喷，一般要喷3～4层，注意每层之间需留出足够的闪干时间（一般为5 min）。

中涂底漆的喷涂范围如图10－40所示，应比修补的原子灰面积大，而且要达到一定程度。喷第二遍比第一遍宽，喷第三遍比第二遍宽，逐渐增大喷涂面积。

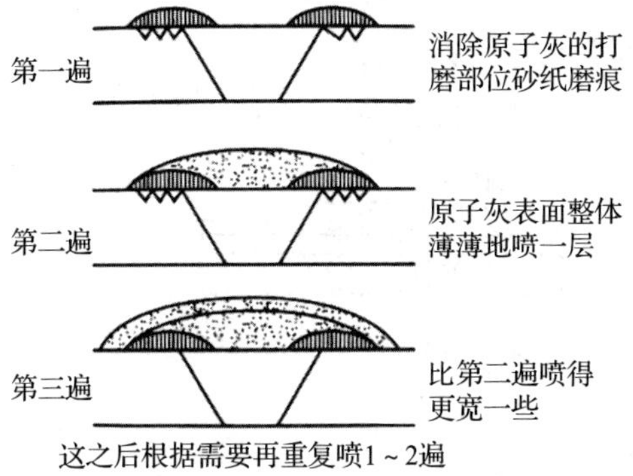

图 10-39　中涂底漆的喷涂顺序

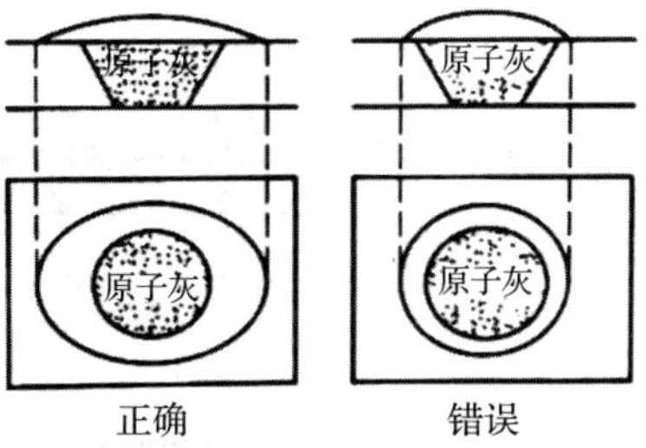

图 10-40　中涂底漆的喷涂范围

如图 10－41 所示，相邻的几小块原子灰修补块可先分别预喷 2 遍，然后整体喷涂 2～3 次，连成一大块，这样处理可以取得良好的效果。这种场合不宜一次喷涂得过厚，而且分几次喷涂时应取适当的时间间隔。

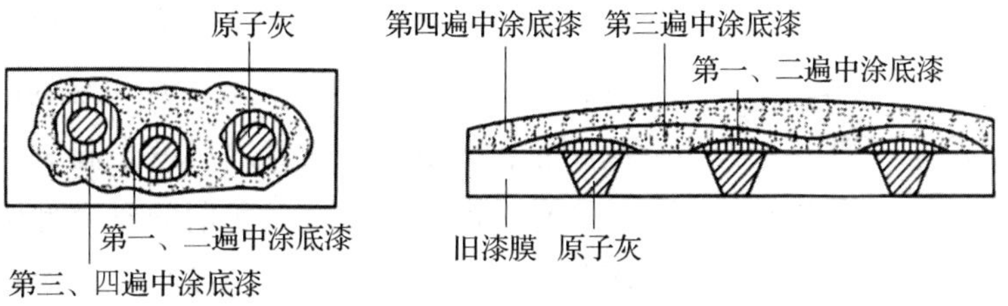

图 10-41　相邻原子灰修补块的中涂底漆喷涂

当旧漆膜是改性丙烯酸硝基漆等易溶性涂料时，对黏度和喷涂时间间隔应十分注意。若采用硝基中涂底漆，黏度应取 18～20 s，要反复薄薄地喷涂，以免喷涂后表面显得粗糙。如果用丙烯酸中涂底漆，黏度可取 14～15 s。

聚氨酯中涂底漆的喷涂方法与硝基中涂底漆一样，但聚氨酯中涂底漆每道形成的漆膜较厚，一般喷 2 遍就够了。若需更厚，可喷 3 遍，比如旧漆膜剥离后的表面，如果直接喷涂中涂底漆，就需喷涂 3 遍。

当旧漆膜是硝基涂料时，如果只在修补了原子灰的部分喷涂聚氨酯中涂底漆，则在中涂底漆与硝基旧漆膜的交接处，喷涂了面漆之后往往会起皱（图 10－42（a））。为防止这一点，应在整块板上喷涂聚氨酯中涂底漆（图 10－42（b））。应先在补原子灰处薄薄地喷一层，然后整体喷涂 2 遍。

（3）中涂底漆喷涂注意事项

1）中涂底漆一次不能喷涂太厚

分几次喷涂表面看起来更花时间，实际上喷涂第二道涂料时，边喷边用吹风机加快溶剂的挥发，比一次厚厚地喷涂干燥速度快，作业效率也高。其原因是若漆膜厚，

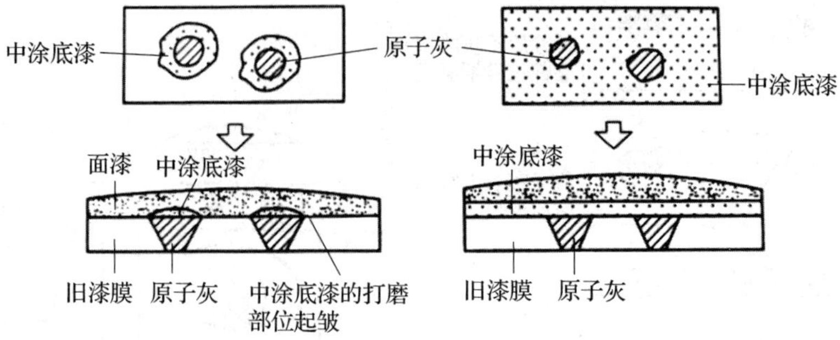

图 10-42 旧漆膜为硝基漆时应整体喷涂中涂底漆

(a) 错误 (b) 正确

溶剂会滞留在漆膜内难以挥发。溶剂的挥发速度与膜厚的二次方成反比。比如将分三次涂装的膜厚一次喷涂，则挥发速度反而大大减慢，打磨和修补将无法进行，最终结果是作业速度下降。

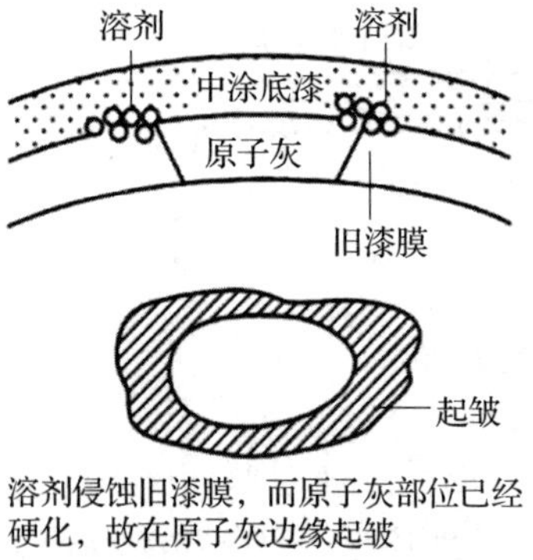

图 10-43 原子灰边缘起皱的原因

如果一次喷涂过厚，溶剂残留在漆膜内难以挥发，如图 10-43 所示，原子灰边缘的旧漆膜会被浸润膨胀，在喷涂了面漆之后就会起皱，所以中涂底漆切忌一次喷涂过厚。所谓的厚涂型中涂底漆也并不是指一次喷涂就很厚，而是分几次喷涂，最终形成的中涂底漆涂层较厚。

2）寒冷季节和雨天喷涂中涂底漆的注意事项

当气温低和湿度大的时候，应采用红外线灯管或热风加热器将涂装面加热到 25 ℃左右，以除去湿气。喷涂的中涂底漆黏度取 18～20 s 为宜。其他做法基本不变。加热干燥时不能突然提高温度，而要渐渐加热，否则易产生大量的气孔。

4．中涂底漆的干燥

①中涂底漆喷涂完后，闪干 10～15 min 即可拆除遮盖纸。

②若采用常温干燥，则关好喷漆间的门，关闭相关电源等待数小时即可。

③若采用烤房烘烤干燥，则应先关闭喷漆开关，根据涂料产品说明书的规定，调好烘烤温度和时间，启动“烘烤”按钮，关好喷漆间的门即可。

④若采用红外线烤灯干燥（图 10-44），操作方法须参阅烤灯的说明书。

如果干燥不充分，不仅打磨时涂料会填满砂纸，使作业难以进行，而且喷涂面漆之后往往出现漆膜缺陷。

图10－44　红外线烤灯干燥

5．中涂底漆喷涂效果检查

中涂底漆喷涂干燥后，应达到下列要求：

①涂层丰满，达到规定的厚度；

②橘皮纹理均匀，能将所有缺陷部位完全遮盖，边缘过渡平顺，无明显的凸台；

③无明显流挂，流挂高度不超过1 mm，长度不超过10 mm；

④无咬底、油点等漆膜缺陷；

⑤车身其他部位保护良好，无漆雾附着。

如果不能达到上述要求，则应视情况进行修整。

6．中涂底漆涂层的打磨

（1）干打磨

1）手工干打磨

用手工打磨块干打磨时，应使用软磨头或橡胶块。先用P240砂纸将凸出的部分磨平，然后用P400或P600砂纸将整个表面（包括需喷涂面漆的旧漆膜）打磨平整。

注：目前涂料制造商基本不建议手工干打磨中涂底漆。

2）打磨机打磨

采用双动式和往复式打磨机均可，开始所用砂纸粒度以P240～P280为宜。往复式打磨机打磨速度比双动式慢，但操作比较简单。

干打磨时，先用P240砂纸将凸起部位打磨平，随后用P320砂纸整体打磨，最后用P400砂纸整体打磨（包括需喷涂面漆的旧漆膜）。不同的涂料，要求的打磨砂纸粒度有所不同。由鹦鹉牌中涂底漆（285－100VOC）的技术说明可知，采用打磨机打磨时，应选用P400砂纸。但这并不意味着开始就必须使用P400砂纸，可以先用P240或P320砂纸，然后逐步过渡至P400砂纸。

不论使用哪种打磨机打磨，都不应该用太大的力压在漆膜上，只能稍用点力沿着车身表面移动。用力过大，砂纸磨痕就会过深。

打磨时应注意不能只打磨喷涂了中涂底漆的部位，旧漆膜及其与中涂底漆的交接区域也应进行打磨。

在打磨过程中可配合使用炭粉作为打磨指导材料，以获得良好的打磨效果。

干打磨结束后拆去遮盖，用吹风机进行清洁，也可用黏性抹布擦拭打磨表面。

（2）湿打磨

湿打磨一般采用 P320 ~ P600 耐水砂纸。当面漆为金属闪光涂料时，可以用 P400 砂纸；如果面漆是硝基涂料，要用 P600 砂纸，若用 P400 砂纸，漆膜表面往往会有较深的砂纸磨痕。

当面漆为素色时，可以用 P320 砂纸，但如果是素色硝基涂料，应用 P400 以上的砂纸打磨。

由鹦鹉牌中涂底漆（285 – 100VOC）的技术说明可知，采用手工水磨时，应选用 P800 砂纸。

打磨时使用的垫块应柔软。手工打磨时应避免手指接触被打磨表面。打磨要仔细，不能有遗漏。

打磨结束后，对玻璃滑槽缝隙、门把手、玻璃四周等边缘部位，要用刷子蘸上研磨膏进行打磨，如图 10 – 45 所示，清除残余的污物，也可以使用 P2000 美容砂纸打磨。

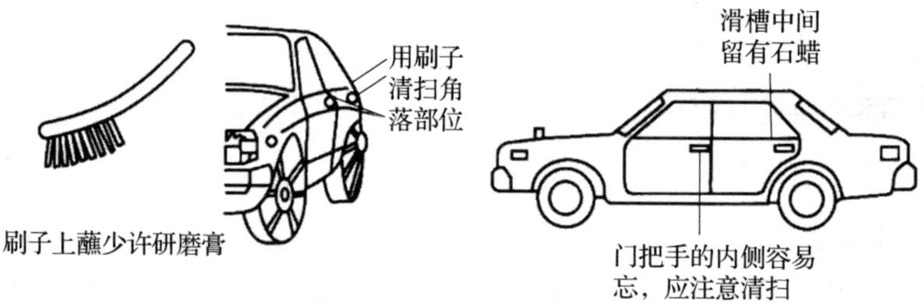

图 10 – 45　边缘部位的清扫打磨

现在许多涂料生产商制造了免磨中涂底漆，这类型的中涂底漆喷涂完后，表面非常平整、光滑，因此无须进行打磨，但如果表面有灰点等喷涂缺陷，还是用细砂纸（可选用 P800 砂纸）打磨下，表面效果会更好。

7. 收尾工作

若采用的是湿打磨，就要用清水冲洗干净打磨部位，然后用红外线烤灯、热风加热器等对表面除湿干燥。若采用的是干打磨，应用吸尘器将打磨粉尘彻底清除干净。如果是局部补修涂装，周围的旧漆膜要用粗颗粒的研磨膏进行研磨，以彻底清除污物和油分。

最后应仔细检查漆膜表面，不能遗漏未经打磨的部位，如果有，再用 P400 ~ P600 砂纸打磨。

8. 中涂底漆施工质量检查

中涂底漆施工结束后，应达到下列要求。

①打磨彻底。对于整板喷涂，打磨露底范围要控制在 20 mm × 20 mm 内，并且露底情况不明显。

②打磨后表面光滑，无橘皮纹。

③所有需要喷涂的部位都要打磨到，不能有遗漏，尤其是窗口装饰条、板件边缘等部位更要打磨到。

任务总结

本任务主要学习了中涂底漆的作用、如何选择中涂底漆以及中途底漆的施涂工艺流程。中涂底漆可以填补原子灰表面打磨后留下的细小划痕，进一步改善板件的表面平整度。目前使用的中涂底漆有硝基中涂底漆（1K 型）、丙烯酸中涂底漆（1K 型）和聚氨酯中涂底漆（2K 型）。

任务考核

表 10-6 任务工单

<table>
<tr><td rowspan="3">工作任务：中涂底漆涂装</td><td>班级</td><td colspan="3"></td></tr>
<tr><td>姓名</td><td></td><td>学号</td><td></td></tr>
<tr><td>日期</td><td></td><td>评分</td><td></td></tr>
<tr><td colspan="5">1. 中涂底漆涂装的基本知识
（1）中涂底漆的作用

（2）中涂底漆的选择

2. 中涂底漆的涂装
（1）设备、工具、材料准备

（2）劳动防护

（3）中涂底漆涂装步骤

（4）中涂底漆涂装注意事项

3. 反思
收获：
不足：
建议：
①小组讨论分析实施过程中产生的问题，给出改进方案；
②小组准备汇报材料，每组派一人进行汇报；
③整理相关资料，列表说明项目资料及资料来源，注明存档情况。</td></tr>
</table>

习题与思考

1. 选择题

（1）【单选题】下面关于中涂底漆的作用，叙述有误的是（　　）。

A. 具有良好的打磨性能　　B. 强化面漆和底漆之间的附着力

C. 具有良好的隔离性能　　D. 填充打磨划痕

（2）【单选题】中涂底漆不具有的特性为（　　）。

A. 耐磨性　　B. 填充性　　C. 封闭性　　D. 配套性

2. 判断题

（1）为了提高效率，可连续喷涂直至达到所需漆膜厚度，不进行闪干。（　　）

（2）中涂底漆的产品性能要求与面漆的产品性能具有相容性和互补性。（　　）

（3）中途底漆的作用是填补缺陷表面和提高防腐能力。（　　）

3. 简述题

为什么喷涂中涂底漆前采用反向遮盖？

任务 22　面漆涂装

学习目标

【知识目标】

掌握面漆喷涂的常用手法。

【能力目标】

能够正确进行各种面漆的整板喷涂。

调色程序

【素养目标】

培养学生的规范操作意识；
培养学生的团队协作意识；
培养学生的安全操作意识。

任务描述

当中涂底漆打磨完成后，进行必要的除油清洁及遮盖后即可进行面漆的喷涂，如图 10－46 所示。在此之前应确认面漆的调色已经完成。

图 10－46　面漆喷涂

任务解析

由于面漆是整个涂层的最表层，因而对其喷涂质量要求最高，以达到要求的涂层厚度、光泽和色彩。喷涂面漆是一项技术性很强的工作，需要喷漆人员有良好的喷涂技术和丰富的喷涂经验。

知识学习

常见面漆喷涂方法

1. 面漆喷涂的常用手法

1）干喷

干喷指喷涂时选择的溶剂要快干，气压较大，出漆量较小，温度较高等，喷涂后漆面较干。

2）湿喷

湿喷指喷涂时选择的溶剂要慢干，气压较小，出漆量较大，温度较低等，喷涂后漆面较湿。

3）湿碰湿

湿碰湿就是不等上一道漆中的溶剂挥发完全就继续喷涂下一道漆。

4）虚枪喷涂

在喷涂色漆后，将大量溶剂或固体成分的含量调得极低的涂料喷涂在面漆上的操作称为虚枪喷涂。在汽车修补中有两种类型的虚枪喷涂法：

①在热塑性丙烯酸面漆上喷虚枪，用来在新喷涂的修补漆与原来的旧漆之间进行润色，使汽车表面经过修补后看不出修补的痕迹；

②在新喷涂的丙烯酸或醇酸磁漆上喷虚枪，用来提高其光泽，有时也用来在斑点修补时润色。

5）雾化喷涂

雾化喷涂俗称飞雾法喷涂，又叫飞漆，一般用于金属漆的施工。金属漆与素色漆喷涂方法大不相同，金属漆由于含有金属颗粒，有的由云母、铝粉等制成，比重大。雾化喷涂是指喷金属漆时用飞雾法喷涂，以获得需要的效果。

6）带状涂装

当喷涂某个基材表面的边缘时采用此法。采用此法时应将喷枪的喷幅调得相对窄一些，一般调整到大约 10 cm 宽。此时喷出的雾束比较集中，呈带状覆盖。这样可以达到减少过喷、节约原材料的目的。

2. 面漆的喷涂工艺程序

面漆分为单工序面漆（素色漆）和双工序面漆（金属漆，有时素色漆也有双工序的）两种，其喷涂工序各不相同，如图 10－47 所示。

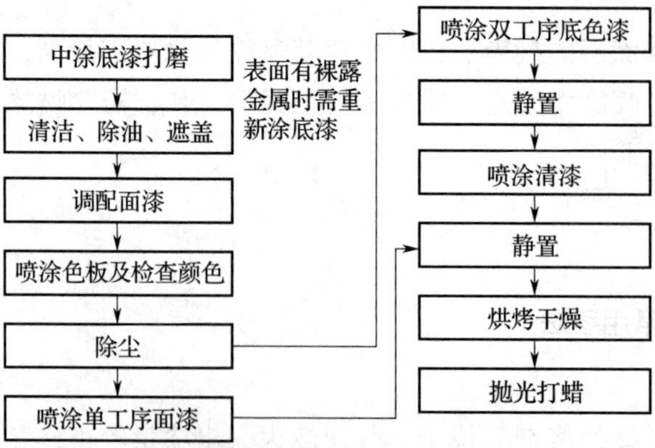

图 10－47 面漆的喷涂工序

任务实施

1. 准备工作

(1) 劳动安全与卫生

面漆喷涂施工的劳动安全与卫生注意事项同底漆涂装。

(2) 板件的准备

面漆喷涂前准备

对于已经打磨完中涂底漆的板件，通常要进行下列准备工作。

①用吸尘器或气枪对需喷涂表面进行除尘处理。

②整板喷涂时，根据所喷涂板件的特点及需喷涂的面积确定遮盖的位置。取合适的遮盖纸进行遮盖。

③用粘尘布对待喷涂表面进行除尘处理。

④用擦拭纸浸除油剂对表面进行除油处理。

(3) 喷涂前的检查

在开始喷涂作业之前，下列工作一定要做：一是检查全部车身外表有无覆盖遗漏之处；二是检查有无打磨作业和清洁作业没有做到位之处；三是检查喷枪和干燥设备有无异常。

(4) 个人卫生

检查完毕之后，用肥皂清洗手上的油污，穿上防尘服，再用压缩空气清除黏附在衣服上的灰尘。

(5) 面漆的准备

1) 解读涂料技术说明

喷涂面漆前，应详细解读其使用说明，以充分了解其喷涂的技术要求。

2) 调制面漆

将色浆按所需要的量取出，加入固化剂和稀释剂调整好黏度。通常的做法是将主剂和固化剂调配好之后，再加入稀释剂调整黏度。但用习惯之后，也可以先用稀释剂稀释主剂，过滤好，注入喷枪的喷漆罐中，再加入适量的固化剂搅拌均匀。在这种情况下，如图 10－48 所示，只要记住主剂的用量，然后按 1∶4 的比例加入固化剂即可。这样做的好处是可以真正做到用多少调多少，避免浪费。

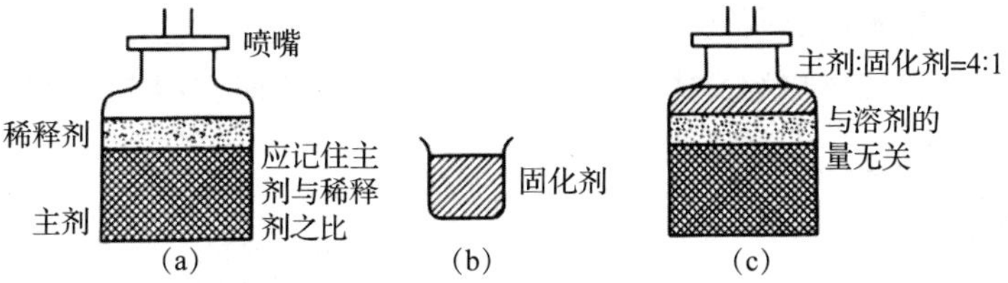

图 10－48　双组分型涂料避免浪费的方法

(a) 添加稀释剂　(b) 添加固化剂　(c) 调制比例

涂料的黏度并非常量，会随温度发生变化，同一种涂料，冬季比夏季显得稠。黏度越高的涂料随温度而变化的特征越明显，因此即使加入相同量的稀释剂，夏季的黏度为13～14 s，冬季的黏度为20 s左右。

从根本上讲，同一种涂料应以相同的稀释率涂装，比如夏季气温为30 ℃，以黏度14 s进行涂装，到了冬季气温为5 ℃时，就应以黏度20 s进行涂装，所以应养成根据气温改变喷涂黏度的习惯。

（6）喷枪的选择

用于喷涂面漆的喷枪应根据使用目的和涂料的种类区分使用。

喷枪的喷嘴直径应随涂料的种类而改变。对于改性丙烯酸硝基漆，全涂装时用1.5～1.8 mm口径的喷枪较为适宜。而对于合成纤维素丙烯酸硝基漆则以1.0～1.3 mm为宜，超过1.5 mm时，则会造成漆膜表面粗糙，打磨十分费力。

对于丙烯酸聚氨酯涂料，全涂装时应选用1.3～1.5 mm口径的虹吸式喷枪。涂装丙烯酸聚氨酯的单色涂料时，也有人采用1.8 mm口径的喷枪，但比较起来，还是1.5 mm的好用。

丙烯酸磁漆可以用1.5～1.8 mm口径的虹吸式喷枪。烤漆涂料也可以使用重力式喷枪。丙烯酸磁漆涂料如果使用重力式喷枪，口径选1.3 mm能获得高的喷涂质量。在喷涂金属闪光色时，为防止金属雾斑，喷嘴直径应为1.3～1.4 mm。

除此之外，制造厂家不同，喷枪的喷射流量、空气用量、喷束形状都会有差异，应从中选择与所喷涂料相适应的喷枪。

压送式喷枪喷吐流量大，可以缩短喷涂时间；喷罐可加入2～4 L涂料，可以节省涂料添加时间。

（7）涂料的添加

调好色的涂料用不低于180目的滤网（过滤漏斗等）过滤后装入喷枪（最多约3/4涂料杯）。注意：底色漆和清漆各用一把喷枪。

2. 素色面漆的整车（整板）喷涂

对于不同种类的素色漆，喷涂方法也不一样。

（1）喷枪的调整

①根据涂料的技术说明调整喷涂气压。

②根据喷涂面积调整喷幅。通常做整板（整车）喷涂时，用全开喷幅。

③用雾形测试的方式调整供漆量。

（2）喷涂施工

1）第一次喷涂（预喷涂）

涂料黏度：标准。

气压：标准。

喷幅调节阀：全开。

漆流量控制阀：1/2 ~ 2/3 开度。

喷枪距离：稍远。

以给车身整体喷上一层雾的感觉，薄薄地预喷一层。喷这一层的目的，一是提高涂料与旧漆膜的亲和力，二是确认有无排斥涂料的部位，如果有，就在该部位稍加大气压喷涂，覆盖住涂料排斥部位。闪干时间不短于 5 min。

喷枪运行速度：快。

2）第二次喷涂（形成漆膜层）

涂料黏度：标准。

气压：标准。

喷幅调节阀：全开。

漆流量控制阀：2/3 ~ 3/4 开度。

喷枪距离：标准。

喷枪运行速度：适当。

在该工序基本形成漆膜层，要达到一定的膜厚。该工序要尽可能喷厚一些，这是最终获得良好表面质量的基础，但同时要注意不能产生垂挂和流动，以此作为标准。闪干时间不短于 5 min。

3）第三次喷涂（表面色调和平整度的调整）

涂料黏度：标准（可稍微调小）。

气压：标准（可稍微调小）。

喷幅调节阀：全开。

漆流量控制阀：全开。

喷枪距离：标准。

喷枪运行速度：适当。

第二次喷涂已形成了一定的膜厚，第三次喷涂的主要目的是调整漆膜色调，同时形成光泽。此时可适当加入清漆，有时为调整色调，可加入干燥速度慢的稀释剂。

素色漆一般喷涂三次，就能形成所需的膜厚、光泽和色调。如果对色调还不满意的话，可将涂料黏度调小，再修正喷涂一次。

以上喷涂层次为通常的喷涂要求，各涂料生产商生产的涂料不同，喷涂遍数要求也不尽相同。

喷涂作业的先后顺序往往随操作者的习惯而定，但要注意漆雾的影响。在下排风的喷漆间整车喷涂时，通常先喷涂车顶，然后喷车后部，围绕车身一圈后在车后部完成接缝。如果由两名喷漆工共同操作完成整车喷涂，效果会更好。但在喷涂金属面漆或珍珠面漆时，最好由一个人来操作，因为不同的操作手法可能会引起颜色的差异。图 10－49 为合理的整车喷涂顺序。

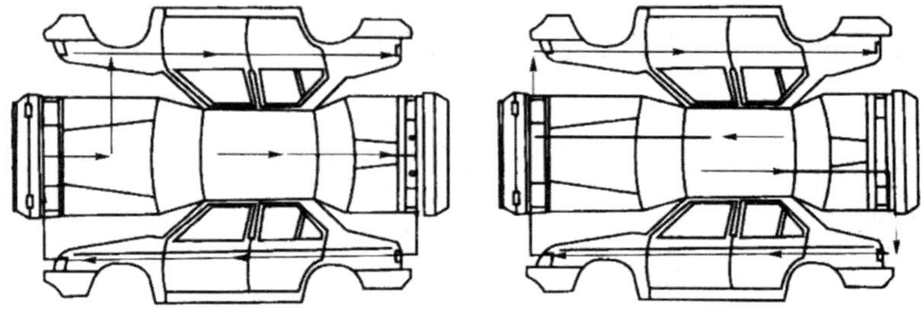

图 10－49 合理的整车喷涂顺序

4）闪干

面漆喷涂结束后，若采用烘干干燥，必须使漆膜有充分的闪干时间，以使漆膜中的溶剂充分挥发，避免喷涂完毕后直接加温烘烤造成的漆膜起热痱等缺陷。

面漆的种类不同，闪干时间要求也不同，通常闪干时间在 10～20 min，具体数据以涂料技术说明中的建议为准。

5）清除贴护

喷涂工作完毕之后，遮盖不喷涂部位的胶带和贴护纸的作用就已经完成，可以清除掉了。

清除贴护的工作不要等到加温烘干以后进行，因为加温后胶带上的胶质会溶解，与被粘贴表面结合得非常牢固，很难清除，而且会在被粘贴物上留下黏性的杂质。如果被贴护表面是良好的旧漆层，由于胶中溶剂的作用还会留下永久性的痕迹，除非进行抛光处理，否则去除不掉；漆膜完全干燥后清除胶带还会引起胶带周围漆膜的剥落，造成不必要的修饰工作等。贴护的清除工作在喷涂完毕之后，静置 20 min 左右（涂料生产商建议的烘干前的闪干时间），待漆膜稍稍干燥后即可进行。

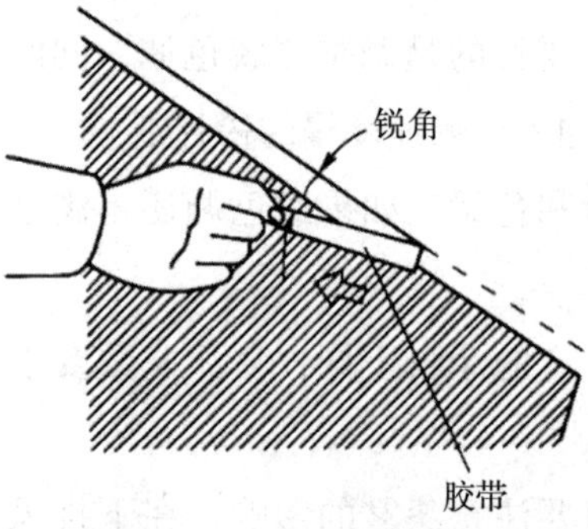

图 10－50 正确揭掉胶带的方法

清除工作应从涂层的边缘部位开始，不得从胶带中部穿过涂层揭开胶带。拆除动作应仔细、缓慢，并且使胶带成锐角均匀地离开表面，如图 10－50 所示。清除时要注意不要碰到刚刚喷涂过的地方，还应防止宽松的衣服蹭伤喷涂表面，因为这些表面尚未干透，碰到后会引起损伤，造成额外的工作。

6）干燥

整板（整车）喷涂的干燥通常在喷烤房内进行。干燥设备有多种类型，如红外线、远红外线、热风等，不同设备干燥方式也有所不同。因此干燥作业的关键就是如何根据干燥设备的特点，在不致产生气孔的前提下提高干燥速度。

3. 金属色面漆的整车（整板）喷涂

在金属色面漆中，银粉漆通常采用双工序涂装法，即底色漆（银粉漆）+ 清漆，而珍珠漆一般采用三工序涂装法，即底色漆（素色漆）+ 珍珠漆 + 清漆。由于喷涂工艺参数对颜色的影响很大，故喷涂时应严格按涂料要求的工艺进行。

（1）银粉漆的标准涂装

1）喷枪的调整

①根据涂料的技术说明调整喷涂气压。

②根据喷涂面积调整喷幅。通常做整板（整车）喷涂时，用全开喷幅。

③用雾形测试的方式调整供漆量。

2）喷涂施工

①第一次喷涂（预喷涂）。

涂料黏度：标准。

气压：标准。

喷幅调节阀：全开。

漆流量控制阀：1/2 ~ 2/3 开度。

喷枪距离：稍远。

喷枪运行速度：快。

以喷雾感沿车身表面整体薄薄喷涂，一是提高涂料与底层或旧漆膜的亲和力，二是确认有无排斥涂料现象。如果出现了排斥现象，就在有排斥现象的部位提高喷涂气压喷涂。闪干至少 5 min。

②第二次喷涂（决定色调）。

涂料黏度：标准。

气压：标准。

喷幅调节阀：全开。

漆流量控制阀：2/3 ~ 3/4 开度。

喷枪距离：标准。

喷枪运行速度：稍快。

第二次喷涂决定漆膜的颜色，喷涂时不必在意出现的喷涂斑纹和金属斑纹，单层喷涂，喷枪移动速度稍快一点为好。丙烯酸聚氨酯涂料遮盖力较强，一般喷两次就行了，但有的色调需按第二次喷涂的方法再喷涂一次。闪干至少 5 min。

③第三次喷涂（消除斑纹）。

将喷枪内的涂料按 1:1 加入清漆混合。

气压：稍小。

喷幅调节阀：全开。

漆流量控制阀：1/2 ~ 2/3 开度。

喷枪距离：稍远。

喷枪运行速度：快。

第三次喷涂要修正第二次喷涂形成的喷涂斑纹和金属斑纹，起到防止喷涂透明层时引起金属斑纹的作用，目的是形成金属感。

原则上透明涂料和金属闪光磁漆各占 50%，但随颜色不同多少有些变化。例如涂浅色彩时，透明涂料多一些，金属闪光磁漆占 20% ~ 30%，透明涂料占 70% ~ 80%；银灰色和中等浓度色调，两种各占 50%，或者透明涂料稍多一些，占 60%。黏度为 12 s 左右。

喷涂时喷枪运行速度要快，与涂装表面保持稍远的距离，薄薄地喷涂一层，要完全消除金属斑纹。

在底色漆喷涂过程中，如果出现了过多的金属颗粒（轻度流挂），可用吸纸吸掉。

④闪干。在消除斑纹喷涂结束之后，要设置 10 ~ 15 min 的中间间隔时间（以涂料生产商的建议为准），使漆膜中的溶剂挥发。若用指尖轻轻触摸漆膜面沾不上颜色，就可以进入透明层喷涂。设置中间间隔时间，是为了使金属闪光磁漆涂料的溶剂尽可能挥发。

⑤第四次喷涂（透明涂料预喷涂）。

涂料黏度：标准。

气压：标准。

喷幅调节阀：全开。

漆流量控制阀：2/3 开度。

喷枪距离：稍远。

喷枪运行速度：稍快。

第一次透明层喷涂不能太厚，一次喷涂太厚会打乱金属颗粒的排列，所以要喷得薄，闪干至少 5 min。

⑥第五次喷涂（精加工透明涂料喷涂）。

涂料黏度：标准。

气压：标准。

喷幅调节阀：全开。

漆流量控制阀：全开或3/4开度。

喷枪距离：标准。

喷枪运行速度：普通或稍慢。

以第二次透明层的喷涂结束面漆喷涂工作，要边观察漆膜的平整度边仔细喷涂。如果快速移动喷枪，往返两次覆盖，能得到很理想的表面色泽。尤其是在车顶、行李舱盖、发动机罩等处，覆盖两次为好。

当表面平整度不好时，可以加入干燥速度慢的稀释剂进行修正，能获得好的加工质量。

⑦闪干。约需20 min。

⑧清除贴护。

⑨干燥。银粉漆的干燥参数与素色漆相同。

(2) 银粉漆的经济型涂装

①第一次喷涂（底色漆预喷涂）。

涂料黏度：比标准稍大。

气压：标准。

喷幅调节阀：全开。

漆流量控制阀：1/2 ~ 2/3开度。

喷枪距离：稍远。

喷枪运行速度：快。

整体平均薄薄地喷涂，以提高涂料与旧漆膜的亲和力，同时检查有无排斥涂料现象。如果出现了排斥现象，就在有排斥现象的部位提高喷涂气压喷涂。闪干5 min。

②第二次喷涂（决定漆膜的色彩）。

涂料黏度：比标准稍大。

气压：标准。

喷幅调节阀：全开。

漆流量控制阀：3/4开度到全开。

喷枪距离：标准。

喷枪运行速度：稍快。

第二次喷涂决定漆膜的色彩，要注意不要出现喷涂斑纹和金属斑纹。如果出现金属斑纹，将喷枪距离加大，以喷雾的方法喷射进行修正。

丙烯酸聚氨酯覆盖力强，喷涂两次就能确定好色彩。如果色彩不好，可间隔10 ~

15 min，再按第二次喷涂的方法喷第三次到第四次。

③闪干。约 10 min 至表面呈亚光。

④第三次喷涂（透明涂料预喷涂）。

涂料黏度：标准。

气压：标准。

喷幅调节阀：全开。

漆流量控制阀：2/3 ~ 3/4 开度。

喷枪距离：稍远。

喷枪运行速度：稍快。

闪干约 5 min。

⑤第四次喷涂（透明涂料精加工喷涂）。

涂料黏度：标准。

气压：标准。

喷幅调节阀：全开。

漆流量控制阀：3/4 开度到全开。

喷枪距离：标准。

喷枪运行速度：普通或稍慢。

第二次透明层喷涂是精加工喷涂，要边观察漆膜的平整度边仔细喷涂。习惯了快速移动喷枪的，可以往返覆盖两层，以获得高质量的表面层。若移动速度过慢，就会产生垂挂现象。如果漆膜起皱，要加入干燥速度慢的稀释剂进行修正。

⑥闪干约 20 min，清除贴护。

⑦干燥。

以上喷涂层次为通常的银粉漆喷涂要求，各涂料生产商生产的涂料不同，喷涂遍数要求也不尽相同。

任务总结

本任务主要学习了面漆喷涂的常用手法和具体的施工工艺流程。面漆喷涂的常用手法有干喷、湿喷、湿碰湿、虚枪喷涂、雾化喷涂和带状涂装。面漆不同，其施工流程也不同。

任务考核

表 10-7　任务工单

<table>
<tr><td rowspan="3">工作任务：面漆涂装</td><td>班级</td><td colspan="3"></td></tr>
<tr><td>姓名</td><td></td><td>学号</td><td></td></tr>
<tr><td>日期</td><td></td><td>评分</td><td></td></tr>
<tr><td colspan="5">1. 面漆喷涂知识

2. 面漆的喷涂
（1）设备、工具、材料准备

（2）劳动防护

（3）面漆喷涂步骤
素色面漆：

银粉面漆：

（4）面漆喷涂注意事项

3. 反思
收获：
不足：
建议：
①小组讨论分析实施过程中产生的问题，给出改进方案；
②小组准备汇报材料，每组派一人进行汇报；
③整理相关资料，列表说明项目资料及资料来源，注明存档情况。</td></tr>
</table>

习题与思考

1. 判断题

（1）面漆分为单工序面漆（素色漆）和双工序面漆（金属漆，有时素色漆也有双工序的）两种，其喷涂工序相同。（　　）

（2）面漆的第一遍喷涂离板件的距离应近一些。（　　）

（3）面漆施涂时闪干的时间越长越好。（　　）

2. 简述题

（1）面漆喷涂的常用手法有哪些？分别有什么特点？

（2）简述面漆的喷涂工序。

任务 23 面漆涂装后的修整

学习目标

【知识目标】

了解面漆喷涂后漆膜修整的目的。

【能力目标】

能够正确进行面漆喷涂常见缺陷的收尾修整。

【素养目标】

培养学生的规范操作意识;
培养学生的团队协作意识;
培养学生的安全操作意识。

任务描述

面漆的喷涂结束以后，涂装工作已经大部分完成，但还需要进行最后的修整工作。漆膜的修整主要包括修理小范围内的缺陷和表面抛光等。

在喷涂过程中常常会由于种种原因在面漆表面造成一些微小的缺陷，例如流挂、颗粒（脏点）、微小划擦痕迹和凹坑等，如图 10－51 所示。这些涂装缺陷会影响漆膜的装饰性，因此必须进行修整。

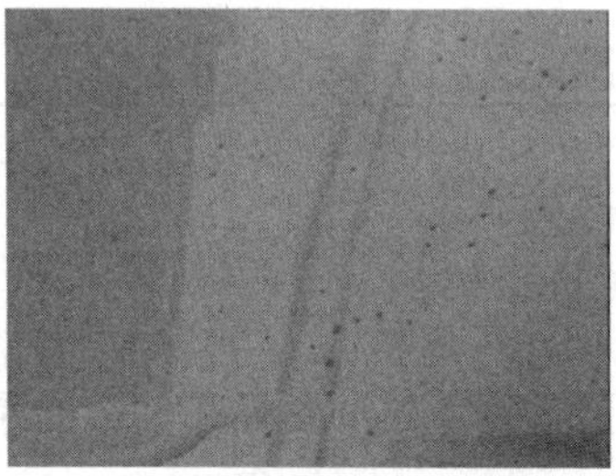

(a)

(b)

图 10－51 面漆涂装后的缺陷

（a）颗粒（脏点） （b）流挂

任务解析

在涂装最末道面漆后，由施工人员和专检人员按该车型的质量标准对该车进行一次全面的检查，并将发现的各种缺陷填写在工艺质量卡上。由操作技术好的施工人员按工艺质量卡上所列缺陷项目依次将缺陷修饰合格。

收尾操作人员要有熟练的操作技术，对各层涂料的涂装操作工艺和用料都非常了解。常见的漆面缺陷有漏喷、露底、毛边、颗粒、针孔、流挂、麻眼、咬底、粗糙等。

知识学习

1. 抛光工具与材料

(1) 抛光机

抛光机有立式和卧式两种，其中立式抛光机体积小，携带方便，可以作为打蜡工具使用。绝大多数汽车修理厂都使用卧式抛光机，如图 10－52 所示。它操作方便，使用寿命长，抛光效果好。

1）抛光机的使用

①抛光盘背面与抛光轮上有尼龙搭扣，方便安装和拆卸。安装搭扣式的抛光盘时，一定要保证二者的中心线重合。如果安装位置偏了，抛光盘转动时边缘的离心力分布不均，就会影响抛光质量并加速设备损坏。

②普通抛光机有 1～6 个不同的速度挡位（通过调速旋钮调节，如图 10－53 所示）。高档抛光机的速度调节是无级的，可以在静止到最高转速之间随意调节，满足不同的抛光工艺要求。

图 10－52 卧式抛光机

图 10－53 抛光机调速旋钮

③抛光操作时电源开关可以自锁，不用手指长时间按着开关，方便抛光操作。需要停机时只要再按一下开关，锁止自动解除，抛光机停止工作。

注意：

（a）粗抛时转速要低一些，一般在 1～3 挡；精细抛光时转速要调高，一般在 1～5 挡。

（b）抛光时不要过分用力按压，保证抛光机不晃动就可以。

（c）抛光完毕将抛光盘取下，清洗干净后单独放好。

（d）抛光机存放时要让抛光轮向上，防止抛光轮被压变形。

2）抛光盘的选择

抛光盘的选择要根据漆膜损伤程度而定，具体选择标准见表 10－8。

表 10-8　抛光盘的选择

产品	技术特点	适用漆膜	实物
羊毛盘	用于漆膜粗抛光，其特殊结构使空气流通，有利于维持漆膜温度，切削力较强	新修补、划痕严重的表面处理后	
粗海绵盘	用于严重受损的旧漆膜抛光，相较于羊毛盘，其切削力较弱	新修补、划痕重的表面处理后	
细海绵盘	精细抛光，能提升漆膜表面光泽	发丝划痕、粗抛光后	
蜂窝状海绵盘	精细抛光，它的蜂窝状结构有助于消除抛光纹	细抛光、有光晕、保养	

（2）抛光蜡

抛光蜡属于美容修复蜡，蜡中含有具有不同磨削能力的磨料颗粒，根据磨料颗粒的不同将抛光蜡分为粗蜡、中蜡和细蜡。区分不同的抛光蜡，可以用手指取少量蜡，反复摩擦就能明显感觉到粗蜡和细蜡的不同磨削能力。抛光蜡通常装于塑料瓶（桶）内，如图 10－54 所示。高品质的抛光蜡有如下特性。

图 10-54　抛光蜡

①采用氧化铝磨料颗粒，抛光速度快且效果好。磨料颗粒在抛光过程中逐渐减少，纯机械抛光基本可以保证极好的耐久效果，而不会受到洗车、天气、阳光作用的影响。相比之下，含硅、蜡和其他添加剂的抛光蜡耐久性差，化学作用达到的光泽效果短暂。

②不含硅。含硅产品会在漆膜中产生所谓的“硅穴”，甚至会对底材造成伤害。

③水基产品，使用方便，满足环保要求，没有健康危害。用水作为溶剂，抛光后很容易清洁，被飞溅的零件用湿布一擦就行。其他产品常含有高浓度碳水化合物或其他有害物质。

④产生极少的废尘。抛光结束后不再需要用水冲洗。

2. 手工打蜡工具与材料

(1) 车蜡的种类

车蜡按作用可以分为保养蜡、修护蜡、综合蜡。

①保养蜡。保养蜡通常装于盒内，如图 10－55 所示。保养蜡能均匀地渗透到涂层的细小空隙中，使漆膜多一层保护膜，可以隔绝紫外线、灰尘、油烟以及其他杂质，保持漆面的光泽和持久性。

图 10－55　保养蜡

②修护蜡。主要是在蜡中加入研磨成分，如氧化铝、碳化硅等。根据研磨剂的颗粒切削能力分为粗蜡、中蜡、细蜡。修护蜡能够修复涂层上的划痕，但是同时涂层也会变薄。

③综合蜡。综合蜡将修护蜡和保养蜡综合在一起，可以一次完成抛光和保养。常用的三合一美容蜡即属于综合蜡。

(2) 车蜡的选择

市场上车蜡种类繁多，分类标准也五花八门，由于各种车蜡的性能不同，其作用效果也不一样，所以在选用时必须慎重，选择不当不仅不能保护车体，反而会损伤车漆，甚至使车漆变色。

选择车蜡时，要根据车蜡的作用特点、车辆的新旧程度、车漆的颜色及行驶环境等因素综合考虑。

①对于高级轿车，可选用高档车蜡。

②对普通车辆，用普通的珍珠色或金属漆系列车蜡即可。

③新车最好用彩涂上光蜡保护车体的光泽和颜色。

④夏天宜用防紫外线车蜡。

⑤行驶环境较差时，用保护作用突出的树脂蜡比较合适。

⑥选用车蜡时还必须考虑与车漆的颜色相适应，一般深色车漆选用黑色、红色、绿色系列的车蜡，浅色车漆选用银色、白色、珍珠色系列的车蜡。

3. 整车（整板）抛光

刚喷涂的漆面应在漆膜实干后进行抛光，自干性涂料在喷涂 8～16 h 后进行抛光，双组分涂料应在喷涂后烘烤 35 min（车身金属温度为 65 ℃）或风干 36 h（但不建议风干），手指压表面而没有产生手指印后进行抛光。一般采用二次抛光处理法效果较好。在抛光前应用水将车身表面的泥沙冲洗干净，以防在抛光时损坏漆面。

1）第一次抛光

①用半弹性垫块配合 P1500 水砂纸将整车打磨一遍，如图 10－56 所示。对于个别小缺陷，可选用精磨砂碟进行，如图 10－57 所示。

图 10－56　对整车进行水磨

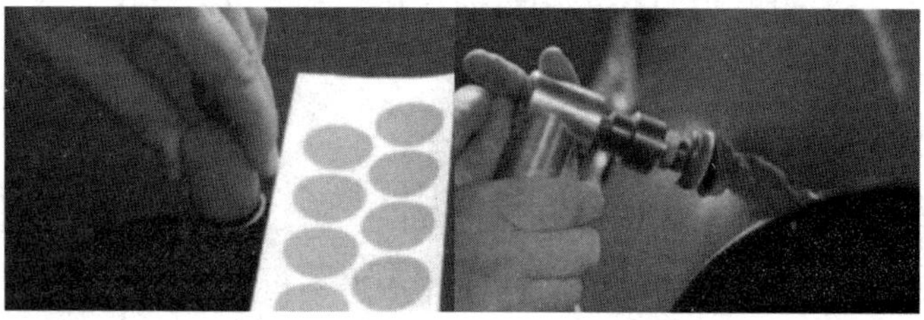

(a)　(b)

图 10－57　精磨砂碟的使用

（a）手工砂碟的使用　（b）机械砂碟的使用

②用 P2000 海绵砂纸轻轻地把流痕、凸点、粗粒、轻微划痕打磨平整。

③用 P4000 海绵砂纸按顺序将整车打磨一遍，使漆面均匀无光。注意不要磨穿漆膜层。

④用水清洗漆面并擦净，如图 10－58 所示。

⑤待漆膜表面干燥后，用海绵块将全能抛光剂均匀地涂于漆面，如图 10－59 所示。

⑥机械抛光应将抛光机的转速调至 1 000～1 500 r/min，将抛光机的羊毛盘平放在漆面上，然后均衡地向下施加压力进行抛光，如图 10－60 所示。整车抛光应从车顶开始，在漆面上有规律地沿水平方向来回研磨，研磨面积不宜过大，要一个块面一个块面地进行，每一个块面长 60～80 cm，宽 40～50 cm，漆面逐渐平滑，呈现出光泽。

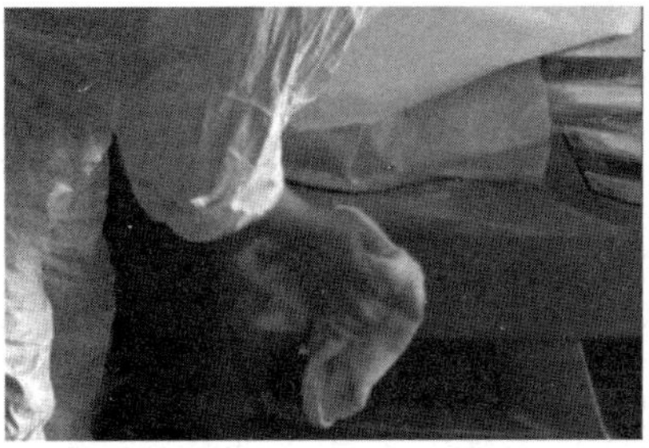

图 10-58　用水冲洗并擦净表面

图 10-59　将全能抛光剂涂于漆膜表面

图 10-60　用抛光机抛光

⑦用干净的抹布把漆面上多余的抛光剂擦净。若发现某部位的漆面没有达到质量要求，可重复研磨直至达到质量要求。研磨时要特别注意折边、棱角及高出底材的造型漆面，这些部位的漆膜相对较薄，研磨时触及机会较多，要特别注意不要磨穿漆膜，平面较圆弧面不易起光泽，应适当增加研磨次数。

2）第二次抛光

当整车漆面用全能抛光剂完成粗抛光后，漆面的流挂、粗粒、划痕、砂纸磨痕会全都消除，但有时会有一些极其细小的丝痕或光环，为了确保漆面更平滑、光亮，需进行第二次抛光。第二次抛光一般使用釉质抛光剂，经釉质抛光剂抛光后，漆面亮度高，丰满度好，保持时间可达 1 年。

①用干净的软布擦净前一道抛光的残留物。

②摇匀釉质抛光剂，用软布或海绵将其均匀涂于漆膜表面。

③停留 60 s 以上，使抛光剂变干、发白。

④用手工或机械方法抛光，机械抛光应将海绵盘的转速保持在 1 000 ~ 1 500 r/min，抛光应按一定的方向有序进行。不要用羊毛盘进行第二次抛光。手工抛光时应做水平直线运动进行抛光，达到漆面光亮即可。

⑤用干净的软布擦净漆面。

4. 打蜡

1）机械打蜡

①将液体蜡摇匀后画圈似的倒在打蜡盘面上。

②每次0.5 m^2 按顺序打匀，直至打完全车。

③待蜡凝固后，将干净、无杂质的全棉抛光盘套装在打蜡机上，开机后调节转速控制在1 000 r/min以下，然后将打蜡机抛光盘套轻轻平放在漆面上，进行横向与竖向覆盖式抛光，直至漆面亮丽为止。打蜡机抛光路线如图10－61所示。

图10-61 打蜡机抛光路线

2）手工打蜡

①若是乳状蜡应将其摇匀，然后倒少许于海绵或软布上。

②以大拇指和食指夹住海绵，以手掌和其他三个手指按住海绵，每次涂蜡以0.5 m^2 的面积为宜，力度均匀地按螺旋式顺序擦拭，如图10－62所示。

图10-62 手工打蜡

③从前到后、从左到右，蜡膜要涂得薄而均匀，稍候用干净的软布擦净即可。

3）打上光蜡

①清洁。在给车身涂蜡时，一定要先进行表面清洗，确保表面清洁。因为车身表面有灰尘的话，涂蜡后在抛光时就会把灰尘挤进涂层去，或在车身表面起研磨作用，划伤或磨花表面漆膜。

②打蜡。现在的车蜡多为液体蜡，使用前将其摇晃均匀，将少许倒在湿布或海绵上，在车身涂层表面力度均匀地按螺旋式顺序擦拭。

③擦干。稍干后用软布反复擦干即可。

④抛光。用抛光机及海绵垫对整个打蜡表面进行仔细的抛光。

⑤擦净。用软布将表面的抛光粉末擦拭干净。

打上光蜡时应注意以下事项。

（a）必须采用质量优良、与表面涂层相适宜的车蜡。

（b）很多人给车身打蜡都习惯性地以圆圈的方式进行，这是不正确的方法。正确的打蜡方式是直线方式，横竖线交替进行，再按雨水流动的方向上最后一道，这样才能达到减少车身涂层表面产生同心圆状光环的效果。

（c）不要在阳光的直接照射下打蜡，操作时以在阴凉处为妥。否则车蜡会在阳光下发生变化，使车身出现斑点。

（d）上蜡后要等车蜡干燥一段时间后再进行抛光，不要刚打上蜡就抛光，要让车蜡在车身表面有一定的凝固时间，最少要 30 min。有人认为等蜡完全干燥后再擦净比较好，这也是错误的。上蜡后要在蜡半干不干、尚未干燥白化时擦净。因此，上蜡的操作必须顺着车身板块一片一片地进行，切不可先将车身全部上好后，再一次擦掉，这会使涂层表面的色泽深浅不一，非常难看。

（e）没有抛光前不要开车上路，否则空气中的灰尘就会依附在车蜡上，在抛光时划伤或磨花表面漆层。

（f）如果车身表面上的漆膜已经褪色或氧化，必须在清除掉旧的和氧化了的漆膜后才能打蜡。

（g）涂蜡时尽量采用软质的、不起毛的绒布或棉絮均匀涂抹。

5. 部件的安装与清扫作业

打蜡作业结束后，安装好拆卸下的部件。若部件有脏污，应仔细擦拭干净后再安装，对车主平常进行扫除时难以涉及的地方，也将其打扫干净，一定会受到客户的欢迎。事情虽小，但对维持与客户的关系会起很大的作用。安装好拆卸下的部件之后，应全面检查电路否正常，螺栓是否都已拧紧等。

交车之前应将车身整体彻底清洗干净。在清洗过程中若发现细小的伤痕，即使不是修理部位，也要予以修整。

任务实施

1. 劳动安全与卫生

面漆涂装后的修整工作的劳动安全与卫生注意事项与打磨、喷涂施工相同。

2. 常见面漆喷涂缺陷的修整

1）漏喷、露底（图 10－63）的修整

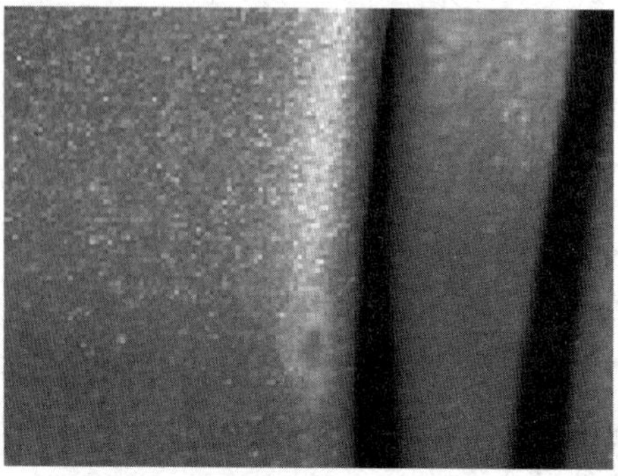

图 10－63 露底

①用 P500～P600 水砂纸将该部位轻磨（干磨）光滑并擦净杂质。

②调制原色漆，将打磨部位细致地补喷均匀。

注意：一定要遮盖好。

2）毛边的修整

①用刀片将毛边清理干净，如图 10－64 所示。

②用毛笔蘸少许色漆轻涂一次，如图 10－65 所示。

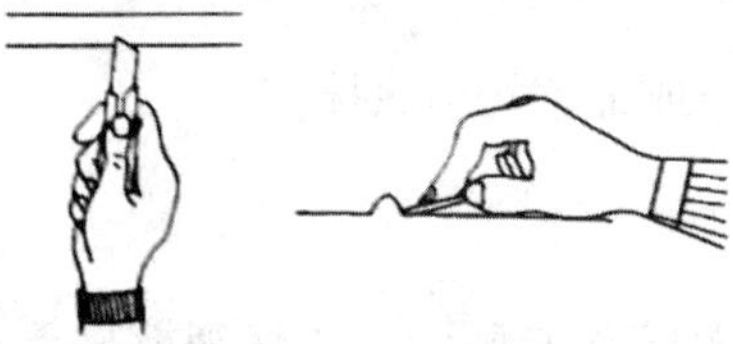

图 10－64 用刀片清理毛边

图 10－65 用毛笔修补毛边

③干燥后补涂一次，至平滑、均匀。

3. 颗粒的修整

1）立面垂滴的修整（图 10－66）

①颗粒小时，使用油石打磨平整；颗粒较大时，使用刀片削平。

②用抛光机抛光（此项操作可在全部缺陷修整完成后，借助整板或整车抛光来完成）。

（a）倒少量抛光剂于软布上。

（b）在补涂部位四周的接口处，从补涂部位向旧漆面部位按同一方向抛光，抛光力度不宜过大，抛光程度不宜过深，防止产生补涂边缘线形痕迹，使漆面达到光泽柔和程度即可。

2）平面上的凸起颗粒或污点的修整

①用刀片将凸起颗粒基本削平。

②用 P1000 ~ P1500 水砂纸磨平，如图 10 – 67 所示。

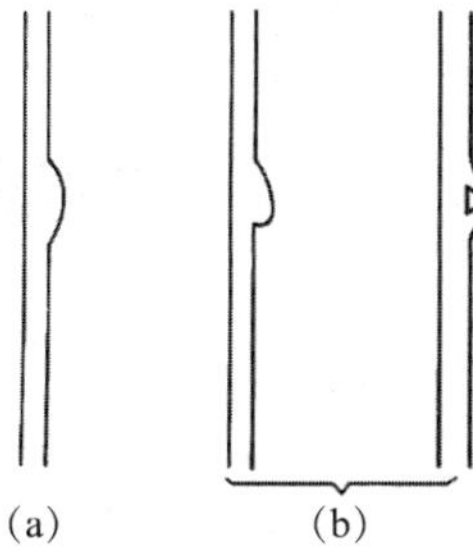

图 10-66　立面垂滴的修整

（a）使用油石打磨平整　（b）使用刀片削平

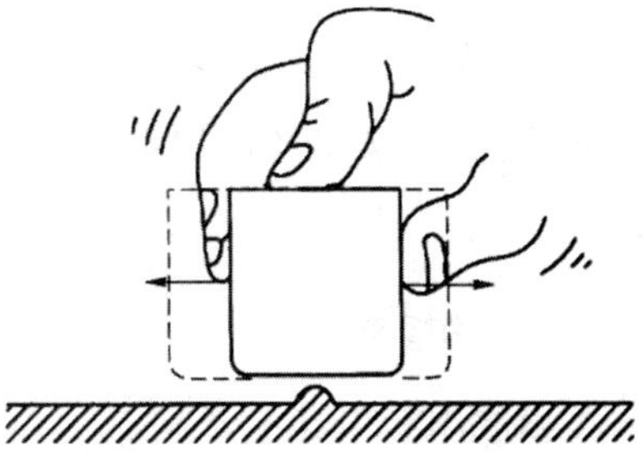

图 10-67　对平面凸起的打磨

③用抛光机抛光（此项操作可在全部缺陷修整完成后，借助整板或整车抛光来完成。

4. 流挂的修整

1）边缘流挂（流坠）的修整

①用小刀将流坠部分削平。

②用 P600 砂纸打磨平滑。

③视需要补喷一次清漆（对于素色漆，补喷素色面漆），进行必要的遮盖。

2）板件中间面漆流挂（片状流淌，如图 10 – 68 所示）的修整

图 10-68　流挂

①用 P500 ~ P600 水砂纸将流挂部位磨至平整。

②用 P800 ~ P1000 水砂纸将流挂部位打磨平滑，洗净擦干。

注意：打磨时为防止磨到周围不需要打磨的部位，可以用贴护胶带对不需要打磨

的区域进行贴护。打磨时应使打磨垫块尽量平行于面漆漆面，手法要轻一些，先用水将水砂纸润湿，然后在打磨区域洒一些肥皂水，这样可以充分润滑打磨表面，且不至于产生太大的砂纸痕迹。打磨时要非常仔细，经常用胶质刮水片刮除打磨区域的水渍来观察打磨的程度，只要流挂部位消除并与周围的漆膜齐平即可。千万不要磨穿漆膜或使漆膜过薄，要给抛光留出余量，并保证抛光后仍有足够的膜厚。对于边角等漆膜比较薄且极易磨穿的地方尤其要小心。

③用抛光机抛光（此项操作可在全部缺陷修整完成后，借助整板或整车抛光来完成）。

5. 针孔的修整

1）局部小面积针孔

①用 P1000～P1200 水砂纸打磨平滑。

②用砂蜡和光蜡抛光（此项操作可在全部缺陷修整完成后，借助整板或整车抛光来完成）。

2）较大面积针孔（图 10－69）

①用 P500～P600 水砂纸打磨平滑，彻底消除针孔，洗净吹干。

②按面漆末道漆的喷涂方法精心补喷均匀。

③在新喷面漆的过渡区域喷驳口水。

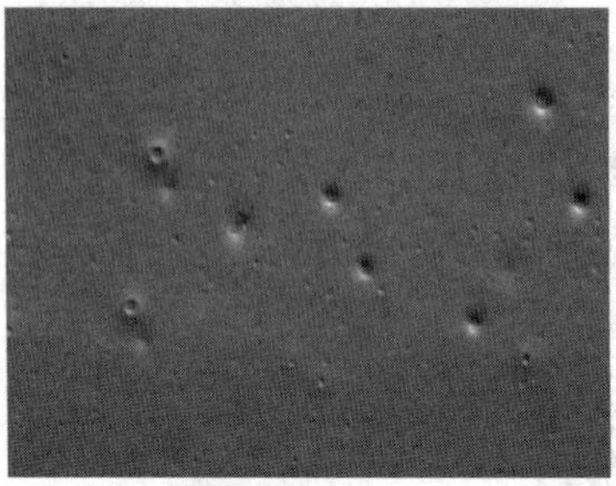

图 10－69　较大面积针孔

④抛光（此项操作可在全部缺陷修整完成后，借助整板或整车抛光来完成）。

6. 麻眼的修整

麻眼的外观与较大面积针孔相似，只是孔径大些。

①用 P600 水砂纸进行磨光。

②用麻眼灰（填眼灰）反复找平（根据目前的工艺建议补涂原子灰）。

③干后磨光擦净。

④用原色浆补喷均匀。

⑤用驳口水消除补漆雾痕。

⑥待漆膜干燥后抛光（此项操作可在全部缺陷修整完成后，借助整板或整车抛光来完成）。

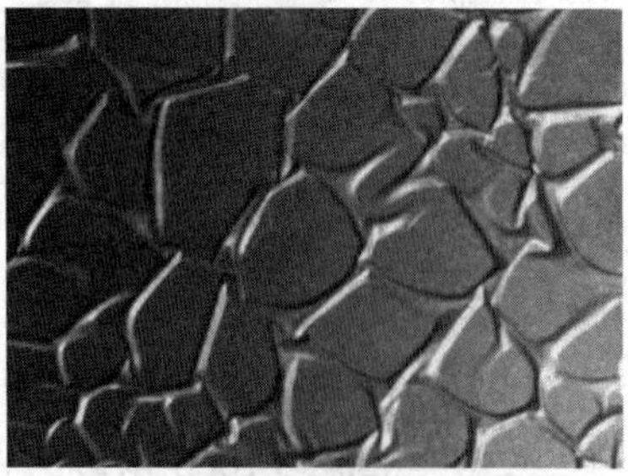

图 10－70　咬底

7. 咬底（图 10－70）的修整

1）轻度咬底

①用 P800 水砂纸打磨平整。

②换用 P1000 水砂纸打磨整个表面。③整板抛光。

2）重度咬底

①将起皱的漆膜清除。

②待该部位干燥后，用 P240 水砂纸打磨光滑。

③细刮原子灰至平整。

④干燥后磨光原子灰，清洁除油。

⑤用原色浆补喷均匀。

⑥喷驳口水以消除补漆雾痕。

⑦抛光（此项操作可在全部缺陷修整完成后，借助整板或整车抛光来完成）。

8. 漆膜凹陷的修整

①若面漆漆膜已经基本干燥，则需要用清洁剂对需要填补的区域进行清洁。如有必要可用 P800 以上的细砂纸进行简单打磨，但打磨区域切不可过大，只起提高附着能力的作用即可，然后用清洁剂清洁干净。

②用牙签或小毛笔蘸取少许面漆（为保证没有色差，最好用剩余的面漆。若为双组分涂料，则必须添加固化剂），迅速地滴到故障部位（鱼眼）或描绘在需要填补的部位（剥落露白），如图 10－71 所示。

③用另一支小毛笔蘸取少许面漆稀释剂涂抹在修饰部位，以使修饰部位变得较为平整，并利用稀释剂的溶解作用使修补部位与其周围相融合。

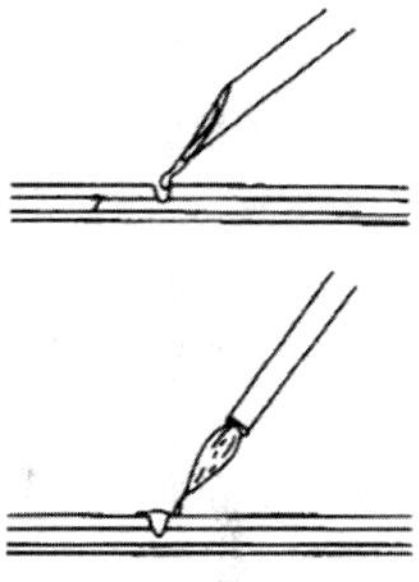

图 10－71　用牙签或小毛笔进行表面修理

④待完全干燥后可以稍稍进行打磨并进行抛光处理，方法同流挂及颗粒的修整。

注意：如果缺陷部位非常明显或所处位置是车辆极需要完美漆膜的地方，如小轿车的发动机罩或翼子板等，一般需要采用点修补的方法（使用小型修补喷枪进行局部喷涂）来修理。

9. 粗糙面修饰法

（1）轻度粗糙面

①用 P1000 水砂纸配合橡胶磨块手工水磨平滑，擦净晾干。

②用砂蜡和光蜡进行抛光修饰。

（2）严重粗糙面

①用打磨机配合 P320 砂纸充分磨平，擦净。

②用砂蜡和光蜡进行抛光修饰。

任务总结

本任务主要认识了抛光的工具和材料、手工打蜡的工具和材料、常见的漆面缺陷以及抛光和打蜡的具体施工流程。常见的漆面缺陷有漏喷、露底、毛边、颗粒、流挂、针孔、麻眼、咬底、粗糙等。抛光过程一般先使用粗抛蜡消除漆面的流挂、粗粒、划痕、砂纸磨痕，然后采用釉质蜡确保漆面更平滑、光亮。

任务考核

表10-9　任务工单

<table>
<tr><td rowspan="3">工作任务：面漆涂装后的修整</td><td>班级</td><td colspan="3"></td></tr>
<tr><td>姓名</td><td></td><td>学号</td><td></td></tr>
<tr><td>日期</td><td></td><td>评分</td><td></td></tr>
<tr><td colspan="5">1．漆面修整方法
（1）抛光

（2）打蜡

2．漆面修整
（1）设备、工具、材料准备

（2）劳动防护

（3）漆面修整步骤
露底：
颗粒：
流挂：
针孔：
麻眼：
咬底：
漆面凹陷：
粗糙：
（4）漆面修整注意事项
3．反思
收获：
不足：
建议：
①小组讨论分析实施过程中产生的问题，给出改进方案；
②小组准备汇报材料，每组派一人进行汇报；
③整理相关资料，列表说明项目资料及资料来源，注明存档情况。</td></tr>
</table>

习题与思考

1．选择题

【单选题】下列抛光盘中抛光效果最精细的是（　　）盘。

A．羊毛　　B．细海绵　　D．粗海绵　　C．蜂窝状海绵

2．判断题

（1）遮盖仅在喷涂时需要，抛光时不需要。（　　）

（2）一次性喷涂过厚是发生流挂的原因之一。（　　）

（3）面漆喷涂后表面失光，可以采用抛光的方法来修整。（　　）

3．简述题

（1）简述抛光的主要步骤。

（2）面漆喷涂后出现咬底，应怎么处理？

全国老年服务与管理类专业
规划教材
NATIONAL PLANNED TEXTBOOK
FOR ELDERLY SERVICE AND
MANAGEMENT

老年人能力评估

Ability Assessment for the Elderly

主 编 刘慧玲 张迎春
Chief Editor Liu Huiling Zhang Yingchun
副主编 谢 燕
Deputy Editor Xie Yan
参 编 丁 佳 莫绍琴
Co-editor Ding Jia Mo Shaoqin

天津大学出版社
TIANJIN UNIVERSITY PRESS

内容提要

当前人口老龄化形势严峻，养老问题已成为全世界关注的热门话题。党的二十大报告提出，实施积极应对人口老龄化国家战略。积极应对人口老龄化，离不开向老年人群提供高质量的养老服务。为了更有针对性地根据老年人的需求开展照护以及更高效地利用有限的照护资源，科学开展老年人能力评估就显得尤为重要。在广泛查阅国内外资料以及调研养老服务机构、养老服务中心（站）照护工作的基础上，本教材紧扣职业教育特点，采取理实一体、活页式教材的方式，从认识老年人能力评估对于应对人口老龄化的重要意义出发，就老年人能力评估准备、评估实施、评估后指导等方面进行介绍，力求突出全面性、系统性与实用性。

本书既可以作为高等职业院校、中等职业学校老年服务与管理类专业以及老年社会工作、民政服务与管理等专业人才培养使用的教材；也可以作为各类养老服务机构、社区养老服务中心、企事业单位离退休工作办公室、干部休养所、老年大学等老年教育培训机构的培训或教学用书，为一线老年服务人员提供技术流程参考；还可以作为从事养老敬老相关工作的老年服务从业人员的职业技能培训用书。

图书在版编目（CIP）数据

老年人能力评估：汉文、英文 / 刘慧玲，张迎春主编；谢燕副主编；丁佳，莫绍琴参编. -天津：天津大学出版社，2023.7

全国老年服务与管理类专业规划教材

ISBN 978-7-5618-7523-0

Ⅰ. ①老… Ⅱ. ①刘… ②张… ③谢… ④丁… ⑤莫… Ⅲ. ①老年人-健康状况-评估-高等职业教育-教材-汉、英 Ⅳ. ①R161.7

中国国家版本馆 CIP 数据核字（2023）第 114818 号

LAONIANREN NENGLI PINGGU

出版发行 天津大学出版社
地　　址 天津市卫津路 92 号天津大学内（邮编：300072）
电　　话 发行部：022-27403647
网　　址 www.tjupress.com.cn
印　　刷 北京盛通数码印刷有限公司
经　　销 全国各地新华书店
开　　本 787mm×1092mm　1/16
印　　张 24
字　　数 624 千
版　　次 2023 年 7 月第 1 版
印　　次 2023 年 7 月第 1 次
定　　价 98.00 元
